EMPREENDIMENTOS DE INFRAESTRUTURA E DE CAPITAL INTENSIVO: DESAFIOS JURÍDICOS

ALEXANDRE OHEB SION
(COORDENADOR)

EMPREENDIMENTOS DE INFRAESTRUTURA E DE CAPITAL INTENSIVO: DESAFIOS JURÍDICOS

Del Rey Editora
Belo Horizonte
2017

Impresso no Brasil | *Printed in Brazil*

EDITORA DEL REY LTDA.
www.livrariadelrey.com.br

Editor: Arnaldo Oliveira

Editor Adjunto: Ricardo A. Malheiros Fiuza

Editora Assistente: Waneska Diniz

Coordenação Editorial: Wendell Campos Borges

Diagramação: Lucila Pangracio Azevedo

Revisão: RESPONSABILIDADE DOS AUTORES

Capa: Alfstudio

Editora / MG
Rua dos Goitacases, 71- Lj. 20/24
CEP 30190-050 – Belo Horizonte – MG
Tel: (31) 3284-5845
editora@delreyonline.com.br

E558 Empreendimentos de infraestrutura e de capital intensivo: desafios jurídicos. / Alexandre Oheb Sion (Coord.). Belo Horizonte: Del Rey, 2017.

320 p.

ISBN: 978-85-384-0480-4

1. Infraestrutura, aspectos jurídicos, coletânea, Brasil. 2. Infraestrutura, aspectos ambientais, Brasil. 3. Arbitragem, Brasil. 4. Contrato, Brasil. 5. Responsabilidade civil, Brasil. 6. Mineração, Brasil.

I. Sion, Alexandre Oheb (Coord.).

CDU: 351.71(81)

SUMÁRIO

ARBITRAGEM

CONTRATOS E RESPONSABILIDADE CIVIL

APRESENTAÇÃO

É com muito orgulho e enorme satisfação que trazemos ao leitor a realização deste projeto de obra coletiva: uma coletânea interdisciplinar de artigos, dividida em capítulos temáticos, de autoria de renomados profissionais e tendo como objeto o Direito voltado para os Empreendimentos de Infraestrutura e de Capital Intensivo, sob os mais diversos enfoques, na medida em que se trata de tema que, sabidamente, perpassa as mais diversas áreas do Direito.

Talvez por isso, em razão da complexidade e da interdisciplinaridade da matéria, além da enorme profusão de normas que a regulam, o assunto tenha sido pouco tratado pela doutrina, de modo que entendemos necessária nossa singela contribuição para o estudo do tema.

É, sobretudo, necessário que se discuta o tema da infraestrutura e dos empreendimentos de capital intensivo no Brasil em períodos delicados como os de hoje, em que cada vez se faz mais imperiosa a promoção do desenvolvimento socioeconômico, especialmente pelos investimentos no setor de infraestrutura, captação de recursos domésticos e estrangeiros e geração de empregos e renda.

Assim, reunindo esforços sérios e concentrados de todos os envolvidos em torno do assunto, esperamos que a presente obra, formada por artigos escritos com o objetivo de tratar das inúmeras vicissitudes que envolvem os contratos, projetos, operações e obras de Infraestrutura e de Capital Intensivo, muito além de um deleite para os estudiosos e profissionais do setor, preste-se à finalidade de servir como um contributo para a discussão propositiva de novos rumos para o setor no Brasil.

Alexandre Oheb Sion
Coordenador

AMBIENTAL

1

ASPECTOS CONTROVERSOS DA COMPENSAÇÃO AMBIENTAL EM EMPREENDIMENTOS DE INFRAESTRUTURA

Alexandre Oheb Sion[1]
Caio César de Pádua Santos[2]

SUMÁRIO: 1. Introdução. 2. Da exigência de compensação ambiental não definida no licenciamento por ocasião da renovação de licença – Irretroatividade da Lei Federal 9.985/2000 (SNUC) em face de empreendimentos de infraestrutura já licenciados. 2.1. Da impossibilidade de presunção de relevante impacto ambiental pela simples existência de EIA vinculado ao empreendimento. 3. Conclusão – 4. Bibliografia.

1. INTRODUÇÃO

A celebração dos princípios constitucionais ambientais lograda pelo constituinte originário afirma o valor do meio ambiente como valorização da própria existência com dignidade, tendo, portanto, como seu fundamento de positivação constitucional, a dignidade da pessoa humana, das presentes e futuras gerações.[3]

---

1 Advogado. Doutorado e Mestrado em Direito pela Universidade Autónoma de Lisboa, Portugal (créditos concluídos). Mestre em Direito Internacional Comercial (L.LM) pela Universidade da Califórnia, Estados Unidos. Especialista em Direito Constitucional. Pós-graduado em Direito Civil e Processual Civil pela FGV. Graduado em Direito e Administração de Empresas. Vice-Presidente Nacional da União Brasileira da Advocacia Ambiental – UBAA. Presidente da Comissão de Direito de Infraestrutura da OAB/MG. Consultor da Comissão Nacional de Direito Ambiental da OAB – Conselho Federal. Professor, em nível de especialização, da PUC/MG.

2 Advogado. Pós-Graduando em Direito de Empresa pela PUC Minas e bacharel em Direito pela mesma instituição. Membro da Comissão de Direito de Infraestrutura da OAB/MG e da União Brasileira da Advocacia Ambiental – UBAA.

3 SILVA, Solange Teles da. Direito fundamental ao meio ambiente ecologicamente equilibrado: avanços e desafios. In MILARÉ, Édis; MACHADO, Paulo Affonso Leme, coord. – **Direito Ambiental: Fundamentos do Direito Ambiental** (Coleção Doutrinas Essenciais; v. 1) – São Paulo: Revista dos Tribunais, 2011, p.1123.

O direito ao meio ambiente, destarte, traz consigo natureza multifacetada, com dimensão individual e, simultaneamente, coletiva, de modo que sua concretização se manifesta sobretudo na dimensão social.[4]

Na qualidade de direito de terceira geração, o direito à integridade do meio ambiente constitui, nas palavras do Ministro do Supremo Tribunal Federal, Celso de Mello, "prerrogativa jurídica de titularidade coletiva, refletindo, dentro do processo de afirmação dos direitos humanos, a expressão significativa de um direito deferido não ao indivíduo identificado em sua singularidade", mas à própria coletividade social.[5]

Entretanto, é de se notar que a despeito da importância constitucional conferida ao referido princípio na Constituição da República Federativa do Brasil de 1988 ("CRFB/88"), não se trata de direito que comporta posição de exclusividade no âmbito dos direitos fundamentais, como, aliás, nenhum direito, por mais importante que seja. Isso, como sabido, traduz-se em grande desafio de ordem prática, na medida em que posto lado a lado com outros direitos reconhecidamente fundamentais, implica muitas vezes colisão de direitos e princípios.[6]

Assim, por vezes, nessas circunstâncias, é atribuído maior peso aos princípios ambientais em detrimento de outros direitos fundamentais, como se aqueles estivessem em degrau inalcançável pelos demais.

Tome-se como exemplo, entre outros, a "livre iniciativa", um dos fundamentos da República Federativa do Brasil na forma do art. 1º da CRFB/88; o "desenvolvimento nacional", um dos objetivos fundamentais da República Federativa do Brasil, art. 3º da CRFB/88 e o "livre (...) exercício de qualquer trabalho, ofício ou profissão", direito fundamental na forma do inciso XIII do art. 5º da CRFB/88. Todos, embora alçados ao nível constitucional no Brasil, muitas vezes são relegados a um segundo plano quando intercruzam, ainda que de forma sutil, a trincheira das normas de natureza ambiental[7].

Com efeito, no plano prático, percebe-se com frequência que, sob pretexto de se promover a proteção ambiental, as políticas públicas empreendidas pelos órgãos públicos de controle e fiscalização acabam por dificultar

---

4 Ibid.

5 SUPREMO Tribunal Federal. Ação Direta de Inconstitucionalidade nº 3540. Relator Ministro Celso de Mello. Julgamento em 01/09/20015.

6 SION, Alexandre Oheb. Conflito Aparente de Princípios Constitucionais Ambientais e Indigenistas. In BRAGA FILHO, Edson de Oliveira (coord) et al. **Advocacia Ambiental: Segurança Jurídica para Empreender.** Rio de Janeiro: Lumen Juris, 2009, p. 148.

7 Em evidente desconsideração do conteúdo valorativo impregnado na ordem topográfica definida pelo constituinte.

ou burocratizar em demasia a instalação de novas atividades econômicas e empreendimentos e a sua própria manutenção, com uma série de exigências que acabam por inviabilizá-los ou dificultar a sua operação.

Infelizmente, às mesmas mazelas está exposto o setor de infraestrutura, até mesmo em maior grau, dada a extensão e amplitude que comumente lhe são ínsitas, a despeito da sua importância para a consagração de outros princípios constitucionais, notadamente aqueles inerentes à ordem econômica e que também constituem arrimo para a própria existência com dignidade[8], a exemplo da soberania nacional, a propriedade privada, a livre concorrência, a redução das desigualdades sociais e regionais e a busca do pleno emprego.[9]

Assim é que a proteção ambiental que condiciona a atividade econômica deve ser compatibilizada com o interesse da sociedade e não considerada como um formalismo estanque dissociado da intenção geral da legislação.[10]

Cite-se, como exemplo de política de burocratização e inviabilização da regular implantação e operação de empreendimentos de infraestrutura, as muitas vezes desarrazoadas exigências impostas por órgãos ambientais por ocasião do licenciamento ambiental. Nesse particular, destacamos algumas exigências ilegais especificamente no que concerne à compensação ambiental imposta pela Lei Federal 9.985/2000, que regulamenta o art. 225, § 1º, incisos I, II, III e VII da CRFB/88[11], e institui o Sistema Nacional de Unidades de Conservação da Natureza – SNUC.

---

8 CAMPOS, Ana Cândida de Paula Ribeiro e Arruda. Desenvolvimento Sustentável: avanços e desafios. In MILARÉ, Édis; MACHADO, Paulo Affonso Leme, coord. – **Direito Ambiental: Fundamentos do Direito Ambiental** (Coleção Doutrinas Essenciais; v. 1) – São Paulo: Revista dos Tribunais, 2011,p.651.

9 "Art. 170. A ordem econômica, fundada na valorização do trabalho humano e na livre iniciativa, tem por fim assegurar a todos existência digna, conforme os ditames da justiça social, observados os seguintes princípios: I – soberania nacional; II – propriedade privada; III – função social da propriedade; IV – livre concorrência; V – defesa do consumidor; VI – defesa do meio ambiente, inclusive mediante tratamento diferenciado conforme o impacto ambiental dos produtos e serviços e de seus processos de elaboração e prestação; VII – redução das desigualdades regionais e sociais; VIII – busca do pleno emprego; IX – tratamento favorecido para as empresas de pequeno porte constituídas sob as leis brasileiras e que tenham sua sede e administração no País."

10 TRENNEPOHL, Curt e TRENNEPOHL, Terence. **Licenciamento Ambiental** – 6ª ed. ver. e atual. – São Paulo: Editora Revista dos Tribunais, 2016, p.77.

11 Art. 225. Todos têm direito ao meio ambiente ecologicamente equilibrado, bem de uso comum do povo e essencial à sadia qualidade de vida, impondo-se ao Poder Público e à coletividade o dever de defendê-lo e preservá-lo para as presentes e futuras gerações. § 1º Para assegurar a efetividade desse direito, incumbe ao Poder Público: I – preservar e restaurar os processos ecológicos essenciais e prover o manejo ecológico das espécies e ecossistemas; II – preservar a diversidade e a integridade do patrimônio genético do País e fiscalizar as entidades dedicadas à pesquisa e manipulação de material genético; III – definir, em todas as unidades da Federação, espaços territoriais e seus componentes a serem especialmente protegidos, sendo a alteração e a supressão permitidas somente através de lei, vedada qualquer utilização que comprometa a integridade dos atributos que justifiquem sua proteção;

2. DA EXIGÊNCIA DE COMPENSAÇÃO AMBIENTAL NÃO DEFINIDA NO LICENCIAMENTO POR OCASIÃO DA RENOVAÇÃO DE LICENÇA DE OPERAÇÃO ("LO") – IRRETROATIVIDADE DA LEI FEDERAL 9.985/2000 (SNUC) EM FACE DE EMPREENDIMENTOS DE INFRAESTRUTURA JÁ LICENCIADOS

Temos visto que circunstância recorrente na prática, lamentavelmente, é a exigência ilegal, por ocasião da renovação de licença de operação, de que empreendimentos de um modo geral, e de infraestrutura, em particular, licenciados anteriormente à entrada em vigor da Lei do SNUC se submetam à compensação ambiental prevista no seu art. 36 e sem que tal exigência constasse do rol de condicionantes da licença de operação originalmente concedida. A propósito, esclarecemos, desde já, que entendemos que tal exigência nesses termos é ilegal, na medida em que pretende imprimir à norma indesejável caráter retroativo, em flagrante ofensa à segurança jurídica.

Nesse sentido, note-se que a Resolução CONAMA 371/2006[12] estabelece que a previsão do custo total de implantação do empreendimento deve ocorrer antes da emissão da licença de instalação ("LI"), momento então em que será definido o cálculo do percentual da compensação ambiental, confira-se:

> "Art. 4º. Para efeito do cálculo da compensação ambiental, os empreendedores deverão apresentar a previsão do custo total de implantação do empreendimento antes da emissão da Licença de Instalação, garantidas as formas de sigilo previstas na legislação vigente.
>
> Art. 5º. O percentual estabelecido para a compensação ambiental de novos empreendimentos deverá ser definido no processo de licenciamento, quando da emissão da Licença Prévia, ou quando esta não for exigível, da Licença de Instalação.
>
> [...]
>
> § 2º. A fixação do montante da compensação ambiental e a celebração do termo de compromisso correspondente deverão ocorrer no momento da emissão da Licença de Instalação.
>
> [...]

VII – proteger a fauna e a flora, vedadas, na forma da lei, as práticas que coloquem em risco sua função ecológica, provoquem a extinção de espécies ou submetam os animais a crueldade.

12 "O Conselho Nacional do Meio Ambiente – CONAMA é o órgão consultivo e deliberativo do Sistema Nacional do Meio Ambiente-SISNAMA, foi instituído pela Lei Federal 6.938/81, que dispõe sobre a Política Nacional do Meio Ambiente, regulamentada pelo Decreto Federal 99.274/90". Disponível em: http://www.mma.gov.br/port/conama/

Ora, se o momento da definição do *quantum* da compensação ambiental se dá na LI, como cobrar na LO? Os problemas da cobrança retroativa, entretanto, como veremos, não se restringem ao momento da cobrança.

Embora a Lei do SNUC estabeleça em seu art. 36, de fato, com a interpretação dada pelo STF[13], a obrigação de pagamento correspondente a até 0,5% (zero vírgula cinco por cento) dos custos totais previstos para implantação do empreendimento, **não poderia** a referida lei, no entanto, retroagir e afetar os empreendimentos já licenciados e instalados.

Firmar entendimento no sentido de se imprimir à norma efeitos *ex tunc* configuraria, a toda evidência, afronta ao desígnio constitucional de se preservar o direito adquirido e o ato jurídico perfeito, direitos fundamentais consagrados no art. 5º, XXXVI, da CRFB/1988. Nesse sentido, Paulo de Bessa Antunes[14], ao comentar o Decreto Federal nº. 4.340/2002, que regulamentou a Lei do SNUC, afirmou que "o decreto (4340/2002) jamais poderia definir uma compensação retroativa, haja vista que a lei não dispôs dessa forma".

O próprio Ministério do Meio Ambiente já se posicionou acerca da irretroatividade da Lei do SNUC, sobretudo em matéria de compensação ambiental, por meio da Portaria n°. 289/2013, que dispõe sobre procedimentos a serem aplicados pelo IBAMA no licenciamento ambiental de rodovias e na regularização ambiental de rodovias federais:

> "Art. 14. À regularização ambiental de rodovias pavimentadas e em operação em data anterior à vigência da Lei nº 9.985, de 18 de julho de 2000, não se aplica a compensação ambiental por ela instituída em seu art. 36."

O Judiciário, também, de forma firme e contundente, vem corroborando o entendimento supra, conforme se extrai de recente decisão da Justiça Federal da 3ª Região – Subseção de Corumbá, que muito acertadamente reconheceu a irretroatividade da Lei do SNUC ao decidir a Ação Civil Pública n°. 0001063-17.2013.403.6004, *in verbis*:

> "Desse modo, como o EIA/RIMA são exigíveis antes da própria implantação do empreendimento e como a classificação deste como causador de significativo impacto ambiental depende de EIA/RIMA, concluo que apenas por meio do EIA/RIMA será possível se determinar a compensação ambiental, não sendo possível a lei retroagir e exigir a medida de empreendimentos já licenciados e instalados, salvo quando houver modificação ou ampliação de empreendimento já licenciado, pois aí será exigível EIA/RIMA".

---

13 STF, ADI 3378-6, Rel. Min. Carlos Ayres Brito. Dj 09.04.2008.

14 ANTUNES, Paulo de Bessa. **Direito Ambiental**. 18ª ed. São Paulo: Atlas, 2016, p. 1107.

Ainda, é de se salientar que o texto do art. 36 da Lei do SNUC institui obrigação de caráter prévio à instalação e à operação de empreendimentos capazes de gerar compensação ambiental, por força do que dispõe o inciso IV do §1º do art. 225 da CRFB/1988:

> "Art. 225. Todos têm direito ao meio ambiente ecologicamente equilibrado, bem de uso comum do povo e essencial à sadia qualidade de vida, impondo-se ao Poder Público e à coletividade o dever de defendê-lo e preservá-lo para as presentes e futuras gerações.
>
> [...]
>
> **§ 1º Para assegurar a efetividade desse direito, incumbe ao Poder Público:**
>
> [...]
>
> IV – exigir, na forma da lei, para instalação de obra ou atividade potencialmente causadora de significativa degradação do meio ambiente, estudo prévio de impacto ambiental, a que se dará publicidade;"

Como se sabe, a obrigação de apoio, implantação e manutenção de unidade de conservação do Grupo de Proteção Integral, na forma do art. 36[15] da Lei do SNUC, pressupõe que o empreendimento seja de significativo impacto ambiental, com fundamento em estudo prévio de impacto ambiental e respectivo relatório, o EIA/RIMA. A pretensa omissão quanto à etapa do processo de licenciamento ambiental sobre a qual a obrigação de compensação incidiria torna imperiosa a interpretação sistemática com o dispositivo constitucional acima colacionado (art. 225, § 1º, inciso IV), de modo que soa desarrazoado, para se dizer o mínimo, falar-se em compensação por ocasião de renovação de licença de operação, sendo exigível apenas na implantação do empreendimento. Veja-se, a propósito, lição do autor já citado:

> "[...] somente uma interpretação de má-fé poderia sugerir que o artigo contempla a renovação de Licença de Operação – ou outra qualquer que venha a ser concedida com o empreendimento já implantado e operacional -, pois o próprio caput do art. 36 diz, textualmente "com fundamento em estudo de impacto ambiental e respectivo relatório". Ora, tal hipótese

15 Art. 36. Nos casos de licenciamento ambiental de empreendimentos de significativo impacto ambiental, assim considerado pelo órgão ambiental competente, com fundamento em estudo de impacto ambiental e respectivo relatório – EIA/RIMA, o empreendedor é obrigado a apoiar a implantação e manutenção de unidade de conservação do Grupo de Proteção Integral, de acordo com o disposto neste artigo e no regulamento desta Lei.
§ 1º [...]
§ 2º [...]
§ 3º [...]

é prévia à instalação e à operação de empreendimento capaz de gerar compensação ambiental".[16]

Destarte, é evidente que a compensação a que alude a Lei do SNUC é vinculada à própria aprovação do EIA. Isso porque, conforme preleciona Édis Milaré citando o ministro do STJ Antônio Herman V. Benjamin[17], o EIA visa influir no mérito da decisão administrativa de concessão da licença prévia. Assim, se esta já foi expedida ou mesmo se a decisão já foi tomada pelo órgão competente, o EIA perde a sua *ratio*, não tendo mais valor.

Em outras palavras, a efetivação da exigência da compensação ambiental ocorre na fase do juízo de viabilidade da atividade ou empreendimento capaz de causar significativos impactos negativos e não mitigáveis ao meio ambiente, isto é, por ocasião do licenciamento ambiental e anteriormente à concessão da Licença Prévia – LP, com a apresentação de Estudo de Impacto Ambiental – EIA e seu respectivo Relatório de Impacto ao Meio Ambiente – RIMA. Via de consequência, superada essa fase, não é cabível exigir do empreendedor compensação por ocasião de mera renovação de LO já concedida, salvo se o empreendimento sofrer modificação de significativo impacto ambiental no interregno da sua operação.[18]

Destarte, é evidente que a aplicação da compensação ambiental deve observância ao princípio do *tempus regit actum*, consagrado também na Lei de Introdução às Normas do Direito Brasileiro ("LINDB"):

> "Art. 6° A Lei em vigor terá efeito imediato e geral, respeitados o ato jurídico perfeito, o direito adquirido e a coisa julgada.
>
> §1° Reputa-se ato jurídico perfeito o já consumado segundo a lei vigente ao tempo em que se efetuou."

Aqui, cumpre trazer à baila o Parecer n°. 0262/2006/PROGE/COEPA da Procuradoria Geral Especializada do IBAMA, que esposa precisamente o mesmo entendimento. Veja-se o seguinte excerto:

---

16 ANTUNES, Paulo de Bessa. *Op. cit.*, p. 1107.

17 MILARÉ, Édis. *Direito do Ambiente*: A Gestão Ambiental em foco. 7ª ed. São Paulo: Editora Revista dos Tribunais, p. 786.

18 Também nessa senda: "APELAÇÃO – Ação civil pública – Meio Ambiente – Licenciamento ambiental – Represa de Jurumirim, compensação ambiental – Sentença improcedente – Cabimento de compensação prevista no artigo 36 da Lei 9.985/2000 somente com EIA-RIMA (licenciamento de empreendimentos de significativo impacto ambiental) – Legislação precária de proteção ao meio ambiente à época da construção e não exigia a realização de estudos de impactos ambientais e de relatórios – Lei 9.985 não tem efeito retroativo, ação proposta após 40 anos da construção da usina – Aventura judicial por parte do Município – Resolução CONAMA 06/1987 (artigo 12, 5°) – Recurso desprovido. (TJSP, Apelação 454.590-5/6-00, câmara Especial do Meio Ambiente, rel. Des. José Augusto Genofre Martins, Acórdão 01135250, Registro 26/10/2006")

> "No que tange à retroatividade, ou seja, se deve ou não exigir a compensação ambiental de empreendimentos licenciados anteriormente, s.m.j., a Resolução n° 371, de 05 de abril de 2006, pôs fim a essa discussão. Senão vejamos:
>
> Art. 5°. Nos casos de licenciamento ambiental para a ampliação ou modificação de empreendimentos já licenciados, sujeitos a EIA/RIMA, que impliquem em significativo impacto ambiental, a compensação ambiental será definida com base nos custos da ampliação ou modificação.
>
> Vale dizer, somente nas hipóteses de ampliação ou modificação, nas quais se exigirá estudos de impacto ambiental, e ainda que configure significativo impacto, é que se poderá exigir a compensação ambiental, afastada, pois, a possibilidade da cobrança retroativa de empreendimentos regularmente licenciados, e também nas hipóteses de renovação, retificação ou regularização de licença, sem a ocorrência dos pressupostos fixados na referida Resolução".

De tal sensatez e solidez são os argumentos esposados no parecer supra, que foi ratificado na integralidade também pelo Parecer n°. 111/2006/CONJUR/MMA. Na mesma linha foram os Pareceres n°. 002/2012/asb/GABIN/PFE/IBAMA-SEDE/PGF/AGU, subscrito pela Ilma. Procuradora-Chefe Nacional do IBAMA, e nº. 392/2012 CONEP/PFE/IBAMA/SEDE/PGF/AGU. Mais recentemente, em 01.08.2016, o Parecer nº. 81/2016/COJUD/PFE-IBAMA-SEDE/PGF/AGU, de lavra do ilmo. Procurador-Chefe Nacional Substituto do IBAMA e devidamente ratificado pela ilma. Coordenadora Nacional do Contencioso Judicial junto à PFE/IBAMA/SEDE, também aponta nessa direção, quando destaca que:

> "A aplicação da compensação ambiental no tempo, especialmente quando do pedido de renovação de licença ambiental de empreendimento ou atividade licenciado antes da entrada em vigor da exigência de compensação, por impor obrigação material, deve-se aplicar a lei vigente à época *(tempus regit actum)."*

A propósito do Parecer nº. 81/2016/COJUD/PFE-IBAMA-SEDE/PGF/AGU, é importante ressaltar que a ilma. Coordenadora Nacional do Contencioso Judicial reconheceu a relevância e recorrência da matéria e recomendou a confecção de uma Orientação Jurídica Normativa (OJN), com base no entendimento esposado no supracitado parecer, o que foi devidamente acatado pela Procuradora-Chefe Nacional Substituta.

Perceba-se, nessa senda, que conforme entendimento prevalente na própria Administração Pública Federal, a presença concomitante da ampliação ou da modificação do empreendimento, e da configuração do significativo impacto ambiental de referida ampliação ou modificação, é condição imprescindível para que se exija de empreendimento instalado antes da vigência do SNUC a compensação ambiental imposta por referida lei.

Ainda assim, há vertentes da Administração Pública que defendem a possibilidade de incidência da compensação a que se alude em fase de revisão, renovação e revalidação da licença, embora alguns até mesmo neguem se tratar de aplicação retroativa da lei. Tome-se como exemplo o entendimento consignado nos Pareceres nº. 15.016 e 15.044 de 2010 da Advocacia-Geral do Estado de Minas Gerais, que defendem tal possibilidade em síntese conclusiva. Ainda, o já citado Parecer 81/2016/COJUD/PFE-IBAMA-SEDE/PGF/AGU, embora assevere a irretroatividade da exigência da compensação ambiental, como dito, defende que a compensação ambiental é devida no licenciamento corretivo se a implantação do empreendimento ou atividade tenha ocorrido após o advento da Resolução Conama 10/87.

Entretanto, com toda a nossa deferência e o maior apreço que o subscritor da opinião merece, sentimo-nos compelidos a entender que não se trata da interpretação mais consentânea com a CRFB/88, até porque, como cediço, trata-se de ato normativo de natureza infralegal, de sorte que, em atendimento ao princípio da legalidade, não tem o condão de instituir obrigações onde lei não o fez, como se verá mais detidamente no tópico a seguir.

Seja como for, a despeito das vozes que ecoam em sentido contrário, entendemos que ratificar o entendimento que permita a cobrança retroativa da compensação ambiental é flertar com a inconstitucionalidade e a ilegalidade, pelos motivos expostos nesse artigo.

Por todo o exposto, não restam dúvidas de que a Lei do SNUC não poderia retroagir para afetar empreendimentos já licenciados anteriormente à sua vigência e exigir deles, por ocasião de renovação de licença, compensação não definida no licenciamento originário, salvo quando em caso de ampliação ou modificação. Ademais, há que se respeitar, também, a configuração do significativo impacto ambiental para que se exija dos empreendimentos a compensação ambiental na forma da lei.

2.1 Da impossibilidade de presunção de relevante impacto ambiental pela simples existência de EIA vinculado ao empreendimento

A propósito da questão envolvendo o significativo impacto mencionada no tópico supra, cumpre-nos apontar outro equívoco comum dos órgãos licenciadores que, não obstante pretenderem a retroação da compensação ambiental da Lei do SNUC, pretendem também a sujeição de empreendimentos sequer causadores de significativo impacto ambiental à compensação ambiental definida na Lei.

Essa ilegal exigência exsurge de equivocada leitura da Resolução CONAMA 01/86, que dispõe, em seu art. 2º, que dependerá de elaboração de estudo de impacto ambiental e respectivo relatório de impacto ambiental – RIMA, a serem submetidos à aprovação do órgão competente[19], o licenciamento de atividades modificadoras do meio ambiente, apresentando, na sequência, um rol exemplificativo de atividades capazes de sujeitar o meio ambiente a esses impactos, a exemplo de estradas de rodagem, ferrovias, portos e terminais de minério, petróleo e produtos químicos; linhas de transmissão de energia elétrica acima de 230KV e Usinas hidrelétricas, obras hidráulicas para exploração de recursos hídricos, aterros sanitários, complexo e unidades industriais e agroindustriais, entre outros.

A toda evidência, a interpretação da Resolução CONAMA 01/86, norma infralegal, deve se coadunar à regra imposta pela superveniência da CFRB/88 de exigir o EIA/RIMA apenas para os empreendimentos que causem potencialmente "significativa degradação do meio ambiente", não bastando mera atividade "modificadora". Nesse sentido, aliás, aponta Toshio Mukai, ao asseverar que, na realidade, a mencionada resolução, nesses aspectos, estava derrogada pela Constituição de 1988[20].

Seja como for, o referido rol exemplificativo da Resolução CONAMA 01/86 não deve ser interpretado como se nas atividades nele contidas sempre houvesse impacto a justificar a elaboração do EIA. Nesse sentido, confira-se a lição de Eduardo Fortunato Bim[21]:

> "O artigo 2º da Resolução CONAMA 1/1986, ao prever o EIA para as atividades lá listadas em rol exemplificativo, não deve ser interpretado como se sempre houvesse significativo impacto a justificar o EIA. Ainda que essa previsão provenha de lei, como a da Lei do Bioma Mata Atlântica (Lei 11.428/06, arts. 20, parágrafo único, 22 e 32, I) a da Lei do Zoneamento Costeiro (Lei 7.661/88, art. 6º, §2º) ou da Lei de Gestão de Florestas Públicas (art. 18, §2º), deve-se fazer interpretação conforme a Constituição (art. 225, §1º, IV) para o EIA ser exigido somente nos casos

---

19 O trecho do texto original do art. 2º da Resolução Conama 01/1986, qual seja, "... a serem submetidos à aprovação do órgão estadual competente, e do IBAMA em caráter supletivo...", precisa ser lido em consonância com o que estabelece os arts. 23, 24 e 30 da CRFB/88, assim como, a Lei Complementar 140/2011 (essa, naquilo que não se distancia da CRFB/88), de certo que todos os entes federativos possuem competência para atuar na defesa do ambiente, na qual, se inclui, por certo, a competência para o licenciamento ambiental, sendo a abrangência do impacto direto do empreendimento, consagração do comando constitucional da predominância do interesse, a regra geral de definição da competência administrativa para a atuação na defesa do meio ambiente.

20 MUKAI, Toshio. **Direito ambiental sistematizado** – 10ª ed. Ver. e atual. – Rio de Janeiro: Forense, 2016, p.137.

21 BIM, Eduardo Fortunato. **Licenciamento Ambiental**. 3ª ed. Lumen Juris: Rio de Janeiro, 2016. p. 168.

de obra ou atividade potencialmente causadora de significativa degradação ao meio ambiente."

Bim prossegue asseverando que, por tal razão, é fundamental a existência de uma etapa de triagem ou seleção (*screening*) no licenciamento ambiental para averiguar se o projeto tem potencialidade para causar significativo impacto ambiental. Se a exigência do EIA tem sede constitucional (art. 225, §1º, IV) e daí se extrai algo substantivo, que impede a dispensa do EIA pela mera imprevisão do legislador ou que normas infraconstitucionais suprimam a sua exigência, "torna-se evidente que a listagem legal ou regulamentar não pode ser considerada de forma absoluta."[22]

Assim, a simples existência do EIA não é suficiente para que se diga se o empreendimento é, ou não, potencialmente causador de significativo impacto ambiental. Nessa linha, aqui valem dois comentários: i) a elaboração de EIA/RIMA, como visto, por força do comando constitucional referido alhures, só deveria ser exigido de empreendimentos de significativo impacto ambiental e ii) ainda que a sua elaboração tenha sido exigida de forma irregular, a sua simples existência não pode conduzir à inclusão do empreendimento no rol daqueles sujeitos ao pagamento da compensação ambiental imposta pela Lei do SNUC.

Sendo assim, não basta, para efeito de cobrança da compensação ambiental da Lei do SNUC, que o estudo que orientou o licenciamento ambiental tenha sido um EIA/RIMA. Fundamental a configuração de que se trata de empreendimento de significativo impacto ambiental, condição essencial em atenção ao que determina o "*caput*" do art. 36 da Lei do SNUC.

A título de remate, veja-se, ainda, outro excerto da obra do autor supracitado:

> "A Constituição impõe uma garantia em prol do meio ambiente, não um mínimo, mas a exata medida de como o significativo impacto ambiental deve ser tratado pelo EIA. O legislador não pode ser desproporcional e exigir um tiro de canhão para matar um pardal. Pecar pelo excesso é descumprir a Constituição, impondo ônus desnecessário ao Estado e aos seus cidadãos."[23]

Ademais, confira-se, ainda, o seguinte trecho extraído do já mencionado Parecer nº. 81/2016/COJUD/PFE-IBAMA-SEDE/PGF/AGU:

> "A superação de uma visão literal do dispositivo da Lei do Snuc para uma exegese teleológica é de rigor porque sua finalidade é compensar

22 *Ibid.*

23 *Ibid.*

> impactos residuais, os adversos não mitigáveis, nos empreendimentos de significativo impacto, não exigir tal mitigação apenas quando o estudo ambiental desse processo seja o EIA. Seguindo a mesma lógica, se houve licenciamento ambiental lastreado em EIA, mas que não era caso de empreendimento ou atividade potencialmente causadores de significativo impacto ambiental, a compensação ambiental não é devida. A lógica não é o instrumento, estudo ambiental exigido, mas a potencialidade de impacto significativo.
>
> [...]
>
> Importante destacar que não é qualquer ampliação ou modificação de licenciamento ambiental de empreendimento ou atividade que deve pagar compensação ambiental, mas apenas aquelas ampliações ou modificações que por si só causem significativo impacto ambiental. O fato de o objeto do licenciamento ambiental original causar significativo impacto, normalmente subsidiado pelo EIA, não significa que a ampliação ou modificação da licença implique o pagamento da compensação porque pode não haver significativo impacto ambiental dessa mudança no objeto licenciado."

Também o exmo. Ministro do STJ Herman Benjamin consigna que "é induvidoso que não é toda e qualquer obra ou atividade que exige a elaboração de EIA. Seria um desperdício de recursos humanos econômicos."[24] Em suma, a única conclusão possível a respeito da aplicabilidade da compensação ambiental a que alude o art. 36 da Lei do SNUC é que apenas aqueles empreendimentos de significativo impacto ambiental é que estão sujeitos à compensação ambiental.

Assim, por outra perspectiva, também é forçoso concluir que o simples fato de ter sido elaborado EIA/RIMA de determinado empreendimento não implica o reconhecimento de seu significativo impacto ambiental, passível de submeter o empreendedor à compensação. Frise-se, somente o órgão ambiental, com base nas conclusões do EIA/RIMA, poderá reconhecer e classificar o impacto ambiental dos empreendimentos por ele licenciados, o que se opera por ocasião do licenciamento em fase de instalação.

3. CONCLUSÃO

A constitucionalização das normas inerentes à tutela do meio ambiente muitas vezes leva à equivocada leitura que constitui arrimo para políticas

[24] BENJAMIN, Antonio Herman, MILARÉ, Édis. **Estudo prévio de Impacto Ambiental**, 1993, p.112.

administrativas que pretendam a efetivação dos direitos de caráter ambiental em posição de exclusividade no âmbito dos direitos fundamentais.

Isso se traduz, na prática, em medidas excessivamente protecionistas que acabam por culminar na ofensa a outros princípios constitucionais igualmente importantes, como os da "livre iniciativa" (um dos fundamentos da República), do "desenvolvimento nacional" (um dos objetivos fundamentais da República) e notadamente aqueles inerentes à ordem econômica e que também são imanentes à própria existência com dignidade, a exemplo da soberania nacional, a propriedade privada, a livre concorrência, a redução das desigualdades sociais e regionais e a busca do pleno emprego.

Com isso, vários setores, especialmente o de infraestrutura, acabam por ser submetidos a indesejáveis políticas de burocratização e inviabilização da regular implantação e operação de empreendimentos, como, por exemplo, as desarrazoadas exigências impostas por ocasião do licenciamento ambiental.

Nesse particular, merecem destaque as exigências ilegais especificamente no que concerne à compensação ambiental imposta pela Lei do SNUC que, como visto, não tem o condão de operar efeitos retroativos, atingindo empreendimentos já licenciados anteriormente à sua vigência e exigir deles, por ocasião de renovação da LO, compensação não definida no licenciamento originário, salvo quando em caso de ampliação ou modificação que importe impacto adicional significativo.

Sem embargo, nesse sentido há que se ressaltar, também, que o simples fato de ter sido elaborado EIA/RIMA de determinado empreendimento não implica reconhecimento imediato de seu significativo impacto ambiental, passível de submeter o empreendedor à compensação. Ainda que o EIA/RIMA só deva ser exigido de empreendimentos que causem potencialmente significativo impacto ambiental, a sua exigência irregular não tem o condão de desvirtuar a realidade e transformar aquilo que nunca foi significativo em significativo. É dizer, aquele empreendimento que não é de significativo impacto ambiental não passa a sê-lo apenas porque se elaborou um EIA/RIMA.

Desse modo, só cabe a cobrança da compensação ambiental definida na Lei do SNUC para aqueles empreendimentos de significativo impacto ambiental, com fundamento na avaliação da magnitude dos impactos estudados no EIA/RIMA, que tenham sido implantados após a promulgação da Lei 9.985/2000, ou que, ainda que tenham sido implantados antes, sofreram, após a promulgação da referida lei, ampliação ou modificação que comporte, "de per si", impacto ambiental significativo.

4. REFERÊNCIAS BIBLIOGRÁFICAS

ANTUNES, Paulo de Bessa. *Direito Ambiental*. 18ª ed. São Paulo: Atlas, 2016.

BARROSO, Luís Roberto. *A proteção do meio ambiente na Constituição brasileira*. In MILARÉ, Édis; MACHADO, Paulo Affonso Leme, coord. – Direito Ambiental: Fundamentos do Direito Ambiental (Coleção Doutrinas Essenciais; v. 1) – São Paulo: Revista dos Tribunais, 2011.

BENJAMIN, Antonio Herman, MILARÉ, Édis. *Estudo prévio de Impacto Ambiental,* 1993.

BIM, Eduardo Fortunato. *Licenciamento Ambiental*. 3ª ed. Lumen Juris: Rio de Janeiro, 2016.

BRASIL, Constituição da República Federativa do Brasil de 1988.

BRASIL, Decreto Federal nº. 4.340/2002.

BRASIL, Decreto-Lei nº. 4.657/1942.

BRASIL, Lei Federal nº. 9.985/2000.

CAMPOS, Ana Cândida de Paula Ribeiro e Arruda. *Desenvolvimento Sustentável: avanços e desafios*. In MILARÉ, Édis; MACHADO, Paulo Affonso Leme, coord. – Direito Ambiental: Fundamentos do Direito Ambiental (Coleção Doutrinas Essenciais; v. 1) – São Paulo: Revista dos Tribunais, 2011.

CONAMA – Conselho Nacional do Meio Ambiente, Resolução nº. 01/1986.

CONAMA – Conselho Nacional do Meio Ambiente, Resolução nº. 06/1987.

CONAMA – Conselho Nacional do Meio Ambiente, Resolução nº. 371/2006.

CONAMA – Conselho Nacional do Meio Ambiente, Resolução nº. 237/1997.

GELUDA, Leonardo [et. al.]. *Desvendando a compensação ambiental: aspectos jurídicos, operacionais e financeiros* – Rio de Janeiro: Funbio, 2015.

IBAMA – Instituto Brasileiro de Meio Ambiente e Recursos Naturais Renováveis, Portaria nº 289/2013.

MACHADO, Paulo Affonso Leme. *Direito Ambiental Brasileiro*. 16ª ed. São Paulo: Malheiros, 2008.

MILARÉ, Édis. *Direito do Ambiente: A Gestão Ambiental em foco*. 7ª ed. São Paulo: Editora Revista dos Tribunais.

MORAES, Alexandre de. *Direito Constitucional*. 13ª ed. São Paulo: Atlas, 2002.

MUKAI, Toshio. *Direito ambiental sistematizado* – 10ª ed. Ver. e atual. – Rio de Janeiro: Forense, 2016.

Parecer nº. 002/2012/asb/GABIN/PFE/IBAMA-SEDE/PGF/AGU, emitido em 05/03/2012 pela Procuradora-Chefe Nacional da PFE-Ibama nos autos do PA 02001.010498/2012-86.

Parecer nº. 0262/2006/PROGE/COEPA, aprovado em 16/05/2006 pelo Procurador-Chefe Nacional da PFE-Ibama mediante Despacho 883/2006 – PROGE/GABIN, nos autos do PA 02001.002234/2005-20.

Parecer n°. 111/2006/CONJUR/MMA, aprovado em 07/08/2006 pelo Procurador-Chefe Nacional da PFE-Ibama mediante Despacho 1.511/2006 – PROGE/GABIN, nos autos do PA 02001.001696/90-19.

Parecer n°. 392/2012 CONEP/PFE/IBAMA/SEDE/PGF/AGU, emitido em 03/07/2012 pela Procuradoria Federal Especializada doIbama nos autos do PA 02001.005352/2007-51.

Parecer nº. 15.016 da Advocacia-Geral do Estado de Minas Gerais, aprovado em 17/05/2010 pelo Procurador-Chefe da Consultoria Jurídica.

Parecer nº. 15.044 da Advocacia-Geral do Estado de Minas Gerais, aprovado em 03/09/2010 pelo Advogado-Geral Adjunto do Estado.

Parecer nº. 81/2016/COJUD/PFE-IBAMA-SEDE/PGF/AGU, aprovado em 15/08/2016 pela Procuradora-Chefe Nacional Substituta da PFE-IBAMA-SEDE mediante Despacho 409/2016/GABIN/PFE-IBAMA-SEDE/PGF/AGU.

SILVA, Solange Teles da. *Direito fundamental ao meio ambiente ecologicamente equilibrado: avanços e desafios*. In MILARÉ, Édis; MACHADO, Paulo Affonso Leme, coord. – Direito Ambiental: Fundamentos do Direito Ambiental (Coleção Doutrinas Essenciais; v. 1) – São Paulo: Revista dos Tribunais, 2011.

SION, Alexandre Oheb. *Conflito Aparente de Princípios Constitucionais Ambientais e Indigenistas*. In BRAGA FILHO, Edson de Oliveira (coord) et al. Advocacia Ambiental: Segurança Jurídica para Empreender. Rio de Janeiro: Lumen Juris, 2009.

SUPREMO Tribunal Federal. Ação Direta de Inconstitucionalidade n° 3540. Relator Ministro Celso de Mello. Julgamento em 01/09/20015.

TRENNEPOHL, Curt e TRENNEPOHL, Terence. *Licenciamento Ambiental* – 6ª ed. Ver. e atual. – São Paulo: Editora Revista dos Tribunais, 2016.

2

A SISTEMATIZAÇÃO DA ARTICULAÇÃO PÚBLICO-PRIVADA NA GESTÃO AMBIENTAL DE EMPREENDIMENTOS DE INFRAESTRUTURA

Édis Milaré[1]

Maria Camila Cozzi Pires de Oliveira Dias[2]

SUMÁRIO: 1. Introdução. 2. A insuficiência da articulação atual – sintomas. 3. A sistematização da articulação – uma nova visão. 4. Conclusão. 5. Referências bibliográficas.

1. INTRODUÇÃO

A complexidade do processo de tutela ambiental impõe o aprimoramento da relação entre as esferas pública e privada quando se trata de empreendimentos de infraestrutura.

Como em qualquer atividade potencialmente lesiva ao meio ambiente, é indiscutível a necessidade de articulação do Poder Público com o empreendedor do setor de infraestrutura a fim de que, solidariamente, possam cumprir as obrigações inerentes a uma adequada gestão ambiental.

Ao impor obrigações ambientais a empreendedores, o Estado tem o dever de garantir a esse particular uma articulação – interna e com o particular –, uma vez que a falta desta juntura harmônica normalmente ocasiona prejuízos ou impossibilidades à concretização de direitos e deveres ambientais.

---

1 Procurador de Justiça aposentado do Estado de São Paulo, foi o primeiro coordenador das Promotorias de Justiça do Meio Ambiente e Secretário do Meio Ambiente. É professor de Direito Ambiental, advogado e consultor jurídico ambiental.

2 Advogada ambientalista. Graduada em Administração de Empresas pela Escola de Administração de Empresas de São Paulo da Fundação Getulio Vargas (FGV-EAESP) (2002) e em Direito pela Faculdade de Direito da Universidade de São Paulo (2007).

Sob esse olhar, seria de incumbência do Poder Público o dever de criar as necessárias condições para que o particular cumpra, de fato, as obrigações a ele impostas, sob o risco de que tais obrigações – e, em última instância, a restauração e a preservação ambiental – efetivamente não se realizem.

Entende-se que tal missão estaria atribuída ao Poder Público em esfera constitucional, por meio do *caput* do art. 225 da Carta Magna. Interpreta-se que referido dispositivo – que estrutura um sistema de responsabilidades compartilhadas entre o Poder Público e a coletividade – prevê, inclusive, uma atuação estatal no sentido de oferecer arcabouço institucional para que a coletividade cumpra, por certo, seu dever.

Entretanto, o aprimoramento da articulação entre o público e o privado na tutela ambiental encontra desafios dentro de um contexto nacional de históricos entraves tanto na execução pelo governo quanto em seu concerto interno.

O objetivo deste breve ensaio é puramente destacar, sublinhar a importância desse 'articular' – na esfera pública, internamente, e da esfera pública com a esfera privada – para a melhoria na tutela ambiental e, consequentemente, na concretização do direito ao meio ambiente ecologicamente equilibrado.

Como caminho para ilustração de tal relevância, parte-se inicialmente de uma análise casuística de adversidades, complicações, disfunções e impasses – identificados, de forma reunida, como sintomas – atualmente enfrentados pelo setor de infraestrutura no que diz respeito ao verdadeiro e real cumprimento de algumas de suas obrigações ambientais. Referidos sintomas revelam que a articulação, hoje, de fato, ocorre de forma insuficiente.

Em momento específico, por meio da referência ao caso concreto da Lei 13.334, de 13 de setembro de 2016 – que cria o Programa de Parcerias de Investimentos –, ilustra-se recente evolução havida no Brasil no sentido de percepção e utilização da articulação como resposta a muitos dos problemas havidos no exercício da tutela ambiental e que pode impactar positivamente o setor brasileiro de infraestrutura.

Segue-se, então, para uma explicação de qual entendimento deve ser extraído do dever de gestão ambiental compartilhada instituído na Constituição da República Federativa do Brasil, notadamente sob a ótica do dever do Poder Público. Esse entendimento embasa, justifica e legitima a presente defesa em favor da implantação e do uso – concretos – de elementos, normativos ou de gestão, de articulação.

Conclui-se que, apesar de ainda serem testemunhados inúmeros infortúnios, são boas as expectativas no sentido de estar em andamento no Brasil a composição de uma visão sobre a importância da articulação para concreta efetivação da tutela ambiental no País.

Como atores e espectadores desse processo de aperfeiçoamento da gestão ambiental no Brasil, espera-se – ora, a este passo iniciativo, meramente apontando-se e delineando-se a questão – contribuir de forma edificante à construção desse almejado 'articular'.

2. A INSUFICIÊNCIA DA ARTICULAÇÃO ATUAL – SINTOMAS

Diariamente, no viver do Direito Ambiental, testemunha-se uma série de críticas por parte dos empreendedores do setor de infraestrutura à gestão ambiental no Brasil. Morosidade procedimental, inexistência de concatenação entre órgãos, insegurança jurídica, impossibilidade de cumprimento de obrigações etc. Diversas são as dificuldades relatadas.

Ousa-se afirmar que parte significativa dessas adversidades origina-se na insuficiência de articulação do próprio Estado, internamente, e entre o Poder Público e o particular que exerce ou pretende exercer atividades no setor de infraestrutura. Identifica-se que muitas das atribulações enfrentadas pelo empreendedor da infraestrutura seriam sintomas de uma carência de articulação dentro da própria esfera pública e/ou desta com a esfera privada.

Interpreta-se que a importância desse encadeamento já foi reconhecida por muitos dos atores que contribuem para a construção do Direito do Ambiente no Brasil. Movimentações recentes revelam o reconhecimento da importância dessa conexão harmônica para que se vivenciem progressos na concretização da tutela ambiental.

Descortinem-se algumas situações concretas pontuais, com o objetivo de se ilustrar de forma palpável o que se está a abordar.

a) A interveniência de órgãos no licenciamento ambiental

Comece-se com um exemplo vastamente debatido. Uma experiência de como a falta de articulação dentro do Estado pode comprometer não apenas um empreendimento de infraestrutura como uma tutela ambiental efetiva diz respeito à interveniência de diferentes órgãos no processo de licenciamento ambiental.

Afinal, qual é a qualidade da participação de determinados órgãos no licenciamento ambiental de empreendimentos de infraestrutura? Em que termos formais e materiais deve se dar sua presença?

Como, afinal, o Instituto Chico Mendes de Conservação da Biodiversidade – ICMBio, a Fundação Nacional do Índio – FUNAI, a Fundação Cultural Palmares – FCP e o Instituto do Patrimônio Histórico e Artístico Nacional – IPHAN – a título de meros exemplos – devem desempenhar, atuar, trabalhar, exercer, praticar sua interveniência em processos de licenciamento ambiental que, por atribuição legal, são conduzidos por um outro órgão, o licenciador?

Em nossa visão, a natureza da interveniência de qualquer órgão no licenciamento ambiental é clara. Como já nos posicionamos[3], em nenhum momento conferiu-se em lei poder licenciatório a qualquer dos intervenientes.

Os pareceres dos demais órgãos envolvidos com o licenciamento não vinculam as decisões do órgão licenciador, conforme previsto no art. 13, §1º, da Lei Complementar 140/2011. Na realidade, os órgãos intervenientes são consultados sobre a viabilidade ambiental do empreendimento, em suas respectivas esferas de competência, mas o soberano do licenciamento é unicamente o órgão ambiental.

Os órgãos intervenientes podem e devem ser ouvidos no licenciamento ambiental. Entretanto, quem decide sobre as efetivas condicionantes de tal processo, ou quanto ao momento do seu cumprimento, é o órgão licenciador.

Contudo, não são poucas as ocasiões em que surgem verdadeiras disputas administrativas entre órgãos do Poder Público envolvidos nesse processo, restando a perfeita vida das licenças expedidas ao particular – por determinado órgão ambiental – comprometida pela atuação, inclusive judicial, de outro.

Como sintoma, refere-se a inúmeras investigações e diversos procedimentos judiciais envolvendo a questão atualmente em curso em todo o Brasil. Muitas dessas querelas derivam de verdadeiras distorções de percepção por parte dos próprios órgãos intervenientes acerca de quais seriam suas atribuições no bojo do licenciamento ambiental e, portanto, frente ao próprio licenciador.

Nesse caso, indaga-se: não deveria o Estado – diante da insegurança jurídica e ineficiência econômica decorrentes desse conflito institucional – atuar positivamente no sentido de garantir essa articulação?

A resposta é sim. E avalia-se – como uma boa nota para essa circunstância específica – que o reconhecimento da necessidade dessa atuação organizada, encadeada, coordenada e, portanto, 'articulada' está afirmado quando se analisam os termos da Lei 13.334, de 13 de setembro de 2016 (editada a partir da conversão da Medida Provisória 727, de 12 de maio de 2016), que cria o Programa de Parcerias de Investimentos[4].

Primordialmente, antes de se adentrar no texto normativo, oportuno visitar a Exposição de Motivos da mencionada Medida Provisória. À ocasião, ficava clara a crença do Chefe do Poder Executivo brasileiro no sentido de que grande parte do sucesso do programa de parcerias então criado passava

---

3 MILARÉ, Édis. *Direito do ambiente*. 10ª ed. São Paulo: Revista dos Tribunais, 2015, p. 821.

4 Aponta-se que o Programa de Parcerias de Investimentos foi criado pelo governo brasileiro para ampliar e fortalecer a relação entre o Estado e a iniciativa privada por meio da celebração de contratos de parceria para a execução de empreendimentos públicos de infraestrutura e de outras medidas de desestatização (art. 1º).

pelo, cá tão discutido, 'articular'. Foram essas as suas palavras textuais: "(...). Neste sentido, está prevista a atuação conjunta e com eficiência dos órgãos, entidades e autoridades estatais, inclusive as autônomas e independentes, da União, dos Estados, do Distrito Federal e dos Municípios".

Para o que é de interesse, releva-se que, após diversas menções expressas à necessidade de articulação sob diversos aspectos para viabilização do programa criado (arts. 16, 6º, incs. III e IV e 14, §5º, da Lei 13.334/2016), chega-se ao art. 17 da Lei (anterior art. 18 da Medida Provisória de origem), dispondo o quanto transcrito abaixo, merecedor de destaque:

> "CAPÍTULO VI
>
> DA LIBERAÇÃO DE EMPREENDIMENTOS DO PPI
>
> Art. 17. Os órgãos, entidades e autoridades estatais, inclusive as autônomas e independentes, da União, dos Estados, do Distrito Federal e dos Municípios, com competências de cujo exercício dependa a viabilização de empreendimento do PPI, têm o dever de atuar, em conjunto e com eficiência, para que sejam concluídos, de forma uniforme, econômica e em prazo compatível com o caráter prioritário nacional do empreendimento, todos os processos e atos administrativos necessários à sua estruturação, liberação e execução.
>
> § 1º Entende-se por liberação a obtenção de quaisquer licenças, autorizações, registros, permissões, direitos de uso ou exploração, regimes especiais, e títulos equivalentes, de natureza regulatória, ambiental, indígena, urbanística, de trânsito, patrimonial pública, hídrica, de proteção do patrimônio cultural, aduaneira, minerária, tributária, e quaisquer outras, necessárias à implantação e à operação do empreendimento.
>
> § 2º Os órgãos, entidades e autoridades da administração pública da União com competências setoriais relacionadas aos empreendimentos do PPI convocarão todos os órgãos, entidades e autoridades da União, dos Estados, do Distrito Federal ou dos Municípios, que tenham competência liberatória, para participar da estruturação e execução do projeto e consecução dos objetivos do PPI, inclusive para a definição conjunta do conteúdo dos termos de referência para o licenciamento ambiental."

Como se vê, a necessidade de articulação – ora tão enaltecida – foi reconhecida pelo que – juntamente com os colegas Lucas Tamer Milaré, Rita Maria Borges Franco, Roberta Jardim de Morais e Priscila Santos Artigas[5] – definimos anteriormente como a criação de verdadeiro foro de discussão com a participação dos órgãos integrantes da Administração Pública Federal, Estadual, Distrital e Municipal.

---

[5] *"PPI sinaliza mudanças positivas para o licenciamento ambiental"*. Disponível em http://www.conjur.com.br/2016-jul-15/ppi-sinaliza-mudancas-positivas-licenciamento-ambiental. Acesso: 03.11.2016.

Como defendido com os mencionados colegas à ocasião da edição da Medida Provisória 727/2016, objetivou-se

> "criar um espaço para que os desencontros verificados comumente nos processos de licenciamento de empreendimentos de infraestrutura, especialmente aqueles que demandam manifestação de setores diversos, não impliquem demora injustificada em sua tramitação" [6].

Testemunha-se uma inegável evolução nesse, como dito, tão amplamente debatido exemplo de falta de articulação interna do setor público. Nesse caso, criou-se verdadeiro mecanismo de articulação entre atores envolvidos no processo de licenciamento de empreendimento do Programa de Parcerias de Investimentos, com vistas à sua liberação.

b) A quitação da obrigação da Compensação Ambiental Federal[7]

Como segundo exemplo, coloca-se uma situação que muitos empreendedores da área de infraestrutura vivenciam e que pode ser qualificada como 'kafkaniana'.

---

[6] Registre-se que, àquela oportunidade, fomos propositivos, tendo indo além:
"Noutras palavras, a MP 727/2016, parece ter dado o primeiro passo nesse sentido, exigindo que os órgãos e entidades estatais, que tenham competência "liberatória" para a obtenção de quaisquer licenças, convoquem todos os coadjuvantes do processo para participar da estruturação e execução de projetos de interesse nacional (art. 18, §§ 1º, 2º e 3º). Bom caminho para o fim de dissenções que, amiúde, se assistem entre órgãos como Ibama, ICMBio, Iphan, Funai, FCP etc.
Assim, poder-se-ia conjecturar a entrega de tal atribuição disciplinadora ao Conselho de Governo, órgão superior do Sisnama (artigo 6º, inciso I, da Lei Federal 6.938/1981), que teria a competência de promover a coordenação entre as agências governamentais para a resolução de eventuais conflitos entre elas. Com isso, obviar-se-ia o papel meramente decorativo desse Conselho que, embora previsto como órgão de assessoramento imediato ao presidente da República, até o momento não teve qualquer atuação concreta na formulação de diretrizes da ação governamental relacionada ao meio ambiente.
Um dos possíveis resultados deste encontro poderá ser a definição conjunta, por exemplo, das linhas de base de Termos de Referência (...), para que os estudos apresentados pelo empreendedor atendam todas as possíveis exigências que cada qual dos órgãos intervenientes poderá vir a exigir quando instado a se manifestar sobre o projeto em análise, embora seja consabido que, na prática, o órgão ambiental licenciador inclui exigências suficientes para cobrir todas as áreas de conhecimento inseridas na discussão da viabilidade ambiental dos empreendimentos e atividades submetidos à sua análise."

[7] Sobre esse assunto, fazemos referência à publicação *"Compensação Ambiental – O Retrato do Cenário Brasileiro"*, de autoria da organização *The Nature Conservancy* (TNC) e disponível no sítio eletrônico dessa entidade (http://www.tnc.org.br/nossas-historias/publicacoes). Tivemos a oportunidade de participar, em 2014, de 'Projeto de Aprimoramento do Marco Regulatório da Compensação Ambiental Federal no Brasil' em parceria *pro bono* com a TNC, que, por sua vez, atuava em cooperação técnica com o Ministério do Meio Ambiente, IBAMA e ICMBio. Ao final do projeto, fizemos uma proposta para aprimoramento do marco normativo atual visando a maior eficácia na aplicação dos recursos financeiros oriundos da compensação ambiental no âmbito de licenciamentos conduzidos pelo IBAMA. O trabalho utilizou-se dos resultados encontrados em auditoria realizada pelo Tribunal de Contas da União e desenvolveu-se a partir de entrevistas realizadas com membros do Ministério do Meio Ambiente, do IBAMA e do ICMBio diretamente envolvidos com esse tema.

Trata-se das dificuldades enfrentadas por empreendedores que têm seus projetos licenciados na esfera federal com relação à quitação de sua obrigação de Compensação Ambiental, mecanismo instituído pela Lei 9.985/2000. De acordo com referida lei, os empreendimentos de significativo impacto ambiental, quando licenciados, devem apoiar a implantação e manutenção de Unidade de Conservação do Grupo de Proteção Integral.

O modelo institucional adotado para aplicação desses recursos financeiros com a possibilidade de execução pelo Instituto Chico Mendes de Conservação da Biodiversidade – ICMBio, no contexto de processos de licenciamento ambiental conduzidos pelo Instituto Brasileiro do Meio Ambiente e dos Recursos Naturais Renováveis – IBAMA, é discutido, dentre outros aspectos, quanto à sua segurança jurídica.

São inúmeros os entraves relativos ao processo de aplicação desses recursos enfrentados pelo gestor das unidades de conservação federais. Como consequência, o lapso temporal entre a disponibilização dos recursos pelo empreendedor e a efetiva aplicação prática dos valores nas unidades de conservação beneficiadas é mais extenso do que o desejado.

Ocorre então que o responsável pelo projeto de infraestrutura, tendo realizado o pagamento integral dos valores destinados à Compensação Ambiental Federal no âmbito de termo de compromisso celebrado com o ICMBio, simplesmente não recebe a correspondente quitação imediata do IBAMA quanto ao cumprimento da condicionante no processo de licenciamento ambiental conduzido por esse órgão ambiental.

Independentemente do posicionamento adotado quanto à finalidade jurídica[8] da compensação ambiental e às possíveis formas de cumprimento dessa obrigação, fato é que as peculiaridades do instituto e a complexidade de procedimentos dos órgãos públicos envolvidos nessa questão propiciam uma situação de insegurança jurídica àqueles que buscam cumprir a obrigação da compensação ambiental no licenciamento de projetos de infraestrutura.

Face a essa situação de desarticulação e consequente insegurança, questiona-se: o que de concreto fará o Poder Público para ver criadas reais condições, em ordem a que o particular cumpra de forma segura sua obrigação?

---

8 A finalidade jurídica da compensação ambiental é amplamente debatida por Priscila Santos Artigas em sua tese de doutoramento intitulada "Contribuição aos Estudos das Medidas Compensatórias em Direito Ambiental", defendida em 2012 na Faculdade de Direito da USP e aprovada com distinção.

c) *A realização da consulta a povos indígenas e tribais*

Um terceiro exemplo são as impraticabilidades encontradas por empreendedores em ver concluídos procedimentos de consulta a povos indígenas e tribais, através de suas instituições representativas.

Isso porque, de acordo com o Decreto 5.051/2004, que promulga a Convenção nº 169 da Organização Internacional do Trabalho – OIT, cada vez que sejam previstas medidas legislativas ou administrativas suscetíveis de afetar referidos povos diretamente, os governos deverão consultá-los, mediante procedimentos apropriados.

Ocorre que, hoje, de fato inexiste a institucionalização dos procedimentos sob os quais tal consulta deve ocorrer, estando comprometida, assim, a sua consecução prática[9].

Independentemente da discussão sobre a necessidade, ou não, da consulta a determinados povos em ocasiões específicas, acontece que não há consenso sobre qual o procedimento a ser perquirido para a efetivação de tal instrumento democrático, o que tem inviabilizado a efetiva tutela desse direito de representação.

d) *A imposição de serviços públicos como condicionantes em licenciamento ambiental*

Como outro espécime desse mesmo fenômeno, apontam-se os entraves encontrados por empreendedores aos quais foram impostas obrigações de prestação de serviços de natureza pública como medida compensatória em licenciamento ambiental.

É o caso exemplar da obrigatoriedade de implantação e posterior manutenção de sistema de saneamento básico a populações atingidas por empreendimentos, com a instalação e manutenção das estruturas para a prestação desses serviços junto à comunidade local.

Igualmente, para os fins aqui pretendidos, não se discute o respaldo jurídico no atual ordenamento jurídico brasileiro da delegação pelo Poder Público e a assunção, por um empreendedor, da execução de serviços de titularidade do Estado de forma perene. Também ora não se discute uma

---

9 Como efeito sintomático, apontam-se as inúmeras discussões judiciais atuais sobre o tema, com divergências sobre como deve se dar a oitiva de comunidades tradicionais no desenvolvimento de empreendimentos de infraestrutura, como, por exemplo, do setor portuário e de mineração.

potencial desnaturação do instrumento do licenciamento ambiental que parecemos muitas vezes testemunhar[10].

Discute-se, sim, a necessária articulação entre as diversas esferas do Poder Público envolvidas nesse processo e o particular para concretização de uma atividade e o atingimento de sua respectiva finalidade.

Isso porque, nesse caso, mesmo sob o rito de um licenciamento conduzido por um órgão ambiental, por exemplo, federal, o empreendedor necessita do ente político local, o município, para realização de atividades junto à comunidade[11].

Em todas as experiências mencionadas acima, é comum a necessidade de uma atuação positiva[12] do Estado na criação de condições ao empreendedor privado para o cumprimento de obrigações a ele impostas, por meio da promoção de articulação.

Como se pode depreender dos exemplos mostrados, lapsos de articulação ocasionam o que se pode chamar de impossibilidades, impedimentos, inviabilidades aos responsáveis por projetos de infraestrutura de cumprimento real de suas próprias atividades de proteção ambiental.

Essas constatações, portanto, divergem do fim maior imposto pela Constituição Federal de 1988 de defesa e preservação do meio ambiente, como se verá em seguida.

3. A SISTEMATIZAÇÃO DA ARTICULAÇÃO – UMA NOVA VISÃO

Buscando a efetividade do direito ao meio ambiente ecologicamente equilibrado, a Constituição da República Federativa do Brasil, em seu art. 225, §1°, estabelece uma série de incumbências ao Poder Público[13].

---

10 A esse respeito, indica-se a leitura da opinião de Eduardo Fortunato Bim, procurador federal do IBAMA, em *"Condicionantes sociais devem ter nexo com impactos ambientais"*. Disponível em: http://www.conjur.com.br/2016-mai-11/eduardo-bim-condicionantes-nexo-impacto-ambiental. Acesso: 03.11.2016.

11 Como sintoma, refere-se à judicialização da questão em diversos procedimentos judiciais atualmente em trâmite, em que se discute a saúde pública de municípios impactados por empreendimentos de infraestrutura em determinadas localidades.

12 Sobre a vertente positiva da atuação do Poder Público e outros aspectos para materialização do direito fundamental ora em discussão, remete-se às referências e análises empreendidas em:
KRELL, Andreas Joachim. Comentários ao artigo 225, *caput*. In: CANOTILHO, J. J. Gomes; MENDES, Gilmar F.; SARLET, Ingo W.; STRECK, Lenio L. (Coords.). *Comentários à Constituição do Brasil*. São Paulo: Saraiva/Almedina, 2013. p. 2082-2083.

13 Preservação e restauração de processos ecológicos (inc. I), preservação da diversidade e integridade do patrimônio genético do país e fiscalização correspondente (inc. II), definição de espaços territoriais especialmente protegidos (inc. III), exigência de estudos prévios de impacto ambiental

Visando a assegurar a efetividade desse direito, a Constituição atribuiu ao Poder Público deveres específicos que, quando analisados literalmente – mas com a experiência da atual realidade –, mostram-se, de certa forma, insuficientes.

Torna-se necessário observar que, quando se trata de aspectos relativos ao meio ambiente, fica claro que o papel até então atribuído ao Estado não é mais suficiente para propiciar a sua eficiente defesa, na medida em que a complexidade que lhe permeia exige novas atitudes, nova conscientização e, principalmente, novas iniciativas de agentes das mais diversas esferas.

Já defendemos tal ideia alhures, quando afirmamos que "[o] êxito da gestão e da política advirá do grau de coesão dos seus atores, da lucidez das diretrizes e da boa condução das ações", e concluímos que "na condução do meio ambiente não pode haver ruptura entre Poder Público e sociedade que, por sua natureza, são entes convergentes e solidários." [14]

Observa-se que a mera imposição de obrigações – seja na esfera legislativa, seja no âmbito do exercício pelo Estado de suas atividades de cunho executivo – sem a constituição de condições mínimas para o seu cumprimento pelos particulares já não se mostra suficiente para que se assegure a defesa do meio ambiente.

Surge, portanto, a necessidade da definição de um novo papel do Estado, atribuindo-lhe responsabilidades no que diz respeito à criação de condições para que a coletividade exerça seus próprios deveres de preservação ambiental, via ações de articulação.

Emerge, assim, uma nova faceta da responsabilidade estatal na gestão ambiental: a que possibilite a articulação do Poder Público, internamente, e entre este e o particular na gestão ambiental de empreendimentos de infraestrutura, com a constituição de condições para que esses entes cumpram as obrigações ambientais a que estão sujeitos.

Atente-se que a responsabilidade estatal pela criação de condições decorre do disposto na Constituição Federal que, em seu art. 225, preceitua incumbir ao Poder Público e à coletividade, de forma conjunta, o dever de defender o meio ambiente e preservá-lo para as presentes e futuras gerações.

Inegável a necessidade de desenvolvimento de novos instrumentos que conduzam à ampla defesa desse direito, vez que o arranjo posto para a sua

---

em caso de instalação de obra ou exercício de atividade potencialmente causadora de significativa degradação do meio ambiente (inc. IV), controles de métodos e substâncias que comportem risco para a vida, a qualidade de vida e o meio ambiente (inc. V), promoção de educação ambiental e conscientização pública para a preservação do meio ambiente (inc. VI) e proteção de fauna e flora (inc. VII).

[14] MILARÉ, E. *Direito do ambiente.* 10ª ed. São Paulo: Revista dos Tribunais, 2015, p. 636.

efetivação – em termos de articulação entre poder público, internamente, e com o setor privado – demonstra-se, em muitas das ocasiões, insuficiente para a preservação ambiental.

Não se ignoram os desafios inerentes a esse processo, considerados os diferentes interesses e regimes jurídicos envolvidos.

Observe-se, ainda, que não se pretende eximir o empreendedor privado do cumprimento de suas obrigações e do exercício de seus deveres.

Por certo que cada ente privado tem sua própria responsabilidade, materializada na forma de incumbência, de proteção ambiental. Do mesmo modo, é evidente que a alocação de responsabilidades e a atribuição de obrigações aos particulares por parte do Estado também devem continuar a ocorrer de forma exigente. Isso não se questiona.

Entretanto, fica claro que a atuação do Estado, sem a preocupação com a efetiva possibilidade de cumprimento do dever por parte do particular, na esfera ambiental, já não é mais suficiente quando se pretende proteger o meio ambiente.

E, como tem ocorrido historicamente, é o Direito que conduzirá à efetiva proteção do meio ambiente, mediante a inserção de regras e procedimentos para uma efetiva convergência do Poder Público com o particular no exercício de deveres a eles impostos.

O Direito figura como um regulador da intenção de atuação do Estado brasileiro, fazendo-se com que se cumpra o dever de criação de condições para o cumprimento de obrigações pelos particulares em sua atuação na defesa do meio ambiente, ou melhor, da qualidade de vida e o bem comum da população.

E deve fazê-lo mediante a inserção de normas específicas que conduzam o Estado a criar um ambiente institucional articulado, sob pena de sanções específicas (como, por exemplo, a ilegitimidade das decisões, inconstitucionalidade das leis, responsabilização do próprio Estado e de seus agentes etc.).

Certamente deverão ser considerados os princípios e os objetivos da política ambiental brasileira, consubstanciada principalmente na Lei 6.938, de 31 de agosto de 1981 (Política Nacional do Meio Ambiente) para, a partir deles, demonstrar-se a importância da articulação entre o Estado e os particulares na concretização das obrigações impostas a esses últimos na efetivação da preservação do meio ambiente.

Essa redefinição do papel do Estado perante o particular na gestão ambiental compartilhada alinha-se à filosofia da Constituição de 1988 no sentido de aumentar a efetividade dos direitos fundamentais, já que a garantia de um direito não está apenas em seu reconhecimento ou positivação, mas na previsão de mecanismos atualizados que garantam seu respeito.

4. CONCLUSÃO

A concretização de inúmeras contrapartidas ambientais sob responsabilidade de empreendedores que conduzem projetos de infraestrutura depende, inexoravelmente, de uma atuação de ente estatal, isoladamente, por meio de criação de condições institucionais, ou em regime de cooperação com o particular.

É notória a tendência crescente do Estado contemporâneo em articular-se com a coletividade, concebendo institutos e criando pactos no âmbito dos quais o Poder Público relaciona-se com o particular.

Ocorre que o Estado brasileiro, dentro de uma realidade de dificuldades executivas e desconcertos em definição de prioridades, não apenas deixa de oferecer o arcabouço institucional para que o particular concretize seus deveres na esfera ambiental, como, muitas vezes, impõe a esse, no âmbito de veículos de gestão ambiental, obrigações que, por sua natureza, são de difícil concretização.

A vereda utilizada neste ensaio para ilustração da relevância do ora chamado 'articular' consistiu na análise casuística dos seguintes sintomas – adversidades, complicações, disfunções e impasses – atualmente enfrentados pelo setor de infraestrutura brasileiro: *(a)* a interveniência de órgãos no licenciamento ambiental, com menção específica às evoluções trazidas recentemente pela Lei 13.334/2016, que cria o Programa de Parcerias de Investimentos; *(b)* a quitação da obrigação da Compensação Ambiental Federal; *(c)* a realização de consulta a povos indígenas e tribais; e *(d)* a imposição de serviços públicos como condicionantes em licenciamento ambiental.

Como visto, significativas imposições de cunho ambiental pelo Poder Público a empreendedores da área de infraestrutura – seja via exercício da função legislativa, na criação de normativos visando à tutela ambiental, seja no âmbito da sua esfera de atuação executiva, na atribuição de responsabilidades no âmbito de processo de licenciamento ambiental – geram uma substancial gama de deveres de particulares que permanecem sem possibilidade prática de implantação.

No que se refere à gestão ambiental brasileira, não se ignora que – na análise da relação necessária entre entes estatais e entes privados, quando se trata do cumprimento de obrigações impostas a particulares e a serem por eles cumpridas – a definição do papel do Estado nesse processo influi sobremaneira na proteção efetiva do meio ambiente.

Este ensaio veicula visão segundo a qual a iniciativa, a ação, a atitude do Poder Público para sistematizar uma articulação institucional assenta-se no art. 225 da Constituição Federal e é essencial para uma real salvaguarda dos direitos ambientais dentro da nossa sociedade.

5. REFERÊNCIAS BIBLIOGRÁFICAS

ARTIGAS, Priscila Santos. *Contribuição ao estudo das medidas compensatórias em Direito Ambiental.* Tese de Doutorado. Universidade de São Paulo – USP, 2012.

ARTIGAS, Priscila S.; FRANCO, Rita M. B.; MORAIS, Roberta J.; MILARÉ, Édis; MILARÉ, Lucas T. *"PPI sinaliza mudanças positivas para o licenciamento ambiental"*. Disponível em http://www.conjur.com.br/2016-jul-15/ppi-sinaliza-mudancas-positivas-licenciamento-ambiental. Acesso: 03.11.2016.

BIM, Eduardo F. "*Condicionantes sociais devem ter nexo com impactos ambientais*". Disponível em: http://www.conjur.com.br/2016-mai-11/eduardo-bim-condicionantes-nexo-impacto-ambiental. Acesso: 03.11.2016.

KRELL, Andreas Joachim. Comentários ao artigo 225, *caput*. In: CANOTILHO, J. J. Gomes; MENDES, Gilmar F.; SARLET, Ingo W.; STRECK, Lenio L. (Coords.). *Comentários à Constituição do Brasil.* São Paulo: Saraiva/Almedina, 2013.

MILARÉ, Édis. *Direito do ambiente.* 10ª ed. São Paulo: Revista dos Tribunais, 2015.

3

A DESTINAÇÃO DA COMPENSAÇÃO AMBIENTAL DA LEI DO SNUC: NATUREZA E FUNÇÃO DE FINANCIAMENTO DE TODA A POLÍTICA PÚBLICA

Eduardo Fortunato Bim[1]

SUMÁRIO: Introdução. 1. A função da compensação ambiental da Lei do Snuc de subsidiar, de forma complementar, a política pública das unidades de conservação. 2. Compensação ambiental prevista na Lei do Snuc não se confunde com a compensação-mitigante do licenciamento ambiental. 3. Resolução Conama 371/2006: exegese conforme a Lei do Snuc e apartada da intepretação retrospectiva. 4. Conclusão. 5. Referências bibliográficas.

INTRODUÇÃO

Existe controvérsia sobre a destinação da compensação ambiental prevista na Lei do Sistema Nacional de Unidades de Conservação da Natureza (Snuc). Embora a legislação não destine todo o montante dos recursos arrecadados para as unidades de conservação (UCs) no mesmo bioma e bacia hidrográfica afetados pelo empreendimento ou atividade licenciada, alguns entendem isso com base na suposta natureza compensatória-mitigante da compensação ambiental da Lei do Snuc, que superaria os limites impostos pelo seu artigo 36 e artigo 9º da Resolução Conama 371/06.

Essa controvérsia, embora não devesse, pode paralisar licenciamentos ambientais ou mesmo a aplicação dos recursos na política pública do Snuc.

---

1 Procurador Federal junto à PFE-Ibama/Sede. Mestre em Direito e Especialista em direito ambiental pela Unimep. Autor dos livros *Licenciamento Ambiental*. 3a ed. Rio de Janeiro: Lumen Juris, 2016, e *Audiências Públicas*. São Paulo: RT, 2014.

Seu efeito para o empreendedor consiste em não adimplir a sua obrigação, especialmente na área federal, na qual não se tem ainda a possibilidade de se efetuar o depósito do montante da compensação ambiental assim que ele for calculado.[2] Ademais, o TCU entendeu ser incabível a execução indireta (Acórdãos 1.853/13 e 1.004/16), isto é, a entrega dos recursos devidos pelo empreendedor ao ente público para que este providencie a aplicação na política pública do Snuc.

O objetivo do presente trabalho é analisar o entendimento de que existe restrição à destinação do montante da compensação ambiental para unidades de conservação não impactadas diante da Lei do Snuc.

1. A FUNÇÃO DA COMPENSAÇÃO AMBIENTAL DA LEI DO SNUC DE SUBSIDIAR, DE FORMA COMPLEMENTAR, A POLÍTICA PÚBLICA DAS UNIDADES DE CONSERVAÇÃO

O artigo 36, *caput,* da Lei do Snuc destina o montante da compensação ambiental ao apoio à implantação ou manutenção de UCs de proteção integral. Essa é a regra. O direcionamento dos recursos da compensação ambiental é exclusivo à implantação ou manutenção de UCs de proteção integral, exceto se os impactos do empreendimento afetarem direta e adversamente UC de uso sustentável.

Como bem destacam Talden Farias e Pedro Ataíde, a compensação ambiental "é destinada às UCs de Proteção Integral, mas poderá ser dirigida à unidade de Uso Sustentável específica quando a atividade afetar ou o seu interior ou a sua zona de amortecimento".[3]

---

2 Embora tenha havido opinativo jurídico nesse sentido, pelo uso do DJE, que corrige Selic e dispensa pagamento de comissão à instituição financeira, como ocorria com a CEF quando ainda não havia o DJE e antes de o TCU entender ser ilegal a execução indireta. Com efeito, o Parecer 77/2015/COJUD/PFE-IBAMA-SEDE/PGF/AGU (aprovado, em 08/12/2015, pela Procuradora-Chefe Nacional da PFE-Ibama mediante Despacho 785/2015/GABIN/PFE-IBAMA-SEDE/PGF/AGU, nos autos do PA 02001.000803/2013-11), ao tratar do tema da correção dos débitos de compensação, dispôs: "[...] IV. É válida a IN Ibama 11/2013 fixando a Selic para atualizar a compensação ambiental porque houve alteração da data de exigibilidade mas ela não pode ser usada porque não há como o administrado adimplir o seu valor antes da assinatura do termo de compromisso, caracterizando a mora do credor, fazendo com que na prática somente a correção monetária seja devida. V. Necessidade de o Ibama aceitar o depósito administrativo para evitar perda dos valores dos juros de mora, viabilizando que esses valores se destinem aos seus fins. Possibilidade de se efetuar o Documento para Depósitos Judiciais ou Extrajudiciais à Ordem e à Disposição da Autoridade Judicial ou Administrativa Competente (DJE) perante à Caixa Econômica Federal."

3 ATAÍDE, Pedro H. de Sousa, FARIAS, Talden. A compensação ambiental do art. 36 da Lei 9.985/2000: aspectos conceituais e questões controvertidas. *Revista de Direito Ambiental*, vol. 81, a. 21, p. 233-266, São Paulo: RT, out./jan./mar. 2016, p. 236.

Destaque-se que, em regra, a criação de novas unidades de conservação não é contemplada pela verba da compensação ambiental, mas a sua implantação, o que pressupõe UC criada, seguindo as condições da Lei 9.885/00. Apenas excepcionalmente se pode contemplar a criação de novas unidades de conservação.

Quanto à *destinação das verbas em termos de montante*, a leitura efetuada pela Administração Pública federal não viola a legislação sobre o assunto. Nem o artigo 36 da Lei do Snuc, o Decreto 4.340/2002 ou a Resolução Conama 371/2006 determinam a aplicação integral das compensações ambientais no mesmo bioma, região ou bacia hidrográfica dos empreendimentos licenciados, embora haja preferência de que parte do montante tenha tal destinação.

A função da compensação ambiental da Lei do Snuc é a de ajudar o financiamento da política pública do Snuc. A doutrina é categórica quanto a isso: a *principal função da compensação ambiental é alocar recursos financeiros ao Snuc*.[4] Criou-se uma fonte de custeio para o Snuc.

Essa ajuda, entretanto, é complementar, não devendo ser, de forma alguma, a fonte principal de recursos das unidades de conservação. Para isso existe o orçamento, as concessões etc. Destaca-se esse ponto porque não é incomum ver o gestor da UC disputando o recurso da compensação ambiental como se ele fosse um crédito da UC ou, pior, como se fosse um crédito de valor certo.[5]

A UC tem direito a esse montante de compensação ambiental prevista na Lei do Snuc, como se verá adiante, mas somente se ela for diretamente impactada, que também abrange, nesse caso, sua zona de amortecimento. Mas é a sua zona de amortecimento devidamente instituída, não servindo a distância de 3.000 metros, prevista na Resolução Conama 428/10, para fins de autorização de licenciamento ambiental.[6]

---

4 CAMPHORA, Ana Lucia. Ambiente institucional da compensação ambiental de que trata o artigo 36 da Lei Federal 9.985/2000: da necessidade de governança regulatória. 2008. fls. 171. Tese (doutorado) – Instituto de Ciências Humanas e Sociais, UFRRJ, Seropédica, 2008, p. 2; GODOY, Larissa Ribeiro da Cruz. *Compensação Ambiental e Financiamento de Áreas Protegidas*. Porto Alegre: SAFE, 2015, p. 170-171; ATAÍDE, Pedro, FARIAS, Talden. A compensação ambiental do art. 36 da Lei 9.985/2000: aspectos conceituais e questões controvertidas. *Revista de Direito Ambiental*, vol. 81, 2016, p. 237.

5 Chega-se ao disparate de se estabelecer uma zona de amortecimento desproporcional apenas para aumentar a probabilidade de se apropriar do montante da compensação ambiental da Lei do Snuc.

6 Como entende a AGU, cf. Parecer 603/2011/CONEP/PFE-IBAMA-SEDE/PGF/AGU, aprovado, em 22/08/2011, pela Procuradora-Chefe Nacional da PFE-Ibama mediante Despacho 678/2011/GABIN/PFE-IBAMA-SEDE/PGF/AGU, nos autos do PA 02001.004602/2010-31; Parecer 85/2014/CONEP/PFE-IBAMA-SEDE/PGF/AGU, nos autos do PA 02001.004281/2005-16, inicialmente não

2. COMPENSAÇÃO AMBIENTAL PREVISTA NA LEI DO SNUC NÃO SE CONFUNDE COM A COMPENSAÇÃO-MITIGANTE DO LICENCIAMENTO AMBIENTAL

Deve-se desfazer o mito de que a compensação ambiental do Snuc é a única forma de compensar os impactos ambientais de um empreendimento, o que é usualmente alegado para sustentar que todo o montante da compensação ambiental deve ficar na vizinhança do empreendimento ou atividade. Essa função, entretanto, é da compensação-mitigante.

Há distinção entre a compensação ambiental, prevista na Lei do Snuc, e a compensação-mitigante, do licenciamento ambiental. Confundir essas espécies de compensação faz com que a lógica das medidas compensatórias ligadas ao licenciamento ambiental, ou a ele vinculado (*v.g.*, Código Florestal, Lei da Mata Atlântica), que compensam o impacto causado pelo empreendimento ou atividade do licenciamento ambiental no local que eles são produzidos, seja aplicada à compensação do Snuc, o que se afigura equivocado.

No licenciamento, os impactos identificados nos estudos ambientais são considerados na definição dos programas e projetos, que, por sua vez, integram as condicionantes de cada uma das licenças (LP, LI e LO). As ações específicas e concretas que irão compensar ou mitigar os impactos da atividade ou empreendimento licenciado são previstas nas licenças ambientais, e não na destinação da compensação ambiental do Snuc. O locus onde se discutem os impactos do empreendimento e sua mitigação/compensação é o licenciamento ambiental.

A compensação ambiental do Snuc, por sua vez, é um instituto jurídico distinto que, embora seja ligado ao licenciamento ambiental, não é diretamente relacionado à mitigação/compensação dos impactos específicos decorrentes da instalação do empreendimento ou atividade. É instrumento de internalização dos custos, em termos gerais, decorrentes do impacto na biodiversidade do empreendimento ou atividade. Esses custos são revertidos à conservação da biodiversidade nacional, por meio de apoio à implantação e manutenção de unidades diretamente afetadas pelo empreendimento ou unidades de proteção integral.

---

aprovado nesse ponto, sendo-o mais recentemente no Despacho 240/2015/GABIN/PFE-IBAMA-SEDE/PGF/AGU, da Procuradora-Chefe Nacional da PFE-Ibama; Nota 27/2015/PFE-ICMBIO-SEDE/PGF/AGU, aprovado, em 15/04/2015, pelo Procurador-Chefe da PFE-ICMBio mediante Despacho 90/2015/PFE-ICMBIO-SEDE/PGF/AGU, nos autos do PA 02001.001127/2015-56; Nota 86/2015/CONEP/PFE-IBAMA-SEDE/PGF/AGU, aprovado, em 07/05/2015, pela Procuradora-Chefe Nacional da PFE-Ibama mediante Despacho 240/2015/GABIN/PFE-IBAMA-SEDE/PGF/AGU, nos autos do PA 02001.001127/2015-56.

Ao presumir impactos não mitigáveis em licenciamentos ambientais com potencialidade de significativo impacto ambiental, geralmente subsidiados pelo EIA, a Lei do Snuc é clara em prever a compensação ambiental financeira (art. 36), que deve ser aplicada na política pública das unidades de conservação, por meio da implantação e manutenção de unidades de proteção integral ou de unidades diretamente afetadas pelo empreendimento, conforme previsão expressa do *caput* e § 3º do artigo 36 da Lei 9.985/00. O próprio STF reconheceu tal destinação para financiar, de forma complementar, claro, as UCs, densificando a responsabilidade pelos custos ambientais da atividade econômica (ADI 3378).

Entretanto, essa compensação se diferencia da compensação-mitigante. Como explica Luis Sánchez:

> A natureza dessa compensação, contudo, é diferente da compensação ecológica vista nessa seção, uma vez que, independentemente do recurso ambiental afetado, a compensação deve ser em benefício de uma unidade de conservação, ou seja, não é seguido o princípio *like for like*. Ademais, na compensação em benefício de unidades de conservação, não há conexão funcional entre o impacto negativo a ser causado e o resultado esperado da compensação. Diferente da compensação por intervenção em áreas de preservação permanente ou por supressão de vegetação (Quadro 13.7), a compensação em benefício de uma unidade de conservação não é um mecanismo de reposição, de substituição ou mesmo de indenização de funções ou componentes ambientais perdidos.[7]

Daniel Araujo de Oliveira também distingue a compensação ambiental da Lei do Snuc da compensação-mitigante, ao doutrinar que aquela "não deve ser confundida, em hipótese alguma, com a implantação de projetos de controle e de mitigação de impactos negativos necessários para garantir a viabilidade ambiental do empreendimento."[8] Fernando de Faria Tabet também reconhece a diferença entre os institutos.[9]

Como destacado pela AGU, em diversos pareceres jurídicos, ambas as compensações não se confundem:

> [...] V. Os recursos advindos da compensação ambiental já são legalmente destinados ao apoio, implantação e manutenção de unidades de

---

7 SÁNCHEZ, Luis Enrique. *Avaliação de Impacto Ambiental*: conceito e métodos. 2ª ed. São Paulo: Oficina do Texto, 2013, p. 401. No mesmo sentido: BIM, Eduardo Fortunato. *Licenciamento Ambiental*. 3a ed. Rio de Janeiro: Lumen Juris, 2016, p. 236.

8 OLIVEIRA, Daniel Araujo de. *Licenciamento Ambiental na Prática*: controle ou oportunidade? Rio de Janeiro: Lumen Juris, 2015, p. 122.

9 TABET, Fernando de Faria. Florestamento e reflorestamento em área de preservação permanente. In: SILVA, Bruno Campos et al. *Direito Ambiental:* vistos por nós advogados. Belo Horizonte: Del Rey, 2005, p. 126.

> conservação, podendo, inclusive, serem utilizados para criação de novas unidades. Não se pode confundir as medidas reparatórias/compensatórias, impostas no licenciamento ambiental, com o instrumento da compensação ambiental, que tem finalidade própria. Se a legislação prevê a cobrança de ambas (condicionantes e compensação ambiental), sem que uma possa substituir a outra, não se admite a confusão entre elas, devendo-se evitar que tanto as condicionantes específicas (voltadas à recuperação ou compensação do dano), como a compensação ambiental tenham a mesma destinação.[10]
>
> [...] III – A compensação ambiental prevista na Lei do Snuc tem como função auxiliar financeiramente a política do Snuc, diferenciando-se da compensação-mitigante, constante do licenciamento ambiental.[11]

Embora a compensação ambiental esteja ligada ao licenciamento ambiental, não está diretamente relacionada à mitigação/compensação dos impactos específicos decorrentes da instalação do empreendimento ou atividade.

Na compensação ambiental, o legislador presumiu que um empreendimento causador de significativo impacto ambiental faz uso de recursos ambientais, gerando uma externalidade negativa que deve, portanto, ser incorporada aos custos do empreendimento. A forma de internalizar economicamente essa externalidade é impor a obrigação de apoiar a implantação e manutenção de unidades de conservação.

Por esses motivos, *a lógica da compensação-mitigante* não se aplica à *compensação ambiental prevista no Snuc*. Se assim não fosse, a regra de aplicação parcial de recursos no caso de UCs diretamente afetadas não faria sentido, e a lei deveria ter previsto a destinação total, independentemente da categoria da unidade. O fato de a Lei 9.985/00 não ter previsto essa destinação total, deixa bem clara a diferença entre as funções de ambas as compensações, o que repercute na dinâmica de sua aplicação.

A proporcionalidade acerca da destinação dos recursos da compensação ambiental tem como parâmetro todo o Snuc, e não os impactos ambientais e sociais do empreendimento, que são considerados, frise-se, no processo de licenciamento ambiental.

A *alocação de recursos da compensação ambiental dirige-se a toda política pública do Snuc*, havendo preferência estabelecida pela Lei 9.985/00,

---

10 Parecer 25/2016/CONEP/PFE-IBAMA-SEDE/PGF/AGU, aprovado, em 16/03/2016, pela Procuradora-Chefe Nacional da PFE-Ibama mediante Despacho 112/2016/GABIN/PFE-IBAMA-SEDE/PGF/AGU, nos autos do PA 02001.000708/2016-51.

11 Parecer 81/2016/COJUD/PFE-IBAMA-SEDE/PGF/AGU, aprovado, em 15/08/2016, pela Procuradora-Chefe Nacional da PFE-Ibama mediante Despacho 409/2016/GABIN/PFE-IBAMA-SEDE/PGF/AGU, nos autos do PA 00807.000967/2016-81.

mas desde que obedecido o critério do impacto direto adverso, motivo pelo qual não é suficiente a mera alegação de vincular impacto não mitigável à compensação ambiental em determinada região, sem atentar, de modo geral, à política do Snuc, desenvolvida na esfera federal, estadual ou municipal. Não por outro motivo a Resolução Conama 371/06, ao tratar da aplicação da compensação ambiental em UCs federais, estaduais e municipais, aduz expressamente que ela visa o "fortalecimento do Sistema Nacional de Unidades de Conservação da Natureza" (art. 8º, *caput*).

No que diz respeito à destinação, a Lei do Snuc estipula como regra a compensação ambiental para unidades de conservação de proteção integral (criação ou manutenção) e a contemplação, com parte do montante, para as UCs diretamente impactadas, ainda que sejam de uso sustentável. Assim, parte da compensação ambiental deverá ser destinada a unidades de conservação de uso sustentável, desde que ela seja diretamente afetada (impacto direto adverso).

Erika Bechara ressalta que a destinação para unidades de conservação de uso sustentável é exceção, não a regra.[12] Sendo exceção, a destinação para as UCs direta e adversamente impactadas deve sofrer exegese restritiva, não cabendo distorcer ampliativamente o instituto da compensação ambiental para contemplá-las com todo o montante dos recursos. Deve-se ater ao § 3º do artigo 36 da Lei para contemplar as UC direta e adversamente afetadas com apenas parte do recurso da compensação ambiental.

Por causa da função diferenciada da compensação ambiental do Snuc, em relação à compensação-mitigante do licenciamento ambiental, a Lei 9.985/00 não se preocupa em "ressarcir" a área impactada, mas estimular a consolidação ou implementação das unidades de conservação que entendeu prioritárias: as de proteção integral. Ressalte-se que apenas excepcionou esse estímulo diante de impacto direto adverso e, mesmo assim, com apenas uma parte dos recursos.

Essa diferenciação também fica clara nas preciosas lições de Paulo Affonso Leme Machado, que distingue a função da compensação ambiental da Lei do Snuc da de compensar os impactos causados pelo empreendimento ao esclarecer que ela visa compensar apenas alguns deles:

---

12 "Apenas excepcionalmente permite que parte dos recursos da compensação ambiental seja vertida para unidades de conservação do Grupo de Uso Sustentável" (BECHARA, Erika. *Licenciamento Ambiental e Compensação Ambiental na Lei do Sistema Nacional das Unidades de Conservação (SNUC)*. São Paulo: Atlas, 2009, p. 263). No mesmo sentido, cf. Parecer CJSMA 84/2011, aprovado, em 19/01/2011, pelo Procurador-chefe da SMA/PGESP, nos autos do PA 15569/2010 – itens 8.5 e 8.6.

> O pagamento ou a contribuição pecuniária criada não atinge todos os campos em que possam incidir os efeitos da atividade a ser licenciada, pois a poluição das águas e da atmosfera, a poluição sonora, a poluição do solo, através de rejeitos e de agrotóxicos não estão abrangidas na compensação a ser paga. Isso porque o pagamento a ser efetuado pelo empreendedor será destinado somente às unidades de conservação.[13]

Como destacado por Sérgio Guerra, a Lei do Snuc "deixou de prever a necessidade de aplicação das medidas compensatórias preferencialmente na região do empreendimento ou em favor dos ecossistemas afetados", o que logicamente conduz ao entendimento de que os recursos da compensação ambiental "não são obrigatoriamente vinculados à área de influência do empreendimento, ou seja, a Unidade de Conservação de Proteção Integral a ser contemplada não precisa necessariamente estar junto ao sítio do projeto."[14]

Priscila Santos Artigas também comunga do mesmo entendimento, enfatizando que o fato de a destinação dos recursos da compensação ambiental ocorrer unicamente para o apoio e a manutenção de UCs significa "dizer que a 'reparação' pelos 'danos futuros' a serem causados por um determinado empreendimento não necessariamente serão direcionados para o local que sofrerá com os prejuízos enfrentados pelo meio socioambiental".[15]

Em outras palavras, na Lei do Snuc não existe obrigatoriedade de destinar a compensação ambiental à UC da região do empreendimento, exceto se ela for adversa e diretamente afetada (art. 36, § 3º). O preceito é categórico: "deverá ser *uma* das beneficiárias da compensação" (destacou-se). *Não deve ser "a" beneficiária, mas apenas "uma das", ou seja, deve receber uma parte do montante*. O outro lado da moeda é a vedação de que todo o montante arrecadado vá para a UC afetada, uma vez que ela não deve ser "a" beneficiária. Como destacado por Erika Bechara,

> Importa observar que este dispositivo legal obriga que as unidades de conservação afetadas sejam agraciadas com os recursos da compensação ambiental, mas não restringe seus valores a elas. [...] Dos diplomas legais citados podemos extrair a conclusão de que os recursos da compensação ambiental devem, sim, beneficiar a área de influência do projeto, sem

---

13 MACHADO, Paulo Affonso Leme. *Direito Ambiental Brasileiro*. 24ª ed. São Paulo: Malheiros, 2016, p. 1.006.

14 GUERRA, Sérgio. Compensação ambiental nos empreendimentos de significativo impacto. In: SILVA, Bruno Campos et al. *Direito Ambiental:* vistos por nós advogados. Belo Horizonte: Del Rey, 2005, p. 132-133.

15 ARTIGAS, Priscila Santos. Contribuição ao estudo das medidas compensatórias em direito ambiental. 2011. 315 fls. Tese (Doutorado) – Faculdade de Direito, Universidade de São Paulo, São Paulo, 2011, p. 53.

prejuízo, porém, de beneficiarem áreas não atingidas e não prejudicadas pelo empreendimento.[16]

Em termos legais (Lei 9.985/00), existem dois limites quando uma unidade de conservação é adversa e diretamente afetada: ela (i) deve ser uma das beneficiárias ao mesmo tempo que (ii) não pode ser a única beneficiária. Exceto por esses dois extremos, não existe norma que estabeleça uma proporção de recursos a serem destinados às unidades de conservação. O órgão licenciador tem total discricionariedade quanto a esse ponto, desde que contemple as UCs adversa e diretamente afetadas com alguma parte do montante da compensação ambiental.

Quem defende que o recurso deve compensar o mesmo tipo de impacto não mitigável causado, o que seria uma compensação ambiental *in locu*, se apega as normativas do Conama que não foram replicadas pela Lei do Snuc e nem pela Resolução Conama 371/06. Nas resoluções Conama havia uma preferência pela compensação ambiental no mesmo lugar e que fosse representativa da mesma perda causada: "preferencialmente junto à área" (Res. Conama 10/87, art. 1º) e "dever-se-ão se localizar, preferencialmente, na região do empreendimento e visar basicamente a preservação de amostras representativas dos ecossistemas afetados" (Res. Conama 02/96, art. 1º, § 2º).

Se apegar ao modelo passado das resoluções Conama, rechaçado pela Lei 9.985/00, é fazer típica *interpretação retrospectiva* que, como destacado por Luís Roberto Barroso, "procura interpretar o texto novo de maneira a que ele não inove em nada, mas, ao revés, fique tão parecido quanto possível com o antigo."[17] Cunhador da expressão "interpretação retrospectiva", José Carlos Barbosa Moreira, estigmatizando a equivocidade desta postura hermenêutica, aduziu:

> Põe-se ênfase nas semelhanças, corre-se um véu sobre as diferenças e conclui-se que, à luz daquelas, e a despeito destas, a disciplina da matéria, afinal das contas, mudou pouco, se é que na verdade mudou. É um tipo de interpretação a que não ficaria mal chamar 'retrospectiva': o olhar do intérprete dirige-se antes ao passado que ao presente, e a imagem que ele capta é menos a representação da realidade que uma sombra fantasmagórica.[18]

---

16 BECHARA, Erika. Uma contribuição ao aprimoramento do instituto da compensação ambiental previsto na Lei 9.985/2000. 2007. 352 fls. Tese (Doutorado) – Faculdade de Direito, Pontifícia Universidade Católica de São Paulo, São Paulo, 2007, p. 326-327.

17 BARROSO, Luís Roberto. *Interpretação e Aplicação da Constituição.* 5ª ed. São Paulo: Saraiva, 2003, p. 71.

18 BARBOSA MOREIRA, José Carlos. O Poder Judiciário e a efetividade da nova Constituição. *Revista Forense*, nº 304, p. 151-155, Rio de Janeiro: Forense, out./dez. 1988, p. 152.

Defender que o montante da compensação deve ser integralmente destinado para o mesmo bioma ou bacia hidrográfica, afetados pelos impactos físicos ou bióticos do empreendimento ou atividade, é promover interpretação retrospectiva porque põe um véu sobre as diferenças normativas evidentes entre as resoluções Conama revogadas e a Lei do Snuc e a Resolução 371/06. Em outras palavras, a exegese dirige-se ao passado, e não ao presente, e o intérprete capta uma legislação que só existe em sua cabeça, sendo mais uma sombra fantasmagórica do que uma fotografia do direito vigente.

O entendimento da AGU, constante no Parecer 81/2016/COJUD/PFE-IBAMA-SEDE/PGF/AGU, é que:

> [...] Não existe obrigatoriedade de todo o montante da compensação ambiental ser destinado as unidades de conservação, sejam elas ou não diretamente atingidas pelos impactos adversos nos meios físico e bióticos, no mesmo bioma ou bacia hidrográfica. A regra de destinação se resume a financiar UCs de proteção integral, devendo-se contemplar a UC, ainda que de uso sustentável, com uma parte do montante se ela for diretamente atingida de forma adversa, razão pela qual a Lei 9.985/00 preceitua que a UC atingida deve ser uma das contempladas, não a contemplada (art. 36, § 3º). Alteração das regras das Resoluções Conama 10/87 e 02/96. Vedação da interpretação retrospectiva.[19]

A política pública do Snuc deve ser implementada de acordo com os critérios de alocação de recursos mais importantes, tal qual estabelecido no Decreto 4.340/02 (art. 33), que privilegia a seguinte ordem de prioridade a ser adotada para destinar a compensação ambiental:

> (i) regularização fundiária e demarcação das terras;
>
> (ii) elaboração, revisão ou implantação de plano de manejo;
>
> (iii) aquisição de bens e serviços necessários à implantação, gestão, monitoramento e proteção da unidade, compreendendo sua área de amortecimento;
>
> (iv) desenvolvimento de estudos necessários à criação de nova unidade de conservação; e
>
> (v) desenvolvimento de pesquisas necessárias para o manejo da unidade de conservação e área de amortecimento.

Como destacado por Clarissa Godoy, essa "ordem de prioridade reflete as necessidades de financiamento das unidades de conservação".[20]

---

19 Parecer 81/2016/COJUD/PFE-IBAMA-SEDE/PGF/AGU, aprovado, em 15/08/2016, pela Procuradora-Chefe Nacional da PFE-Ibama mediante Despacho 409/2016/GABIN/PFE-IBAMA-SEDE/PGF/AGU, nos autos do PA 00807.000967/2016-81.

20 GODOY, Larissa Ribeiro da Cruz, *Compensação Ambiental e Financiamento de Áreas Protegidas*, 2015, p. 180.

A prioridade é regularização fundiária, o primeiro passo para evitar as UCs de papel (parques de papel ou ficções jurídicas) e combater os seus desmatamentos. Nos dizeres da 4ª Câmara de Coordenação e Revisão do MPF, a ausência de regularização fundiária

> [...] compromete a efetiva consecução dos fins subjacentes à criação desses espaços ambientalmente protegidos. Sobre a relevância do assunto, vale ressaltar que recente pesquisa científica demonstrou a relação direta entre a regularização fundiária de uma Unidade de Conservação e a queda de seus níveis de desmatamento.[21]

Não por outra razão, a transformação das unidades de conservação de papel em unidades reais é um dos maiores desafios da política ambiental, e uma das estratégias mais importantes para conservar a natureza.[22]

Assim, pode ocorrer que regularizar fundiariamente uma UC distante dos impactos previstos no licenciamento ambiental seja mais importante do que adquirir bens e serviços necessários à implantação, gestão, monitoramento e proteção da unidade, por exemplo. Ou mesmo que a regularização fundiária de determinada UC distante seja mais importante do que uma diretamente afetada pelo empreendimento. Essa ponderação de valores deve ser exercida no caso concreto para a política nacional de unidades de conservação, ainda que com critérios de preferência.

Por isso, preciosas as lições de Guilherme Purvin, para quem o entendimento de que a compensação ambiental somente pode ser destinada para a mesma região do impacto do empreendimento ou atividade:

> [...] extrapola o que disse o legislador e impõe amarras inúteis para o administrador ambiental, que pode perfeitamente concluir que a compensação ambiental traria proveito muito maior para a regularização fundiária de um bioma particularmente precioso do que para, digamos, a criação de uma nova unidade de conservação em uma região de pouca relevância ecológica. Sob o ponto de vista legal, é inteiramente regular a aplicação dos recursos da compensação em unidades de uso sustentável mais carentes, ainda que situadas em região distante daquela em que ocorre o impacto ambiental.[23]

Se realmente houvesse o dever de destinar os recursos da compensação ambiental para área, bioma ou bacia hidrográfica do empreendimento ou

---

21 *Regularização fundiária em unidades de conservação*. Brasília: MPF, 2014, p. 5.

22 GODOY, Larissa Ribeiro da Cruz, *Compensação Ambiental e Financiamento de Áreas Protegidas*, 2015, p. 169.

23 FIGUEIREDO, Guilherme José Purvin de. *A propriedade no Direito Ambiental*. 4ª ed. São Paulo: RT, 2010, p. 315.

atividade, a criação de uma UC nos mesmos moldes seria obrigatória, mas o artigo 36, § 2º, da Lei do Snuc aduz expressamente que ela é facultativa.

Então, se na Lei do Snuc o órgão licenciador tem ampla liberdade de destinar as verbas da compensação ambiental, desde que contemple, com algum valor, também as unidades de conservação adversa e diretamente afetadas, passe-se a análise da Resolução Conama 371/2006.

3. RESOLUÇÃO CONAMA 371/2006: EXEGESE CONFORME A LEI DO SNUC E APARTADA DA INTEPRETAÇÃO RETROSPECTIVA

Preliminarmente, destaque-se que a Resolução Conama 371/2006 não preceitua que os recursos da compensação ambiental serão integralmente destinados às unidades de conservação afetadas pelo empreendimento. Ao contrário, ela admite a destinação plural da compensação ambiental, garantindo o financiamento complementar da política do Snuc como um todo.

Para facilitar a visualização da normativa do Conama, a Resolução 371/2006, transcreve-se na íntegra as diretrizes a serem observadas para definição das unidades beneficiárias da compensação ambiental. Prevê o seu artigo 9º:

> Art. 9º. O órgão ambiental licenciador, ao definir as unidades de conservação a serem beneficiadas pelos recursos oriundos da compensação ambiental, respeitados os critérios previstos no art. 36 da Lei nº 9.985, de 2000 e a ordem de prioridades estabelecida no art. 33 do Decreto no 4.340 de 2002, deverá observar:
>
> I – existindo uma ou mais unidades de conservação ou zonas de amortecimento afetadas diretamente pelo empreendimento ou atividade a ser licenciada, independentemente do grupo a que pertençam, deverão estas ser beneficiárias com recursos da compensação ambiental, considerando, entre outros, os critérios de proximidade, dimensão, vulnerabilidade e infraestrutura existente; e
>
> II – inexistindo unidade de conservação ou zona de amortecimento afetada, parte dos recursos oriundos da compensação ambiental deverá ser destinada à criação, implantação ou manutenção de unidade de conservação do Grupo de Proteção Integral localizada preferencialmente no mesmo bioma e na mesma bacia hidrográfica do empreendimento ou atividade licenciada, considerando as Áreas Prioritárias para a Conservação, Utilização Sustentável e Repartição dos Benefícios da Biodiversidade, identificadas conforme o disposto no Decreto nº 5.092, de 21 de maio de 2004, bem como as propostas apresentadas no EIA/RIMA.

> Parágrafo único. O montante de recursos que não forem destinados na forma dos incisos I e II deste artigo deverá ser empregado na criação, implantação ou manutenção de outras unidades de conservação do Grupo de Proteção Integral em observância ao disposto no SNUC.

É importante salientar que a leitura da Resolução Conama 371/2006 deve ser conforme a Lei do Snuc (art. 36) e a ordem de prioridade prevista no Decreto 4.340/02 (art. 33). É por essa razão que o próprio artigo 9º da Resolução Conama 371/2006 preceitua, didaticamente, a obediência às determinações de tais normativos. Essa é uma regra fundamental para a compreensão dos dispositivos da Resolução Conama 371: lê-los sob a ótica (conforme) da Lei do Snuc e do Decreto 4.340/02.

Outra regra da Conama é a de que se houver UC diretamente afetada, de forma negativa, ela deve ser beneficiária dos recursos da compensação ambiental (inc. I, art. 9º).

Em momento algum a Resolução preceitua que UCs direta e adversamente afetadas serão as únicas beneficiárias, apenas que nessa destinação o órgão ambiental deve considerar, entre outros, os critérios de proximidade, dimensão, vulnerabilidade e infraestrutura existente, o que não significa destinação integral do montante da compensação.

Na esteira da Lei do Snuc (art. 36, § 3º), a Resolução Conama 371/06 prevê que as UCs diretamente afetadas deverão "ser beneficiárias", e não serem as únicas beneficiárias ou as beneficiárias de forma preferencial. Logo, ainda resta a discricionariedade administrativa para calcular o montante, desde que as UC adversa e diretamente afetadas sejam contempladas. Nem poderia ser diferente, como se viu anteriormente, pois a vinculação garantida pelo artigo 36 da Lei do Snuc é parcial, vedando-se a total sob pena de se subverter o dispositivo.

Destaque-se, ainda, que o fato de o inciso I não usar a expressão "parte dos recursos", como faz o inciso II, não torna a sua aplicação desvinculada da natureza e função da compensação ambiental, tal como prevista na Lei do Snuc, e nem endossa interpretação retrospectiva, procurando ler o preceito atual como os dispositivos das revogadas Resoluções Conama 10/87 e 02/96.[24]

O inciso II do artigo 9º da Resolução Conama 371/2006, por sua vez, tem o escopo de garantir que pelo menos parte dos recursos sejam direcionados

---

24 Resoluções que preceituavam: "preferencialmente junto à área" (Res. Conama 10/87, art. 1º) e "dever-se-ão se localizar, preferencialmente, na região do empreendimento e visar basicamente a preservação de amostras representativas dos ecossistemas afetados" (Res. Conama 02/96, art. 1º, § 2º).

para as unidades de conservação localizadas no mesmo bioma ou na mesma bacia hidrográfica do empreendimento ou atividade licenciada.

Todavia, como não há especificação de um percentual, muito menos determinação de aplicação da integralidade dos créditos nessas UCs, caberá ao órgão responsável definir critérios que atendam ao comando legal. Vários motivos convergem para essa conclusão.

O primeiro motivo é que o inciso II somente se vincula ao inciso I, que, lido sistematicamente e conforme a Lei do Snuc, veda a destinação integral do montante da compensação ambiental às UCs adversa e diretamente afetadas. Ofenderia a lógica um dispositivo normativamente subsidiário impor maior volume de recursos de compensação ambiental do que o primário. Se no primário (inc. I) não pode ser tudo, bem como não pode ser nada, no que replica a Lei do Snuc, não haveria razão para seu substituto ser diferente. Qual a razão de mais recursos para o mesmo bioma ou bacia hidrográfica se não houver UC diretamente afetada? Não pode ser desconsiderado que se houver UC diretamente afetada, a exegese do dispositivo, *a contrario sensu*, é de que não há necessidade de destinar nada de recursos no mesmo bioma ou bacia hidrográfica, pois não se aplica o inciso II.

Somente existe o dever de enviar recursos ao mesmo bioma ou a mesma bacia hidrográfica se não houver nenhuma UC diretamente afetada, o que põe por terra a tese de que os recursos da compensação ambiental devem ser integralmente aplicados à região afetada, como se fosse um patrimônio local e não de todo o Snuc.

O segundo motivo, coerentemente com a exegese efetuada neste opinativo, é o uso da expressão "parte dos recursos" e do advérbio "preferencialmente".

Em outras palavras, ainda que diante da inexistência de UC adversa e diretamente afetada, o inciso II ordena que apenas "parte dos recursos" oriundos da compensação ambiental deverá ser destinada à criação, implantação ou manutenção de unidades de conservação do Grupo de Proteção Integral, "localizadas preferencialmente" no mesmo bioma e na mesma bacia hidrográfica do empreendimento ou atividade licenciada.

Como se não bastasse estipular normativamente que apenas parte do recurso seja destinado às UCs de proteção integral, o inciso II do artigo 9º da Resolução Conama 371/2006 ainda condiciona tal fato a localização preferencial no mesmo bioma e na mesma bacia hidrográfica, ou seja, não estipula que isso seja sempre obrigatório, uma vez que pode haver justo motivo para a sua não ocorrência. Essa obrigatoriedade de dar preferência a UCs de proteção integral do mesmo bioma e na mesma bacia hidrográfica dos impactos, no caso de inexistir UC diretamente afetada, não deve obscurecer que é apenas uma parte dos recursos que deve ser destinado para esses casos, tanto por causa da Lei do Snuc, quanto pelas regras claras do artigo 9º da Resolução Conama 371/06.

Em suma, nem o inciso I e muito menos o inciso II do artigo 9º da Resolução Conama 371/06 destinam a totalidade dos recursos pagos a título de compensação ambiental à mesma área, bioma ou bacia hidrográfica dos impactos nos meios físico e bióticos do empreendimento ou atividade licenciados.

Por isso, é meramente didática a disposição do seu parágrafo único ao dizer que o montante dos recursos não utilizados na forma dos incisos I e II devem ser destinados na criação, implantação ou manutenção de outras unidades de conservação do Grupo de Proteção Integral.

Digno de nota é o entendimento da 4ª Câmara de Coordenação e Revisão do MPF, que no procedimento preparatório 1.34.012.000253/2015-03, instaurado, dentre outros motivos, para aferir a correta destinação da compensação ambiental, reconheceu, em caso no qual o Ibama destinou parte do montante para localidade diversa da impactada (Voto 1948/2015, de 1/09/2015 – 444ª Sessão Ordinária), que a destinação dada pelo Comitê de Compensação Ambiental Federal (CCAF) era correta.

Em suma, uma parte do montante da compensação ambiental deve ser destinada à UC diretamente afetada e, caso não haja nenhuma, essa parte dos recursos deve ser direcionada para UCs preferencialmente no mesmo bioma e bacia hidrográfica do empreendimento ou atividade licenciada. O montante que não tiver alguma dessas duas destinações anteriores, deve se destinar a apoiar o Sistema Nacional das Unidades de Conservação, em qualquer bioma ou bacia hidrográfica, atendendo aos critérios de prioridades elencados na legislação.

4. CONCLUSÃO

A compensação ambiental prevista na Lei do Snuc não deve ser confundida com a compensação ambiental-mitigante do licenciamento ambiental. A primeira tem como função financiar, de forma complementar, a política pública do Snuc, e a segunda, de mitigar os impactos do empreendimento ou atividade licenciados.

A lógica da compensação-mitigante não se aplica à compensação ambiental prevista na Lei do Snuc. Se assim não fosse, a regra de aplicação parcial de recursos no caso de UCs adversa e diretamente afetadas não faria sentido, e a Lei 9.9985/00 deveria ter previsto a destinação total, independentemente da categoria da unidade.

A Lei 9.985/00 estabeleceu critérios a serem seguidos pelo administrador, impondo, como dever e limite, a não obrigatoriedade de destinar os recursos da compensação ambiental à UC da região do empreendimento, exceto se ela for adversa e diretamente afetada (art. 36, § 3º). O preceito é categórico: "deverá ser *uma* das beneficiárias da compensação". Não deve ser "a" beneficiária, mas apenas "uma das", ou seja, deve receber uma parte do montante, o que implica, por outro lado, a vedação de que todo o montante arrecadado seja destinado à UC afetada, uma vez que ela não deve ser "a" beneficiária.

Superou-se os critérios das revogadas Resoluções Conama 10/87 (art. 1º) e 02/96 (art. 1º, § 2º), nas quais havia preferência pela compensação ambiental no mesmo lugar. Por isso, o montante da compensação não necessariamente deve ser direcionado ao local dos impactos do empreendimento ou atividades. Se apegar ao modelo passado das Resoluções Conama, rechaçado pela Lei 9.985/00, é fazer típica interpretação retrospectiva, pela qual se interpreta o novo como se o velho fosse.

Em outras palavras, a Administração Pública tem liberdade para alocar o montante da compensação, obedecida a regra de destinar parte, vedando-se a alocação integral dos recursos às UCs adversa e diretamente afetadas, considerando, entre outros, os critérios de proximidade, dimensão, vulnerabilidade e infraestrutura existente.

Deve haver aplicação proporcional dos recursos da compensação ambiental considerando-se todo o Snuc, e não parte dele. A aplicação fragmentada é vinculada aos impactos ambientais e sociais do empreendimento ou atividade, sendo função das mitigantes no processo de licenciamento ambiental, e não da compensação ambiental prevista na Lei do Snuc.

5. REFERÊNCIAS BIBLIOGRÁFICAS

ARTIGAS, Priscila Santos. Contribuição ao estudo das medidas compensatórias em direito ambiental. 2011. 315 fls. Tese (Doutorado) – Faculdade de Direito, Universidade de São Paulo, São Paulo, 2011.

ATAÍDE, Pedro H. de Sousa, FARIAS, Talden. A compensação ambiental do art. 36 da Lei 9.985/2000: aspectos conceituais e questões controvertidas. *Revista de Direito Ambiental*, vol. 81, a. 21, p. 233-266, São Paulo: RT, out./jan./mar. 2016.

BARBOSA MOREIRA, José Carlos. O Poder Judiciário e a efetividade da nova Constituição. *Revista Forense*, nº 304, p. 151-155, Rio de Janeiro: Forense, out./dez. 1988.

BARROSO, Luís Roberto. *Interpretação e Aplicação da Constituição.* 5ª ed. São Paulo: Saraiva, 2003.

BECHARA, Erika. *Licenciamento Ambiental e Compensação Ambiental na Lei do Sistema Nacional das Unidades de Conservação (SNUC).* São Paulo: Atlas, 2009.

——. Uma contribuição ao aprimoramento do instituto da compensação ambiental previsto na Lei 9.985/2000. 2007. 352 fls. Tese (Doutorado) – Faculdade de Direito, Pontifícia Universidade Católica de São Paulo, São Paulo, 2007.

BIM, Eduardo Fortunato. *Licenciamento Ambiental.* 3ª ed. Rio de Janeiro: Lumen Juris, 2016.

BRASIL. *Regularização fundiária em unidades de conservação.* Brasília: MPF, 2014.

CAMPHORA, Ana Lucia. Ambiente institucional da compensação ambiental de que trata o artigo 36 da Lei Federal 9.985/2000: da necessidade de governança regulatória. 2008. fls. 171. Tese (doutorado) – Instituto de Ciências Humanas e Sociais, UFRRJ, Seropédica, 2008.

FIGUEIREDO, Guilherme José Purvin de. *A propriedade no Direito Ambiental.* 4ª ed. São Paulo: RT, 2010.

GODOY, Larissa Ribeiro da Cruz. *Compensação Ambiental e Financiamento de Áreas Protegidas.* Porto Alegre: SAFE, 2015.

GUERRA, Sérgio. Compensação ambiental nos empreendimentos de significativo impacto. In: SILVA, Bruno Campos et al. *Direito Ambiental:* vistos por nós advogados. Belo Horizonte: Del Rey, 2005, p. 129-145.

MACHADO, Paulo Affonso Leme. *Direito Ambiental Brasileiro.* 24ª ed. São Paulo: Malheiros, 2016.

OLIVEIRA, Daniel Araujo de. *Licenciamento Ambiental na Prática*: controle ou oportunidade? Rio de Janeiro: Lumen Juris, 2015.

SÁNCHEZ, Luis Enrique. *Avaliação de Impacto Ambiental*: conceito e métodos. 2ª ed. São Paulo: Oficina do Texto, 2013.

TABET, Fernando de Faria. Florestamento e reflorestamento em área de preservação permanente. In: SILVA, Bruno Campos et al. *Direito Ambiental:* vistos por nós advogados. Belo Horizonte: Del Rey, 2005, p. 117-128.

4

LICENCIAMENTO AMBIENTAL DE EMPREENDIMENTOS DE INFRAESTRUTURA: UM GARGALO?

Lyssandro Norton Siqueira[1]

SUMÁRIO: Introdução. I. Do licenciamento ambiental dos empreendimentos de infraestrutura. II. Da avaliação de impacto dos empreendimentos de infraestrutura. III. Conclusão. IV. Referências.

INTRODUÇÃO

Os empreendimentos de infraestrutura, tais como redes de tratamento de esgotos, de distribuição de água e de gás, portos, aeroportos, rodovias, usinas hidrelétricas, sistemas de telecomunicações, ferrovias e sistemas de transmissão de energia, compõem um conjunto de serviços, equipamentos e instalações fundamentais não só para o bem-estar social, mas também para o desenvolvimento econômico do país, ao viabilizar a atividade produtiva.

Em tempos de economia em crescimento exige-se a intervenção do Poder Público no mercado para viabilizar a atividade produtiva por meio do fornecimento de infraestrutura. Assim, a ausência de uma infraestrutura adequada acarreta um cenário de estagnação econômica, pois afasta novos empreendedores, seja pela impossibilidade de execução de suas atividades,

---

[1] Doutor em Teoria do Estado e Direito Constitucional pela PUC/RIO. Procurador do Estado de Minas Gerais. Procurador-Chefe da Procuradoria de Patrimônio Imobiliário e Meio Ambiente da Advocacia-Geral do Estado de Minas Gerais – AGE/MG. Professor dos cursos de Direito do UNIBH, da UNA e da Escola Superior Dom Helder Câmara. Membro da Câmara Técnica de Assuntos Jurídicos do Conselho Nacional do Meio Ambiente – CONAMA. Membro da Coordenação de Assuntos Legislativos da Associação dos Professores de Direito Ambiental do Brasil – APRODAB. Coordenador em Minas Gerais do Instituto Brasileiro de Advocacia Pública – IBAP. Mestre em Direito pela Faculdade Milton Campos.

seja pelo alto preço dos investimentos necessários, tornando seus produtos ou serviços pouco competitivos no mercado.

Os empreendimentos de infraestrutura, por mais essenciais que sejam, não estão, entretanto, alheios aos princípios de Direito Ambiental, especialmente o do desenvolvimento sustentável, positivado em nosso direito nos artigos 170, VI, e 225 da Constituição da República.

Neste sentido, o licenciamento ambiental e a avaliação de impactos ambientais são dois importantes instrumentos disponibilizados para o exercício de um controle prévio sobre os empreendimentos de infraestrutura, em obediência, também, aos princípios da precaução e da prevenção.

Esses instrumentos, contudo, têm sido apontados como responsáveis pelo atraso na instalação e operação de empreendimentos de infraestrutura.

Este trabalho tem por objetivo compartilhar algumas reflexões sobre esse problema.

I. DO LICENCIAMENTO AMBIENTAL DOS EMPREENDIMENTOS DE INFRAESTRUTURA

A Lei nº 6.938, de 31 de agosto de 1981, relacionou, em seu art. 9º, entre os instrumentos para efetivação da Política Nacional do Meio Ambiente, o licenciamento e a revisão de atividades efetiva ou potencialmente poluidoras[2]. O licenciamento ambiental, nos termos do disposto no art. 2º da Lei Complementar n. 140/2011, é o procedimento administrativo destinado ao controle de atividades ou empreendimentos utilizadores de recursos ambientais, efetiva ou potencialmente poluidores ou capazes, sob qualquer forma, de causar degradação ambiental.

Esse procedimento administrativo tem, portanto, como resultado final a expedição de uma licença ambiental. O Poder Público, nos termos do art. 8º e 18 da Resolução CONAMA n. 237/97, expedirá, isolada ou sucessivamente, de acordo com a natureza, características e fase do empreendimento ou atividade, as seguintes licenças: I – Licença Prévia (LP) – concedida na fase preliminar do planejamento do empreendimento ou atividade aprovando sua localização e concepção, atestando a viabilidade ambiental e estabelecendo os requisitos básicos e condicionantes a serem atendidos nas próximas fases de sua implementação, com prazo mínimo estabelecido pelo cronograma de elaboração dos planos, programas e projetos relativos ao empreendimento ou atividade, não podendo ser superior a 5 (cinco)anos; II – Licença de

---

2 Art. 9º, IV, da Lei nº 6.938/81.

Instalação (LI) – autoriza a instalação do empreendimento ou atividade de acordo com as especificações constantes dos planos, programas e projetos aprovados, incluindo as medidas de controle ambiental e demais condicionantes, da qual constituem motivo determinante, com prazo não superior a 6 (seis) anos; e a III – Licença de Operação (LO) – autoriza a operação da atividade ou empreendimento, após a verificação do efetivo cumprimento do que consta das licenças anteriores, com as medidas de controle ambiental e condicionantes determinados para a operação, com prazo mínimo de 4 (quatro) anos e máximo de 6 (seis) anos.

Para a execução do licenciamento, a competência administrativa é comum entre os entes federados, nos termos do disposto no art. 23, incisos III, VI e VII, da Constituição da República. Assim, União, Estados, Distrito Federal e Municípios têm competência para o licenciamento. O parágrafo único do citado dispositivo estabelece, por seu turno, que a regulamentação do *caput* dar-se-á por lei complementar.

Durante anos, a ausência de lei fixando normas para cooperação entre os entes federados em matéria ambiental foi suprida pelas regras da Resolução CONAMA n. 237/97, o que provocou um estado de verdadeira insegurança jurídica, tanto para os entes como para os administrados, pois uma resolução regulamentava dispositivo constitucional.

Nesse ambiente de incertezas, o desenvolvimento econômico foi prejudicado pela morosidade no licenciamento de empreendimentos de infraestrutura, em razão de infindáveis discussões sobre a competência administrativa para o licenciamento.

Na tentativa de imprimir celeridade ao licenciamento desses empreendimentos, foram publicadas 7 portarias pelo Poder Público Federal, sendo 4 exclusivas do Ministério do Meio Ambiente e 3 em conjunto com outros ministérios, tratando do licenciamento ambiental dos seguintes empreendimentos: petróleo e gás, rodovias, portos, linhas de transmissão e alteração na atuação de alguns órgãos federais envolvidos no licenciamento ambiental; a Portaria Interministerial nº 419/2011 regulamentando a atuação da Fundação Nacional do Índio (FUNAI), da Fundação Cultural Palmares (FCP), do Instituto do Patrimônio Histórico e Artístico Nacional (IPHAN) e do Ministério da Saúde, incumbidos da elaboração de parecer em processo de licenciamento ambiental de competência federal, a cargo do Instituto Brasileiro do Meio Ambiente e dos Recursos Naturais Renováveis (IBAMA); a Portaria nº 420/2011, dispondo sobre procedimentos a serem aplicados pelo Instituto Brasileiro do Meio Ambiente e dos Recursos Naturais Renováveis (IBAMA) na regularização e no licenciamento ambiental das rodovias federais; a Portaria nº 421/2011, dispondo sobre o licenciamento e a regularização ambiental federal de sistemas de transmissão de energia elétrica; a Portaria nº 422/2011, dispondo sobre procedimentos para o licenciamento ambiental federal de atividades e empreendimentos de exploração e produção de petróleo e gás natural no ambiente marinho e em zona de transição terra-mar, a Portaria Interministerial nº 423/2011, instituindo o Programa de Rodovias Federais Ambientalmente Sustentáveis para a regularização ambiental das rodovias federais; a Portaria nº 424/ 2011, dispondo sobre procedimentos específicos a serem aplicados pelo IBAMA na regularização ambiental de portos e terminais portuários, bem como os outorgados às companhias docas e a Portaria Interministerial MMA/SEP/PR nº 425/2011, instituindo o Programa Federal de Apoio à Regularização e Gestão Ambiental Portuária (PRGAP) de portos e terminais portuários marítimos, inclusive os outorgados às Companhias Docas, vinculadas à SEP/PR.

Com a publicação da Lei Complementar n. 140, de 08 de dezembro de 2011, em obediência ao parágrafo único do art. 23 da Constituição da República, foram fixadas normas para a cooperação entre a União, os Estados, o Distrito Federal e os Municípios nas ações administrativas decorrentes do exercício da competência comum relativas à proteção das paisagens naturais notáveis, à proteção do meio ambiente, ao combate à poluição em qualquer de suas formas e à preservação das florestas, da fauna e da flora.

Nos termos do disposto no art. 7º, XIV, foram definidos como de responsabilidade da União o licenciamento dos seguintes empreendimentos e atividades: a) localizados ou desenvolvidos conjuntamente no Brasil e em país limítrofe; b) localizados ou desenvolvidos no mar territorial, na plataforma continental ou na zona econômica exclusiva; c) localizados ou desenvolvidos em terras indígenas; d) localizados ou desenvolvidos em unidades de conservação instituídas pela União, exceto em Áreas de Proteção Ambiental (APAs); e) localizados ou desenvolvidos em 2 (dois) ou mais Estados; f) de caráter militar, excetuando-se do licenciamento ambiental, nos termos de ato do Poder Executivo, aqueles previstos no preparo e emprego das Forças Armadas, conforme disposto na Lei Complementar no 97, de 9 de junho de 1999; g) destinados a pesquisar, lavrar, produzir, beneficiar, transportar, armazenar e dispor material radioativo, em qualquer estágio, ou que utilizem energia nuclear em qualquer de suas formas e aplicações, mediante parecer da Comissão Nacional de Energia Nuclear (Cnen); ou h) que atendam tipologia estabelecida por ato do Poder Executivo, a partir de proposição da Comissão Tripartite Nacional, assegurada a participação de um membro do Conselho Nacional do Meio Ambiente (Conama), e considerados os critérios de porte, potencial poluidor e natureza da atividade ou empreendimento. O licenciamento dos empreendimentos cuja localização compreenda concomitantemente áreas das faixas terrestre e marítima da zona costeira será, nos termos do disposto no parágrafo único do art. 7º, de atribuição da União exclusivamente nos casos previstos em tipologia estabelecida por ato do Poder Executivo, a partir de proposição da Comissão Tripartite Nacional, assegurada a participação de um membro do Conselho Nacional do Meio Ambiente (Conama) e considerados os critérios de porte, potencial poluidor e natureza da atividade ou empreendimento.

Quase 4 (quatro) anos após a publicação da lei, foi publicado o Decreto n. 8.437, de 22/04/2015, regulamentador, acrescentando tipologias de empreendimentos e atividades cujo licenciamento ambiental será de competência da União.[3] Entre os empreendimentos listados como passíveis de licenciamento pela União Federal estão, em regra, aqueles de infraestrutura: rodovias federais; ferrovias federais; hidrovias federais; portos organizados; exploração e produção de petróleo, gás natural e outros hidrocarbonetos fluidos e sistemas de geração e transmissão de energia elétrica.

---

3 BRASIL. Decreto n. 8.437, de 22 de abril de 2015.

Art. 3º. Sem prejuízo das disposições contidas no art. 7º, caput, inciso XIV, alíneas "a" a "g", da Lei Complementar nº 140, de 2011, serão licenciados pelo órgão ambiental federal competente os seguintes empreendimentos ou atividades:

I – rodovias federais: a) implantação; b) pavimentação e ampliação de capacidade com extensão igual ou superior a duzentos quilômetros; c) regularização ambiental de rodovias pavimentadas, podendo ser contemplada a autorização para as atividades de manutenção, conservação, recuperação, restauração, ampliação de capacidade e melhoramento; e d) atividades de manutenção, conservação, recuperação, restauração e melhoramento em rodovias federais regularizadas;

II – ferrovias federais: a) implantação; b) ampliação de capacidade; e c) regularização ambiental de ferrovias federais;

III – hidrovias federais: a) implantação; e b) ampliação de capacidade cujo somatório dos trechos de intervenções seja igual ou superior a duzentos quilômetros de extensão;

IV – portos organizados, exceto as instalações portuárias que movimentem carga em volume inferior a 450.000 TEU/ano ou a 15.000.000 ton/ano;

V – terminais de uso privado e instalações portuárias que movimentem carga em volume superior a 450.000 TEU/ano ou a 15.000.000 ton/ano;

VI – exploração e produção de petróleo, gás natural e outros hidrocarbonetos fluidos nas seguintes hipóteses: a) exploração e avaliação de jazidas, compreendendo as atividades de aquisição sísmica, coleta de dados de fundo (piston core), perfuração de poços e teste de longa duração quando realizadas no ambiente marinho e em zona de transição terra-mar (offshore); b) produção, compreendendo as atividades de perfuração de poços, implantação de sistemas de produção e escoamento, quando realizada no ambiente marinho e em zona de transição terra-mar (offshore); e c) produção, quando realizada a partir de recurso não convencional de petróleo e gás natural, em ambiente marinho e em zona de transição terra-mar (offshore) ou terrestre (onshore), compreendendo as atividades de perfuração de poços, fraturamento hidráulico e implantação de sistemas de produção e escoamento; e

VII – sistemas de geração e transmissão de energia elétrica, quais sejam: a) usinas hidrelétricas com capacidade instalada igual ou superior a trezentos megawatt; b) usinas termelétricas com capacidade instalada igual ou superior a trezentos megawatt; e c) usinas eólicas, no caso de empreendimentos e atividades offshore e zona de transição terra-mar.

Nessa sistemática, o licenciamento ambiental dos grandes empreendimentos de infraestrutura, nos termos do Decreto n. 8.437, de 22 de abril de 2015, competirá, em regra, à União Federal. A norma, entretanto, não vincula o licenciamento de empreendimentos de infraestrutura apenas à União Federal. Dependendo do porte e do potencial poluidor, o licenciamento se fará pelos Municípios ou pelos Estados.

Aos Municípios, nos termos do disposto no art. 9º, XIV, competirá o licenciamento ambiental das atividades ou empreendimentos que causem ou possam causar impacto ambiental de âmbito local, conforme tipologia definida pelos respectivos Conselhos Estaduais de Meio Ambiente, considerados os critérios de porte, potencial poluidor e natureza da atividade; ou localizados em unidades de conservação instituídas pelo Município, exceto em Áreas de Proteção Ambiental (APAs).

Aos Estados coube a competência residual, competindo, nos termos do disposto no art. 8º, XIV, promover o licenciamento ambiental de atividades ou empreendimentos utilizadores de recursos ambientais, efetiva ou potencialmente poluidores ou capazes, sob qualquer forma, de causar degradação ambiental, ressalvada a competência da União e dos Municípios.

Apesar da regulamentação da competência por norma própria e formalmente adequada, remanescem as controvérsias, especialmente quanto à regra geral de competência. Enquanto a União é responsável pelo licenciamento de empreendimentos localizados ou desenvolvidos em 2 (dois) ou mais Estados, os Municípios serão responsáveis pelo licenciamento ambiental das atividades ou empreendimentos que causem ou possam causar impacto ambiental de âmbito local. Aos Estados competirá o licenciamento de empreendimentos não atraídos pela competência da União ou dos Municípios.

A melhoria da efetividade e celeridade do licenciamento ambiental dos empreendimentos de infraestrutura passa pela clareza na definição das competências dos órgãos ambientais. Para a melhor delimitação da competência licenciatória, segundo o critério geral, é importante o exame dos empreendimentos de infraestrutura segundo o porte e o potencial poluidor, o que torna extremamente relevante a avaliação dos potenciais impactos ambientais, outro importante instrumento da Política Nacional de Meio Ambiente.

II. DA AVALIAÇÃO DE IMPACTO DOS EMPREENDIMENTOS DE INFRAESTRUTURA

A avaliação de impactos ambientais[4], também adotada em diversos outros países, está prevista no art. 9º da Lei nº 6.938/1981.

---

4 Art. 9º, III, da Lei nº 6.938/81.

As definições, responsabilidades, critérios básicos e diretrizes gerais para uso e implementação da Avaliação de Impacto Ambiental como um dos instrumentos da Política Nacional do Meio Ambiente foram estabelecidos pela Resolução CONAMA n. 01/1986.

O termo Avaliação de Impacto Ambiental, na Resolução CONAMA nº 01/86, limitou-se ao Estudo de Impacto Ambiental – EIA e Relatório de Impacto ao Meio Ambiente – RIMA, expressão que, para Paulo de Bessa Antunes[5], "acabou se popularizando de tal maneira que se inseriu na própria Constituição"[6].

A consagração do EIA como instrumento da Política Nacional do Meio Ambiente no texto constitucional dá a medida de sua importância.

O EIA, de acordo com o artigo 5º da Resolução CONAMA nº 01/86, deverá: contemplar todas as alternativas tecnológicas e de localização do projeto, confrontando-as com a hipótese de não execução do projeto; identificar e avaliar sistematicamente os impactos ambientais gerados nas fases de implantação e operação da atividade; definir os limites da área geográfica a ser direta ou indiretamente afetada pelos impactos, denominada área de influência do projeto, considerando, em todos os casos, a bacia hidrográfica na qual se localiza e considerar os planos e programas governamentais, propostos e em implantação na área de influência do projeto, e sua compatibilidade.

Tais diretrizes visam à prévia identificação de todos os possíveis impactos de empreendimentos ou atividades ao meio ambiente, verificando a sua tolerabilidade e já informando as medidas mitigatórias e compensatórias adequadas, consagrando, assim, o princípio da prevenção.

Não se obtendo segurança quanto aos efeitos do empreendimento a ser licenciado, o EIA indicará a conclusão pela inviabilidade de seu licenciamento, o que implica na materialização do princípio da precaução.

Tal identificação prévia dos impactos ambientais atende, quanto aos objetivos gerais, tanto à prevenção, quanto à precaução, que, entretanto, têm objetivos específicos distintos.

Posto isso, o desafio é identificar em quais situações esse complexo estudo deverá ser obrigatoriamente exigido pelo órgão licenciador.

---

5 ANTUNES, Paulo de Bessa. Direito Ambiental. 11ª edição. Rio de Janeiro: Lúmen Júris. 2008, p. 283.

6 Art. 225.

§ 1º. Para assegurar a efetividade desse direito, incumbe ao Poder Público:

[...]

IV – exigir, na forma da lei, para instalação de obra ou atividade potencialmente causadora de significativa degradação do meio ambiente, estudo prévio de impacto ambiental, a que se dará publicidade;

O CONAMA, na mesma Resolução nº 01/86, em que regulamentou o EIA, tratou de listar atividades[7], cujo licenciamento dependeria da prévia elaboração do referido estudo.

A listagem traz, em regra, empreendimentos de infraestrutura, o que torna ainda mais relevante a análise da obrigatoriedade de apresentação do estudo.

A expressão "tais como" ao anunciar o rol, no final do *caput*, não deixa dúvida de que a lista é exemplificativa e não exaustiva, razão pela qual poderá o órgão licenciador exigir a realização do EIA para atividades não previstas na Resolução CONAMA nº 01/86, quando identificar tal necessidade em razão da potencialidade dos impactos ambientais serem significativos.

---

[7] Art. 2º Dependerá de elaboração de estudo de impacto ambiental e respectivo relatório de impacto ambiental – RIMA, a serem submetidos à aprovação do órgão estadual competente, e da Secretaria Especial do Meio Ambiente – SEMA em caráter supletivo, o licenciamento de atividades modificadoras do meio ambiente, tais como:

I – Estradas de rodagem com duas ou mais faixas de rolamento;

II – Ferrovias;

III – Portos e terminais de minério, petróleo e produtos químicos;

IV – Aeroportos, conforme definidos pelo inciso 1, artigo 48, do Decreto-Lei nº 32, de 18 de setembro de 1966;

V – Oleodutos, gasodutos, minerodutos, troncos coletores e emissários de esgotos sanitários;

VI – Linhas de transmissão de energia elétrica, acima de 230KV;

VII – Obras hidráulicas para exploração de recursos hídricos, tais como: barragem para fins hidrelétricos, acima de 10MW, de saneamento ou de irrigação, abertura de canais para navegação, drenagem e irrigação, retificação de cursos d'água, abertura de barras e embocaduras, transposição de bacias, diques;

VIII – Extração de combustível fóssil (petróleo , xisto, carvão);

IX – Extração de minério, inclusive os da classe II, definidas no Código de Mineração;

X – Aterros sanitários, processamento e destino final de resíduos tóxicos ou perigosos;

XI – Usinas de geração de eletricidade, qualquer que seja a fonte de energia primária, acima de 10MW;

XII – Complexo e unidades industriais e agro-industriais (petroquímicos, siderúrgicos, cloroquímicos, destilarias de álcool, hulha, extração e cultivo de recursos hídricos);

XIII – Distritos industriais e zonas estritamente industriais – ZEI;

XIV – Exploração econômica de madeira ou de lenha, em áreas acima de 100 hectares ou menores, quando atingir áreas significativas em termos percentuais ou de importância do ponto de vista ambiental;

XV – Projetos urbanísticos, acima de 100 ha ou em áreas consideradas de relevante interesse ambiental a critério da SEMA e dos órgãos municipais e estaduais competentes estaduais ou municipais;

XVI – Qualquer atividade que utilizar carvão vegetal, em quantidade superior a dez toneladas por dia.

XVI – Qualquer atividade que utilizar carvão vegetal, derivados ou produtos similares, em quantidade superior a dez toneladas por dia. (nova redação dada pela Resolução n° 11/86)

XVII – Projetos Agropecuários que contemplem áreas acima de 1.000 ha. ou menores, neste caso, quando se tratar de áreas significativas em termos percentuais ou de importância do ponto de vista ambiental, inclusive nas áreas de proteção ambiental. (inciso acrescentado pela Resolução n° 11/86)

XVIII – Empreendimentos potencialmente lesivos ao patrimônio espeleológico nacional. (inciso acrescentado pela Resolução n° 5/87).

A questão que se mostra controvertida é se no licenciamento ambiental das atividades enumeradas na Resolução CONAMA nº 01/86 a exigência do EIA é imprescindível.

Tratando-se de empreendimentos de infraestrutura, a resposta a esta pergunta mostra-se relevante, gerando impacto tanto no prazo do licenciamento, quanto no seu custo.

A Resolução CONAMA nº 01/86 deve ser examinada à luz do texto constitucional, que, em seu art. 225, § 1º, IV, vinculou a exigibilidade do EIA à "instalação de obra ou atividade potencialmente causadora de *significativa* degradação do meio ambiente". Permite-se, portanto, concluir que, em consonância com a Constituição da República, a lista da Resolução CONAMA nº 01/86 traz atividades sobre as quais há uma presunção de que a degradação potencial seja *significativa.*

Tal presunção, entretanto, é relativa. A Resolução CONAMA nº 01/86 é um ótimo parâmetro para a identificação de atividades cujo potencial degradador seja significativo, mas não pode ser vista como um dogma.

Algumas atividades foram ali listadas há quase trinta anos, de modo genérico, sem maiores detalhamentos, quanto ao porte e potencial poluidor. Cite-se, como exemplo: *estradas de rodagem com duas faixas, ferrovias, portos, aeroportos e oleodutos*. Admitir que sobre todas essas atividades, de modo genérico, haja uma presunção absoluta de degradação ambiental significativa constitui verdadeira banalização do EIA, obrigando o órgão ambiental a exigir tal complexo estudo, onerando os empreendedores, mesmos em situações de baixo impacto.

Acrescente-se que a evolução tecnológica, desde a edição da norma, contribuiu para a alteração das características dos diversos tipos de atividades mencionadas e, por consequência, dos graus de impacto ambiental. Há situações em que novas técnicas de instalação e operação contribuíram para mitigar os impactos, no passado tidos como significativos.

O EIA é um estudo extremamente complexo que tem, por imposição normativa, um longo rol de requisitos mínimos previstos no art. 6º da Resolução em comento.

A inafastabilidade da exigência do EIA consiste em verdadeiro entrave burocrático em diversas situações nas quais, apesar da previsão na Resolução nº 01/86, a atividade, pelo seu porte ou localização, tem um baixo potencial degradador.

Tome-se, como exemplo, o licenciamento de *aeroportos*, atividade prevista no inciso IV da listagem. A menção à atividade não contempla a localização, o porte, a frequência de utilização ou a destinação do aeroporto, presumindo que todo empreendimento deste tipo cause significativa degradação ambiental. Ora, a exigência de EIA para todo e qualquer aeroporto, sem distinção, implica exigência absurda para o empreendedor e desnecessária para o licenciamento pelo órgão ambiental. Além disso, a redação lacônica da norma dá margem a interpretações distorcidas, como, por exemplo, exigir o EIA para pequenas obras de ampliação de terminais de passageiros ou manutenção de pistas.

Outro exemplo é o das *estradas de rodagem com duas ou mais faixas de rolamento*[8], previsto no inciso I. Imagine-se que estejamos perante um pequeno trecho de uma estrada com "duas faixas" em região totalmente antropizada. Ora, seria um absurdo se exigir o EIA neste caso.

Outra exigência indevida, mas possível em razão da generalidade da expressão *estradas com duas faixas*, seria na hipótese de pavimentação de estrada já existente. Neste caso específico a pavimentação, pelo contrário, acarreta impactos pró meio ambiente, como a redução de erosão e de carreamento de sedimentos.

Como se não bastasse, a expressão *duas faixas* permite interpretações, absurdas, mas possíveis para alguns *artistas* do mundo jurídico, no sentido de que se refere a toda e qualquer estrada com uma faixa de ida e outra de volta... Ora, qual "estrada" não possuiria uma faixa de ida e outra de volta?

A exigência indiscriminada e burocrática do EIA, para situações de baixo impacto ambiental, funciona como fator de sua banalização, como bem destacou Yara Gouvêa:

> Daí que são as obras ou atividades que necessitam desse tipo de avaliação que se sujeitam à elaboração do EIA/RIMA que, por sua relevância e

---

8 Sobre o tema veja-se o glossário de Terminologias Rodoviárias Usualmente Utilizadas (Ministério dos Transportes/2007, p. 3-4 (disponível em < http://www.dnit.gov.br/download/rodovias/rodovias-federais/terminologias-rodoviarias/terminologias-rodoviarias-versao-11.1.pdf >. Acesso em 30/07/2015):

4.5 – MULTI – FAIXAS – MTF

Rodovias pavimentadas formadas por duas ou mais pistas com duas ou mais faixas para cada sentido, sem canteiro central, separadas apenas por sinalização horizontal, acrescida ou não de tachões.

4.6 – DUPLICADA – DUP

Rodovias Duplicadas são aquelas formadas por duas pistas com duas ou mais faixas para cada sentido, separadas por canteiro central, por separador rígido ou ainda com traçados separados muitas vezes contornando obstáculos.

4.7 – PISTA TRIPLA – TRP

Rodovias Triplicadas são aquelas formadas por três pistas com duas ou mais faixas para cada sentido, separadas por canteiro central, por separador rígido ou ainda com traçados separados muitas vezes contornando obstáculos.

> amplitude, por seu papel fundamental como um dos instrumentos mais importantes da Política Nacional do Meio Ambiente, não pode ser transformado em simples exigência burocrática, feita até mesmo quando o órgão ambiental já dispõe das informações necessárias ou quando o sistema de licenciamento se mostra suficiente no caso concreto, seja pelo porte, características ou localização da atividade, seja pelo fato dos impactos serem restritos e identificados.[9]

A interpretação da Resolução CONAMA nº 01/86, conforme a Constituição da República, leva à conclusão de que, mesmo no licenciamento de atividades listadas naquele ato normativo, poderá o órgão ambiental dispensar o EIA, quando previamente verificar que a atividade não causará impactos ambientais significativos.

Nesse sentido, parece razoável admitir-se a relativização da presunção de significativo impacto ambiental das atividades previstas na lista da Resolução nº 01/86.

A questão tornou-se tão controvertida, especialmente na avaliação de impactos de empreendimentos de infraestrutura, que o próprio CONAMA se viu obrigado a melhor esclarecer a própria norma, em alguns casos de empreendimentos de infraestrutura. Em que pese a Resolução n. 01/1986 prever a obrigatória exigência de EIA/RIMA para os aeroportos, o órgão colegiado, por meio da Resolução n. 470/2015, estabeleceu critérios e diretrizes para o licenciamento ambiental dos aeroportos regionais. Na mesma norma, restou estabelecido que a regularização ambiental de aeroportos regionais que estejam em operação na data de publicação daquela Resolução seria feita mediante licenciamento ambiental corretivo, visando à emissão da Licença de Operação, instruído com o Relatório de Controle Ambiental – RCA, elaborado em conformidade com o Termo de Referência constante do Anexo da norma.

Atualmente, está em tramitação no CONAMA proposta de alteração de Resolução n. 349/2004, que dispõe sobre o licenciamento ambiental de empreendimentos ferroviários de baixo potencial de impacto ambiental e a regularização dos empreendimentos em operação. Segundo a proposta, os empreendimentos ferroviários de baixo potencial de impacto ambiental ficam sujeitos ao licenciamento ambiental com base em procedimento simplificado, instruído com documentos e/ou autorizações legais exigidos,

---

9 GOUVÊA, Yara Maria Gomide. A interpretação do Artigo 2º da Resolução CONAMA 1/86 in Avaliação de impacto ambiental / Yara Maria Gomide Gouvêa, Francisco Thomaz Van Acker, Luis Enrique Sánchez... [et al.] – São Paulo: Secretaria do Meio Ambiente, 1998. 84 p. ; 30 em. (Documentos Ambientais), p. 21.

conforme o caso, por força de normas federais, estaduais e municipais aplicáveis; e Relatório Técnico Ambiental – RTA elaborado com base em dados secundários e de monitoramento existentes, a partir de Termo de Referência padrão a ser estabelecido pelo órgão ambiental competente.

Ora, como se vê, o próprio CONAMA, assim, entende que a presunção sobre a listagem prevista no art. 2º da Resolução n. 01/1986 é relativa.

A relativização não teria, entretanto, o condão de autorizar o órgão ambiental a, indiscriminadamente, conceder licenças ambientais sem exigência de estudos ou amparado em estudos falhos, sob pena de se caracterizar verdadeira improbidade ambiental.

Não poderá o órgão ambiental simplesmente dispensar a apresentação do EIA de atividades ali elencadas, sem fundamento para tal decisão. O órgão pode, a partir da exigência de outros estudos ambientais, que não o EIA, examinar as características específicas dos empreendimentos, afastando, com fundamento técnico, o significativo impacto ambiental. Trata-se efetivamente de ato discricionário, pertinente à esfera de valoração exclusiva do administrador, a quem incumbe praticar os atos pertinentes a sua função, atendo-se aos critérios de oportunidade e conveniência para a Administração, tendo sempre presente o interesse público. Tal discricionariedade, entretanto, não implica em ampla e irrestrita liberdade administrativa do órgão público ambiental, que deverá rigorosamente obedecer à lei e aos princípios de direito.

Esse entendimento mostra-se autorizado pelo disposto na Resolução CONAMA nº 237/97, que no parágrafo único do seu artigo 3º[10], dispõe que o órgão ambiental competente, verificando que a atividade ou empreendimento não é potencialmente causador de significativa degradação do meio ambiente, definirá os estudos ambientais pertinentes ao respectivo processo de licenciamento.

Entendo que a Resolução CONAMA nº 237/97, nesse ponto, veio adequar a Resolução CONAMA nº 01/86 às exigências da Constituição de 1988.

Merece destaque o entendimento esposado por Andreas Krell, que defende a discricionariedade da Administração na exigibilidade do EIA, que será maior ou menor de acordo com a presença da atividade na listagem da Resolução CONAMA nº 01/86:

---

[10] Art. 3º A licença ambiental para empreendimentos e atividades consideradas efetiva ou potencialmente causadoras de significativa degradação do meio dependerá de prévio estudo de impacto ambiental e respectivo relatório de impacto sobre o meio ambiente (EIA/RIMA), ao qual dar-se-á publicidade, garantida a realização de audiências públicas, quando couber, de acordo com a regulamentação.
Parágrafo único. O órgão ambiental competente, verificando que a atividade ou empreendimento não é potencialmente causador de significativa degradação do meio ambiente, definirá os estudos ambientais pertinentes ao respectivo processo de licenciamento.

Naturalmente, aumenta o dever de motivação da decisão administrativa nos casos em que se pretende contrariar a presunção do referido dispositivo. Verificando que o impacto a se esperar do projeto não é significativo, o órgão ambiental definirá os estudos ambientais pertinentes ao respectivo processo de licenciamento (cf. art. 3º, parágrafo único da Res. nº 237/97 CONAMA).[11]

Deve ficar claro, no entanto, que a possibilidade de definição de outros "estudos ambientais" pelo órgão ambiental não implica, de forma alguma, mitigação da obrigatoriedade do EIA para atividades ou empreendimentos potencialmente causadores de significativo impacto.

Como forma de limitar a discricionariedade concedida ao administrador, disposta no art. 3º, parágrafo único, da Resolução CONAMA n. 237/97, seria prudente relacionar em norma própria tipos específicos de empreendimentos que, pelo porte e potencial poluidor, não pudessem causar significativo impacto, com o objetivo de orientar a decisão dos órgãos ambientais. Assim, como medida de eficiência e segurança, poderá o Poder Público, a partir do exame de sucessivos casos análogos, identificar previamente tipos específicos de empreendimentos para os quais não haja comprovadamente significativo impacto.

O Supremo Tribunal Federal, no entanto, já se manifestou pela inconstitucionalidade de normas estaduais que dispensaram o EIA para empreendimentos que causavam significativo impacto ambiental.[12] No julgamento da ADI n. 1086/SC, em 2001, do Agravo Regimental em Recurso Extraordinário n. 631.753/RJ, em 2011, e do Recurso Extraordinário n. 650.909/RJ, em 2012, o STF externou o entendimento de que as normas impugnadas, ao dispensar a elaboração de estudo prévio de impacto ambiental, criaram exceção incompatível com o disposto no inciso IV do § 1º do artigo 225 da Constituição Federal.

Andou bem a Suprema Corte ao vincular o EIA ao significativo impacto ambiental, na forma da exigência constitucional. Cumpre ressaltar, entretanto, que nas normas declaradas inconstitucionais havia uma simples

---

11 KRELL, Andreas J. Discricionariedade Administrativa e Proteção Ambiental. O CONTROLE DOS CONCEITOS JURÍDICOS INDETERMINADOS E A COMPETÊNCIA DOS ÓRGAOS AMBIENTAIS. Um estudo comparativo. Livraria do Advogado / Porto Alegre 2004.Página 119, 120 e 121.

12 AGRAVO REGIMENTAL NO RECURSO EXTRAORDINÁRIO. CONSTITUCIONAL. AMBIENTAL. LEI 6.938/1981, LEI ESTADUAL 1.356/1988 E RESOLUÇÃO DO CONAMA 1/86. MATÉRIA INFRACONSTITUCIONAL. OFENSA INDIRETA. NECESSIDADE DE REEXAME DE FATOS E PROVAS. SÚMULA 279 DO STF. IMPOSSIBILIDADE DE LEI ESTADUAL DISPENSAR ESTUDO PRÉVIO DE IMPACTO AMBIENTAL. AGRAVO IMPROVIDO. (STF, 2ª Turma, AgR no RE 650.909, Rel. Min. RICARDO LEWANDOWSKI, j. em 17/04/2012);
AÇÃO DIRETA DE INCONSTITUCIONALIDADE. ARTIGO 182, § 3º, DA CONSTITUIÇÃO DO ESTADO DE SANTA CATARINA. ESTUDO DE IMPACTO AMBIENTAL. CONTRAIEDADE AO ARTIGO 225, § 1º, IV, DA CARTA DA REPÚBLICA. (STF – Pleno, ADI 1086/SC, Rel. Min. ILMAR GALVÃO, j. em 10/08/2001).

mitigação da presunção relativa, sem o estabelecimento de critérios para a caracterização da insignificância do impacto ambiental.

O julgamento do STF não pode, portanto, ser interpretado no sentido de transformar a listagem genérica da Resolução CONAMA n. 01/86, elaborada há quase trinta anos, em um dogma, a não admitir qualquer relativização no âmbito normativo dos entes federados.

Caberia, assim, ao órgão ambiental a identificação de situações em que, apesar da menção expressa, mas genérica, na referida norma, os impactos ambientais seriam comprovadamente não significativos, casos em que seriam exigidos de outros estudos ambientais, que não o EIA. Para tanto, seria prudente a prévia definição normativa de situações de baixo impacto.

A segurança jurídica é fundamental, não só para garantir o correto cumprimento do mandamento constitucional, como também para a própria autoridade que irá tomar a decisão, pois a dispensa imotivada do EIA para o licenciamento de empreendimentos e atividades devidamente listados na Resolução CONAMA n. 01/86 poderá consistir na prática de ato de improbidade pela autoridade ambiental, em razão da gravidade dos fatos que denotam a violação de seus deveres funcionais.

É importante lembrar que o EIA/RIMA é um dos modos de efetivação da Avaliação dos Impactos Ambientais, enquanto gênero. Mesmo nos casos em que a exigência do EIA/RIMA não seja razoável, os impactos ambientais devem ser necessária e previamente identificados através de outros estudos (seja por um Relatório de Controle Ambiental – RCA, por exemplo).

Conclui-se, assim, ser possível a dispensa do EIA de atividades listadas na Resolução CONAMA n. 01/86, que deverá, entretanto, estar sempre amparada em outros estudos técnicos, que concluam de forma segura pela ausência de significativos impactos ao meio ambiente.

CONCLUSÃO

Os empreendimentos de infraestrutura são essenciais para o desenvolvimento do país e deve haver uma grande preocupação para que sejam viabilizados. Os esforços para a sua execução, entretanto, não lhes dão uma blindagem em relação ao cumprimento do ordenamento jurídico, especialmente o ambiental.

O cumprimento de exigências ambientais não pode, por outro lado, se tornar um desafio confuso e inseguro.

É preciso que as preocupações de ordem ambiental estejam previstas em regras claras, com delimitação das competências ambientais, impondo-se, quando for o caso, a atuação supletiva pelos entes federados, que, segundo o texto constitucional, têm competência administrativa comum.

Além disso, para a melhor delimitação da competência licenciatória, segundo o critério geral, é importante o exame dos empreendimentos de infraestrutura segundo o porte e o potencial poluidor, o que torna extremamente relevante a avaliação dos potenciais impactos ambientais.

Também neste aspecto, é preciso uma maior clareza normativa, quanto ao tipo de avaliação de impacto ambiental a ser exigida.

A alteração da Resolução CONAMA nº 01/86, para esclarecer que há presunção relativa de que os empreendimentos, listados em seu art. 2º, são potenciais causadores de significativo impacto ambiental autorizaria os órgãos licenciadores a dispensá-lo em licenciamento de empreendimento de baixo potencial de impacto.

A dispensa do EIA, entretanto, deverá ser amparada em outros estudos técnicos, que concluam, de forma segura, pela ausência de significativos impactos ao meio ambiente. Como alternativa, poderá o Poder Público identificar previamente tipos específicos de empreendimentos, para os quais não haja comprovadamente significativo impacto, considerando o porte e o potencial poluidor e os relacionar em norma própria a orientar a decisão dos órgãos ambientais.

REFERÊNCIAS

ANTUNES, Paulo de Bessa. Direito Ambiental. 11ª edição. Rio de Janeiro: Lúmen Júris. 2008.

GOUVÊA, Yara Maria Gomide. A interpretação do Artigo 2º da Resolução CONAMA 1/86 in Avaliação de impacto ambiental / Yara Maria Gomide Gouvêa, Francisco Thomaz Van Acker, Luis Enrique Sánchez... [et aI.] – São Paulo: Secretaria do Meio Ambiente, 1998. 84 p. 30 em. (Documentos Ambientais).

KRELL, Andreas J. Discricionariedade Administrativa e Proteção Ambiental. O CONTROLE DOS CONCEITOS JURÍDICOS INDETERMINADOS E A COMPETÊNCIA DOS ÓRGAOS AMBIENTAIS. Um estudo comparativo. Livraria do Advogado / Porto Alegre 2004.

MACHADO, Paulo Affonso Leme. Direito Ambiental Brasileiro. 23ª edição, revista, atualizada e ampliada. São Paulo: Malheiros Editores Ltda. 2015.

SIQUEIRA, Lyssandro Norton. Simpósio Nacional de Direito Ambiental da APRODAB, organização Luciana Cordeiro de Souza, Flávio Lopes Liquenvis, Jundiaí, SP: Editora In House, 2009.

5

ÁGUA & CIDADES
A GESTÃO INTEGRADA DE RECURSOS HÍDRICOS E INFRAESTRUTURA PARA A GARANTIA DOS USOS MÚLTIPLOS EM ÁREAS URBANAS

Marília Carvalho de Melo[1]

SUMÁRIO: Introdução. Planejamento e gestão no setor público. Arcabouço legal das políticas correlatas à política de águas urbanas. Infraestrutura hídrica em áreas urbanas. Instrumentos de planejamento como mecanismo de integração. Considerações Finais. Referências bibliográficas

INTRODUÇÃO

A gestão das águas no ambiente urbano para ser eficaz, pressupõe a integração de diversas políticas públicas setoriais que se interagem no território urbano e infraestrutura adequada. A água, enquanto recurso, pode ser um importante inibidor do desenvolvimento urbano com bases sustentáveis.

O principal objetivo das políticas nacional e estaduais de recursos hídricos é a garantia de água, em quantidade e qualidade, para os diversos usos a que ela se destina. Para ser capaz de cumprir este objetivo, as águas devem ser geridas de forma integrada com outras políticas públicas setoriais. Daí o conceito de gestão integrada, instituído pelas políticas das águas, que incorpora,

---

1 Engenheira Civil. Doutorado em Recursos Hídricos pela Universidade Federal do Rio de Janeiro – COPPE. Mestre em Meio Ambiente, Saneamento e Recursos Hídricos pela Universidade Federal de Minas Gerais. Pós-Graduada em Gestão com ênfase em Negócios, pela Fndação Dom Cabral. Subsecretária de Fiscalização Ambiental na Secretaria de Estado de Meio Ambiente e Desenvolvimento Sustentável do Estado de Minas Gerais – SEMAD-MG. Foi Deretora Geral do IGAM e Secretária Adjunta na SEMAD-MG. Professora do curso de Engenharia Civil na PUC-MG.

entre outros, diretrizes de articulação com o planejamento e a gestão do território, em nível de bacia hidrográfica.

Nos ambientes urbanos, o uso considerado central, inclusive priorizado em lei, é o abastecimento público. Entretanto, conforme as potencialidades econômicas e dinâmicas sociais de cada região metropolitana, outros usos podem ser relevantes na mesma bacia e a compatibilização destes usos apresenta um primeiro desafio à gestão.

O primeiro desafio, portanto, é a compartimentação de competência das diversas instituições que atuam no território urbano. O segundo desafio está na própria dinâmica do crescimento das cidades e da ocupação do solo, frequentemente sem planejamento, que implica em alterações na disponibilidade, na qualidade e no regime das águas em seu território e que pode também comprometer o objetivo de garantir água em quantidade e qualidade para os diversos usos. A infraestrutura hídrica, neste contexto, desempenha o pilar fundamental para a garantia do desenvolvimento urbano, entendendo a demanda para o abastecimento público e para todos os outros serviços que são requeridos pelas cidades.

Considerando que a água de uma determinada bacia é produto da gestão do seu território, indica-se a necessidade de se criar mecanismos técnicos e institucionais eficientes, eficazes e efetivos de integração entre políticas que tenham influência sobre a garantia da quantidade e qualidade dos recursos hídricos. Entende-se, assim, que o equilíbrio das dinâmicas institucionais e legais eficazes com um conjunto de infraestrutura adequada a proporção das demandas urbanas, é o caminho para a gestão sustentável das águas nas cidades.

Planejamento e gestão no setor público

A nova organização da administração pública pressupõe eficiência, transparência e flexibilização de procedimentos para adaptar os modelos de gestão a cada realidade posta. Para que a eficiência seja alcançada, a integração do planejamento e o alinhamento estratégico e das agendas setoriais são fundamentais. Esta integração de agendas passa pelo conceito de governo matricial, que busca enfrentar o desafio da implementação da estratégia de desenvolvimentos expressos nos planos de governo e nas políticas públicas.

O processo de integração deve iniciar na concepção do planejamento. Segundo o dicionário Aurélio[2], planejamento é o trabalho de preparação

2 FERREIRA, Aurélio Buarque de Holanda. Dicionário Aurélio Básico da Língua Portuguesa. Rio de Janeiro: Nova Fronteira, 1988, p. 214.

de qualquer empreendimento, segundo roteiros e métodos determinados, ou ainda, elaboração, por etapas, com bases técnicas, de planos e programas com objetivos definidos. Segundo Carneiro, 2000[3] o planejamento permite uma concatenação mais precisa e sistematizada das ações, compatibilizando-as entre si, o que contribui para o processo da coordenação da execução das decisões referentes àquilo que se pretende fazer no âmbito de uma dada atividade.

No ambiente urbano, as competências constitucionais dos entes federados têm repercussão direta no seu planejamento. Em uma análise da conjuntura do Brasil, o Caderno de Saneamento Ambiental (Ministério das Cidades, 2004)[4]constata que as estruturas administrativas e organizacionais vinculadas à gestão de política urbana foram criadas assegurando as contingências de cada momento, ajustando-se da melhor forma à conjuntura, sem, contudo, dar-se por um planejamento adequado, ou de maneira otimizada, como requer a boa prática da administração. Esta forma de organização favorece a compartimentação de propósitos e ações, ao invés de integrá-las em benefício da otimização de custos e da maximização de resultados, tal como esperado no processo de gestão territorial. Assim o grande desafio com que se deparam os planejadores é fazer com que as áreas do conhecimento que interfiram no processo de aprovação urbanística e ambiental se agreguem em uma nova síntese que supere a visão fragmentada das análises, e induza decisões mais abrangentes e fundamentadas e que gere melhor qualidade de vida para a sociedade (Ministério das Cidades e CONFEA, 2005)[5].

Para a gestão das águas este contexto faz sentido uma vez que, sendo uma política recente (1997), no modelo hoje proposto, a sua operacionalização se dá em um cenário de grandes cidades já constituídas, muitas vezes sem um planejamento adequado, com infraestrutura inadequada, o que gerou um passivo ambiental no seu território, inclusive de comprometimento das águas para os usos múltiplos. Desta forma, a gestão integrada das águas urbanas deve buscar soluções que respondam a uma visão futura, mas que também abordem a herança do modelo de desenvolvimento urbano, considerando para isso seus ambientes institucionais, os instrumentos de gestão e as necessárias relações intra e extragovernamentais.

---

3 CARNEIRO, P. R. F, 2000, Controle de Inundação em Bacias Metropolitanas, considerando a integração do planejamento do uso do solo à gestão de recursos hídricos. Estudo de Caso: Bacias dos Rios Iguaçu/Sarapuí na Região Metropolitana do Rio de Janeiro. Tese de D.Sc., COPPE/UFRJ, Rio de Janeiro, RJ, Brasil.

4 BRASIL, 2004, Ministério das Cidades. Cadernos de Saneamento Ambiental. Brasília, p. 104, 2004.

5 BRASIL. MINISTÉRIO DAS CIDADES. Plano diretor participativo: guia para elaboração pelos Municípios e cidadãos. Brasília : Ministério das Cidades, Confea, 2005.

ARCABOUÇO LEGAL DAS POLÍTICAS CORRELATAS À POLÍTICA DE ÁGUAS URBANAS

Constituição Federal

O ambientalismo passou a ser tema de elevada importância nas Constituições mais recentes. Muitas delas incluem o meio ambiente ecologicamente equilibrado como direito fundamental da pessoa humana e não apenas como simples aspecto de atribuição de órgãos ou competências, como ocorria anteriormente. O artigo 225 da CF/88 eleva à categoria constitucional o disciplinamento expresso pela busca de um meio ambiente ecologicamente equilibrado, e ressalta o caráter difuso não só do próprio bem ambiental enquadrando-o como bem de uso comum do povo, mas da própria obrigação das instituições públicas e da sociedade de defendê-lo e preservá-lo para as presentes e futuras gerações[6].

As disposições relativas a meio ambiente na Carta Magna brasileira não se restringem àquelas no artigo 225. Aparecem em todo o corpo constitucional o que a caracteriza como uma verdadeira Constituição Ecológica. No entanto, neste aspecto é importante ressaltar que ela aborda os temas setoriais e as respectivas responsabilidades de entes federados sobre os mesmos, contudo a fragmentação dos dispositivos e a falta de normas claras sobre suas inter-relações constituem risco de sobreposição e conflito de ações e ineficácia na operacionalização das políticas públicas, o que acaba se manifestando na legislação infraconstitucional.

A Política Nacional de Meio Ambiente

A Política Nacional do Meio Ambiente, Lei 6.938, de 31 de agosto de 1981, tem como princípio a ação governamental na manutenção do equilíbrio ecológico, tendo em vista que o meio ambiente é um patrimônio público sujeito ao uso coletivo. Assim, a política ambiental visa compatibilizar o desenvolvimento econômico-social com a preservação do meio ambiente ecologicamente equilibrado, caracterizando o princípio do desenvolvimento sustentável. A operacionalização da Política Nacional do Meio Ambiente se dá por doze instrumentos. Vale aqui ressaltar o inciso II do art. 9º, que apresenta o zoneamento ambiental como instrumento de planejamento desta Política.

O Decreto 4.297, de 10 de julho de 2002, regulamenta o inciso II do art. 9º, da Lei 6.938/1981, estabelecendo critérios para o Zoneamento Ecológico

---

6 SIQUEIRA, Lyssandro Norton, VIEIRA, G. L. G. Temas de Direito Ambiental Constitucional e Administrativo Brasileiro. Belo Horizonte : Fundac-BH Editora, 2011, v.1.

e Econômico (ZEE) do Brasil. O art. 2o desta norma define o Zoneamento Ecológico Econômico como sendo um instrumento de organização do território, que obrigatoriamente deve ser seguido na implantação de planos, obras e atividades públicas ou privadas. Este instrumento estabelece medidas e padrões a fim de se assegurar a qualidade ambiental, dos recursos hídricos e do solo, assim como a preservação da biodiversidade, garantindo o desenvolvimento sustentável e a qualidade de vida da sociedade.

O objetivo legal do ZEE é organizar, de forma vinculada, as decisões dos agentes públicos e privados quanto a planos, programas, projetos e atividades que, direta ou indiretamente, utilizem recursos naturais. Criando, para tal objetivo, um cenário propício ao desenvolvimento econômico, compatibilizado com proteção de recursos naturais, princípios estes que norteiam a definição de sustentabilidade ecológica, econômica e social. Do ponto de vista conceitual, o ZEE é um instrumento articulador da gestão do território com vistas à sustentabilidade dos recursos naturais.

A Política Nacional de Recursos Hídricos

O art. 21, XIX da CF/88 prevê expressamente a instituição de um sistema nacional de gerenciamento de recursos hídricos. A Lei 9.433 de 08 de janeiro de 1997 institui a Política Nacional de Recursos Hídricos e tem como objetivo assegurar à atual e às futuras gerações acesso ao recurso hídrico em quantidade e qualidade compatíveis aos diversos usos a que este se destina.

As diretrizes gerais de ação para implementação do gerenciamento de recursos hídricos preveem a adequação da gestão de recursos hídricos às diversidades físicas, bióticas, demográficas, econômicas e culturais das diversas regiões do país; a integração da gestão de recursos hídricos com a gestão ambiental, a articulação com a gestão de uso do solo; e a articulação do planejamento de recursos hídricos com o de setores usuários e com o planejamento regional, estadual e nacional.

Para materializar os fundamentos, a lei define seis instrumentos de gestão, os instrumentos são complementares entre si e é de se esperar que a gestão atinja sua eficiência máxima com a implantação de todos eles.

Enquanto instrumento de planejamento, institui o plano diretor de recursos hídricos de bacias hidrográficas que deve contemplar diretrizes e critérios para o gerenciamento, assim como fundamentar e orientar a implementação de programas e projetos na bacia para o atendimento de metas previstas.

De maneira complementar, o enquadramento dos corpos d'água configura um importante instrumento de planejamento no quesito qualidade e de articulação entre as políticas de águas e meio ambiente. O enquadramento define metas de qualidade a serem atingidas em função dos usos preponderantes dos corpos d'água, considerando a viabilidade técnica e econômica, e é seguido de um plano de efetivação do mesmo, com metas intermediárias para atendimento à meta final.

Assim, o plano de bacia integrado ao enquadramento dos corpos de água constitui o instrumento de planejamento da política das águas. No disciplinamento normativo, seu conteúdo deve levar em consideração a interface com as demais políticas públicas que podem interferir nos resultados propostos. Entretanto a prática tem demonstrado a falta de capacidade dos planos de recursos hídricos em criar mecanismos práticos de articulação, no âmbito técnico e institucional, para viabilizar ações que propiciem a quantidade e qualidade de água para atendimento de usos múltiplos, cuja consequência é a não implementação dos mesmos.

CÓDIGO FLORESTAL

A Lei 12.651 de 25 de maio de 2012 estabelece o novo código florestal brasileiro. No capítulo de definições aborda o conceito de área verde urbana como sendo espaços, públicos ou privados, com predomínio de vegetação, preferencialmente nativa, natural ou recuperada, previstos no Plano Diretor, nas Leis de Zoneamento Urbano e Uso do Solo do Município, indisponíveis para construção de moradias, destinados aos propósitos de recreação, lazer, melhoria da qualidade ambiental urbana, proteção dos recursos hídricos, manutenção ou melhoria paisagística, proteção de bens e manifestações culturais.

A referida lei apresenta linhas de integração com a política de recursos hídricos especialmente no art. 14 que determina que a localização da área de Reserva Legal no imóvel rural deverá levar em consideração o plano de bacia hidrográfica. Adicionalmente no art. 61 indica que em bacias hidrográficas consideradas críticas, conforme previsto em legislação específica, o Chefe do Poder Executivo poderá, em ato próprio, estabelecer metas e diretrizes de recuperação ou conservação da vegetação nativa superiores às definidas em condições normais, como projeto prioritário, ouvidos o Comitê de Bacia Hidrográfica e o Conselho Estadual de Meio Ambiente.

Por fim no art. 66 define que para áreas de compensação deverá favorecer, entre outros, a recuperação de bacias hidrográficas excessivamente desmatadas, a criação de corredores ecológicos, a conservação de grandes áreas protegidas e a conservação ou recuperação de ecossistemas ou espécies ameaçadas.

O novo código florestal abordou no seu conteúdo o conceito de integração água e floresta e apresentou mecanismos práticos desta integração, como a locação da reserva legal observando os planos de recursos hídricos e a possibilidade que, por ato do chefe do executivo, bacias críticas tenham condições especiais de preservação. A cobertura vegetal de uma bacia influencia diretamente na garantia de provimento de água em quantidade e qualidade para os diversos usos na medida em que aumenta a capacidade de infiltração da água no solo, protege o solo de um processo de exposição e erosão que impacta os rios e funciona como barreira natural a outros agentes contaminantes do rio. Esta abordagem tem sido observada na literatura internacional, nomeada Infraestrutura verde (EPA[7], 2016 e World Resources Institute[8], 2013).

Importante registrar também que o próprio regime jurídico das áreas de preservação permanente possui relação com garantia quali-quantitativa dos recursos hídricos, ocupação urbana adequada e saneamento. Isto porque tratam-se de áreas protegidas, cobertas ou não por vegetação nativa, com a função ambiental de preservar os recursos hídricos, a paisagem, a estabilidade geológica e a biodiversidade, facilitar o fluxo gênico de fauna e flora, proteger o solo e assegurar o bem-estar das populações humanas.

A Política de Saneamento

A Lei 11.445 de 5 de janeiro de 2007 instituiu a Política Nacional de Saneamento Ambiental que cabe ressaltar prevê a necessária integração com a gestão de recursos hídricos além de outras políticas no espaço urbano e regional e define no seu art 4o que a gestão dos recursos hídricos não integra os serviços de saneamento básico, cabendo a articulação para integração de duas políticas postas. A lei traz o plano de saneamento como o instrumento de planejamento e preconiza que estes deverão ser compatíveis com os planos das bacias hidrográficas em que estiverem inseridos.

O setor de saneamento é um usuário importante do sistema de recursos hídricos. A captação para abastecimento público e o lançamento de efluentes domésticos são usos do setor de saneamento que tem significativa

---

7 https://www.epa.gov/green-infrastructure

8 WORLD RESOURCES INSTITUTE. Natural Infrastructure – Investing in forested landscapes for sourcewater protection in the United States. 2013. ISBN 978-1-56973-813-9. Disponível em: http://www.wri.org/publication/natural-infrastructure Acesso: 20 out 2016.

importância para a avaliação da gestão integrada de águas em áreas urbanas com vistas à garantia dos usos múltiplos. O abastecimento humano, como prioridade estabelecida em Lei, é um dos grandes desafios nos grandes centros urbanos com uma população e consequente demanda crescentes. Atualmente no Brasil o lançamento de efluentes domésticos, sem o devido tratamento, é um dos principais responsáveis pela poluição das águas urbanas, cuja consequência é a indisponibilidade dos recursos hídricos no território para os usos múltiplos. Por fim, de maneira análoga à gestão das águas no Brasil, a política de saneamento tem como base a participação e controle social em sua elaboração e execução.

O Estatuto das Cidades

No campo da política urbana a CF/88 dispõe como competência da União instituir diretrizes para o desenvolvimento urbano, inclusive habitação, saneamento básico e transportes urbanos (art. 21, XX) qualificando o plano diretor como o instrumento básico da política de desenvolvimento e de expansão urbanas. O art. 182 estabelece que a política de desenvolvimento urbano, executada pelo Poder Público municipal, conforme diretrizes gerais fixadas em lei, tem por objetivo ordenar o pleno desenvolvimento das funções sociais da cidade e garantir o bem-estar de seus habitantes. O "Estatuto das Cidades", Lei nº 10.257 de 2001, vem regulamentar esses dispositivos.

O plano diretor deve ser um instrumento indutor do desenvolvimento sustentável das cidades brasileiras, que visa, ainda, regular a função social da cidade e da propriedade urbana, buscando construir um outro modo de organizar a produção e o território, no âmbito da integração de políticas públicas e da articulação com as políticas urbanas, compatível com os limites da sustentabilidade ambiental, social e econômica.

Segundo Ministério das Cidades e CONFEA (2005), a atividade de construir e elaborar o plano diretor da cada cidade deve servir para incentivar os municípios a avaliar e implantar todo o sistema de planejamento municipal. Este planejamento implica atualizar e compatibilizar cadastros e integrar políticas setoriais.

No contexto do plano diretor como instrumento de planejamento urbano, as questões ambientais estão fortemente presentes, pois as pressões exercidas por áreas urbanas, sobretudo em grandes conglomerados urbanos, sobre o meio ambiente são pressões de demanda por água, solo e fontes de energia bem como pressões relacionadas à absorção de resíduos e a alterações físicas, químicas e biológicas de processos naturais geradas pela atividade humana. Como consequências destas pressões, surgem conflitos pelo uso dos recursos hídricos, pelo uso do solo, que, muitas vezes, não estão restritos ao município onde a intervenção é realizada, ou onde a demanda é percebida, mas se estende à região de influência da cidade e à bacia hidrográfica na qual esta se insere.

INFRAESTRUTURA HÍDRICA EM ÁREAS URBANAS

As cidades brasileiras ainda têm carências significativas de infraestrutura hídrica. Entende-se por infraestrutura hídrica a infraestrutura de provimento de água, drenagem pluvial e esgotamento sanitário.

Do ponto de vista de provimento de água, 82,4% da população tem acesso a água tratada (SNIS, 2013[9]). Para efluentes domésticos, apenas 48% da população tem coleta de esgoto e apenas 40% do esgoto é tratado e, se analisado para as 100 maiores cidades do país, este percentual aumenta para 50,26% (Trata Brasil, 2016[10]). Quanto ao sistema de drenagem, as recorrentes enchentes urbanas demonstram sua precariedade.

A Agência Nacional de Águas (ANA, 2010[11]) publicou o Atlas Brasil de Abastecimento Urbano de Água, que analisa a situação do abastecimento público nos centros urbanos brasileiros que congregam 84% da população e propõe ações para o horizonte de 2050. Dos 5.565 municípios analisados, 45% dos municípios têm sistemas de abastecimento em condição satisfatória considerando a razão demanda/disponibilidade de água , 46% requerem ampliação do sistema e 9% requer um novo manancial em 2015.

Do diagnóstico concluiu-se pela necessidade de investimentos da ordem de 22 bilhões para os sistemas de abastecimento de água até o ano de 2025 e aproximadamente 48 bilhões em sistemas de esgoto para garantia de qualidade da água nos mananciais de abastecimento urbano (ANA, 2010).

Adicionalmente, no Brasil ainda apresentam índices significativos de perdas físicas de água no sistema de distribuição nas grandes cidades, com média nacional de 37%, (Snis, 2013[12]).

A OCDE e GWP[13], 2016, afirmam que políticas e investimentos em infraestrutura são necessários para alocar água entre usos alternativos,

---

9 http://www.snis.gov.br/

10 http://www.tratabrasil.org.br/saneamento-no-brasil

11 ANA. Agência Nacional de Águas. Atlas de Abastecimento Urbano. 2010. Disponível em: http://atlas.ana.gov.br/Atlas/forms/Home.aspx. Acesso em: 20 de setembro de 2016.

12 http://www.snis.gov.br

13 OCDE & GWP. Securing water, sustaining growth. 2015. Disponível em: http://www.water.ox.ac.uk/wp-content/uploads/2015/04/SCHOOL-OF-GEOGRAPHY-SECURING-WATER-SUSTAINING-GROWTH- DOWNLOADABLE.pdf. Acesso em 15 de setembro de 2016

fornecer água em momentos e lugares específicos, garantir a qualidade da água, além de proteger pessoas e ativos de riscos relacionados com esse recurso natural.

O modelo de desenvolvimento urbano e o crescimento do adensamento populacional nos centros urbanos potencializam os desafios para a gestão das águas. Desta forma, a retomada do planejamento de infraestrutura hídrica nas cidades deve ser prioridade nas agendas políticas para atender os anseios sociais de desenvolvimento econômico, social e ambiental nas cidades brasileiras.

INSTRUMENTOS DE PLANEJAMENTO COMO MECANISMO DE INTEGRAÇÃO

Os instrumentos de planejamento das políticas públicas constituem um *locus* importante para definição de estratégias, projetos e programas daquela política com o objetivo de atingir metas de curto, médio e logo prazos. Além disso é um momento importante para viabilizar a análise da intersetorialidade, ou seja, analisar como que os resultados propostos por determinada política dependem de ações de outras políticas formalmente instituídas e com competências próprias.

A Tabela 1 apresenta um resumo dos instrumentos de planejamento e uma análise sucinta da sua importância na gestão das águas no ambiente urbano.

A avaliação do conteúdo legal estabelecido para cada um dos instrumentos analisados, sob a ótica da proteção de mananciais urbanos com objetivo de garantia dos usos múltiplos, suscita reflexões, conforme apresentado a seguir.

O **plano de recursos hídricos** é um instrumento que visa a garantia de água em quantidade e qualidade para os usos múltiplos; entretanto, o alcance deste resultado depende da efetividade de outras políticas públicas setoriais;

O **zoneamento ecológico e econômico** é um instrumento que supera o conceito de planejamento formal com diagnóstico, prognóstico e programa de metas, sendo então um instrumento de ordenamento territorial. Como tal, deve ser observado como pressuposto para o planejamento, independente do setor. Legalmente traz uma vinculação às decisões de outras políticas que utilizem ou influenciem nos recursos naturais e se propõe a estabelecer medidas e padrões de proteção ambiental destinados a assegurar a qualidade ambiental, dos recursos hídricos e do solo e a conservação da biodiversidade.

O **plano de saneamento** deve conter metas de curto, médio e longo prazos para a universalização do serviço, observando a compatibilidade com os demais planos setoriais e sendo compatíveis com os planos de recursos hídricos. Obviamente o estabelecimento das metas pressupõe uma análise de viabilidade técnica e financeira, mas em muitos casos não é avaliado o custo econômico associado a falta de ação.

O estabelecimento de programas, projetos e ações deve ser compatível a outros planos governamentais correlatos, inclusive com recursos hídricos, estabelecendo uma relação de concordância com o plano de bacia. Do ponto de vista de uma política de proteção de mananciais para usos múltiplos, os programas e projetos devem viabilizar a compatibilidade dos usos já conflitantes do setor de saneamento, mas também suas limitações em outros usos setoriais contemplando o custo de oportunidade.

O **plano diretor municipal,** por ser o instrumento primeiro de ordenamento do uso e ocupação do solo no território urbano, é extremamente importante para a proteção de mananciais urbanos com vistas aos usos múltiplos. Do ponto de vista normativo e conceitual o planejamento do desenvolvimento das cidades, da distribuição espacial da população e das atividades econômicas do município deve ocorrer de modo a evitar e corrigir as distorções do crescimento urbano e seus efeitos negativos sobre o meio ambiente. Adicionalmente, adoção de padrões de produção e consumo de bens de expansão urbana devem ser compatíveis com os limites da sustentabilidade ambiental.

Esta abordagem conceitual abrange a visão do impacto das atividades desenvolvidas no território nos recursos naturais, que juntamente com adoção de padrões de produção e consumo realiza uma ação em todo o processo propiciando uma gestão de demanda repercutindo na utilização dos recursos naturais. Entretanto do ponto de vista prático requer a definição de mecanismos viabilizadores desta ação.

TABELA 1 – CARACTERIZAÇÃO DOS INSTRUMENTOS DE GESTÃO

Ver tabela a seguir

Instrumento	Descrição	Origem	Unidade territorial de aplicação	Importância	Importância do instrumento para a gestão das águas no meio urbano
Plano diretor de recursos hídricos	Plano elaborado considerando um diagnóstico da bacia hidrográfica e definindo-se programas e projetos para melhoria da disponibilidade e qualidade das águas	Lei 9433/97	Bacia hidrográfica	Definição de planos e projetos para a garantia da disponibilidade hídrica para os usos múltiplos a que a água se destina.	
Enquadramento dos corpos d'água	Definição de classes de qualidade em função dos usos preponderantes, definindo-se metas intermediárias e final	Lei 9433/97	Bacia hidrográfica	Fomenta à promoção de ações permanentes de melhoria de qualidade da água em função dos usos	
Zoneamento ecológico e econômico	Instrumento de organização do território que estabelece medidas e padrões de proteção ambiental destinados a assegurar a qualidade ambiental, dos recursos hídricos e do solo e a conservação da biodiversidade, garantindo o desenvolvimento sustentável e a melhoria das condições de vida da população	Lei 6.938/81	Não há previsão legal	Assegurar a proteção ambiental no território de abrangência em todos os elementos a que o meio ambiente se refere, água, solo, biodiversidade, promovendo uma visão sistêmica do ambiente no território.	Promover a integração da água com os outros elementos que compõem o ambiente, além da integração com outras políticas correlatas. A aplicação deste instrumento em ambientes urbanos e com a visão integrada do território regional levaria a uma gestão das águas mais eficaz no ambiente urbano.

Plano de saneamento	Plano baseado em um diagnóstico e definição de metas de curto, médio e longo prazos para universalização dos serviços de saneamento	Lei 11.445/07	Engloba integralmente o território do ente da Federação que o elaborou	Define ações para a universalização do serviço de saneamento, promovendo a melhoria da qualidade de vida da população, seja do ponto de vista ambiental, seja do ponto de vista de saúde pública.	O plano de saneamento impacta profundamente a gestão das águas em ambientes urbanos, uma vez que aborda questões relacionadas à qualidade das águas, como tratamento de esgotos, de quantidade, uso para abastecimento público, e ainda a questão da drenagem urbana, que se relaciona aos eventos críticos adversos e ocorrência de enchentes.
Plano diretor municipal	Instrumento de planejamento urbano que aborda a distribuição territorial urbana da população e das atividades econômicas, a complementaridade entre ambiente urbano e rural, garantindo assim o direito a cidades sustentáveis, entendido como o direito à terra urbana, à moradia, ao saneamento ambiental, à infra-estrutura urbana, ao transporte e aos serviços públicos, ao trabalho e ao lazer, para as presentes e futuras gerações	Lei 10.257/01	Município	No ambiente municipal, este instrumento traz, conceitualmente, uma abordagem interdisciplinar de questões urbanas. Pretende promover uma gestão do solo sustentável e integrada.	O plano diretor municipal em questões abordadas como uso do solo, na integração urbano e rural, transportes e saneamento têm impacto direto na gestão das águas e extrapolam o limite do município. Por este motivo, a visão integrada regional para elaboração do plano diretor municipal se torna fundamental.

CONSIDERAÇÕES FINAIS

A disponibilidade de água em quantidade e qualidade adequadas ao abastecimento humano e de setores produtivos é fator impulsionador e ao mesmo tempo limitante para o desenvolvimento urbano. A compartimentação das políticas públicas em contraposição com a complexidade da realidade de um ambiente que interage em seus diversos aspectos, dificulta também a abordagem integrada para a solução dos problemas. Como pode ser depreendido da revisão teórica, a compartimentação se inicia no plano normativo, se estende ao institucional e induz a fragmentação das especialidades técnicas.

A análise do arcabouço legal permite concluir que este apresenta desafios do ponto de vista das competências dos entes federados. Além disto, a diversidade de instrumentos de planejamento das políticas públicas, na suas diversas competências setoriais e escalas dificulta sua efetiva integração. Por outro lado, as normas trazem indicativos da necessidade de integração, entretanto sem estabelecer os mecanismos e vinculações para que isto se realize.

O que se conclui é que o início da integração deve partir dos instrumentos de planejamento, ou seja, da elaboração de um planejamento integrado e intersetorial do território. Isso minimiza conflitos de competências, bem como a possibilidade de elaboração de projetos incompatíveis com base em uma visão segmentada de cada setor.

Assim, somente uma governança integrada de proteção dos mananciais, que articule e harmonize os diferentes instrumentos de gestão oriundos de diferentes políticas no território; capacidade técnica instalada e infraestrutura integrada de recursos hídricos e de saneamento poderá ser capaz de enfrentar esses problemas em áreas densamente urbanizadas.

REFERÊNCIAS BIBLIOGRÁFICAS

ANA. Agência Nacional de Águas. Atlas de Abastecimento Urbano. 2010. Disponível em: http://atlas.ana.gov.br/Atlas/forms/Home.aspx. Acesso em: 20 de setembro de 2016.

BRASIL, 2004, Ministério das Cidades. Cadernos de Saneamento Ambiental. Brasília, p. 104, 2004.

BRASIL. MINISTÉRIO DAS CIDADES. Plano diretor participativo: guia para elaboração pelos Municípios e cidadãos. Brasília : Ministério das Cidades, Confea, 2005.

CARNEIRO, P. R. F, 2000, Controle de Inundação em Bacias Metropolitanas, considerando a integração do planejamento do uso do solo à gestão de recursos hídricos. Estudo de Caso: Bacias dos Rios Iguaçu/Sarapuí na Região Metropolitana do Rio de Janeiro. Tese de D.Sc., COPPE/UFRJ, Rio de Janeiro, RJ, Brasil.

FERREIRA, Aurélio Buarque de Holanda. Dicionário Aurélio Básico da Língua Portuguesa. Rio de Janeiro: Nova Fronteira, 1988, p. 214.

OCDE & GWP. Securing water, sustaining growth. 2015. Disponível em: http://www.water.ox.ac.uk/wp-content/uploads/2015/04/SCHOOL-OF-GEOGRAPHY-SECURING-WATER-SUSTAINING-GROWTH- DOWNLOADABLE.pdf. Acesso em 15 de setembro de 2016

SIQUEIRA, Lyssandro Norton, VIEIRA, G. L. G. Temas de Direito Ambiental Constitucional e Administrativo Brasileiro. Belo Horizonte : Fundac-BH Editora, 2011, v.1.

WORLD RESOURCES INSTITUTE. Natural Infrastructure – Investing in forested landscapes for sourcewater protection in the United States. 2013. ISBN 978-1-56973-813-9. Disponível em: http://www.wri.org/publication/natural-infrastructure Acesso: 20 out 2016.

6

CONSIDERAÇÕES A RESPEITO DO CONSENTIMENTO PRÉVIO, LIVRE E INFORMADO

Paulo de Bessa Antunes [1]
Solange S. Alvares da Cunha [2]

SUMÁRIO: Introdução. 1. Breve histórico internacional do consentimento prévio, livre e informado. 2. O Sistema Interamericano de Proteção aos Direitos Humanos. 2.1 Caso Saramaka. 3. Jurisprudência Latino Americana. 4. A questão no Brasil 4.1 Incorporação da Convenção 169 no Brasil. 4.2 Licenciamento Ambiental e CPLI. Considerações finais. Bibliografia.

INTRODUÇÃO

A incorporação das comunidades locais e das populações indígenas no processo decisório relativo à extração dos recursos naturais tem sua origem jurídica mais imediata, após a Segunda Guerra Mundial, pois a Carta das Nações Unidas estabeleceu as duas bases fundamentais que possibilitaram o fenômeno: 1) a prevalência dos Direitos Humanos e 2) a autodeterminação dos povos, dando base ao posterior desenvolvimento de normas jurídicas aptas a estabelecer mecanismos de consultas às comunidades afetadas por projetos de grande impacto social e ambiental.

No âmbito do sistema das Nações Unidas, a Convenção nº 169 da Organização Internacional do Trabalho ("Convenção 169") tem sido considerada como um dos mais completos instrumentos de direito internacional sobre o

---

1 Doutor em Direito pela Universidade Estadual do Rio de Janeiro (1997), Mestre em Direito pela Pontifícia Universidade Católica do Rio de Janeiro (1982), Professor adjunto de Direito Ambiental da Universidade Federal do Estado do Rio de Janeiro, Advogado e parecerista em Direito Ambiental, Autor de diversos livros e artigos sobre Direito Ambiental.

2 Mestranda em Direito, Políticas Públicas e Sustentabilidade pela Universidade Federal do Estado do Rio de Janeiro, Especialista em Direito Ambiental Brasileiro pela Pontifícia Universidade Católica do Rio de Janeiro (2015) e Advogada na área ambiental.

regime jurídico aplicável aos povos indígenas e tribais no mundo, a qual claramente reconhece o direito dos povos indígenas a serem ouvidos, de forma adequada, sobre todos os projetos capazes de impactar-lhes os territórios, o modo de vida e que possam acarretar o seu deslocamento de suas terras.

O objetivo do presente artigo é trazer breves considerações a respeito do consentimento prévio, livre e informado ("CPLI") previsto na Convenção 169. Há muitas incertezas sobre sua aplicação, sobretudo pela ausência de regulamentação. É extremamente relevante entender em que situações o CPLI deve ser efetivado e quais são as limitações deste instrumento. O tema é altamente relevante, pois diante da clara necessidade de ampliação da infraestrutura brasileira o que, necessariamente, implicará em impactos sobre territórios indígenas e tradicionais.

1. BREVE HISTÓRICO INTERNACIONAL DO CONSENTIMENTO PRÉVIO, LIVRE E INFORMADO

A Organização Internacional do Trabalho, em sua 76ª Conferência, em 1989, aprovou a Convenção 169 sobre Povos Indígenas e Tribais em Países Independentes, que trata especificamente dos direitos dos povos indígenas e tribais no mundo. Tal Convenção será tratada no item 4.1 do presente artigo.

Outras Convenções Internacionais trataram do consentimento prévio. Destaca-se, por exemplo, a Convenção sobre Diversidade Biológica ("CDB") de 1992, que dispôs sobre a utilização dos conhecimentos tradicionais associados à biodiversidade, que só seria permitida mediante concessão de consentimento prévio livre e informado por parte das populações detentoras de tais conhecimentos, assegurada a repartição justa e equitativa dos benefícios. A CDB tem como objetivos: (i) a conservação da diversidade biológica; (ii) a utilização sustentável de seus componentes e (iii) a repartição justa e equitativa dos benefícios derivados da utilização dos recursos genéticos, aplicando-se um critério de justiça.

O artigo 8º, alínea "j", da CDB[3] destaca algumas questões importantes, tais como o (i) reconhecimento das comunidades locais e populações indígenas como realidade social e cultural específicas e, por isso mesmo, "relevantes à conservação" da diversidade biológica. Note-se o abandono

[3] "Em conformidade com sua legislação nacional, respeitar, preservar e manter o conhecimento, inovações e práticas das comunidades locais e populações indígenas com estilo de vida tradicionais relevantes à conservação e à utilização sustentável da diversidade biológica e incentivar sua mais ampla aplicação com a aprovação e a participação dos detentores desse conhecimento, inovações e práticas; e encorajar a repartição eqüitativa dos benefícios oriundos da utilização desse conhecimento, inovações e práticas"

da ideia de incompatibilidade entre proteção ambiental e presença humana - muito significativo no pensamento ambientalista majoritário; (ii) a consulta e a participação das comunidades locais e populações indígenas para a utilização por terceiros dos conhecimentos tradicionais associados à diversidade biológica, ou seja, a necessidade de procedimentos claros para a utilização legal de tais conhecimentos e, por fim, (iii) a distribuição dos benefícios econômicos – mas não se limitando a eles – de forma justa entre as comunidades locais e populações indígenas.

O mecanismo mediante o qual as comunidades locais e populações indígenas serão consultadas a respeito do acesso aos conhecimentos tradicionais associados é tratado no artigo 15 (5) da CDB, que estabelece que esta consulta deve ser (i) prévia e (ii) fundamentada (informada), a menos que o Estado Parte da Convenção, em sua legislação interna tenha estabelecido de outra forma.

Outro importante documento internacional é a Declaração das Nações Unidas sobre o Direito dos Povos Indígenas, aprovada na 107ª Sessão Plenária da Assembleia Geral da Organização das Nações Unidas, em setembro de 2007, que, também dispôs sobre o consentimento prévio livre e informado. O seu artigo 3º determina que os "povos indígenas têm direito à livre determinação" e, em consequência de tal direito "determinam livremente sua condição política e perseguem livremente seu desenvolvimento econômico, social e cultural. "

A Declaração segue a mesma linha da Convenção 169 no que diz respeito ao dever de colaboração entre o Estado e os povos indígenas e as comunidades tradicionais, estabelecendo que a adoção, por parte dos Estados, de medidas administrativas e legislativas que afetem os povos indígenas deverão ser efetivas mediante consultas e cooperação "de boa-fé com os povos indígenas interessados por meio de suas instituições representativas" com vistas à obtenção de "seu consentimento livre, prévio e informado." (artigo 19). Os projetos que possam afetar as terras indígenas deverão ser submetidos à consulta de boa-fé às instituições indígenas, com o objetivo de obter o CPLI (artigo 32).

Por fim, importante mencionar outros diplomas internacionais que tratam da necessidade de consentimento: (i) Convenção sobre o Controle de Movimentos Transfronteiriços de Resíduos Perigosos e seu Depósito, 1989 (Convenção de Basiléia), (ii) Convenção de Roterdã sobre o Procedimento de Consentimento Prévio Informado Aplicado a Certos Agrotóxicos e Substâncias Químicas Perigosas Objeto de Comércio Internacional, 1998("CPI"), e (iii) Convenção de Estocolmo sobre Poluentes Orgânicos Persistentes, 2001 (POPS).

Há, também, o Protocolo de Nagoya (2010), ainda não ratificado pelo Brasil, o qual estabelece em seu artigo 6º (2) que cada uma das partes deve adotar as medidas administrativas e legislativas com vistas a assegurar que "seja obtido o consentimento prévio informado ou a aprovação e o envolvimento de comunidades indígenas e locais para acesso aos recursos genéticos, quando o direito de conceder acesso a tais recursos lhes tenha sido estabelecido."

É importante destacar que os documentos internacionais citados não estabelecem o poder de veto para as comunidades tradicionais e indígenas, mas garantem o direito de sua participação efetiva nas atividades reguladas.

2. O SISTEMA INTERAMERICANO DE PROTEÇÃO AOS DIREITOS HUMANOS

O Sistema Interamericano de Proteção aos Direitos Humanos tem como suas principais bases uma estrutura legal e uma estrutura administrativa. A primeira é formada por dois quadros legais inter-relacionados, constituído pela (i) Carta da Organização dos Estados Americanos (OEA) de 1948 e (ii) Declaração Americana dos Direitos e Deveres do Homem, aplicáveis a todos os membros da OEA. O segundo grupo é composto pela (i) Convenção Americana dos Direitos Humanos (Pacto de San José da Costa Rica) e pelo (ii) Protocolo Adicional à Convenção sobre Direitos Humanos em matéria de Direitos Econômicos, Sociais e Culturais (Protocolo de San Salvador) cuja obrigatoriedade restringe-se aos seus signatários.

A Corte, estabelecida pelo Pacto de San José da Costa Rica, é um dos órgãos competentes para conhecer dos temas relacionados com o cumprimento dos compromissos assumidos pelos Estados Partes relacionados ao Pacto de San José, artigo 33 (b). O acesso à Corte só é permitido aos Estados Partes ou à Comissão, artigo 61 (1), após esgotados os procedimentos estipulados pelos artigos 48/50, ou seja, as instâncias nacionais. Uma vez que a Corte considere violados direitos ou liberdades protegidas pelo Pacto de San José cabe-lhe determinar que o Estado adote as medidas necessárias para o restabelecimento do direito violado, ou quando for o caso, que sejam adotadas medidas reparatórias adequadas, inclusive mediante o pagamento de indenização justa (artigo 63(1)).

O sistema interamericano de proteção aos direitos humanos tem dado resposta às diferentes questões apresentadas por povos indígenas e comunidades tradicionais relativas à proteção dos direitos humanos, com a explicitação do conteúdo do CPLI de forma bastante clara e indiscutível. Abaixo trataremos brevemente do Caso Saramaka vs. Suriname.

2.1 Caso Saramaka

Em resumo, o Caso Saramaka vs. Suriname tem origem em uma demanda submetida pela Comissão Interamericana de Direitos Humanos – 23/06/2006 - a partir da denúncia nº 12.338 (27/10/2000) apresentada pela Associação de Autoridades Saramaka e doze capitães Saramaka em seus nomes pessoais e, também, em nome do povo Saramaka. Aos 2 de março de 2006, a Comissão aprovou os Relatórios de Admissibilidade e de Mérito (nº 9/06) com recomendações para o Suriname. Aos 19 de junho de 2006, entendendo que a questão permanecia insolúvel, ante a inércia do Suriname, a Comissão submeteu a questão à Corte Interamericana que a decidiu.

A Comissão requereu que a Corte declarasse a responsabilidade do Suriname pela violação aos artigos 21 (Direito à Propriedade) e 25 (Direito à Proteção Judicial) do Pacto de San José. O primeiro aspecto que merece destaque na decisão foi o reconhecimento do Povo Saramaka como uma comunidade tribal passível de proteção pela Convenção 169, aplicável ao caso. A Corte assim dispôs sobre o tema do reconhecimento de "sociedades tribais" e de sua elegibilidade para a proteção internacional de direitos humanos.

A Corte, no Caso Saramaka, dispôs longamente sobre o CPLI, valendo notar o recurso à Convenção 169 da OIT, já que Pacto de San José não trata da matéria. A Corte considerou que a Consulta com vistas à obtenção do consentimento prévio livre e informado deve ser realizada ainda na fase preliminar ou de planejamento da atividade pretendida, com antecedência razoável, de forma que o grupo afetado possa compreender a natureza da intervenção proposta e, a partir disso, estar capacitado para emitir o seu juízo adequadamente.

> "133.(...)Este dever requer que o Estado aceite e ofereça informação e implica numa comunicação constante entre as partes. As consultas devem realizar-se de boa fé, através de procedimentos culturalmente adequados e devem ter como objetivo alcançar um acordo. Além disso, o povo Saramaka deve ser consultado, de acordo com suas próprias tradições, nas primeiras etapas do projeto de desenvolvimento ou investimento e não unicamente quando surja a necessidade de obter a aprovação da comunidade, se for o caso. (...)134. **Ademais, a Corte considera que, quando se trate de projetos de desenvolvimento ou de investimento de grande escala que teriam um impacto maior dentro do território Saramaka, o Estado tem a obrigação não apenas de consultar os Saramaka, mas também deve obter seu consentimento livre, prévio e informado, segundo seus costumes e tradições**. (...)137.(...)A Corte concorda com o Estado e, além disso, considera que além da consulta requerida, sempre que se apresente um projeto de desenvolvimento ou de investimento dentro do território tradicional Saramaka, a garantia

de participação efetiva requerida quando se trate de grandes projetos de desenvolvimento ou investimento que possam ter um impacto profundo nos direitos de propriedade dos membros do povo Saramaka em grande parte de seu território, deve entender-se como requisito adicional à obrigação de obter o consentimento livre, prévio e informado do povo Saramaka, segundo seus costumes e tradições."

E por fim, a Corte determinou que o Suriname deveria "adotar, em sua legislação interna e através de consultas prévias, efetivas e plenamente informadas com o povo Saramaka, medidas legislativas ou de outra natureza necessárias a fim de reconhecer, proteger, garantir e efetivar o direito de titularidade de direitos de forma coletiva sobre o território que tradicionalmente ocuparam e utilizaram ao povo Saramaka".

Como se percebe, este caso trata de questões relacionadas a interferências que ocorreram dentro do território do povo Saramaka. Além disso, a ideia defendida neste caso foi a necessidade de se chegar a um acordo. Note-se que em nenhum momento foi defendido que a comunidade teria ou deveria ter um poder de veto, mas sim ter o seu Direito garantido de efetiva participação.

A decisão acima comentada não é isolada e, de certa forma, tem sido reproduzida por várias Cortes nacionais de países integrantes da OEA e de outros continentes.

3. JURISPRUDÊNCIA LATINO AMERICANA

Dada a existência de enormes contingentes indígenas em suas populações, a jurisprudência dos países da América Latina é enriquecedora para um melhor entendimento do tema. Para fins de ilustração, neste artigo estudaremos alguns precedentes da Bolívia e do Peru pois ambos os países possuem populações indígenas vastas e politicamente ativas.

Como se poderá observar, as decisões judiciais demonstram que o CPLI não significa poder de veto e que o seu objetivo principal é o alcance de um acordo entre as partes envolvidas.

Na Bolívia, o Tribunal Constitucional Plurinacional decidiu pela constitucionalidade da Lei nº 222, de 10 de fevereiro de 2012, que determinou a realização, em caso concreto, de consulta aos povos indígenas após a implantação de um determinado projeto:

> (...) El Tribunal Constitucional Plurinacional declaró: 1. La constitucionalidad del art. 1, en cuanto al objeto de consulta, y del art. 7, ambos de la Ley 222; 2. La constitucionalidad del art. 1, en cuanto a la frase "...y establecer el contenido de este proceso y sus procedimientos" y de los

arts. 3, 4 inc. a), 6 y 9 de la Ley 222, condicionada a su concertación; 3. Improcedente la acción de inconstitucionalidad abstracta formulada respecto al art. 8 de la Ley 222. Así mismo, la SCP 300/2012: a. Instó a los pueblos indígena originario campesinos habitantes del TIPNIS, a que en ejercicio de sus derechos y con el objeto de materializar los mismos, coadyuven con su participación a entablar un diálogo con el Estado, a objeto de asumir los acuerdos necesarios para efectivizar la consulta; propiciando para ello al interior de sus comunidades, un proceso de concertación en el que se establezcan sus prioridades respecto al proceso en sí de consulta, las cuales se verán reflejadas al momento de desarrollarse el diálogo entre partes; b. **Exhortó a la Asamblea Legislativa Plurinacional a ser coadyuvante en la facilitación de la concertación y en la configuración posterior de los acuerdos asumidos; c. Determinó que** el Órgano **Ejecutivo, propicie y facilite el diálogo necesario con dichos pueblos**; d. Dispuso que ante el incumplimiento de los términos desarrollados en la Sentencia, referidos al proceso de consulta, se tendrán expeditas las acciones tutelares para activar la justicia constitucional, en defensa de los derechos fundamentales colectivos inherentes a los pueblos indígenas.

(...)FJ. III.4.1. "...la consulta debe ser previa; es decir, antes de aprobar cualquier proyecto que afecta a sus tierras o territorio o recursos (art. 32.2 de la Declaración de las Naciones Unidas sobre los derechos de los Pueblos Indígenas); pues de no ser previa, efectivamente existe una afectación a los derechos de los pueblos indígenas que, en su caso podrá ser denunciada a través de las acciones de defensa previstas en la Constitución Política del Estado, concretamente a través de la acción popular 8...) **Sin embargo, se debe aclarar que, cuando se subsana la omisión inicial y, por ejemplo se lleva adelante la consulta, o se emite una ley disponiendo se efectúe la misma en cumplimiento de la Constitución y las normas internacionales sobre derechos humanos, dicha norma no puede ser considerada inconstitucional o contraria al bloque de constitucionalidad, pues si bien no es previa y, por lo mismo, existió -como se tiene dicho- una lesión a los derechos de los pueblos indígenas; empero, con esa norma se está dando efectividad a un derecho colectivo -aunque sea tardíamente- Un entendimiento contrario, implicaría que la lesión de derechos de los pueblos indígenas no podría ser reparada bajo ninguna circunstancia; pues, si bajo el argumento que la consulta no será previa, se tendrían que declarar la inconstitucionalidad de las leyes emitidas con esa finalidad, se llegaría al absurdo de mantener el estado de cosas inconstitucional indefinidamente, situación que no es consentida ni querida por el orden constitucional ni las normas contenidas en los Tratados Internacionales sobre derechos humanos**".[4]

4 Disponível em: http://jurisprudencia.tcpbolivia.bo/Fichas/fichaResultado/129, (Ficha Jurisprudencial: SCP 0300/2012), acesso aos 21/05/2016.

No Peru, o Tribunal Constitucional emitiu várias decisões sobre o tema, merecendo destaque a seguinte passagem relativa a conflitos entre populações indígenas e a utilização de recursos naturais de titularidade do estado, como é o caso ora examinado:

> (...) 9.En todo caso, y sin perjuicio de lo expuesto, cualquier eventual conflicto que surja entre las comunidades y las políticas de Estado deberá ser resuelto a través de las **reglas de la ponderación a fin de articular los legítimos derechos comunales con los intereses nacionales en cada caso concreto**, más aún cuando la titularidad de los recursos naturales corresponde al Estado.[5]

No mesmo sentido outra importante decisão do Tribunal Constitucional do Peru:

> (...) § VIII. **El derecho de consulta no implica un derecho de veto de los pueblos indígenas**.24. De la lectura del artículo 6 y 15 del Convenio N.° 169 no se desprende que los pueblos indígenas gocen de una especie de derecho de veto. **Es decir, la obligación del Estado de consultar a los pueblos indígenas respecto de las medidas legislativas o administrativas que les podría afectar directamente, no les otorga la capacidad impedir que tales medidas se lleven a cabo**. Si bien en el último párrafo del artículo 6 del Convenio se expresa que la consulta debe ser llevada a cabo **"con la finalidad de llegar a un acuerdo o lograr el consentimiento acerca de las medidas propuestas", ello no implica una condición, que de no ser alcanzada significaría la improcedencia de la medida**. Lo que explica tal artículo es que tal finalidad debe orientar, debe ser el objetivo de la consulta. (...) 25. **En suma, es obligatorio y vinculante llevar a cabo el proceso de consulta**, asimismo, el consenso al que arriben las partes será vinculante, sin embargo, **ello no implicará que el pueblo indígena pueda evitar la aplicación de las normas sometidas a consulta por el hecho de no estar de acuerdo con el acto administrativo o legislativo**. Y es que si bien es legítimamente exigible la tutela de los pueblos indígenas, también es cierto que esta realización debe concretizarse dentro de los márgenes del Bien Común, concepto nítidamente establecido en la Constitución como destino fundamental de la actividad del Estado, solo sometido al principio de protección de la dignidad de la persona. [6]

[5] Disponível em: http://www.tc.gob.pe/jurisprudencia/2010/00023-2009-AI.html, (EXP. N.° 0023-2009-PI/TC. LIMA. GONZALO TUANAMA TUANAMA Y MÁS DE 5000 CIUDADANOS) acesso aos 21/05/2016.

[6] Disponível em: http://www.tc.gob.pe/jurisprudencia/2010/00022-2009-AI.html, (EXP. N.° 0022-2009-PI/TC LIMA GONZALO TUANAMA TUANAMA)Y MÁS DE 5000 CIUDADANOS) acesso aos 21/05/2016

4. A QUESTÃO NO BRASIL

A Constituição da República Federativa do Brasil de 1988 ("CRFB 1988") protege amplamente os povos indígenas e as comunidades tradicionais. Na CRFB 1988 constam disposições de proteção à cultura, o reconhecimento explícito da diversidade cultural do País (artigo 216), a definição de direitos dos povos indígenas (artigo 231) e o reconhecimento das terras comunais dos remanescentes de quilombos (Disposições Constitucionais Transitórias, artigo 68), tais dispositivos vêm sendo observados e implantados.

As populações indígenas, em função dos artigos 231 e 232 da CRFB 1988, bem como do desenvolvimento de algumas políticas públicas específicas vem crescendo em ritmo superior à média nacional, muito em função de um processo de etnogênese e de recuperação do orgulho indígena, fenômeno semelhante ocorre com outros grupos étnicos.

> "...O contingente de brasileiros que se considerava indígena cresceu 150% na década de 90. O ritmo de crescimento foi quase seis vezes maior que o da população em geral. O percentual de indígenas em relação à população total brasileira saltou de 0,2% em 1991 para 0,4% em 2000, totalizando 734 mil pessoas. Houve um aumento anual de 10,8% da população, a maior taxa de crescimento dentre todas as categorias, quando a média total de crescimento foi de 1,6%."[7]

Além disso, importante notar que, atualmente, existem 588 diferentes áreas destinadas aos povos indígenas, sob diferentes denominações, totalizando 113.518.234,9197 hectares[8].

No que diz respeito ao CPLI, a Lei Federal nº 13.123, de 20 de maio de 2015, que trata da repartição de benefícios referentes ao acesso aos conhecimentos tradicionais associados à diversidade biológica, em seu artigo 2º, VI, define o conceito normativo de consentimento prévio informado, determinando que ele é condição para o acesso aos conhecimentos tradicionais (artigo 8º).

Vale ressaltar que o artigo 9º, §1º da Lei Federal nº 13.123/2015 prevê que a comprovação do consentimento prévio informado poderá ocorrer, a critério da população indígena, da comunidade tradicional ou do agricultor tradicional, pelos seguintes instrumentos, na forma do regulamento: (i) assinatura de termo de consentimento prévio; (ii) registro audiovisual do consentimento; (iii) parecer do órgão oficial competente; ou (iv) adesão na forma prevista em protocolo comunitário.

---

7 Informações da FUNAI disponibilizada em: http://www.funai.gov.br/index.php/indios-no-brasil/quem-sao - acesso aos 12/06/2016.

8 Fonte: http://www.funai.gov.br/index.php/indios-no-brasil/terras-indigenas - acesso aos 12/06/2016.

Em 12 de maio de 2016, foi publicado o Decreto Federal nº 8.772, que regulamentou a Lei nº 13.123/ 2015. Tal regulamento define as seguintes diretrizes para a obtenção do consentimento prévio informado, quais sejam: (i) esclarecimentos à população indígena, comunidade tradicional ou agricultor tradicional sobre: os impactos sociais, culturais e ambientais decorrentes da execução da atividade; os direitos e as responsabilidades de cada uma das partes na execução da atividade e em seus resultados; e o direito da população indígena, comunidade tradicional e agricultor tradicional de recusar o acesso ao conhecimento tradicional associado; (ii) estabelecimento, em conjunto com a população indígena, comunidade tradicional ou agricultor tradicional, das modalidades de repartição de benefícios derivadas da exploração econômica; e (iii) respeito ao direito da população indígena, comunidade tradicional e agricultor tradicional de recusar o acesso ao conhecimento tradicional associado, durante o processo de consentimento prévio.

De acordo com este regulamento, o instrumento de comprovação de obtenção do consentimento prévio informado deverá ser formalizado em linguagem acessível à população indígena, à comunidade tradicional e ao agricultor tradicional e deverá conter: (i) a descrição do histórico do processo para a obtenção do consentimento prévio informado; (ii) a descrição das formas tradicionais de organização e representação da população indígena, comunidade tradicional ou agricultor tradicional; (iii) o objetivo da pesquisa, bem como sua metodologia, duração, orçamento, possíveis benefícios e fontes de financiamento do projeto; (iv) o uso que se pretende dar ao conhecimento tradicional associado a ser acessado; e (v) a área geográfica abrangida pelo projeto e as populações indígenas, comunidades tradicionais ou agricultores tradicionais envolvidos.

4.1 Incorporação da Convenção 169 no Brasil

A Convenção 169 foi incorporada ao Direito Brasileiro pelo Decreto Federal nº 5.051, de 19 de abril de 2004. Conforme o disposto no artigo 1º (a) e (b) ela se aplica "aos povos tribais em países independentes, cujas condições sociais, culturais e econômicas os distingam de outros setores da coletividade nacional, e que estejam regidos, total ou parcialmente, por seus próprios costumes ou tradições ou por legislação especial", bem como "aos povos em países independentes, considerados indígenas pelo fato de descenderem de populações que habitavam o país ou uma região geográfica pertencente ao país na época da conquista ou da colonização ou do estabelecimento das atuais fronteiras estatais e que, seja qual for sua situação jurídica, conservam todas as suas próprias instituições sociais, econômicas, culturais e políticas, ou parte delas".

Já o artigo 1º (2) estabelece que "[a] consciência de sua identidade indígena ou tribal deverá ser considerada como critério fundamental para determinar os grupos aos que se aplicam as disposições da presente Convenção". Do ponto de vista normativo, parece claro que a Convenção 169 tutela as populações tribais que devido às suas condições sociais, culturais e econômicas se distingam de outros setores da comunidade de um determinado país ou nação e que se autogovernem em sua vida cotidiana por costumes e tradições próprias ou sejam destinatárias de legislação especial em função de suas peculiaridades étnicas.

A norma estabelece critérios complexos para a identificação de populações tradicionais e indígenas, sendo que a sua aplicação concreta, em diversas vezes, tem priorizado a "consciência de sua origem indígena ou tribal" para a caracterização de uma população como beneficiária da Convenção, o que não parece ser o objetivo do texto legal.

No Brasil, por exemplo, a Fundação Nacional do Índio ("FUNAI") tem se posicionado no sentido de que a "consciência" é o elemento determinante, "[d]essa forma, os critérios utilizados consistem: a) na autodeclaração e consciência de sua identidade indígena; b) no reconhecimento dessa identidade por parte do grupo de origem. "

Parece claro que a forma como a FUNAI vem interpretando a Convenção 169 acaba estendendo a proteção concedida pela Convenção a setores populacionais que, rigorosamente, nela não se enquadram. A "consciência de sua origem indígena ou tribal" é um critério fundamental, **mas não único**, como parece fazer crer a declaração da FUNAI.

Veja-se que a Convenção fala em critério fundamental, mas não em critério único, repita-se, o mero autorreconhecimento de um indivíduo ou de uma comunidade como indígena não é suficiente para que ela passe a fazer jus aos benefícios da Convenção, ou de um tratamento legalmente privilegiado se ele ou ela não ostentarem "condições sociais, culturais e econômicas [que] os distingam de outros setores da coletividade nacional" ou estiverem "regidos, total ou parcialmente, por seus próprios costumes ou tradições ou por legislação especial", ou mesmo que conservem "todas as suas próprias instituições sociais, econômicas, culturais e políticas, ou parte delas".

A norma estabelece critérios complexos para a identificação de populações tradicionais e indígenas, sendo que a eles devem ser somados o autorreconhecimento de uma identidade própria. Mesmo uma interpretação liberal não pode dispensar a caracterização de peculiaridades culturais e étnicas, capazes de destacar a comunidade examinada dentro de uma determinada sociedade nacional, sob pena de uma ampliação excessiva dos destinatários o que, certamente, não é o objetivo da Convenção 169.

O CPLI, de acordo com a Convenção 169, se molda em um conjunto de regras legais, explícitas e implícitas. O Artigo 2º (2) assegura aos povos indígenas e às comunidades tradicionais "o gozo, em condições de igualdade, dos direitos e oportunidades que a legislação nacional outorga aos demais membros da população", portanto, os direitos conferidos pela Convenção são complementares aos direitos assegurados a todo e qualquer cidadão.

O CPLI das populações indígenas e tradicionais começa a se concretizar no artigo 4º (1) e (2) que estabelecem que mesmo as medidas adotadas com vistas a salvaguardar pessoas, instituições, bens, cultura e meio ambiente das populações beneficiárias da Convenção 169 não "deverão ser contrárias aos desejos expressos livremente pelos povos interessados", ou seja, devem ser precedidas do CPLI.

O artigo 6º (a) determina uma obrigação de consulta aos "povos interessados, mediante a utilização de mecanismos apropriados", em especial por intermédio das instituições representativas e legítimas de tais povos, "cada vez que sejam previstas medidas legislativas ou administrativas suscetíveis de afetá-los diretamente."

Em conformidade com o artigo 6º (b) os Estados deverão estabelecer "os meios através dos quais os povos interessados possam participar livremente, pelo menos na mesma medida que outros setores da população e em todos os níveis, na adoção de decisões em instituições efetivas ou organismos administrativos e de outra natureza responsáveis pelas políticas e programas que lhes sejam concernentes".

Ainda de acordo com o artigo 6º (2), as consultas a serem realizadas deverão ser efetuadas "com boa fé e de maneira apropriada às circunstâncias, com o objetivo de se chegar a um acordo e conseguir o consentimento acerca das medidas propostas." .

Portanto, pode-se concluir que primeiramente os Estados devem disciplinar os mecanismos de consulta – o procedimento – levando em conta as peculiaridades culturais dos povos a serem consultados. Em países como o Brasil, por exemplo, dado o grande número de comunidades, não deverá existir um modelo único, ou se existente, ele deverá ser dotado de flexibilidade suficiente para acomodar múltiplas culturas. Outro ponto relevante é que, como visto, o objetivo das consultas é de se chegar a um acordo, ou seja, a um consenso. Em outras palavras, o CPLI não se confunde com um poder de veto, mas com uma obrigação de acomodação de interesses.

Grande parte dos países latino americanos já regulamentaram as formas para se garantir o CPLI, haja vista que não há como aplicá-la diretamente sem regulamento. O Brasil, todavia, ainda não regulamentou a matéria. Assim, a aplicação do instrumento de CPLI deve, portanto, ser realizado conforme o quadro legal ora vigente e não de forma voluntarista.

A regulamentação da Convenção 169 deverá ser feita, no Brasil, pelo CONAMA[9], tendo em vista que a Política Nacional de Meio Ambiente (Lei Federal nº 6.938/1981) estabelece em seu artigo 8º, I que compete ao CONAMA "estabelecer, mediante proposta do IBAMA[10], normas e critérios para o licenciamento de atividades efetiva ou potencialmente poluidoras, a ser concedido pelos Estados e supervisionado pelo IBAMA".

4.2 Licenciamento Ambiental e CPLI

O licenciamento ambiental é o procedimento administrativo pelo qual o órgão ambiental competente licencia a localização, instalação, ampliação e a operação de empreendimentos e atividades utilizadores de recursos ambientais, consideradas efetiva ou potencialmente poluidoras ou daquelas que, sob qualquer forma, possam causar degradação ambiental. Neste licenciamento, o órgão licenciador deverá consultar órgãos ou entidades que estejam envolvidos na atividade ou empreendimento em questão. A Instrução Normativa IBAMA nº 184, de 17 de julho de 2008, já previa em seu artigo 10 que o IBAMA "providenciará agendamento para a apresentação do empreendimento pelo empreendedor, convidando os órgãos intervenientes quando necessário."

O órgão ambiental para o licenciamento de atividades ou empreendimentos localizados em terras indígenas é o IBAMA[11], que irá consultar outros órgãos e entidades para fazer uma melhor análise a respeito da emissão ou não de uma licença ambiental, mas, importante frisar, que o IBAMA não poderá ter sua capacidade para licenciar limitada ou impedida por um órgão incompetente para tal.

No dia 28 de outubro de 2011, foi publicada a Portaria Interministerial MMA/MJ/MC/MS nº 419 ("Portaria 419/2011"), que regulamentou a atuação dos órgãos e entidades da Administração Pública Federal envolvidos no licenciamento ambiental, especialmente a FUNAI, o IPHAN[12] e o Ministério da Saúde. Em seu artigo 12, abaixo transcrito, fica claro que os

---

9 Conselho Nacional do Meio Ambiente

10 Instituto Brasileiro do Meio Ambiente e dos Recursos Naturais Renováveis

11 Lei Complementar nº 140/2011, Art. 7º São ações administrativas da União: (...) XIV - promover o licenciamento ambiental de empreendimentos e atividades: (...) c) localizados ou desenvolvidos em terras indígenas;

12 Instituto do Patrimônio Histórico e Artístico Nacional.

procedimentos previstos nesta Portaria só serão aplicados para processos de licenciamento ambiental cujos Termos de Referência ainda não tenham sido emitidos pelo IBAMA, na data de sua publicação:

> Art. 12. Os prazos e procedimentos dispostos nesta Portaria aplicam-se somente aos processos de licenciamento ambiental cujos Termos de Referência ainda não tenham sido emitidos pelo IBAMA, na data de sua publicação.

No dia 25 de março de 2015, foi publicada a Portaria Interministerial MMA/MJ/MC/MS nº 60 ("Portaria 60/2015"), que revogou a Portaria 419/2011, explicitando que sua aplicabilidade se daria para os processos de licenciamento ambiental cujos Termos de Referência tivessem sido emitidos pelo IBAMA a partir de 28 de outubro de 2011 (data da publicação da Portaria 419/2011).

> Art. 14. Os prazos e procedimentos dispostos nesta Portaria aplicam-se somente aos processos de licenciamento ambiental cujos Termos de Referência tenham sido emitidos pelo IBAMA a partir de 28 de outubro de 2011.

Assim, conclui-se que o tratamento específico dado pelas Portarias (419/2011 e 60/2015) só devem ser aplicados para os Termos de Referência emitidos a partir de 28 de outubro de 2011.

Outro ponto importante a ser analisado é que, no âmbito do licenciamento, a atuação dos órgãos e entidades não significa que haja um poder de veto por parte deles. A evidência de que não há poder de veto nestas manifestações é que o artigo 6º, §4º da Portaria 419/2011 estabelece que a ausência de manifestação dos órgãos e entidades envolvidos (dentre eles a FUNAI), no prazo estabelecido, não implicará prejuízo ao andamento do processo de licenciamento ambiental, nem para a expedição da respectiva licença. Da mesma forma, a Portaria 60/2015 dispõe que a ausência de manifestação dos órgãos e entidades no prazo estabelecido não implicará prejuízo ao andamento do processo de licenciamento ambiental, nem para a expedição da respectiva licença (art. 7º, §4º, Portaria nº 60/2015).

A Portaria nº 60/2015 dispõe que no caso de processos de licenciamento em que os estudos ainda não tenham sido entregues ao IBAMA, o empreendedor poderá solicitar aplicação dos procedimentos e critérios estabelecidos nesta Portaria:

> Art. 14. (...) Parágrafo único. No caso de processos de licenciamento em que os estudos ainda não tenham sido entregues ao IBAMA, o empreendedor poderá solicitar aplicação dos procedimentos e critérios estabelecidos nesta Portaria.

Ou seja, verifica-se que há uma verdadeira faculdade do próprio empreendedor em solicitar ou não que os procedimentos sejam aplicados, reforçando a ideia de inexistência de poder de veto dos órgãos e entidades intervenientes no processo de licenciamento ambiental.

O melhor quadro que se pode ter da relação entre as Convenções da Organização Internacional do Trabalho e a Constituição Federal é o exame de como o Supremo Tribunal Federal ("STF") tem examinado a matéria:

> AÇÃO DIRETA DE INCONSTITUCIONALIDADE - CONVENÇÃO Nº 158/OIT (...) CONTEÚDO PROGRAMÁTICO DA CONVENÇÃO Nº 158/OIT, CUJA APLICABILIDADE DEPENDE DA AÇÃO NORMATIVA DO LEGISLADOR INTERNO DE CADA PAÍS -(...)LEGITIMIDADE CONSTITUCIONAL DA CONVENÇÃO Nº 158/OIT, DESDE QUE OBSERVADA A INTERPRETAÇÃO CONFORME FIXADA PELO SUPREMO TRIBUNAL FEDERAL. - **A Convenção nº 158/OIT, além de depender de necessária e ulterior intermediação legislativa para efeito de sua integral aplicabilidade no plano doméstico, configurando, sob tal aspecto, mera proposta de legislação dirigida ao legislador interno**, não consagrou, como única consequência derivada da ruptura abusiva ou arbitrária do contrato de trabalho, o dever de os Estados-Partes, como o Brasil, instituírem, em sua legislação nacional, apenas a garantia da reintegração no emprego. **Pelo contrário, a Convenção nº 158/OIT expressamente permite a cada Estado-Parte (Artigo 10), que, em função de seu próprio ordenamento positivo interno, opte pela solução normativa que se revelar mais consentânea e compatível com a legislação e a prática nacionais, adotando, em consequência, sempre com estrita observância do estatuto fundamental de cada País** (a Constituição brasileira, no caso), a fórmula da reintegração no emprego e/ou da indenização compensatória. Análise de cada um dos Artigos impugnados da Convenção nº 158/OIT (Artigos 4º a 10). (ADI 1480 MC, Relator(a): Min. CELSO DE MELLO, Tribunal Pleno, julgado em 04/09/1997, DJ 18-05-2001 PP-00429 EMENT VOL-02031-02 PP-00213)

Na Reclamação nº 17.224/PA, relatada pelo Presidente do STJ, o Tribunal entendeu que o CPLI demanda regulamentação e que "a par de inexistir a necessária regulamentação legal, não é tarefa singela".

Para atividades já licenciadas, a situação é ainda mais delicada. O Tribunal Regional Federal da 1ª Região já decidiu que a anulação de licença ambiental causa grave lesão à ordem e à economia pública, sobretudo quando determinado empreendimento não se encontra em terras indígenas e quando o seu licenciamento passou por instrumentos de consulta à população, como as audiências públicas:

> AGRAVO REGIMENTAL. SUSPENSÃO DE LIMINAR. UHE TELES PIRES. LICENÇAS AMBIENTAIS. ANULAÇÃO. OBRAS. PARALISAÇÃO. ORDEM PÚBLICA. ECONOMIA. PÚBLICA. GRAVE LESÃO. 1. A decisão deve ser mantida, uma vez que os argumentos do Agravo Regimental não são suficientes para infirmar as razões do deferimento do pedido de suspensão formulado. 2. **A anulação da Licença de Instalação concedida pelo IBAMA, representa risco de grave lesão à ordem à saúde e à economia pública, uma vez que, além de ser o IBAMA o órgão competente para atestar o cumprimento das condicionantes necessárias à expedição da Licença de Instalação - que segundo consta dos autos, somente foi expedida após a anuência da FUNAI -, a paralisação das obras, iniciada em agosto de 2011, no estado em que se encontram, até o julgamento do mérito da ação principal acarreta grave lesão, não só à economia e à ordem pública, mas até mesmo para o meio ambiente, pois interrompem-se também todas as ações voltadas às medidas de mitigação de impactos ambientais estabelecidas pelo órgão licenciador. 3. Os autos revelam que nem as obras nem o Salto de Sete Quedas estão inseridos em terras indígenas. Ademais, não obstante a inaplicabilidade do art. 231, § 3º, da Constituição Federal, consoante afirma o IBAMA, as consultas às comunidades indígenas, exigidas na Convenção 168 da OIT, foram realizadas**. 4. Agravo regimental desprovido. (TRF1, AGRSLT 0018625-97.2012.4.01.0000 / MT, Rel. DESEMBARGADOR FEDERAL MÁRIO CÉSAR RIBEIRO, CORTE ESPECIAL, e-DJF1 p.2 de 14/05/2013)

Neste ponto, importante atentar que, na ausência de regulamentação da Convenção 169 no Brasil, a audiência pública[13] poderá ser entendida como um mecanismo de consulta aos principais interessados, incluindo as comunidades indígenas, quilombolas, etc. Isto porque a ata da audiência pública será analisada pelo órgão ambiental licenciador, este sim competente para emitir ou não a licença ambiental.

CONSIDERAÇÕES FINAIS

Após a análise da evolução dos documentos internacionais a respeito do CPLI e a incorporação da Convenção 169 no Brasil, conclui-se que a tendência é que haja cada vez mais a participação das comunidades indígenas em processos de licenciamento ambiental.

---

[13] Resolução CONAMA nº09/1987, Art. 1º A Audiência Pública referida na Resolução CONAMA nº 1/86, tem por finalidade expor aos interessados o conteúdo do produto em análise e do seu referido RIMA, dirimindo dúvidas e recolhendo dos presentes as críticas e sugestões a respeito.

Como visto, diante da ausência da regulamentação da Convenção 169 no Brasil e a luz do princípio da legalidade e da segurança jurídica, a aplicação do mecanismo do CPLI deve ser feita ainda com cautela. Isto porque não há garantia de que determinada forma de consulta utilizada será ou não abrangida em uma futura regulamentação. Fato é que o principal objetivo do CPLI é o alcance de um acordo entre a comunidade diretamente afetada e o empreendedor.

Tal tema é de extrema relevância ao se analisar o processo de licenciamento ambiental. Como visto, caberá ao órgão licenciador analisar as manifestações dos órgãos e entidades intervenientes para que conceda ou não a licença ambiental. Não há a atribuição de um poder de veto às comunidades indígenas, mas sim a garantia de uma efetiva participação e conhecimento do projeto ou atividade que se pretende desenvolver.

É de grande importância que tal consulta e participação sejam realizadas com total boa fé sob risco desta consulta ser invalidada, por isto a importância que seja feita em linguagem acessível à comunidade e com respeito aos costumes e tradições.

BIBLIOGRAFIA

ACSELRAD, Henri; MELLO, Cecília Campello do Amaral e BEZERRA, Gustavo das Neves. **O que é Justiça Ambiental**. Rio de Janeiro: Garamond, 2009.

ANAYA, S. James. **International Human Rights and Indigenous Peoples**. Austin: Wolters Kluwer, 2009.

ANTUNES, Paulo de Bessa. **Dano Ambiental – Uma abordagem conceitual**. São Paulo: Atlas, 2ª edição, 2015.

ANTUNES, Paulo de Bessa. **Direito Ambiental**, São Paulo: Atlas, 16a Edição, 2014.

FANON, Frantz, (1963) **The Wretched of the Earth**, Preface by Jean-Paul Sartre, Translated by Constance Farrington Grove Weidenfeld, New York.

FEARNSIDE, P.M. 1987. Frenesi de Desmatamento no Brasil: A Floresta Amazônica Irá Sobreviver? pp. 45-57 In: G. Kohlhepp and A. Schrader (eds.) **Homem e Natureza na Amazônia**. Tübinger Geographische Studien 95 (Tübinger Beiträge zur Geographischen Lateinamerika-Forschung 3). Geographisches Institut, Universität Tübingen, Tübingen, Germany.

GOODLAND, Robert.(2004) **Free, Prior and Informed Consent and the World Bank Group**. Sustainable Development Law and Policy, Summer

HALL, Gilbert e PATRINOS, Anthony, (2005) **Latin America`s Indigenous Peoples, Finance and Development**, December 2005, Volume 42, Number 4.

HANNIGAN, John. **Environmental Sociology**, (2014) London and New York: Routledge, 3rd edition.

MACKAY, Fergus. (2002) **A Guide to Indigenous Peoples Rights in The Inter-American Human Rights System**, Copenhagen: IWGIA.

MENCHÚ, Rigoberta (Forward), in, Davidson, Art. **Endangered Peoples**. (photographs by Art Wolfe, John Isaac), (1994) San Francisco: Sierra Club Books.

ORGANIZAÇÃO DOS ESTADOS AMERICANOS – **Carta da Organização dos Estados Americanos.**

_________.**Convenção Americana dos Direitos Humanos** (Pacto de San José da Costa Rica).

_________.**Declaração Americana dos Direitos e Deveres do Homem.**

_________.**Protocolo Adicional à Convenção sobre Direitos Humanos em matéria de Direitos Econômicos, Sociais e Culturais** (Protocolo de San Salvador).

ORGANIZAÇÃO INTERNACIONAL DO TRABALHO. **Convenção 169 sobre Povos Indígenas e Tribais em Países Independentes**

ORGANIZAÇÃO DAS NAÇÕES UNIDAS. **Carta das Nações Unidas.**

_________.**Convenção Sobre Diversidade Biológica.**

_________.**Declaração das Nações Unidas sobre os direitos dos povos indígenas.**

_________.**Diretrizes de Bonn.**

_________.**Protocolo de Nagoya.**

7

CAVIDADES NATURAIS SUBTERRÂNEAS, ABRIGOS, ABISMOS, FENDAS E REENTRÂNCIAS: DISTINÇÕES CONCEITUAIS E REGIMES JURÍDICOS APLICÁVEIS

Ricardo Carneiro[1]

SUMÁRIO: 1. Introdução. 2. Cavidades naturais subterrâneas: histórico e evolução do regime protetivo aplicável. 3. Em busca da exata delimitação conceitual: abrigos, abismos, fendas e reentrâncias podem ser juridicamente considerados como cavidades subterrâneas? 4. Abrigos sob rocha no contexto das jazidas arqueológicas e pré-histórias regidas pela Lei nº 3.924/1961. 5. Apontamentos finais e síntese conclusiva. 6. Bibliografia.

1. INTRODUÇÃO

Um dos temas atuais mais complexos no âmbito do licenciamento ambiental de projetos de mineração e obras de infraestrutura – sobretudo de geração de energia e de sistemas logísticos sob diversos modais –, refere-se às restrições impostas pelo regime jurídico afeto ao patrimônio espeoleológico nacional, impondo obstáculos, incertezas e dúvidas interpretativas que dificultam a aferição de viabilidade desses empreendimentos.

É assim, portanto, que, atento à dinâmica dessa matéria, pretende-se abordar os parâmetros de diferenciação conceitual existentes entre as cavidades naturais subterrâneas, de um lado, e os abrigos, abismos, fendas e reentrâncias, de outro, tendo em vista as características morfológicas inerentes a cada qual dessas categorias, bem assim as normas que regem a matéria,

[1] Especialista e mestre em Direito Econômico pela UFMG. Professor de Direito Ambiental no Centro de Atualização em Direito – CAD. Membro da Associação Brasileira de Advogados Ambientalistas – ABAA, da Associação de Professores de Direito Ambiental do Brasil – APRODAB e da União Brasileira da Advocacia Ambiental – UBAA. Integrante da Comissão de Direito Ambiental da OAB/MG. Advogado especializado em direito ambiental

representadas pela Portaria IBAMA nº 887, de 15.07.1990, pela Resolução CONAMA nº 347, de 10.09.2004 e pelo Decreto nº 99.556, de 01.10.1990, alterado pelo Decreto nº 6.640, de 07.11.2008.

Na verdade, o CECAV – Centro Nacional de Pesquisa e Conservação de Cavernas – unidade descentralizada do Instituto Chico Mendes – ICMBio –, vem considerando como cavidade subterrânea toda e qualquer feição geológica assemelhada, incluindo as que apresentam projeções essencialmente superficiais, o que, no mais das vezes, acaba por inviabilizar os inventários, cadastros e estudos espeleológicos, aumentando de modo expressivo o número de estruturas a serem identificadas e valoradas, independentemente de suas dimensões, área ou volume de abrangência.

Em meio a este cenário de indefinições e de absoluta imprecisão regulatória, não faltam proposições diversas de abordagem do assunto, incluindo sugestões de realização de estudos amostrais, de análises sistêmicas dos ambientes cársticos, de exames de um conjunto de cavernas sem distinções dimensionais, além do cadastramento de todas as feições, com o desenvolvimento de trabalhos valorativos que envolvam apenas aquelas acima de uma determinada "linha de corte" mensurável ou mesmo o estabelecimento de critérios e parâmetros excludentes dos abrigos em relação ao contexto espeleológico considerado.

É nessa exata perspectiva, e tendo em vista a insegurança subjacente ao quadro normativo atual, que se pretendeu trazer à reflexão diversas dúvidas acerca do tema, as quais convergem para alguns pontos mais relevantes, sistematizados através das seguintes indagações de referência:

> a) Do ponto de vista jurídico, em que pese a ausência de parâmetro dimensional inequívoco, os abrigos, abismos, fendas e reentrâncias podem ser enquadrados no conceito de cavidade natural subterrânea?
>
> b) O fato de a Lei nº 3.924/1961 referir-se a "abrigos sob rocha" como monumentos arqueológicos ou pré-históricos, permite concluir que o regime aplicável a essas feições escapa à abordagem do Decreto nº 99.556/1990 e da legislação correlata?
>
> c) Caso seja viável o entendimento de que abrigos, abismos, fendas e reentrâncias não se enquadram no conceito normativo de cavidade natural subterrânea, haveria na legislação brasileira alguma diretriz de uso e conservação dessas estruturas?

Posta, então, a matéria dentro desses quadrantes fundamentais, passamos, na sequência, a discorrer sobre os principais aspectos subjacentes à tutela do patrimônio espeleológico nacional, buscando, com isso, o estabelecimento dos contornos que, no plano jurídico, permitam distinguir as cavidades subterrâneas de outras ocorrências geológicas a elas associadas.

2. CAVIDADES NATURAIS SUBTERRÂNEAS: HISTÓRICO E EVOLUÇÃO DO REGIME PROTETIVO APLICÁVEL

Ao longo dos últimos anos, a proteção do patrimônio espeleológico vem se consolidando como um dos temas mais tormentosos do direito brasileiro – algo que se constata desde o advento da Resolução CONAMA nº 5, de 06.08.1987, que foi o primeiro ato regulatório a abordar o assunto no País, aprovando o "Programa Nacional de Proteção ao Patrimônio Espeleológico" e obrigando à realização de Estudo e de Relatório de Impacto Ambiental – EIA/RIMA para todos os projetos considerados potencialmente lesivos às cavidades naturais subterrâneas.

Posteriormente, o art. 20, inciso X, da Constituição de 1988 atribuiu a essas cavidades o caráter de bens dominiais da União, de resto não sendo poucos os que, no plano doutrinário, passaram a também enquadrar as cavernas como integrantes do patrimônio cultural brasileiro, nos exatos termos consignados no art. 216 da Carta Republicana, que assim qualificou os sítios de valor histórico, paisagístico, artístico, arqueológico, paleontológico, ecológico e científico.

Tempos depois, a Resolução CONAMA nº 10, de 14.12.1988 proibiu, nas Áreas de Proteção Ambiental – APAs, todas as obras de terraplenagem, mineração, dragagem ou escavação que pudessem causar danos ao meio ambiente ou representassem perigo para vidas humanas ou para a biota, sendo que tais atividades, quando localizadas num raio mínimo de 1.000 (mil) metros de quaisquer cavernas ali identificadas, deveriam ser objeto de EIA/RIMA circunstanciado, ficando o respectivo processo de licenciamento ambiental dependente da anuência do ente responsável pela administração da APA.

Procurando aperfeiçoar o regime jurídico até então existente, o IBAMA fez publicar a Portaria nº 887, de 15.06.1990, prevendo a necessidade de autorização dessa autarquia federal para qualquer projeto potencialmente lesivo às feições espeleológicas, prevendo ainda um raio mínimo de proteção de 250 (duzentos e cinquenta) metros, projetado a partir do entorno linear dessas estruturas.

Neste mesmo ano, veio a lume o principal diploma normativo até hoje editado sobre a matéria – o Decreto nº 99.556, de 01.10.1990 –, que apesar de não contemplar em seus dispositivos obstáculo inamovível algum à supressão das grutas e cavernas, passou a ser compreendido por alguns setores ambientalistas e entidades públicas interessadas – principalmente o IBAMA –, como regramento impeditivo absoluto de quaisquer intervenções que pudessem impingir efeitos adversos sobre tais elementos geomorfológicos.

Esta postura restritiva do IBAMA mais ainda se consolidou com a criação do Centro Nacional de Estudo, Proteção e Manejo de Cavernas – CECAV pela Portaria nº 57, de 05.06.1997, catalisada pela Portaria IBAMA nº 89, de 13.08.2001, posteriormente substituída pela Instrução Normativa IBAMA nº 100, de 05.06.2006, que ao disciplinar a prática do mergulho em cavernas, estabeleceu que as cavidades alagadas ou parcialmente inundadas no território nacional estariam destinadas exclusivamente à exploração técnica, manutenção de habilidades técnicas, pesquisa científica, captação de imagens, treinamento, fins turísticos, recreativos, de lazer e educacionais desde que com projetos licenciados ou devidamente autorizados pelo IBAMA.

Tamanhos foram os reflexos dos diversos e contraditórios entendimentos acerca dessas múltiplas abordagens, que o Conselho Nacional do Meio Ambiente – CONAMA houve por bem editar a Resolução nº 347, de 10.09.2004, que além de institucionalizar a figura – até então inexistente – da anuência prévia do IBAMA no tocante aos processos de licenciamento ambiental de empreendimentos e atividades considerados efetiva ou potencialmente degradadores do patrimônio espeleológico ou de sua área de entorno, impôs ao empreendedor, em hipóteses que tais, o dever de apoiar a implantação e a manutenção de unidades de conservação de propósitos específicos, na forma do art. 36 da Lei nº 9.985, de 18.07.2000 (Lei do SNUC).

Não tendo esse ato regulamentar do CONAMA, entretanto, surtido os efeitos à época almejados, chegando mesmo a intensificar as dúvidas e desacertos interpretativos acerca do regime jurídico aplicável à matéria, optou o Governo Federal por alterar profundamente a sistemática consignada no Decreto nº 99.556/1990, editando, para tanto, o Decreto nº 6.640, de 07.11.2008, para assim instituir uma dinâmica classificatória de acordo com critérios de relevância – divididos em máxima, alta, média ou baixa –, conforme os quais, mediante prévio licenciamento ambiental, se tem como admissíveis ou não os impactos ambientais considerados irreversíveis às cavidades naturais, sendo que os critérios técnicos e as metodologias de valoração aplicáveis foram recentemente estabelecidos pelo Ministério do Meio Ambiente – MMA, por meio da Instrução Normativa nº 2, de 20.08.2009.

Vedada qualquer sorte de intervenção sobre cavidades subterrâneas enquadradas em grau de relevância máximo, o novo diploma regulamentar estabeleceu, para os casos de empreendimentos causadores de impactos negativos sobre cavernas de importância considerada alta, a necessidade de preservação, em caráter permanente, de outras duas cavidades, desde que com a mesma litologia, com similaridade de atributos e relevância – correspondendo às chamadas cavidades testemunho –, e preferencialmente em área contínua e no mesmo grupo geológico da caverna impactada. E inexistindo cavidades naturais similares, o Poder Público poderá admitir outra forma de compensação, mediante negociações encetadas diretamente com o responsável pelo empreendimento.

Tratando-se de cavidade natural de grau de relevância média, o empreendedor ficará obrigado a adotar medidas e financiar ações que contribuam para a conservação e o uso adequado do patrimônio espeleológico brasileiro, sendo que, para o caso de impacto adverso sobre cavidades de baixo grau de relevância, não será exigida qualquer medida conservacionista equivalente.

3. EM BUSCA DA EXATA DELIMITAÇÃO CONCEITUAL: ABRIGOS, ABISMOS, FENDAS E REENTRÂNCIAS PODEM SER JURIDICAMENTE CONSIDERADOS COMO CAVIDADES SUBTERRÂNEAS?

Para a correta compreensão dos aspectos conceituais subjacentes às normas protetivas do patrimônio espeleológico, cumpre desde já reconhecer que a linguagem, em todas as suas formas e modalidades, permeia, inequivocamente, os diversos aspectos e momentos da vida humana em sociedade.

Não seria diferente, por óbvio, no âmbito da produção, da interpretação e da concreta aplicação do direito – etapas do fenômeno jurídico em que se faz necessária a precisa decodificação dos signos linguísticos, que representam uma:

> "...entidade lógica, dotada de suporte físico, correspondente à matéria concreta pela qual se exterioriza um significado que é o seu equivalente no mundo exterior e uma significação, que é a ideia ou noção que elaboramos em nossa mente do objeto representado."[2]

Delineiam-se aqui, portanto, os vértices do chamado triângulo semiótico, representados por três planos funcionais distintos e interligados, quais sejam o *objeto*, o *conceito* e o *signo*, correspondentes à *a)* realidade concreta, *b)* à reconstrução dos fatos pelo pensamento ou à representação mental do mundo externo e *c)* à linguagem, que pode ser escrita, falada ou identificada por outros códigos de expressão, o que bem se identifica pelo provérbio

2 Cf. PERIN JÚNIOR, Ecio. A linguagem no direito: análise semântica, sintática e pragmática da linguagem jurídica. Texto disponível na Internet via http://jus.com.br/revista/texto/50/a-linguagem-no-direito.

"*vox significat (rem) mediantibus conceptibus*", vale dizer: "*a palavra significa (a coisa) por intermédio de conceitos.*"[3]

Na linguagem jurídica, como afirma Marcelo Lamy, não é raro que as leis veiculem conceitos positivados em sua delimitação completa, que revelam invariavelmente uma zona fixa (um núcleo) e uma zona periférica, sendo que, nos domínios do núcleo conceitual, são estabelecidas as certezas, prevalecendo, na zona periférica, as dúvidas e indefinições.[4]

Em determinadas hipóteses, tais conceitos são construídos de forma a revelarem integralmente as fronteiras exatas do que representam, enunciando, de resto, suas exatas extensões de conteúdo semântico, de modo unívoco, a partir de um dado contexto temático.[5]

Noutros casos, as normas explicitam apenas parcialmente esses limites, expressando conteúdos vagos, imprecisos, inespecíficos e indeterminados. Sendo por muitos considerados como fatores de insegurança e instabilidade para as decisões administrativas e judiciais, tais conceitos servem, a princípio, para conferir maior adaptabilidade ao sistema normativo, o que só pode ser mitigado pela via da regulamentação secundária.

Se bem compreendida, a legislação brasileira relacionada às cavidades naturais subterrâneas densifica, de maneira categórica, diversos conceitos jurídicos que se qualificam como *indeterminados*, como quando o Decreto nº 99.556/1990, secundado pela Instrução Normativa nº 2/009, elenca um sem número de parâmetros vagos de definição de relevância.

Sob tal propósito, expressões como "*gênese única ou rara*", "*morfologia única*", "*dimensões notáveis*", "*espeleotemas únicos*", "*destacada relevância histórico-cultural ou religiosa*", "*espécies com função ecológica importante*", "*composição singular da fauna*", "*população excepcional em tamanho*", "*alta diversidade de substratos orgânicos*", dentre outras, deveriam encontrar adequada tradução e critérios mais objetivos, sob pena de se manter em aberto o problema da concreta definição quanto à importância intrínseca de uma cavidade – algo fundamental para que sejam identificados os usos admissíveis nos sítios onde elas ocorrem.

---

3 Cf. NOHARA, Irene Patrícia. Conceitos jurídicos indeterminados e delimitação concreta da discricionariedade administrativa no pós-positivismo. Revista da Procuradoria Geral do Estado de São Paulo, São Paulo, n. 7, jan./jun. 2010, p. 170.

4 LAMY, Marcelo. Conceitos Indeterminados: limites jurídicos de densificação e controle. *Revista Internacional d'Humanitats*, n. 11, mar. 2007, p. 53.

5 Cf. LAMY. op. cit. p. 53.

Não é isso o que passa, porém, com o conceito de cavidade natural subterrânea, que encontra adequada abrangência e exata conformação desde o advento da Portaria IBAMA nº 887/1990, que a considerou como:

> "...todo espaço subterrâneo penetrável pelo homem, com ou sem abertura identificada, popularmente conhecido por caverna, incluindo seu ambiente, seu conteúdo mineral e hídrico, a fauna e a flora ali encontrados e o corpo rochoso onde as mesmas se inserem, desde que a sua formação tenha sido por processos naturais, independentemente de suas dimensões ou do tipo de rocha encaixante. Nesta designação estão incluídos todos os termos regionais, como grutas, lapa, toca, abismo, furna, buraco, etc."

A mesma definição foi incorporada ao texto originário do art. 1º, parágrafo único do Decreto nº 99.556/1990, que somente veio a ser modificado com a entrada em vigor de preceito congênere, introduzido pelo Decreto nº 6.640/2008, nos seguintes termos:

> "Entende-se por cavidade natural subterrânea todo e qualquer espaço subterrâneo acessível pelo ser humano, com ou sem abertura identificada, popularmente conhecido como caverna, gruta, lapa, toca, abismo, furna ou buraco, incluindo seu ambiente, conteúdo mineral e hídrico, a fauna e a flora ali encontrados e o corpo rochoso onde os mesmos se inserem, desde que tenham sido formados por processos naturais, independentemente de suas dimensões ou tipo de rocha encaixante."

Esta diretiva, por sua vez, inspirou-se no art. 2º, inciso I da Resolução CONAMA nº 347/2004, que, por sua vez, conferiu àquelas feições geomorfológicas a ideia correspondente a:

> "...todo e qualquer espaço subterrâneo penetrável pelo ser humano, com ou sem abertura identificada, popularmente conhecido como caverna, gruta, lapa, toca, abismo, furna e buraco, incluindo seu ambiente, seu conteúdo mineral e hídrico, as comunidades bióticas ali encontradas e o corpo rochoso onde as mesmas se inserem, desde que a sua formação tenha sido por processos naturais, independentemente de suas dimensões ou do tipo de rocha encaixante."

Observe-se que em todas essas formulações – que decorrem da própria natureza do bem atribuído à União pelo art. 20, inciso X do texto constitucional –, se fazem presentes três elementos intrínsecos comuns e inafastáveis, representados pela existência de: *a)* um *espaço* físico acessível ao ser humano; *b)* uma seção do ambiente cavernícola projetada para os limites *subterrâneos*; e *c)* estruturas espeleológicas oriundas de processos *naturais*.

Vale dizer: titularizadas por aquele ente federado são apenas e tão somente as concavidades formadas naturalmente e que se projetam para baixo do nível regular de superfície do terreno, o que afasta dessa modalidade dominial, por óbvio, todas as aberturas resultantes de intervenções humanas ou cuja morfologia do corpo rochoso não permita um enclausuramento de um polígono definido entre o teto, as paredes laterais e o piso, delimitando o chamado "*ponto zero*" ou a base topográfica da caverna.

Fácil verificar, portanto, que neste conceito não se inserem os abrigos sob rocha e nem mesmo os abismos, reentrâncias e fendas, os quais, por não apresentarem um "*fechamento*" de quaisquer de suas seções, nem o desenvolvimento linear em cotas inferiores ao nível do solo, não podem ser considerados como *subterrâneos*, ainda que configurem espaços com acessibilidade comprovada ou que tenham dimensões consideráveis em termos de largura ou altura.

Pouco importa, nessa vertente, que a legislação brasileira não contemple "*limites de corte*" objetivos para que reste caracterizada uma cavidade, como tal considerando o parágrafo único do art. 1º do Decreto nº 99.556/1990 quaisquer das feições nele contempladas, *independentemente de suas dimensões*, muito embora as expressões "*acessível*" ou "*penetrável pelo ser humano*" ofereçam algum parâmetro comparativo, conquanto não se saiba, *a priori*, se o acesso de uma pessoa se daria na posição ereta, agachada ou com apenas um dos membros superiores ou inferiores.

Na verdade, o que se está aqui a afirmar é que abrigos, abismos, fendas e reentrâncias não são estruturas subterrâneas, representando porções abertas e segmentos no mais das vezes superficiais do substrato rochoso, com pequeno grau de desenvolvimento linear e ausência, em regra, de uma zona afótica, o que, nos meios técnicos, normalmente se identifica pelos casos em que a altura da entrada é maior do que o desenvolvimento linear (abrigos, fendas e reentrâncias) ou quando o prolongamento é vertical (abismo).

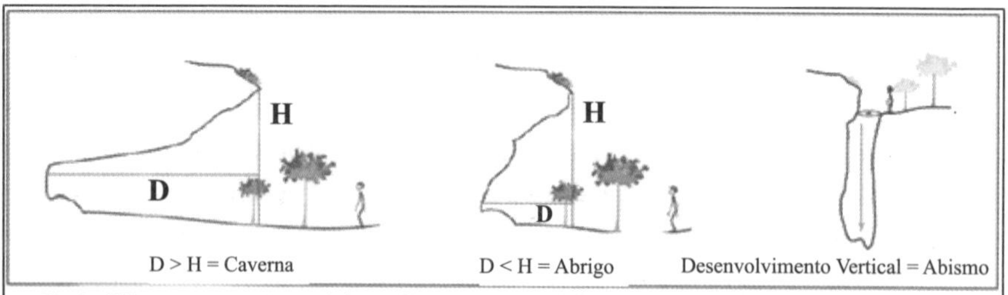

Fig. 2: Diferença entre caverna, abrigo e abismo (Fonte: Adaptado de Linhares, 2006)

Igualmente irrelevante para o debate em foco se mostra o caráter taxativo (*numerus clausus*) ou exemplificativo (*numerus apertus*) das expressões ancoradas naquele mesmo preceito regulamentar, certo que as denominações ali perfiladas referem-se às múltiplas formas populares de designação regional de uma cavidade, e não às situações físicas, litológicas ou contextuais em que elas se materializam.

Verifica-se aqui, portanto, típica circunstância em que o critério semântico deve conduzir a hermenêutica do conceito normativo de cavidade, firmando-se essencialmente pelo aspecto subterrâneo de sua ocorrência. Como afirma Carlos Maximiliano:

> "A prescrição obrigatória acha-se contida na fórmula concreta. Se a letra não é contraditada por nenhum elemento exterior, não há motivo para hesitação: deve ser observada. A linguagem tem por objetivo despertar em terceiros pensamento semelhante ao daquele que fala; presume-se que o legislador se esmerou em escolher expressões claras e precisas, com a preocupação meditada e firme de ser bem compreendido e fielmente obedecido. Por isso, em não havendo elementos de convicção em sentido diverso, atém-se o intérprete à letra do texto."[6]

Disso se infere, à toda e qualquer evidência, que se uma hipótese é regida de determinada maneira, os casos diversos serão (ou deverão ser) abordados de modo distinto, não se aplicando, *in casu*, portanto, a ideia subjacente à parêmia "*ubi eadem ratio, ibi eadem legis dipositio*", ou seja, "*onde existe a mesma razão fundamental, prevalece a mesma regra de direito*".

Em apertada síntese: exatamente por não serem subterrâneos, os abrigos, abismos, fendas e reentrâncias não pertencem à União e nem se orientam pelas disposições consagradas no Decreto nº 99.556/1990, na Resolução CONAMA nº 347/2004 ou ainda na Instrução Normativa MMA nº 2/009, do que se extraem importantes consequências no desenvolvimento de diagnósticos e estudos referentes ao patrimônio espeleológico nacional.

A primeira, e mais óbvia de todas, é que essas feições superficiais não se sujeitam a trabalhos de mapeamento em campo, quantificação, inventariança ou análise de relevância.

A segunda é que, ao redor ou nas circunvizinhanças imediatas dessas estruturas, não se projeta a faixa protetiva de 250 (duzentos e cinquenta) metros, sob a forma de poligonal convexa, conforme previsto no art. 4º, § 3º da retrocitada Resolução do CONAMA, bem assim no art. 6º, parágrafo único da Portaria IBAMA nº 887/1990.

De se considerar, por fim, que a exclusão dos abrigos, abismos, fendas e reentrâncias dos estudos espeleológicos específicos não implica subtrair

6 MAXIMILIANO, Carlos. *Hermenêutica e aplicação do direito*. 11. ed. Rio de Janeiro: Forense, 1991, p. 110-1.

tais ocorrências do exame analítico dos impactos ambientais do empreendimento a ser licenciado, podendo-se, para tanto, recorrer a investigações amostrais ou a métodos estatísticos usuais.

4. ABRIGOS SOB ROCHA NO CONTEXTO DAS JAZIDAS ARQUEOLÓGICAS E PRÉ-HISTÓRICAS REGIDAS PELA LEI Nº 3.924/1961

Segundo o art. 216 da Constituição da República, constituem *patrimônio cultural brasileiro* os bens de natureza material e imaterial, tomados individualmente ou em conjunto, portadores de referência à identidade, à ação, à memória dos diferentes grupos formadores da sociedade brasileira, nos quais se incluem as *formas de expressão, os modos de criar, fazer e viver, as criações científicas, artísticas e tecnológicas, as obras, objetos, documentos, edificações e demais espaços destinados às manifestações artístico-culturais*, além dos *conjuntos urbanos e sítios de valor histórico, paisagístico, artístico, arqueológico, paleontológico, ecológico e científico*.

Como bem anota José Afonso da Silva:

> "Não se trata de proteger juridicamente todas as manifestações culturais, mas apenas os bens de natureza material ou imaterial que sejam 'portadores de referência à identidade, à ação, à memória dos diferentes grupos formadores da sociedade brasileira'."[7]

Tal observação é importante, porquanto tenha o texto original do art. 1º do Decreto nº 99.556/1990 elevado todas as cavidades naturais subterrâneas – invariavelmente – ao status de patrimônio cultural, nos seguintes termos:

> "Art.1º - As cavidades naturais subterrâneas existentes no Território Nacional constituem patrimônio cultural brasileiro, e, como tal, serão preservadas e conservadas de modo a permitir estudos e pesquisas de ordem técnico-científica, bem como atividades de cunho espeleológico, étnico-cultural, turístico, recreativo e educativo."

Ou seja: partindo do pressuposto de que todo e qualquer bem de natureza espeleológica seria portador de interesse cultural intrínseco, a citada norma regulamentar, alinhada aos mecanismos de acautelamento traduzidos pelo texto constitucional (*inventários, registros, vigilância, tombamento e desapropriação*), cuidou de conferir a essas feições um modelo tutelar pouco ou nada flexível, de modo a somente nelas permitir estudos científicos e atividades compatíveis com sua perpetuação física.

---

7 SILVA, José Afonso da. Comentário contextual à Constituição. São Paulo: Malheiros, 2005, p.809.

É bom não olvidar, entretanto, que nem toda caverna – melhor seria dizer, a minoria delas – traz referência aos grupos constitutivos de nossa sociedade em sua atual conformação, quais sejam os portugueses, os negros africanos, os índios e os imigrantes estrangeiros de diversas origens, lugares e etnias.

Como afirma o Deputado José Otávio Germano, relator do Projeto de Decreto Legislativo de autoria do Deputado Antonio Carlos Mendes Thame, que tem por objetivo sustar a eficácia do Decreto nº 6.640/2008:

> "...é preciso fixar o entendimento primário de que nenhuma cavidade se qualifica, de per si, como um bem de valor cultural. Na verdade, as cavidades naturais subterrâneas são resultado de um processo geológico e físico, podendo ou não, a depender da verificação de seus atributos, ter um valor expressivo ou diferenciado em termos ecológicos e culturais, quando associadas a ecossistemas ou a fatos ou referências relevantes da história humana ou de determinada sociedade. Assim, não é possível querer-se atribuir, de pronto, às cavidades naturais subterrâneas, relevantes ou não, um valor cultural ou ecológico, sem antes se verificar in loco a existência de atributo que justifique invocar o disposto nos arts.216 e/ou 225 da Constituição, que tratam respectivamente – e in abstrato – dos patrimônios cultural e ecológico. Na realidade, o art. 20, inc. X, da Constituição prescreve que todas as cavidades naturais subterrâneas são bens da União, sem, contudo, qualificá-las. Não pode, portanto, a legislação infraconstitucional dispor diferente."

Mais razoável compreender a existência de cavidades – e não serão poucas delas, por certo – onde se possam identificar vestígios e registros de ocupações de povos ancestrais e pré-históricos, os quais, no entanto, não foram abrangidos pelo art. 216 da CR/1988, por não terem participado do processo civilizatório de construção da identidade social e coletiva brasileira.

Foi exatamente nesta perspectiva que o Decreto nº 6.640/2008 deu nova redação ao art. 1º do Decreto nº 99.556/1990, retirando dessas estruturas o caráter de patrimônio cultural, para a elas conferir uma afetação protetiva transitória, enquanto não devidamente estudadas técnica e cientificamente, *in verbis*:

> "Art. 1º - As cavidades naturais subterrâneas existentes no território nacional deverão ser protegidas, de modo a permitir estudos e pesquisas de ordem técnico-científica, bem como atividades de cunho espeleológico, étnico-cultural, turístico, recreativo e educativo."

Observa-se aqui, destarte, uma forte aproximação com a abordagem contida na Lei nº 3.924, de 26.07.1961, que autoriza o aproveitamento econômico das áreas nas quais se encontrem vestígios de populações paleoameríndias, tais como grutas, lapas e ***abrigos sob rocha***, desde que prévia e adequadamente pesquisadas as respectivas jazidas (art. 2º, alínea "b" c/c art. 3º).

Importante frisar, neste ponto, que a Lei citada faz menção expressa e inconfundível aos abrigos sob rocha, de maneira ancilar e ao lado de termos outros (grutas e lapas), os quais, no universo das normas disciplinadoras do patrimônio espeleológico, configuram variantes do conceito de cavidades naturais subterrâneas.

Isso, no entanto, não autoriza qualquer sorte de entendimento de que os abrigos – não referenciados pelo Decreto nº 99.556/1990 –, estariam unicamente sob a alçada ordenadora da Lei nº 3.924/1961, como se merecessem tratamento apenas como bens de natureza arqueológica.

Por certo, como antevisto alhures, não é a inserção topográfica desse tema nos meandros desse último diploma legal que subtrai os abrigos do subsistema normativo referente às grutas e cavernas, o que se relaciona, de concreto, ao caráter superficial dessas formações geológicas, afastando-as definitivamente das regras delineadoras das cavidades naturais subterrâneas.

Mesmo porque, tanto quanto se passa com os ambientes cavernícolas, nem todo abrigo ou fenda em rocha apresenta interesse arqueológico necessário, o que, se ocorrer, dá ensejo à incidência de outras normativas aplicáveis, como a Instrução Normativa IPHAN nº 001, de 25.03.2015.

5. APONTAMENTOS FINAIS E SÍNTESE CONCLUSIVA

Conclusivamente, malgrado a ausência de critérios normativos objetivadores, é seguro afirmar que abrigos, abismos, fendas e reentrâncias, por não apresentarem um "*fechamento*" de quaisquer de suas seções, nem o desenvolvimento linear em cotas inferiores ao nível do solo, não podem ser considerados como *subterrâneos*, ainda que configurem espaços com acessibilidade comprovada ou que tenham dimensões consideráveis em termos de largura ou altura.

Exatamente por não serem subterrâneos, tais estruturas não pertencem à União (art. 20, inciso X da CR/1988) e nem se regem pelas disposições consagradas no Decreto nº 99.556/1990, na Resolução CONAMA nº 347/2004 ou ainda na Instrução Normativa MMA nº 2/009.

Disso se extraem importantes consequências no desenvolvimento de diagnósticos e estudos referentes ao patrimônio espeleológico nacional:

a) que essas feições superficiais não se sujeitam a trabalhos de mapeamento em campo, quantificação, inventariança ou análise de relevância; b) que ao redor ou nas circunvizinhanças imediatas dessas estruturas, não se projeta a faixa protetiva de 250 (duzentos e cinquenta) metros, sob a forma de poligonal convexa; c) que tais ocorrências não devem ser subtraídas do exame analítico dos impactos ambientais do empreendimento a ser licenciado, podendo-se, para tanto, recorrer a investigações amostrais ou a métodos estatísticos usuais.

Ressalte-se, por derradeiro, que o acolhimento dos abrigos sob rocha no âmbito da Lei nº 3.924/1961 não autoriza qualquer sorte de entendimento de que essas feições – não referenciados pelo Decreto nº 99.556/1990 –, seriam merecedores unicamente de tratamento apenas como bens de natureza arqueológica.

6. BIBLIOGRAFIA

LAMY, Marcelo. *Conceitos Indeterminados:* limites jurídicos de densificação e controle. Revista Internacional d'Humanitats, n. 11, p. 53, mar. 2007.

MAXIMILIANO, Carlos. *Hermenêutica e aplicação do direito.* 11. ed. Rio de Janeiro: Forense, 1991, p. 110-1.

NOHARA, Irene Patrícia. *Conceitos jurídicos indeterminados e delimitação concreta da discricionariedade administrativa no pós-positivismo.* Revista da Procuradoria Geral do do Estado de São Paulo, São Paulo, n. 7, p. 170, jan./jun. 2010.

PERIN JÚNIOR, Ecio. *A linguagem no direito:* análise semântica, sintática e pragmática da linguagem jurídica. Texto disponível na Internet via http://jus.com.br/revista/texto/50/a-linguagem-no-direito.

SILVA, José Afonso da. *Comentário contextual à Constituição.* São Paulo: Malheiros, 2005, p. 809.

8

MINERAÇÃO E INFRAESTRUTURA: CONSIDERAÇÕES SOBRE O LICENCIAMENTO AMBIENTAL

Talden Farias[1]
Pedro Henrique Sousa de Ataíde[2]

SUMÁRIO: 1. Introdução. 2. Infraestrutura. 3. Licenciamento ambiental e mineração. 4. Compensação ambiental na infraestrutura de mineração. 5. Infraestrutura e licenciamento ambiental: principais entraves. 6. Considerações finais. 7. Referências.

1. INTRODUÇÃO

O licenciamento ambiental constitui mecanismo de controle das atividades efetiva ou potencialmente poluidoras, que normalmente ocorre em três fases ou etapas. Dessa forma, a grande maioria das atividades econômicas dependem de licenciamento ambiental, uma vez que acarretam algum impacto ao meio ambiente.

Os empreendimentos de grande porte, considerados como de significativo impacto ambiental, estarão submetidos ao licenciamento mais complexo, pois dependem da apresentação de Estudo de Impacto Ambiental e respectivo Relatório de Impacto Ambiental (EIA/RIMA). A mineração está no rol das atividades cujo caráter de significativo impacto é presumido; ou seja, a regra geral é que os empreendimentos minerários necessariamente deverão apresentar EIA/RIMA. A exceção seria a pesquisa e extração dos minérios conhecidos como agregados da construção civil, nos quais a exigência da realização do aludido estudo está na discricionariedade do órgão ambiental

1 Doutor em Direito da Cidade pela Universidade do Estado do Rio de Janeiro com estágio de doutoramento sanduíche pela Universidade de Paris 1 – Pantheón-Sorbonne (bolsa CAPES-COFECUB). Advogado e professor da Universidade Federal da Paraíba.

2 Mestre em Direito Econômico pela Universidade Federal da Paraíba. Graduado em Ciências Jurídicas e Sociais pela mesma Instituição. Advogado e consultor jurídico.

licenciador. Nada impede que no caso concreto o órgão ambiental possa abrir mão de tal exigência, desde que comprovado tecnicamente que não se trata de um empreendimento significativamente poluidor.

Ocorre que o caráter de significativo impacto ambiental, além de demandar EIA/RIMA, traz a necessidade de o empreendedor pagar compensação ambiental a ser dirigida as Unidades de Conservação da Natureza (UCs), cuja prestação pode alcançar o valor de meio por cento dos custos totais de implantação do empreendimento. A compensação representa, pois, etapa importante para os projetos de infraestrutura de mineração, em decorrência do valor e da complexidade que pode alcançar; por outro lado, possui especial relevância para o meio ambiente, já que representa um dos principais instrumentos de implementação de espaços territoriais ecologicamente protegidos.

Nessa senda, o problema enfrentado pela presente pesquisa consiste em verificar se o modelo normativo vigente da compensação ambiental, no tocante aos projetos de infraestrutura de mineração, consegue harmonizar desenvolvimento econômico e proteção ambiental. Parte-se da hipótese no sentido de que há sim compatibilização. O objetivo consiste em analisar a compensação ambiental do setor de infraestrutura. Nesse diapasão, além de estudar os aspectos gerais da infraestrutura, do licenciamento e da compensação ambiental, procurar-se-á apontar os problemas mais recorrentes e fazer algumas sugestões para o seu aperfeiçoamento. A investigação possui cunho bibliográfico e documental.

2. INFRAESTRUTURA

A discussão sobre infraestrutura pressupõe o entendimento de que todo segmento econômico envolve atividade e estrutura. Assim, tem-se que o binômio necessidade e utilidade define a infraestrutura necessária para se alcançar o modelo econômico almejado por determinada sociedade. Estudos apontam que o investimento em infraestrutura é diretamente proporcional ao nível de desenvolvimento econômico de um país[3]. O porquê disso é autoexplicativo: a capacidade da infraestrutura de ser universal e de alta qualidade para a maior parcela possível da sociedade tem intrínseca relação com o desenvolvimento.

---

3 Os investimentos públicos na cadeia de construção no Brasil alcançam a margem de 2% (dois por cento) do Produto Interno Bruto, o que ainda é pouco se comparado à média latino-americana, que varia entre 4% (quatro por cento) e 8% (oito por cento). Disponível em: <http://az545403.vo.msecnd.net/uploads/2014/03/10-construbusiness_2012_portugues.pdf>. Acesso em: 23 mai. 2014.

Enquanto o crescimento é meramente quantitativo e pode ocorrer com tipos específicos de infraestrutura, o desenvolvimento pressupõe uma infraestrutura voltada à correção de injustiças socioeconômicas. Exemplificando: não há verdadeiro desenvolvimento econômico em uma sociedade com baixos níveis educacionais ou com condições sanitárias que deixam grande parte da população à beira da miséria. O intento brasileiro de se consolidar como potência econômica precisa necessariamente considerar vultosos e estratégicos investimentos em infraestrutura.

A questão é tão basilar que se reflete interna e externamente no mercado: problemas de infraestrutura prejudicam consumidores e os níveis de exportação quando uma empresa não consegue desenvolver plenamente seus negócios, por exemplo. Isso acontece quando o produtor repassa os custos que teve no processo de produção para o consumidor, aumentando o valor do produto final. Destarte, forma-se um ciclo vicioso em que se acaba prejudicando as iniciativas empresariais nacionais e, por conseguinte, os postos de trabalho.

No âmbito da infraestrutura, encontramos, dentre outros, portos, usinas hidrelétricas, rodovias, aeroportos, sistemas de telecomunicações, rodoviárias, serviços de educação e saúde, rede de distribuição de água e tratamento de esgoto, ferrovias, mineração e sistemas de transmissão de energia. Independentemente se voltada mais à consecução de objetivos econômicos ou a aspectos urbanísticos, a questão da infraestrutura deve ser vista sob o mesmo ponto de vista, sob pena de resvalar em incongruências que lhes podem ser fatais.[4]

O Brasil enfrentou uma virada na forma como investe em infraestrutura nas últimas duas décadas, na medida em que deixou de fazê-lo exclusivamente por meio de investimento público, passando a contar também com a participação privada. A edição da Lei nº 11.079/2004 trouxe inovações na temática, uma vez que previu institutos com trâmites mais simples e céleres em relação às tradicionais formas de licitação previstas pela Lei nº 8.666/1993, as parcerias público-privadas (PPPs). O papel prioritário que estas assumiram no Plano Nacional de Logística Integrada (PNLI) e na agenda legislativa do poder público mostra a relevância da temática.

O Estado sempre precisa se envolver no provimento da infraestrutura, ainda que em diversos graus de intensidade.[5] Grandes deficiências infraestruturais

---

4 LIRA, Ricardo Pereira. Direito urbanístico, Estatuto da Cidade e regularização fundiária. *In*: COUTINHO, Ronaldo; BONIZZATO, Luigi (coord.). *Direito da cidade*: novas concepções sobre as relações jurídicas no espaço social urbano. Rio de Janeiro: Lumen Juris, 2007, p. 1-2.

5 NÓBREGA, Marcos. Infraestrutura e parcerias público-privadas. *In*: TRENNEPOHL, Curt; TRENNEPOHL, Terence. *Direito ambiental atual*. Rio de Janeiro: Elsevier, 2014, p. 179-194.

normalmente são identificadas em países subdesenvolvidos ou em desenvolvimento, como o Brasil. A questão da urbanização e do planejamento urbano tem profunda relação com o presente debate, uma vez que políticas habitacionais bem delineadas impõem as regras básicas para investimentos privados na área.[6] Ainda, existem pontos institucionais como a carga tributária, o ônus da regulamentação governamental e a morosidade da burocracia devem ser precisamente ponderados pelo Brasil.[7]

O Brasil, seguindo a tendência majoritária internacional, torna-se um país cada vez mais urbano e menos rural. Todavia, enquanto o assentamento urbano for desordenado, haverá a possibilidade de investimentos privados irem de encontro ao interesse público, fortalecendo a intensa desigualdade, discriminação e exclusão social na ocupação do espaço urbano. Assim, "a ausência de um planejamento para as cidades intensificou a expansão desordenada das periferias, em especial nas áreas metropolitanas, consolidando, por sua vez, na cidade formal, um mercado imobiliário restritivo e especulativo".[8]

Importante destacar que o processo de urbanização exige mais investimentos em infraestrutura de mineração, pois a organização das cidades é pautada em recursos minerais. Basta mencionar o calçamento das ruas, as edificações urbanas, a indústria, os automóveis, dentre outros. Enfim, "a vida da sociedade moderna está pautada na utilização dos recursos minerais".[9]

Só o Estado tem interesse e condições de considerar todas as externalidades envolvidas, de forma que, quando não se envolve diretamente, passa a ter o encargo de mitigar externalidades negativas advindas da atuação do setor privado. Além disso, há determinados aspectos infraestruturais que não são, em regra, de interesse imediato da iniciativa privada, como saúde e educação (que também podem ser considerados bens públicos), ou cujos benefícios são tão a longo prazo a ponto de fazer com que o setor público tenha de suportar o privado nesse caminho.[10]

---

6 LIRA, Ricardo Pereira. *Loc. Cit.*

7 ROSSITTO, Manuel Carlos de Lima. Pontos para o aprimoramento das PPPs. *Revista Conjuntura da Construção*. SindusCon-SP/FGV. São Paulo: IBRE (Instituto Brasileiro de Economia), março/2013, p. 12-14. Disponível em: <http://bibliotecadigital.fgv.br/ojs/index.php/cc/article/viewFile/21974/20835>. Acesso em: 20 mai. 2014.

8 SANTIN, Janaína Rigo. *A gestão democrática municipal no Estatuto da Cidade e a teoria do discurso habermasiana*, p. 122. Disponível em: <http://www.buscalegis.ufsc.br/revistas/index.php/buscalegis/article/viewFile/32644/31852>. Acesso em: 20 mai. 2014.

9 SILVESTRE, Mariel. *Mineração em área de preservação permanente*: intervenção possível e necessária. São Paulo: Signus Editora, 2007, p. 8.

10 YESCOMBE, Edward R. *Public-private partnerships*. Principles of policy and finance. Oxford: Elsevier, 2007, p. 1-2.

Ainda no tocante às externalidades, grandes projetos de infraestrutura têm em regra grande impacto ambiental negativo, por isso sendo muitas vezes apontados como ecologicamente inviáveis.

Todavia, como se infere do cenário atual, grandes investimentos em infraestrutura pressupõem debate sobre os entraves burocráticos, regulação insuficiente da compensação ambiental, dentre outros. Por ora, no presente trabalho, após a conceituação, em linhas gerais, de infraestrutura e sua pertinência para o desenvolvimento econômico e social brasileiro, faz-se necessário traçar algumas linhas sobre o licenciamento ambiental, desde suas características gerais às incongruências que mantém com grandes projetos de infraestrutura.[11]

3. LICENCIAMENTO AMBIENTAL E MINERAÇÃO

A Lei Complementar n. 140/2011, no art. 2º, I, definiu o licenciamento ambiental como sendo o "procedimento administrativo destinado a licenciar atividades ou empreendimentos utilizadores de recursos ambientais, efetiva ou potencialmente poluidores ou capazes, sob qualquer forma, de causar degradação ambiental". A partir deste conceito legal é possível inferir que o licenciamento não é um ato administrativo isolado, mas uma sucessão de atos, que formam o processo administrativo.

Já a licença ambiental constitui o ato administrativo final do licenciamento ambiental, em que a Administração Pública concede o direito de exercer determinada atividade.

O licenciamento ambiental pode ocorrer no âmbito federal, estadual, distrital ou municipal, de acordo com as regras de competências administrativas ambientais fixadas na Lei Complementar n. 140/2011. É de se destacar que este diploma estabeleceu a regra do licenciamento uno,[12] ou seja, apenas

---

11 Nesse sentido, lembra Ronaldo Seroa da Motta que o licenciamento ambiental não é o melhor meio de evitar danos ambientais ocasionados por grandes obras de infraestrutura. Para isso, a necessidade é claramente estratégica e não pontual, sendo analisados os impactos tão somente quando da apresentação de um simples projeto. A avaliação de impactos ambientais deve e pode ser bem anterior à fase de elaboração de projetos. Disponível em: <http://www.advillage.com.br/conteudo_detalhes.asp?id=67346>. Acesso em: 26 mai. 2015.

12 Por consequência, o órgão ambiental do ente federado competente para o licenciamento também possuirá a atribuição de lavrar auto de infração e instaurar processo administrativo para apurar infração, de acordo com o art. 17, *caput*, da Lei Complementar n. 140/2011. Contudo, o § 2º deste dispositivo trouxe a seguinte possibilidade: "nos casos de iminência ou ocorrência de degradação da qualidade ambiental, o ente federativo que tiver conhecimento do fato deverá determinar medidas para evitá-la, fazer cessá-la ou mitigá-la, comunicando imediatamente ao órgão competente para as providências cabíveis". Ou seja, quando houver a iminência de degradação ambiental, qualquer órgão ambiental, ainda que pertença a ente federado incompetente para licenciar determinada atividade, poderá exercer o poder de polícia ambiental para autuá-la.

um ente federado possui a atribuição de licenciar determinada atividade. Não existe, pois, licenciamento ambiental múltiplo.

Em geral, as atividades econômicas estão submetidas a três modalidades sucessivas de licença ambiental, de acordo com o seguinte dispositivo do Decreto n. 99.274/90 (que regulamentou a Lei n. 6.938/81, que institui a Política Nacional do Meio Ambiente):

> Art. 19. O Poder Público, no exercício de sua competência de controle, expedirá as seguintes licenças:
>
> I – Licença Prévia (LP), na fase preliminar do planejamento de atividade, contendo requisitos básicos a serem atendidos nas fases de localização, instalação e operação, observados os planos municipais, estaduais ou federais de uso do solo;
>
> II – Licença de Instalação (LI), autorizando o início da implantação, de acordo com as especificações constantes do Projeto Executivo aprovado; e
>
> III – Licença de Operação (LO), autorizando, após as verificações necessárias, o início da atividade licenciada e o funcionamento de seus equipamentos de controle de poluição, de acordo com o previsto nas Licenças Prévia e de Instalação.

Como se vê, cada modalidade de licença segue, em geral, as etapas de efetivação dos empreendimentos/atividades: concepção e planejamento (LP), instalação (LI) e funcionamento (LO). É de se destacar que o art. 12 da Resolução n. 237 do Conselho Nacional do Meio Ambiente (CONAMA) possibilita que os órgãos ambientais definam procedimentos específicos para as licenças ambientais, de acordo com as peculiaridades de cada atividade; por sua vez, o § 1º do mesmo dispositivo permite a realização de procedimento simplificado para atividades de pequeno potencial de impacto ambiental. Em outras palavras, pode existir licenciamento ambiental que não esteja pautado no modelo tríplice de licenças.

Mas quais empreendimentos estão sujeitos ao licenciamento ambiental? Em regra, qualquer atividade utilizadora de recursos ambientais que seja considerada, pelo órgão licenciador, como efetiva ou potencialmente poluidora.

Contudo, o Anexo 1 da mencionada Resolução traz rol exemplificativo de empreendimentos cujo caráter de efetivo ou potencialmente poluidor é presumido. Isto é, estão submetidas ao licenciamento ambiental independente das considerações do órgão licenciador. A atividade minerária é uma das atividades constantes no Anexo 1, desde a fase de pesquisa (quando for expedida Guia de Utilização – GU)[13] até a lavra e beneficiamento.

[13] A fase de pesquisa mineral envolve os trabalhos de definição da jazida e os estudos acerca da viabilidade econômica de eventual extração. De acordo com o art. 14, § 1º, do Código de Mineração,

Destarte, é mister concluir que a totalidade dos empreendimentos minerários está sujeita ao licenciamento ambiental, até porque a degradação ambiental é ínsita à mineração, como já ressaltado anteriormente.

No direito administrativo, é comum classificar os atos de licença e autorização a partir do grau de liberdade conferido ao administrador. A licença seria uma atividade vinculada na qual o agente público deve concedê-la ao administrado sempre que preenchidas as exigências legais; ou seja, é um ato administrativo vinculado.[14] Já a autorização designaria um ato administrativo discricionário, na qual o agente público possui certa margem de liberdade para concedê-la, desde que o ato esteja protegido pelo interesse público.

Mas a denominada "licença ambiental" não segue à risca os ditames do instituto administrativo. Esse ato pode existir tanto de forma discricionária quanto de forma vinculada. Na LI e na LO, por exemplo, o agente público possui certa margem de liberdade para concedê-las; já a LP pode ser considerada como ato vinculado, pois, como preleciona Andreas Krell, "as leis ambientais costumam definir as condições da concessão da licença prévia com mais densidade conceitual".[15]

Isso ocorre porque os critérios técnicos de concessão de licenças ambientais não são estabelecidos por leis em sentido estrito, ou seja, emanadas do poder legislativo. São raras, no Brasil, "regras materiais sobre o licenciamento nas diferentes áreas setoriais da proteção ambiental".[16] A maior parte da normatização advém do Poder Executivo, a exemplo dos Decretos e das Resoluções do CONAMA.

Embora constituam bens da União, nem sempre o licenciamento ambiental da mineração será efetuado pelo órgão ambiental desse ente federado. De acordo com o art. 7º, XIV, da Lei Complementar n. 140/2011, a União promoverá o licenciamento ambiental das seguintes atividades: desenvolvidas ou localizadas no Brasil ou em país limítrofe, no mar territorial, na plataforma

---

constituem trabalhos de pesquisa mineral: levantamentos geológicos, aberturas de escavações visitáveis etc. Nessa fase, o minerador poderá, em regra, realizar apenas atos de pesquisa; jamais poderá efetuar a extração de minérios. Esta só será possível quando o empreendimento ultrapassar a fase de pesquisa e obtiver concessão de lavra.

Apenas excepcionalmente, poderá o minerador extrair substâncias minerais ainda na etapa de pesquisa, "mediante prévia autorização do DNPM", nos termos do art. 22, § 2º do Código de Mineração. Mencionada autorização prévia é chamada de Guia de Utilização (GU), pelo art. 102, da Portaria n. 155/2016 do DNPM.

[14] MELLO, Celso Antônio Bandeira de. *Curso de direito administrativo*. 27 ed. São Paulo: Malheiros, 2010, p. 439.

[15] KRELL, Andreas J. *Discricionariedade administrativa e conceitos legais indeterminados*: limite do controle judicial no âmbito dos interesses difusos. 2. ed. Porto Alegre: Livraria do Advogado, 2013, p. 168.

[16] *Ibidem*, p. 173.

continental ou na zona econômica exclusiva, em terras indígenas, em unidades de conservação (UCs) instituídas pelo Poder federal (com exceção das Áreas de Proteção Ambiental – APAs), em dois ou mais Estados; também estarão insertas em tal competência as atividades que apresentem caráter militar, ou que envolvam material radioativo, ou que atendam a tipologia estabelecida pelo Poder Executivo.

Já aos Municípios, nos termos do art. 9º, XIV da mesma Lei, compete promover o licenciamento ambiental das atividades de impacto local, de acordo com tipologia definida pelos respectivos Conselhos Estaduais de Meio Ambiente, ou nas UCs instituídas pela edilidade, com exceção das APAs.

Por fim, os Estados, nos termos do art. 8º, XIV e XV, realizarão o licenciamento ambiental de todas as atividades que não foram elencadas expressamente à União ou aos Municípios, nos arts. 7º e 9º, respectivamente; além disso, deverão licenciar as atividades que interfiram em UCs estaduais, com exceção das APAs.

Verifica-se que a competência da União e dos Municípios se dirige a atividades em circunstâncias específicas, enquanto a atribuição dos Estados é residual. Logo, é forçoso perceber que o licenciamento ambiental da grande maioria dos empreendimentos minerários é realizado pelos Estados.

A normatização do licenciamento ambiental que especifica a atividade minerária é dada pelas Resoluções do CONAMA n. 009/1990 e n. 010/1990.

A Resolução n. 009/1990 diz respeito à extração dos minérios de classes I, III a IX,[17] isto é, de todas as jazidas com exceção dos agregados da construção civil. Já a Resolução n. 010/1990 cuida das substâncias minerais de emprego direto na construção civil. No presente capítulo, iremos abordar apenas a primeira, já que a segunda normalmente não é utilizada nos projetos de infraestrutura.

---

[17] A redação anterior do Código de Mineração, no art. 5º, previa que as jazidas eram classificadas em nove classes:
"Art 5º Classificam-se as jazidas para efeito dêste Código, em 9 (nove) classes:
Classe I – jazidas de substâncias, minerais metalíferas;
Classe II – jazidas de substâncias minerais de emprêgo imediato na construção civíl;
Classe III – jazidas de fertilizantes;
Classe IV – jazidas de combustíveis fósseis sólidos;
Classe V – jazidas de rochas betuminosas e pirobetuminosas;
Classe VI – jazidas de gemas e pedras ornamentais;
Classe VII – jazidas de minerais industriais, não incluídas nas classes precedentes;
Classe VIII – jazidas de águas minerais;
Classe IX – jazidas de águas subterrâneas".
Em virtude da Lei n. 9.314/1996, tal disposição foi revogada, extinguindo a classificação das jazidas em classes. Contudo, as aludidas Resoluções do CONAMA foram editadas antes da alteração legislativa, por isso ainda mencionam como parâmetro a divisão das jazidas em classes.

De acordo com o art. 4º da mencionada Resolução, a primeira licença ambiental – LP – será requerida ao órgão competente acompanhada de EIA/RIMA. Tal requerimento ocorrerá na fase de pesquisa mineral. Se o órgão licenciador constatar a viabilidade ambiental, a localização e concepção do empreendimento, será concedida a LP. Em tal etapa, serão previstos os impactos ambientais que irão advir com a atividade, os quais estarão previstos no EIA/RIMA.

Posteriormente, o empreendedor irá requerer a LI, cujo pleito será acompanhado de Plano de Controle Ambiental – PCA, o qual deverá prever o projeto de execução dos impactos ambientais previstos na fase de LP, conforme art. 5º da Resolução. Vale dizer, o PCA trará o modelo de implantação das medidas mitigadoras da degradação ambiental previsto no EIA/RIMA; é a partir da análise desse estudo que o órgão ambiental terá subsídios técnicos para analisar se eventual LP será compatível com a localização do empreendimento.[18]

Convém relembrar que a concessão de LP constitui ato vinculado, no qual o órgão ambiental deve licenciar a atividade se satisfeitos os requisitos. Porém, é possível perceber certa margem da discricionariedade administrativa na LI e na LO, pois a maior parte dos pressupostos estão enumerados em normas infra-legais, ou são exigidos de acordo com o entendimento do próprio órgão ambiental. Nesse aspecto, o EIA/RIMA, que possui previsão constitucional, é exigido na fase da LP, o que corrobora o caráter vinculante do ato administrativo concessivo.

4. COMPENSAÇÃO AMBIENTAL NA INFRAESTRUTURA DE MINERAÇÃO

Conforme já destacado, as atividades potencial ou efetivamente poluidoras estão sujeitas ao licenciamento ambiental. Ocorre que dentre esse grupo de atividades existem aquelas que, além do caráter poluidor, são consideradas de significativo impacto ambiental.

Em tais casos, o licenciamento ambiental terá como uma das etapas a apresentação de EIA/RIMA por parte do empreendedor. A dicção constitucional (art. 225, § 1º, IV) é no sentido de que em regra tais estudos serão realizados em caráter prévio. Por esse motivo, o art. 4º da Resolução n. 009/1990 do CONAMA exige que o EIA/RIMA seja apresentado na fase da LP.

[18] OLIVEIRA, Antonio Inagê de Assis. *Introdução à legislação ambiental brasileira e licenciamento ambiental*. Rio de Janeiro: Editora Lumen Juris, 2005, p. 655.

O EIA/RIMA consiste num "instrumento de planejamento que visa quantificar e qualificar, o máximo possível, de forma antecipada, os impactos ambientais oriundos de uma determinada atividade".[19] É modalidade de Avaliação de Impacto Ambiental (AIA). Tal estudo conterá, pelo menos, o diagnóstico ambiental da área de influência, verificação de possíveis impactos ambientais, respectivo programa de acompanhamento e medidas mitigadoras, de acordo com o art. 6º, Resolução n. 001/1986 do CONAMA.

Mas quais os empreendimentos estão submetidos à elaboração de EIA/RIMA? Inicialmente, todos aqueles que o órgão ambiental licenciador caracterizar como aptos a causar significativa degradação ambiental. No entanto, assim como ocorreu com a exigibilidade de licença ambiental, a Resolução 001/1986 do CONAMA trouxe, no art. 2º, rol exemplificativo de atividades cujo caráter de significativo impacto ambiental é presumido.

Dentre o rol, o inciso IX do mesmo dispositivo menciona a "extração de minério, inclusive os da classe II, definidas pelo Código de Mineração". Nessa senda, até mesmo os agregados da construção civil estariam submetidos à apresentação obrigatória de EIA/RIMA.

Posteriormente, o CONAMA editou a Resolução n. 009/1990 confirmando a necessidade de apresentação de EIA/RIMA quando do requerimento de LP. Contudo, a Resolução n. 10/1990, relativa apenas à classe II de substâncias minerais, trouxe a previsão, no art. 3º, de que o órgão ambiental poderá dispensar a apresentação de EIA/RIMA, em decorrência da natureza, da localização e das peculiaridades do empreendimento.

Dessa forma, a regra é a exigência de EIA/RIMA para todas as atividades minerárias, com exceção dos agregados da construção civil.

Ocorre que os empreendimentos sujeitos a EIA/RIMA possuem uma peculiaridade: o dever de pagar compensação ambiental para as UCs, na forma do art. 36 da Lei n. 9.985/2000.

O instituto da compensação ambiental, previsto na Lei n. 9.985/2000, foi originado a partir dos vultosos projetos do setor elétrico brasileiro, localizados na Amazônia.[20] É sabido que a instalação de usinas hidrelétricas

---

19 GUERRA, Sidney; GUERRA, Sérgio. *Intervenção estatal ambiental: licenciamento e compensação de acordo com a Lei Complementar nº 140/2011*. São Paulo: Atlas, 2012, p. 129.

20 FARIA, Ivan Dutra. Compensação ambiental: os fundamentos e as normas; a gestão e os conflitos. *Consultoria Legislativa do Senado Federal*: textos para discussão n. 43. Brasília: julho/2008, p. 9. Disponível em: <http://www12.senado.gov.br/publicacoes/estudos-legislativos/tipos-de-estudos/textos-para-discussao/td-43-compensacao-ambiental-os-fundamentos-e-as-normas-a-gestao-e-os-conflitos>. Acesso 23 jul. 2014.

provoca a inundação de áreas extensas, o que gera o perecimento de espécies da fauna e da flora, entre outros impactos ambientais negativos.

Contudo, o aludido dispositivo legal expandiu o instituto para todas as obras e atividades de significativo impacto ambiental:

> Art. 36. Nos casos de licenciamento ambiental de empreendimentos de significativo impacto ambiental, assim considerado pelo órgão ambiental competente, com fundamento em estudo de impacto ambiental e respectivo relatório – EIA/RIMA, o empreendedor é obrigado a apoiar a implantação e manutenção de unidade de conservação do Grupo de Proteção Integral, de acordo com o disposto neste artigo e no regulamento desta Lei.
>
> § 1º O montante de recursos a ser destinado pelo empreendedor para esta finalidade não pode ser inferior a meio por cento dos custos totais previstos para a implantação do empreendimento, sendo o percentual fixado pelo órgão ambiental licenciador, de acordo com o grau de impacto ambiental causado pelo empreendimento.
>
> § 2º Ao órgão ambiental licenciador compete definir as unidades de conservação a serem beneficiadas, considerando as propostas apresentadas no EIA/RIMA e ouvido o empreendedor, podendo inclusive ser contemplada a criação de novas unidades de conservação.
>
> § 3º Quando o empreendimento afetar unidade de conservação específica ou sua zona de amortecimento, o licenciamento a que se refere o *caput* deste artigo só poderá ser concedido mediante autorização do órgão responsável por sua administração, e a unidade afetada, mesmo que não pertencente ao Grupo de Proteção Integral, deverá ser uma das beneficiárias da compensação definida neste artigo.

A partir da norma, infere-se o seguinte conceito de compensação ambiental: (i) é uma prestação devida pelos empreendimentos de significativo impacto ambiental, e que por isso tem o dever de apresentar Estudo de Impacto Ambiental e o respectivo Relatório de Impacto Ambiental (EIA/RIMA); (ii) deve ser estabelecida antes da ocorrência de impactos ambientais, isto é, na fase de licenciamento prévio; (iii) é destinada às UCs de Proteção Integral, mas poderá ser dirigida à unidade de Uso Sustentável específica quando a atividade afetar ou o seu interior ou a sua zona de amortecimento; (iv) de acordo com a lei o valor a ser destinado possui como base de cálculo o custo total previsto para o empreendimento, sob o qual incidirá percentual não inferior a meio por cento.

Ademais, importante destacar que o dispositivo supramencionado fala que a prestação consiste em apoio às UCs em valor não inferior a meio por cento dos custos totais de implantação do empreendimento. Ocorre que o Supremo Tribunal Federal, no julgamento da ADI n. 3.378, declarou a inconstitucionalidade da alíquota mínima de meio por cento. De acordo com tal julgamento, o percentual será proporcional ao impacto a ser perpetrado pelo empreendimento.

É de se ressaltar que a compensação é vinculada às UCs, não podendo as ações/recursos serem aplicadas em outras finalidades, como na aquisição de equipamentos pela Administração Pública. O objetivo desse instituto é impedir que as Unidades de Conservação fiquem à mercê das dotações orçamentárias.[21]

Caso não haja UC afetada pelo empreendimento, a Resolução n. 371/2006 do CONAMA, no art. 9º, II, preleciona que a compensação será dirigida à criação ou manutenção de Unidades de Conservação localizadas no mesmo bioma e na mesma bacia hidrográfica do local em que funciona a atividade. Essa determinação é louvável, pois não seria razoável que a degradação no bioma marinho fosse compensada no bioma caatinga, por exemplo.

Destarte, a atividade minerária deverá pagar a compensação ambiental em comento, pois está sujeita (com exceção dos agregados da construção civil) à necessidade de elaboração de EIA/RIMA.

Logo, a degradação ambiental que será perpetrada pela atividade minerária deverá ser compensada em Unidades de Conservação pertencentes ao mesmo bioma e bacia hidrográfica. É bastante comum a extração de minérios no leito dos rios, o qual deverá receber a devida compensação se contiver Unidade de Conservação localizada em sua extensão.

A compensação representa importante instrumento de preservação ambiental. Portanto, faz-se mister a observância da aplicação exclusiva nas Unidades de Conservação, sobretudo as afetadas pelo empreendimento, ou aquelas localizadas no mesmo bioma e na mesma bacia hidrográfica.

No Brasil, verifica-se número elevado de UCs, as quais, no entanto, não foram devidamente implementadas pela carência de recursos. A Lei n. 9.985/2000 previu algumas fontes de financiamento, mas a compensação ambiental do art. 36 é a que apresenta maior potencial para a alocação de

[21] FARIAS, Talden; ATAÍDE, Pedro Henrique Sousa de. A compensação ambiental do art. 36 da Lei 9.985/2000: um instituto brasileiro em prol das UCs. *In* BRAVO, A. S.; CERVI, J. R. *Multiculturalismo, tecnología y medio ambiente*. Sevilla: Punto Rojo Libros, p. 337-353, 2015, p. 343.

medidas de apoio, já que não passam pelo Poder Público para posterior repasse, mas são encaminhados diretamente às UCs. "Seu potencial gerador de recursos financeiros, estritamente direcionados para ações de conservação da diversidade biológica, projetou-se como uma das mais promissoras fontes para a sustentabilidade financeira das UCs".[22]

Além disso, não é raro, no dia a dia, encontrar atividades de significativo impacto ambiental. Como a maior parte delas compreende empreendimentos vultosos, consequentemente o valor da compensação também será alto, uma vez que calculado sobre os custos totais de implantação.

Nesse sentido, se houvesse correta aplicação da compensação ambiental, certamente a situação das UCs brasileiras não seria tão precária.

Por essa razão, diversas áreas protegidas ainda não atingiram a finalidade pela qual foram concebidas. Na preleção de José Eduardo Ramos Rodrigues, "a maior parte das Unidades de Proteção Integral criadas hoje no Brasil não saiu do papel, inclusive o Parque Nacional de Itatiaia, criado em 1937". [23]

A precarização das UCs parece uma realidade comum no território nacional, tanto nas áreas federais, estaduais e municipais.

Nesse palmilhar, realizamos uma pesquisa no CNUC, mantido pelo MMA, sobre a situação fundiária das UCs em todo o território nacional. Segundo Relatório[24] gerado em 20/03/2015, às 17:20, das 954 UCs federais cadastradas, apenas 55 possuem situação fundiária com status "totalmente regularizado". Por sua vez, apenas 46 possuem status "parcialmente regularizado".

Já a respeito das UCs estaduais, das 782 registradas, apenas 81 (oitenta e uma) possuem status "totalmente regularizado". Por sua vez, 43 apresentam status "parcialmente regularizado".

Quanto às UCs municipais, das 208 cadastradas, 41 (quarenta e uma) apresentaram status "totalmente regularizado" e 22 (vinte e duas) "parcialmente regularizado".

---

22 CAMPHORA, Ana Lucia. *Ambiente institucional da compensação ambiental de que trata o Artigo 36 da Lei Federal 9.985/2000*: da necessidade de governança regulatória. 171 f. Tese (Doutorado em Ciências em Desenvolvimento, Agricultura e Sociedade) – Universidade Federal Rural do Rio de Janeiro, Rio de Janeiro, 2008, p. 76.

23 RODRIGUES, José Eduardo Ramos. *Sistema nacional de unidades de conservação*. São Paulo: Revista dos Tribunais, 2005, p. 65.

24 MMA. *Relatório Parametrizado* – Unidade de Conservação. Data: 20/03/2015, 17:15. Disponível em: <http://www.mma.gov.br/areas-protegidas/cadastro-nacional-de-ucs/consulta-gerar-relatorio-de-uc>. Acesso 20 mar. 2015.

A tabela abaixo sintetiza os dados:

UCs	NÚMERO DE UCs CADASTRADAS	NÚMERO DE UCs COM *STATUS* TOTALMENTE REGULARIZADO	NÚMERO DE UCs COM *STATUS* PARCIALMENTE REGULARIZADO
Federais	954	55	46
Estaduais	782	81	43
Municipais	208	41	22

O art. 33 do Decreto n. 4.340/2002 trouxe uma ordem de prioridade para a aplicação dos recursos da compensação ambiental. Segundo o inciso I desse dispositivo, a regularização fundiária e demarcação das terras constitui a primeira atividade a receber recursos da compensação ambiental.

Dessa forma, a situação fundiária das UCs em todo o território nacional, conforme visto na pesquisa acima, é deveras precária, mesmo sendo esta a primeira atividade a receber recursos da compensação ambiental.

Destarte, o atual modelo da compensação ambiental não constitui um mecanismo efetivo de implementação do SNUC. Razão pela qual é de suma importância o presente estudo, na medida em que procura sistematizar o estudo do instituto e propõe sugestão para ultrapassar as dificuldades do atual modelo normativo e fático.

Não é ocioso destacar que no território nacional existem diversas UCs que não estão cadastradas no CNUC, as quais não poderão ser beneficiárias dos recursos da compensação ambiental. Nessa senda, é bem provável que aquelas áreas que não estão cadastradas estejam em situação ainda mais precária.

Destarte, a aplicação errônea da compensação ambiental compreende o momento de aferição (se o empreendimento deverá pagar ou não, quanto deverá pagar, como deverá pagar etc.) até a destinação dos recursos financeiros.

Nesse sentido, é difícil encontrar casos em que a compensação ambiental foi devidamente aplicada, considerando todas as etapas mencionadas acima.

O Estado da Paraíba, por exemplo, divulgou uma notícia, em sua página oficial, dando conta de que o primeiro caso regular de compensação ambiental, em seu órgão ambiental, só ocorreu em 06 de fevereiro de 2014.[25]

[25] "A assinatura do termo marca um momento histórico na gestão das Unidades de Conservação na Sudema, pois é a primeira vez que o procedimento segue todos os trâmites previstos no Sistema

A respeito da alocação de recursos da compensação ambiental, segundo Ana Lucia Camphora, no período entre 2000 e 2007, "apenas um pequeno percentual desses recursos, algo em torno de 10% do montante arrecadado no período, foi efetivamente aplicado no benefício das UCs".[26]

Verifica-se, ante o cenário narrado, que a aplicação errônea da compensação ambiental prevista no art. 36 da Lei do SNUC desemboca na precarização das UCs, uma vez que constitui o principal mecanismo de financiamento dessas.

5. INFRAESTRUTURA E LICENCIAMENTO AMBIENTAL: PRINCIPAIS ENTRAVES

Estudos recentes sobre o licenciamento ambiental no Brasil apontam que ele é majoritariamente tido como uma fonte de incerteza regulatória pelos empreendedores, uma vez que seus custos elevados não guardam, em geral, compatibilidade com a qualidade da avaliação realizada. Isso contribui para a sua visão como um instrumento pouco eficiente, que não concorre para a promoção adequada d do desenvolvimento econômico brasileiro.

A preparação dos órgãos ambientais para a prática do licenciamento é um dos pontos mais debatidos nas áreas empresariais e acadêmicas que tocam na temática. Sem ela, qualquer avanço pode gerar um "vácuo institucional" e dotar de ineficiência a gestão ambiental sob diversos vieses.[27] Nesse sentido, mudanças vagas são dispensáveis. É fundamental o direcionamento preciso das metas e objetivos concretos das mudanças.[28]

A questão da compensação ambiental é problemática já na expedição das licenças ambientais. O Termo de Referência, documento base elaborado pelo órgão ambiental contendo as diretrizes, o conteúdo e a abrangência do EIA/RIMA, é marcada frequentemente por uma generalização que é diretamente proporcional ao não alcance de medidas compensatórias

---

Nacional de Unidades de Conservação (Lei 9.985/2000, Decreto 4.340/2000, Decreto 6.848/2009)". *In* PARAÍBA. *Notícia de 7 de fevereiro de 2014*: Sudema assina convênio de compensação ambiental com indústria cimenteira. Disponível em: <http://www.paraiba.pb.gov.br/84293/sudema-assina-convenio-de-compensacao-ambiental-com-industria-cimenteira.html>. Acesso 25 ago. 2014, p. 1.

26 CAMPHORA, Ana Lucia. *Op. cit.*, p. 76.

27 KRELL, Andreas J. Problemas no licenciamento ambiental no Sistema Nacional do Meio Ambiente. *Revista de direitos difusos*: licenciamento ambiental. Ano 5. v. 27. Liberdade/SP: Instituto Brasileiro de Advocacia Pública, Associação dos Professores de Direito Ambiental do Brasil e ADCOAS, set./out./2004, p. 3771.

28 FIORILLO, Celso Antonio Pacheco. MORITA, Dione Mari; FERREIRA, Paulo. *Licenciamento ambiental*. São Paulo: Saraiva, 2011, p. 182-183.

adequadas aos impactos ambientais negativos causados por empreendimentos e atividades.[29]

A generalidade nos supramencionados termos produz condicionantes incondizentes com as reais necessidades de salvaguarda do meio ambiente, que dão excessivas brechas ambientais a determinados projetos. Essas falhas acabam desaguando no Judiciário, que tem em suas mãos decisões que poderiam ter sido evitadas na esfera administrativa.

A falta de um planejamento maior em relação à avaliação de impactos ambientais, que cuide estrategicamente das questões a ele relacionadas tem diversas implicações práticas negativas. Por exemplo: determinado órgão pode licenciar mais de um licenciamento cujos impactos ambientais negativos individualmente considerados não afetem significativamente a consecução do desenvolvimento sustentável. Todavia, conjuntamente considerados, verifica-se a somatização de um impacto que é maléfico à preservação da qualidade de vida e os atuais instrumentos de gestão ambiental pública brasileiros não são suficientes para solucionar tal questão. Senão vejamos.

Por mais que haja a institucionalização de formas de avaliação ambiental estratégica em alguns setores por entes federativos brasileiros, não há um diálogo entre as diversas políticas capaz de permitir um planejamento adequado para as questões ambientais. Isto é, os instrumentos de gestão ambiental postos não permitem considerar os fatores ambientais já na fase de planejamento das ações governamentais, mas tão somente sobre propostas concretas (projetos ambientais apresentados por empreendedores), o que desloca a indispensável ponderação para uma fase bastante tardia da intervenção humana no meio ambiente.

6. CONSIDERAÇÕES FINAIS

O licenciamento ambiental é o instrumento de controle das atividades efetiva ou potencialmente poluidoras tendo em vista o direito fundamental ao meio ambiente. Os empreendimentos causadores de significativa poluição, além da licença ambiental, deverão fazer o EIA/RIMA e efetuar o pagamento da compensação ambiental previsto no art. 36 da Lei n. 9.985/2000. Os projetos de infraestrutura da mineração deverão arcar com essa modalidade de compensação ambiental, pois nesses casos a poluição de maior porte é presumida.

[29] FERREIRA, Paulo. *O sistema de licenciamento ambiental e o desafio econômico*: proposta para o Estado de São Paulo. 244 f. Tese de Doutorado em Engenharia – USP, São Paulo, 2010, p. 153-156.

A compensação ambiental nos projetos de infraestrutura de mineração se apresenta como instrumento apto a tentar compatibilizar crescimento econômico e proteção ambiental, uma vez que a atividade licenciada acaba por financiar em parte o SNUC. Entretanto, a implementação desse mecanismo requer ainda muita discussão e aperfeiçoamento, pois há várias questões em aberto gerando insegurança jurídica tanto para a proteção do meio ambiente quanto para o setor produtivo.

É possível observar a falta de implementação das UCs. Segundo dados do CNUC, de 954 UCs federais, apenas 55 apresentam regularização fundiária completa. Se esta constitui a aplicação prioritária dos recursos da compensação ambiental, esse dado comprova que a aplicação do art. 36 da Lei n. 9.985/2000 não tem ocorrido de forma satisfatória. Por outro lado, a compensação ambiental é vista como fator de incerteza regulatória por parte do setor produtivo tendo em vista a não regulamentação de certos aspectos procedimentais. Dessa forma, é imprescindível o melhoramento do instituto, tanto para garantir maior alocação de recursos ao SNUC, quanto para possibilitar melhor planejamento dos empreendimentos de infraestrutura de mineração.

7. REFERÊNCIAS

CAMPHORA, Ana Lucia. *Ambiente institucional da compensação ambiental de que trata o Artigo 36 da Lei Federal 9.985/2000*: da necessidade de governança regulatória. 171 f. Tese (Doutorado em Ciências em Desenvolvimento, Agricultura e Sociedade) – Universidade Federal Rural do Rio de Janeiro, Rio de Janeiro, 2008.

FARIA, Ivan Dutra. Compensação ambiental: os fundamentos e as normas; a gestão e os conflitos. *Consultoria Legislativa do Senado Federal*: textos para discussão n. 43. Brasília: julho/2008. Disponível em: <http://www12.senado.gov.br/publicacoes/estudos-legislativos/tipos-de-estudos/textos-para-discussao/td-43-compensacao-ambiental-os-fundamentos-e-as-normas-a-gestao-e-os-conflitos>. Acesso 23 jul. 2014.

FARIAS, Talden; ATAÍDE, Pedro Henrique Sousa de. A compensação ambiental do art. 36 da Lei 9.985/2000: um instituto brasileiro em prol das UCs. *In* BRAVO, A. S.; CERVI, J. R. *Multiculturalismo, tecnología y medio ambiente*. Sevilla: Punto Rojo Libros, p. 337-353, 2015.

FERREIRA, Paulo. *O sistema de licenciamento ambiental e o desafio econômico*: proposta para o Estado de São Paulo. 244 f. Tese de Doutorado em Engenharia – USP, São Paulo, 2010.

GUERRA, Sidney; GUERRA, Sérgio. *Intervenção estatal ambiental: licenciamento e compensação de acordo com a Lei Complementar nº 140/2011*. São Paulo: Atlas, 2012.

KRELL, Andreas J. *Discricionariedade administrativa e conceitos legais indeterminados*: limite do controle judicial no âmbito dos interesses difusos. 2. ed. Porto Alegre: Livraria do Advogado, 2013.

_____. Problemas no licenciamento ambiental no Sistema Nacional do Meio Ambiente. *Revista de direitos difusos*: licenciamento ambiental. Ano 5. v. 27. Liberdade/SP: Instituto Brasileiro de Advocacia Pública, Associação dos Professores de Direito Ambiental do Brasil e ADCOAS, set./out./2004.

LIRA, Ricardo Pereira. Direito urbanístico, Estatuto da Cidade e regularização fundiária. *In*: COUTINHO, Ronaldo; BONIZZATO, Luigi (coord.). *Direito da cidade*: novas concepções sobre as relações jurídicas no espaço social urbano. Rio de Janeiro: Lumen Juris, 2007.

MELLO, Celso Antônio Bandeira de. *Curso de direito administrativo*. 27 ed. São Paulo: Malheiros, 2010.

MMA. *Relatório Parametrizado* – Unidade de Conservação. Data: 20/03/2015, 17:15. Disponível em: <http://www.mma.gov.br/areas-protegidas/cadastro-nacional-de-ucs/consulta-gerar-relatorio-de-uc>. Acesso 20 mar. 2015.

NÓBREGA, Marcos. Infraestrutura e parcerias público-privadas. *In*: TRENNEPOHL, Curt; TRENNEPOHL, Terence. *Direito ambiental atual*. Rio de Janeiro: Elsevier, 2014. p. 179-194.

OLIVEIRA, Antonio Inagê de Assis. *Introdução à legislação ambiental brasileira e licenciamento ambiental*. Rio de Janeiro: Editora Lumen Juris, 2005.

PARAÍBA. *Notícia de 7 de fevereiro de 2014*: Sudema assina convênio de compensação ambiental com indústria cimenteira. Disponível em: <http://www.paraiba.pb.gov.br/84293/sudema-assina-convenio-de-compensacao-ambiental-com-industria-cimenteira.html>. Acesso 25 ago. 2014.

RODRIGUES, José Eduardo Ramos. *Sistema nacional de unidades de conservação*. São Paulo: Revista dos Tribunais, 2005.

ROSSITTO, Manuel Carlos de Lima. Pontos para o aprimoramento das PPPs. *Revista Conjuntura da Construção*. SindusCon-SP/FGV. São Paulo: IBRE (Instituto Brasileiro de Economia), março/2013. p. 12-14. Disponível em: <http://bibliotecadigital.fgv.br/ojs/index.php/cc/article/viewFile/21974/20835>. Acesso em: 20 mai. 2014.

SANTIN, Janaína Rigo. *A gestão democrática municipal no Estatuto da Cidade e a teoria do discurso habermasiana*. Disponível em: <http://www.buscalegis.ufsc.br/revistas/index.php/buscalegis/article/viewFile/32644/31852>. Acesso em: 20 mai. 2014.

SILVESTRE, Mariel. *Mineração em área de preservação permanente*: intervenção possível e necessária. São Paulo: Signus Editora, 2007.

YESCOMBE, Edward R. *Public-private partnerships*. Principles of policy and finance. Oxford: Elsevier, 2007.

9

AS PROVAS NA ARBITRAGEM

Augusto Tolentino[1]

SUMÁRIO: **1**. Introdução. **2**. A Admissão das Provas. **A**. Os Princípios Norteadores das Provas na Arbitragem. **B**. Os Poderes Instrutórios dos Árbitros. **C**. A Prova na Arbitragem e a Influência do Processo Civil. **D**. A Limitação da Prova pelas Partes e a Submissão do Árbitro à Limitação. **3**. A Produção de Provas na Arbitragem. **A**. O Depoimento das Partes e a Prova Testemunhal. **B**. As Testemunhas Técnicas. **C**. A Audiência de Instrução. **4**. Conclusão **5**. Referências Bibliográficas.

1. INTRODUÇÃO

Carreira Alvim, em seu Tratado Geral da Arbitragem, afirma que "[n]o sentido jurídico, a prova é, objetivamente, o meio de se demonstrar a existência de um fato e, subjetivamente, a convicção que cria no espírito do julgador"[2]. No mesmo sentido, Pedro Batista Martins[3] entende que se busca no processo a comprovação, pelos meios de prova admitidos, dos fatos alegados, como verdadeiros ou falsos.

Em qualquer litígio, precisam as partes provar as alegações contidas nas suas manifestações, seja a veracidade dos fatos no caso da constituição de direito próprio, seja a sua inexistência ou falsidade no caso da modificação ou extinção do direito da contraparte. A valoração das provas pelo julgador é o que determinará o resultado da demanda, quando não se tratar, evidentemente, de questão meramente de direito.

É dizer, sendo meio heterônomo de solução de conflitos, seja no processo civil ou na arbitragem, a prova é da maior relevância para a solução da

[1] Advogado. Presidente da Câmara de Arbitragem Empresarial Brasil – CAMARB

[2] ALVIM, José Eduardo Carreira. *Tratado Geral da Arbitragem Interno*. Belo Horizonte: Mandamentos, 2000, p. 375.

[3] MARTINS, Pedro A. Batista. *Panorâmica sobre as Provas na Arbitragem*. In: JOBIM, Eduardo. MACHADO, Rafael Bicca (Org.). *Arbitragem no Brasil*: aspectos jurídicos relevantes. São Paulo: Quartier Latin, 2008, p. 332.

controvérsia. Cenário diferente ocorre nos meios autônomos, nos quais, por não outorgarem a decisão da controvérsia a um terceiro, os litigantes não se veem na necessidade de convencê-lo de seu direito.

No campo da arbitragem, objeto destes apontamentos, Carreira Alvim[4] anota que, até a sua produção efetiva, a prova passa por diversos momentos, desde as alegações iniciais até a audiência de instrução e julgamento, de forma que domina quase por inteiro a atividade arbitral.

Diferente do que ocorre no processo judicial, a produção probatória na arbitragem, em regra, não está sujeita a um rito específico, não existindo, portanto, momentos estanques para sua realização, podendo ela ser produzida ao longo do procedimento de modo mais flexível, desde que observados os princípios que norteiam o procedimento como um todo, a saber, o contraditório, a igualdade das partes e o livre convencimento do árbitro.

Os momentos probatórios aos quais Carreira Alvim se refere são quatro: ***(i)*** o da proposição das provas, no qual as partes informam por quais meios pretendem comprovar o alegado ou desconstituir o alegado pela outra parte, requerendo que assim lhes seja permitido proceder; ***(ii)*** o da admissão das provas, ato exclusivo do árbitro, de acordo com seu livre convencimento, podendo ele, inclusive, indeferir provas inúteis ou meramente protelatórias, ou determinar provas de ofício; ***(iii)*** o da produção de provas, sendo este o momento em que elas são efetivamente produzidas no procedimento arbitral, pelos meios legais, convencionados pelas partes ou determinados pelos árbitros; e , por fim ***(iv)*** o da valoração da prova. Deste último momento não se tratará aqui. Do primeiro momento, não há muito o que dizer. É ato exclusivo dos litigantes, praticado no âmbito de sua liberdade postulatória. Já a admissão das provas e a respectiva produção constituem campo mais fértil para discussões doutrinárias e jurisprudenciais.

Assim, cuidar-se-á neste artigo tão somente dos princípios atinentes à instrução probatória de um procedimento arbitral, bem como, da admissão das provas pelo árbitro.

2. A ADMISSÃO DAS PROVAS

É do árbitro o poder de admitir ou não as provas requeridas pelas partes. E não serão admitidas, necessariamente, todas as provas solicitadas. Tal não acarreta, como pensam e sugerem alguns advogados em arbitragem,

---

[4] ALVIM, *op. cit.*., p. 376.

violação ao devido processo legal e, consequentemente, a anulação da futura decisão arbitral[5].

Todavia, a livre admissão probatória pelo árbitro deve ser balizada por alguns princípios garantidores do devido processo legal, sendo isso o que se passa a abordar.

A. Os princípios norteadores das provas na arbitragem

na arbitragem, as provas não estão sujeitas a qualquer catálogo legal. Diferente do que ocorre com os diplomas processuais civis, a Lei de Arbitragem é econômica quanto às regras e normas referentes aos meios probantes. Enquanto o Código de Processo Civil coloca à disposição do julgador diversos artigos que regulam detalhadamente a atividade probatória, a Lei de Arbitragem somente conta, nesse aspecto, com a redação genérica do seu art. 22, segundo a qual: "[p]oderá o árbitro ou o tribunal arbitral tomar o depoimento das partes, ouvir testemunhas e determinar a realização de perícias ou outras provas que julgar necessárias, mediante requerimento das partes ou de ofício".

A generalidade da norma não é sem motivo. O procedimento arbitral, calcado no âmbito da autonomia da vontade dos litigantes, é altamente flexível, de forma que as partes e os árbitros podem regulá-lo do modo como desejarem ou como exigir a demanda, tudo conforme o art. 21[6] da Lei de Arbitragem. Essa flexibilidade é fundamental, pois, "a possibilidade de escolher as regras procedimentais é, de certa forma, tão útil quanto poder escolher seu árbitro"[7].

Cândido Rangel Dinamarco explica que

> "[o] art. 22 da Lei de Arbitragem nada diz sobre o procedimento da instrução, não instituindo uma fase na qual as provas devam ser produzidas, nada estabelecendo sobre a ordem sequencial a ser observada entre elas, não disciplinando o modo como cada uma delas se produzirá. Vige, pois, a grande liberdade do árbitro para a condução das atividades probatórias,

---

5 MARTINS, *op. cit.* p. 338.

6 "Art. 21 A arbitragem obedecerá ao procedimento estabelecido pelas partes na convenção de arbitragem, que poderá reportar-se às regras de um órgão arbitral institucional ou entidade especializada, facultando-se, ainda, às partes delegar ao próprio árbitro, ou ao tribunal arbitral, regular o procedimento".

7 JUNQUEIRA, Gabriel Herscovici. *Flexibilidade do Procedimento Arbitral e Poderes Instrutórios dos Árbitros na Arbitragem Brasileira:* possibilidade de restringir os poderes instrutórios dos árbitros em nome da autonomia vontade. In.: Revista Brasileira de Arbitragem, vol. 31, jul-set/2011. São Paulo: 2011, p. 31.

sempre com atenção à maior eficiência na busca da verdade dos fatos, e sempre também respeitado o contraditório"[8].

Todavia, é importante esclarecer que essa flexibilidade não é irrestrita. Com efeito, o §2º do art. 21 da Lei de Arbitragem estabelece que: "[s]erão, sempre, respeitados no procedimento arbitral os princípios do contraditório, da igualdade das partes, da imparcialidade do árbitro e de seu livre convencimento". Em outras palavras, será observado o devido processo legal.

É dizer, que nem as partes, nem os árbitros, poderão conceber procedimento arbitral que viole a paridade das partes ou o direito ao contraditório. Jamais poderá o árbitro, por exemplo, decidir que a parte não se manifestará sobre a prova produzida pela contraparte ou, ainda pior, que só uma parte terá a faculdade de produzir provas no procedimento.

A flexibilidade na produção das provas no procedimento arbitral está pois indiscutivelmente condicionada à observância dos princípios do art. 21, §2º da Lei de Arbitragem.

Aspecto outro a ser considerado diz respeito ao destinatário da prova. É sempre do árbitro, e somente dele, em favor de quem as provas serão produzidas. É ele quem julgará o conflito e, portanto, a quem a parte deverá cuidar de provar a veracidade de suas alegações. Nesse sentido, incumbiu-se o legislador de listar, dentre os princípios a serem respeitados pelo procedimento arbitral, o do livre convencimento do julgador, pois "a natureza das coisas e a moderna ciência processual, de fato, impõem a livre convicção do juiz, livrando-o das limitações e mistérios da prova legal, tarifada, que transforma o julgador num mero autômato"[9].

É dentro desse princípio que pode o árbitro determinar, a requerimento das partes ou mesmo de ofício, a produção das provas que julgar necessárias para apurar a verdade dos fatos e para a formação do seu convencimento, mas sempre procurando a harmonia com outros princípios que norteiam a arbitragem, como o da celeridade e o da eficiência. Nessa linha, haverá de ser sempre repelida a delonga do procedimento arbitral, por mais tempo do que o necessário, com a produção de provas inúteis ou desnecessárias e que, ademais, trarão mais custos às partes.

Não se fará portanto uma perícia que não possa minimamente auxiliar na solução do litígio, assim como deverão ser evitados testemunhos de quem não tenha informações relevantes a prestar ao árbitro.

---

8 DINAMARCO, Cândido Rangel. *A Arbitragem na Teoria Geral do Processo*. São Paulo: 2013, p. 158.

9 CARMONA, Carlos Alberto. *Arbitragem e Processo*: um comentário à Lei nº 9.307/96. 3ª ed., rev., atual. e ampl. São Paulo: Atlas, 2009, p. 298.

Outros princípios hão também de ser observados na produção probatória[10]: a comunhão da prova, a imediatidade, a identidade física do árbitro e a concentração.

Pelo princípio da comunhão, toda e qualquer prova produzida durante o procedimento arbitral a ele se integra, sendo irrelevante quem a produziu e para o que se destinava.

A imediatidade implica dizer que o árbitro deve estar em contato imediato com os litigantes e com as provas, cabendo-lhe zelar para que entre a produção da prova e a decisão do litígio transcorra o menor prazo possível.

O princípio da identidade do árbitro é o que recomenda que o prolator da sentença seja quem acompanhou a produção das provas no procedimento. Em procedimentos arbitrais, salvo situações excepcionalíssimas como os casos de impedimento superveniente ou morte, para ficar apenas nestes, o árbitro que instruiu o procedimento será sempre o que proferirá a sentença, ao contrário do que ocorre nos procedimentos judiciais em que, pelas suas particularidades, essa regra acaba por se tornar exceção.

A produção da prova oral deve ocorrer, preferencialmente, em um único dia, ou, não sendo possível, no menor número de dias possível, devendo-se evitar espaçamento entre eles. Este é o princípio da concentração. Suspensa uma audiência destinada à produção de prova oral, deve ela ser retomada no menor prazo possível, devendo haver um esforço de todos para que seja no dia subsequente. A finalidade do princípio da concentração é "manter vivas na memória do árbitro as impressões deixadas pelas provas colhidas, no momento de proferir a sentença"[11].

Todos esses princípios devem ser observados na medida de sua compatibilidade com a dinâmica arbitral. De um lado, deve-se atentar para o interesse das partes em uma fluída e eficiente condução do procedimento, sem que, de outro, perca-se de vista a obediência a princípios fundamentais do devido processo arbitral, essenciais para que a arbitragem produza os efeitos esperados e não seja contaminada por qualquer nulidade.

B. *Os poderes instrutórios dos árbitros*

Pela redação do art. 18[12] da Lei de Arbitragem, o árbitro é juiz de fato e de direito. Tal equivalência, aliada ao princípio do livre convencimento,

---

10 ALVIM, *op. cit.*, pp. 378-379.

11 ALVIM, *op. cit.*, pp. 378-379.

12 "Art. 18. O árbitro é juiz de fato e de direito, e a sentença que proferir não fica sujeita a recurso ou a homologação pelo Poder Judiciário".

leva a que a instrução da causa a ele se destine. A instrução em regra é ônus da parte. Cabe-lhe levar aos autos as provas do quanto alega. Entretanto, pode o árbitro buscar elementos que possam melhor formar o seu convencimento, instruindo também ele o procedimento arbitral inclusive com maior flexibilidade do que possuem os juízes togados[13].

Nessa linha, admite-se que o árbitro determine provas de ofício, mesmo com a inércia ou a oposição das partes, desde que julgue necessário à formação de seu convencimento. Na verdade, requer-se do julgador na arbitragem perfil mais proativo na condução do procedimento, conforme ressalta Cândido Rangel Dinamarco:

> "ali [na seara arbitral] é muito mais natural que o árbitro se faça verdadeiramente ativo, seja ao impulsionar ou efetivar a produção de uma prova técnica não requerida por qualquer das partes, seja ao colher depoimento de testemunhas que estas não arrolaram, ao perguntar e reperguntar mesmo depois das perguntas dos advogados, ao reinquirir testemunhas já inquiridas, acarear umas com outras, ao chamar qualquer das partes "*to provide additional evidence*" *etc.*"[14]

O exercício dessa liberdade deverá se guiar pelo interesse em conferir maior praticidade e eficiência ao procedimento, sem que por óbvio se descuide do devido processo legal. Com base nessa premissa, entende-se poder o árbitro limitar práticas abusivas das partes[15], indeferir ou restringir provas e diligências inúteis ou meramente protelatórias, valer-se quando for o caso do sistema da preclusão para garantir o avanço do procedimento, determinar ou não a realização de audiências, limitar o tempo de inquirição das testemunhas, entre outras medidas que julgar adequadas à evolução do processo.

C. *A prova na arbitragem e a influencia do processo civil*

O processo arbitral deve ser capaz de "produzir e reproduzir seus elementos a partir da sua rede instrumental interna (...). Nesse ponto, é fora de dúvida que os instrumentos do processo arbitral são produzidos pelo próprio

---

13 PARENTE, Eduardo de Albuquerque. *Processo Arbitral e Sistema*. In: CARMONA, Carlos Alberto (Org.). Coleção Atlas de Arbitragem. São Paulo: Atlas, 2012, p. 213.

14 DINAMARCO, *op. cit.*, p. 164.

15 Luiz Olavo Baptista faz referência à hipótese em que as partes se aproveitem do *discovery* para provocar o que chama de "inundação de celulose", isto é, "uma tal quantidade de papéis, que os árbitros e as partes acabam sufocados pela redundância e pela inutilidade de tal documentação, impedindo um manejo fácil da mesma". Nesses casos, em que o exercício da autonomia da vontade das partes torna-se pretexto para prática de condutas abusivas, caberá ao árbitro limitá-las. Nesse sentido: BAPTISTA, op. cit., pp. 215-220.

organismo"[16]. Entretanto, o processo arbitral não sobrevive sozinho, antes "troca mútuas influências com outros sistemas, tanto de direito processual quanto material" [17], sendo isso o que se chama de abertura cognitiva. Nessa linha, a arbitragem notadamente sofre influência do processo civil, principalmente quanto às provas:

> "O processo arbitral possui tipicidade na maneira com que as provas são produzidas. Possui um ferramental próprio, um *fechamento operacional* claro no tocante a essa fase. Com isso, elementos normalmente conhecidos do processo estatal se alteram. Ou sequer aparecem. E ingredientes não conhecidos do processo estatal surgem. Institutos de um e de outro se misturam. Há um movimento claro e flexível no tocante à prova (art. 22, *caput*), na maneira como mecanismos de outros sistemas ingressam no processo arbitral. Nítida acomodação decorrente de sua *abertura cognitiva*"[18]

A flexibilidade do procedimento arbitral autoriza essa "importação", por assim dizer, de institutos do processo civil. Não se trata de uma aplicação automática, sequer subsidiária, mas uma mera influência, que só pode ocorrer quando o instituto a ser importado for compatível com o procedimento arbitral e a própria questão em litígio[19]. Em nenhum momento, haverá a obrigação do árbitro de seguir o Código de Processo Civil ou diploma equivalente. Não há na arbitragem, por exemplo, em princípio, limitação ao número de testemunhas ou ao tempo de exposição oral do caso pelos advogados.

E, por mais que se importe algum regramento relativo a determinada prova do processo civil, não está o árbitro adstrito às disposições, quanto àquele meio de prova, do diploma jurídico que deu origem ao instituto importado. Pode por exemplo o árbitro ouvir testemunha que, pela lei processual civil, se enquadre nas hipóteses de impedimento ou suspeição, atribuindo ao respectivo depoimento o peso que julgar cabível.[20]

A abertura cognitiva da arbitragem permite ainda que os árbitros utilizem expedientes de produção de prova de origem estrangeira, inclusive de culturas judiciais distintas da brasileira, como o *common law*. Não é raro ver a utilização do *discovery* como forma de produção de prova ou a admissão do uso do testemunho por escrito. De igual modo, é cada vez mais comum a utilização de *expert witnesses* pelas partes para a produção de pareceres técnicos sobre questão complexa.

---

16 PARENTE, *op. cit.*, p. 44.
17 PARENTE, *op. cit.*, p. 59.
18 PARENTE, *op. cit.*, p. 221.
19 DINAMARCO, *op. cit.*, p. 159.
20 DINAMARCO, *op. cit.*, p. 160.

Embora seja a arbitragem, como se disse, um subsistema fechado e que possui regras próprias, sofre ele influência, não vinculante, de outros sistemas, como o processo civil nacional ou estrangeiro.

D. *A limitação da prova pelas partes e a submissão do árbitro à limitação*

questão prática atinente à admissão das provas é a possibilidade de as partes, antes ou durante o procedimento arbitral, limitarem a produção probatória. Por razões diversas, mas sobretudo de ordem econômica, podem as partes, por exemplo, convencionar que não haverá a produção de prova testemunhal ou pericial.

Trata-se de verdadeiro negócio jurídico processual, agora também permitido de forma expressa pelo Código de Processo Civil, mas cujos limites ainda não encontraram consenso na doutrina.

Entende-se perfeitamente possível a convenção em torno da produção de provas em qualquer procedimento arbitral, na medida em que tal estaria no âmbito da autonomia de vontade das partes e não ofende os preceitos dos negócios jurídicos previstos no Código Civil.

Como sustenta Robson Renault Godinho[21], pela própria dinâmica do processo estatal, as provas já são, em uma medida ou outra, limitadas, de forma que nada impede que as partes celebrem negócio processual anterior fazendo o mesmo. Ademais, tem-se que, na arbitragem, a abertura para derrogação de normas de regulamentos de arbitragem ou até mesmo da Lei de Arbitragem, em alguns aspectos, é maior, além do fato de que se estará tratando sempre de direitos de natureza disponível.

Questão tormentosa reside em saber em que medida estará o árbitro sujeito a essa convenção.

De fato, inicialmente pode-se entender haver um conflito: de um lado, a autonomia das partes, elemento fundante da arbitragem e, do outro, o livre convencimento do árbitro. A questão, a nosso ver, encontra melhor solução se levarmos em consideração o momento em que o negócio processual ocorreu, se antes ou após a aceitação do árbitro.

Ocorrendo antes, ao aceitar julgar o litígio nos termos da cláusula compromissória (art. 21[22] da Lei de Arbitragem), o árbitro aceita também exercer

---

21 GODINHO, Robson Renault. *A possibilidade de negócios jurídicos processuais atípicos em matéria probatória*. In.: DIDIER JR., Fredie (Org.). Coleção Grandes Temas do Novo CPC: Negócios Processuais. Salvador: Editora JusPodivm, 2016, p. 545-554.

22 Art. 21. A arbitragem obedecerá ao procedimento estabelecido pelas partes na convenção de arbitragem, que poderá reportar-se às regras de um órgão arbitral institucional ou entidade especializada,

a sua função com as limitações impostas pelas partes. Não pode, portanto, o árbitro negar-se a obedecer a convenção, sob pena de nulidade de sua decisão. Por outro lado, caso o negócio processual que houver convencionado a limitação das provas seja posterior à aceitação do encargo de árbitro, este não está obrigado a ele, salvo se aceitá-lo expressamente nessas condições. Diante, pois, de um negócio processual celebrado após a instituição da arbitragem, abrem-se ao árbitro três caminhos alternativos. O primeiro leva à sua submissão à avença e, caso não consiga solucionar o litígio posto com as provas produzidas, julgará com base no ônus da prova. O segundo caminho é a desconsideração do negócio processual. Nesse caso, o árbitro determina a produção das provas que julgar necessárias à formação do seu convencimento. E a terceira é a renúncia ao encargo assumido, caso sinta que, a seguir a convenção, não terá ele condições de julgar o caso.

3. A PRODUÇÃO DE PROVAS NA ARBITRAGEM

A produção das provas na arbitragem é feita com alguma flexibilidade. Carmona afirma que "[é] certo, (...) que o árbitro não estará vinculado aos critérios do Código de Processo Civil, que impõe procedimentos excessivamente formalistas (questionamento indireto de partes e testemunhas, apresentação de laudo escrito pelo perito)" [23].

Assim, não se exige do árbitro que ele determine todas as provas que serão produzidas em somente um único ato. Ao contrário, é mais comum, sobretudo em procedimentos complexos, que o árbitro decida primeiro comprovar determinada alegação ou fato e deixe para depois a prova de outras questões da demanda que, por exemplo, dependam de prova pericial ou da decisão acerca de questão anterior. Do mesmo modo, pode ocorrer que a perícia somente venha a ser determinada após a audiência de instrução, quando já delimitados os pontos controvertidos que por ela seriam solucionados.

A. O depoimento das partes e a prova testemunhal

José Emílio Nunes Pinto[24] lembra que a experiência demonstra a importância que a prova oral assume na arbitragem, vez que, desde que observados determinados pressupostos, essa prova colabora muito para a busca da

---

facultando-se, ainda, às partes delegar ao próprio árbitro, ou ao tribunal arbitral, regular o procedimento.

23 CARMONA, *op cit.*. 324.

24 PINTO, José Emílio Nunes. *Anotações Práticas sobre a Produção de Prova na Arbitragem*. In.: Revista Brasileira de Arbitragem, vol. 25. São Paulo: 2010. p. 18.

verdade material dos fatos que circundam o litígio. Tal como no atual Código de Processo Civil, tanto o depoimento pessoal das partes quanto a oitiva das testemunhas podem ser feitos à distância por teleconferência ou outro meio idôneo, não sendo necessário que árbitros, advogados e testemunhas estejam fisicamente no mesmo local. A flexibilidade do procedimento também autoriza que ocorram várias audiências para a oitiva de testemunhas diversas, sem a obrigatoriedade de concentração daqueles atos.

No tocante ao depoimento das partes, é imperioso ressaltar que, nos termos do art. 22, §2º da Lei de Arbitragem, não é ele obrigatório. Nesse sentido, não cabe a condução coercitiva da parte na hipótese de descumprimento de intimação ou mesmo a confissão ficta. E, diferente do que ocorre na prática forense, a inquirição das partes e das testemunhas é feita usualmente pelo patrono da parte que a indicou, sem a necessidade de intermediação pelo árbitro. Por outro lado, isso não impede que ele interfira na inquirição, seja para aclarar determinada questão ou para indeferir perguntas impertinentes. É comum também o *cross examination*, ou seja, a inquirição da testemunha pela parte contrária (ou seu patrono, como usualmente ocorre), podendo ainda, nessa dinâmica, haver réplica e tréplica, tudo a ser ditado pelo árbitro caso a caso.

As testemunhas possuem o dever legal de dizer a verdade e de não omitir fatos ou circunstâncias que sejam de seu conhecimento, de forma que a violação dessa obrigação implica conduta típica penal prevista no art. 342 do Código Penal, sujeitando a testemunha infratora às penas ali cominadas.

Diferente do que ocorre com o depoimento pessoal das partes, as testemunhas poderão, em caso de ausência injustificada, ser coercitivamente conduzidas para depor mediante auxílio do Poder Judiciário.

A relação entre testemunhas, árbitros, advogados e partes é essencial para a boa produção da prova oral. É importante que o árbitro esteja atento à condução da audiência de forma a garantir um clima de urbanidade entre todos os envolvidos e evitar que ocorra qualquer coação moral ou psicológica das testemunhas por qualquer das partes. Do mesmo modo, é dever do árbitro impedir que a audiência se estenda mais que o necessário ou que as perguntas feitas pelos patronos das partes se desviem do objeto daquela prova.

Não é incomum que o árbitro, após a oitiva de algumas testemunhas, indefira o depoimento das demais, caso entenda, no seu livre convencimento, que a questão controversa já está suficientemente esclarecida. Não há qualquer violação do contraditório nessa decisão. Deve-se entender que "o depoimento deve ser útil e deve contribuir para o esclarecimento dos árbitros"[25]. É ele e somente ele o seu destinatário. Como ensina José Emílio,

> "[o] que vale é a qualidade de cada depoimento, e não a reincidência de depoimento sobre o mesmo fato. A qualidade do depoimento supera em muito a quantidade de depoimentos coincidentes, mas que não disponham de forte poder de convencimento"[26].

Em regra, a participação do árbitro na produção da prova oral costuma ser mais intensa do que se vê nos procedimentos judiciais. O extenso conhecimento dos fatos e documentos do caso permitem-no direcionar a prova oral para aquilo que, no seu entender, precisa ser esclarecido.

Na arbitragem também é aceito o depoimento pessoal ou o testemunho por escrito. O *witness statements* é mecanismo importado do *common law*, onde é fartamente utilizado. Afirma Carmona[27] que o depoimento escrito oportuniza à contraparte estudar e avaliar melhor o documento que poderá ser combatido com outro depoimento escrito.

Diante da abertura cognitiva do procedimento arbitral, nada impede que as partes autorizem a utilização do *witness statements* que serão admitidos e valorados de acordo com o livre convencimento do árbitro. A doutrina, contudo, sugere sejam tomados dois cuidados: ***(i)*** permitir ao adversário que também produza depoimento escrito para contraposição de fatos; e ***(ii)*** que faculte a possibilidade de se inquirir oralmente aquela testemunha sobre pontos específicos do seu depoimento escrito. Essa inquirição estará atrelada, exclusivamente, ao que a testemunha escreveu e não a todo e qualquer fato do qual tenha conhecimento.

B. As testemunhas técnicas

Bastante comum na arbitragem e com pouca aplicação no processo estatal é o depoimento de testemunhas técnicas. Afinal, tradicionalmente, a testemunha "colabora com o processo relatando fatos que presenciou ou ouviu (...). Avaliar situações, emitir opinião sobre os fatos, ou apresentar conclusões são alheias à sua função" [28].

Todavia, muitas vezes, a complexidade das questões levadas à arbitragem, grande parte de natureza técnica estranha ao conhecimento comum dos árbitros, gera a necessidade de se recorrer a depoimentos de testemunhas

---

25 PINTO, *op. cit.*, p. 20.
26 PINTO, *op. cit.*, p. 21.
27 CARMONA, *op. cit.*, p. 319-320.
28 CAHALI, *op. cit.*, p. 276.

técnicas ou *expert witnesses*. Não à toa, Carmona afirma que "a utilização de expert *witnesses* revelou-se meio útil e importante na construção de um procedimento ágil e eficaz"[29].

Assevera o mesmo doutrinador que "a testemunha técnica, exatamente ao contrário da tradicional, é convocada para emitir opinião com base no seu conhecimento técnico sobre determinado assunto"[30]. Pode, então, o depoimento técnico fornecer ao árbitro informações especializadas para solução de algum ponto controvertido e não sobre fatos do caso, pois "o foco do depoimento estará centrado apenas na interpretação técnica de determinado fenômeno importante para que os árbitros possam decidir a causa"[31]. A didática da testemunha técnica auxilia na compreensão do caso e, por conseguinte, na obtenção de uma melhor decisão.

Carmona entende que não se deve aplicar às testemunhas técnicas as regras gerais de impedimento ou suspeição[32], pois a testemunha técnica está mais próxima de um assistente técnico, que atua no processo estatal e na arbitragem como auxiliar das partes. Ela, portanto, não depõe, e nem pode, sobre fatos, vez que para isso, em princípio, não foi arrolada.

C. A audiência de instrução

A audiência de instrução numa arbitragem é considerada talvez como o seu mais importante momento. Há grande chance de que nela a demanda se defina, num ou noutro sentido. Em regra, é permitida a utilização de vários meios de apresentação, tais como vídeo, áudio e slides, para que a exposição oral do caso pelos patronos das partes seja mais rica e densa.

Soma-se a isso o fato de o árbitro, em geral, conhecer profundamente o caso e os documentos juntados pelas partes. Há uma preparação do julgador para aproveitar ao máximo todas as provas que são produzidas naquela oportunidade. Não é raro que o árbitro mencione, durante a inquirição, documentos específicos juntados aos autos para que a testemunha ou a parte depoente se manifeste sobre eles, permitindo que a colheita da prova oral seja mais objetiva, ao passo que também exige dos advogados atuantes que estejam devidamente preparados para a audiência. Essa preparação envolve, obviamente, conhecer todos os fatos e documentos acostados aos autos e traçar a estratégia de atuação na audiência.

---

29 CARMONA, *op. cit.*, p. 319.

30 CAHALI, *op. cit.*, p. 276.

31 CARMONA, *op. cit.*, p. 319

32 CARMONA, *op. cit.*, p. 320.

Os advogados deverão ter sempre à mão aqueles documentos mais importantes e que serão utilizados durante a audiência. Esses documentos, para melhor manuseio, tanto dos árbitros quanto das testemunhas, deverão estar impressos e consolidados no chamado *core bundle*, muitas vezes exigido pelo árbitro. Quase como regra, a audiência arbitral é inteiramente registrada por estenotipia, o que dá ainda maior relevância à colheita da prova oral, pois tudo o que as testemunhas e as partes falam durante a audiência fica documentado. Isso torna mais fáceis as alegações das partes após a audiência de instrução e a consulta, pelo árbitro, daquilo que foi abordado em audiência.

É comum e até mesmo recomendável a reunião prévia dos advogados com as testemunhas e as partes de forma a prepará-las para a audiência, informando-se antes de quais fatos elas têm ou não conhecimento. Nada mais perigoso para um advogado do que indicar e ouvir uma testemunha sem ter conhecimento do que ela sabe e pode agregar ao processo.

Não se trata obviamente de instruir ou moldar a testemunha, mas apenas de avaliar a utilidade e conveniência de seu depoimento.

4. CONCLUSÃO

O conjunto probatório é o elemento mais importante na formação da convicção do julgador. Apesar de a Lei de Arbitragem ser escassa no que tange ao regramento da produção probatória, percebe-se que tal se deu para deixar a convenção acerca das provas aberta à autonomia da vontade das partes e à discricionariedade do julgador.

Obviamente, a produção de provas, apesar dessa abertura, deve observar os princípios do contraditório, da igualdade das partes, do livre convencimento e outros que integram o devido processo legal, sem o que o procedimento estará por óbvio contaminado.

5. REFERÊNCIAS BIBLIOGRÁFICAS

ALVIM, José Eduardo Carreira. *Tratado Geral da Arbitragem Interno*. Belo Horizonte: Mandamentos, 2000.

APRIGLIANO, Ricardo de Carvalho. *O Controle Judicial sobre a Limitação à Produção Probatória Determinada pelos Árbitros. Violação ao Devido Processo Legal ou Revisão Indevida do Mérito?* In.: Revista Brasileira de Arbitragem, vol. 45, jan -mar/2013. São Paulo: 2013.

BAPTISTA, Luiz Olavo. Arbitragem: aspectos práticos, Revista Brasileira de Arbitragem, Kluwer Law International, 2003. Disponível em: <http://www.kluwerarbitration.com/CommonUI/document.aspx?id=kli-ka-rba-0100019-n>. Acesso em 16/09/2016.

CAHALI, Francisco José. *Curso de Arbitragem, Mediação, Conciliação* – Resolução CNJ 125/2010. 5ª ed., rev. e atual. de acordo com a Lei 13.129/2015 (Reforma da Lei de Arbitragem), a Lei 13.140/2015 (Marco Legal da Mediação) e o Novo CPC. São Paulo: Revista dos Tribunais, 2015.

CARMONA, Carlos Alberto. *Arbitragem e Processo*: um comentário à Lei nº 9.307/96. 3ª ed., rev., atual. e ampl. São Paulo: Atlas, 2009.

DINAMARCO, Cândido Rangel. *A Arbitragem na Teoria Geral do Processo*. São Paulo: 2013.

JUNQUEIRA, Gabriel Herscovici. *Flexibilidade do Procedimento Arbitral e Poderes Instrutórios dos Árbitros na Arbitragem Brasileira:* possibilidade de restringir os poderes instrutórios dos árbitros em nome da autonomia vontade. In.: Revista Brasileira de Arbitragem, vol. 31, jul-set/2011. São Paulo: 2011.

MARTINS, Pedro A. Batista. *Panorâmica sobre as Provas na Arbitragem.* In.: Arbitragem no Brasil: aspectos jurídicos relevantes. São Paulo: Quartier Latin, 2008.

PARENTE, Eduardo de Albuquerque. *Processo Arbitral e Sistema.* In: CARMONA, Carlos Alberto (Org.). Coleção Atlas de Arbitragem. São Paulo: Atlas, 2012.

PINTO, José Emílio Nunes. *Anotações Práticas sobre a Produção de Prova na Arbitragem.* In.: Revista Brasileira de Arbitragem, vol. 25. São Paulo: 2010.

10

ARBITRAGEM, CONSTRUÇÃO E INFRAESTRUTURA

Felipe Ferreira Machado Moraes[1]

1. PECULIARIDADES DAS ARBITRAGENS DE CONSTRUÇÃO E INFRAESTRUTURA

Seguramente os setores de construção e de infraestrutura estão entre os mais familiarizados com a arbitragem. Especialmente após a promulgação da Lei Brasileira de Arbitragem (9.307/1996), e a partir da decisão do Supremo Tribunal Federal a respeito de sua constitucionalidade, a arbitragem começou a ser mais utilizada no Brasil. Desde então, os casos provenientes do setor de infraestrutura e de construção são responsáveis por impulsionar o desenvolvimento da arbitragem no país.

A título de exemplo, em recente artigo publicado que menciona pesquisa desenvolvida pela coautora do projeto de Lei de Arbitragem, Selma Ferreira

[1] Advogado e Secretário Geral da CAMARB – Câmara de Arbitragem Empresarial – Brasil. Mestre em Direito Privado. Especialista em Direito Público. Coordenador Regional do CBAr – Comitê Brasileiro de Arbitragem. Membro da Comissão de Infraestrutura e da Comissão de Arbitragem da OAB/MG. Professor da Pós-Graduação do IBMEC.

Lemes, a área de construção e energia aparece como uma das matérias em destaque nas principais Câmaras[2].

A compreensão do atual desenvolvimento da arbitragem nesses setores é possível a partir de alguns aspectos. Primeiramente, por natureza, os contratos de construção de grandes empreendimentos são complexos. Não raras vezes, inúmeras empresas, de diferentes portes, estão envolvidas em grandes obras. Construtoras, empresas de montagem mecânica, fornecimento de equipamentos, gerenciadoras e subcontratadas, celebram vários contratos para a execução do empreendimento principal. Ademais, várias empresas associam-se, por meio de consórcios, para a execução de grandes empreendimentos.

Essas variadas relações jurídicas contribuem para a complexidade da resolução de disputas que delas podem decorrer, especialmente em discussões envolvendo responsabilidades contratuais, assunção de riscos, conexão de contratos e de procedimentos, ou extensão de cláusulas às partes não signatárias.

A complexidade dessas disputas não decorre apenas das multifacetadas relações contratuais. As matérias discutidas, em grande medida, são de natureza eminentemente técnica, discutindo, a título de exemplo, questões ligadas à geologia (risco geológico; fenômenos naturais) ou matérias relacionadas à técnica de construção empregada, tais como técnicas de sondagem para análise do solo e verificação da categoria dos materiais a serem extraídos, problemas construtivos como trincas, fissuras ou falhas, espécies de concreto e materiais utilizados, métodos construtivos empregados e questões relacionadas ao cronograma e caminho crítico da obra. Controvérsias como essas somente serão resolvidas adequadamente por meio de arbitragem, indicando árbitros com experiência e conhecimento técnico em relação às matérias discutidas.

Em segundo lugar, os elevados valores investidos nesse tipo de contrato justificam, ainda mais, a utilização da arbitragem. Em análise comparativa entre os custos de um processo judicial e os custos de um procedimento arbitral, pode-se inferir, *prima facie*, que a utilização da arbitragem para essas disputas seria mais onerosa do que o processo judicial, o que não se confirma.

Deve-se comparar as custas também sob enfoque financeiro, levando em conta a remuneração do capital versus tempo. Alguns estudos se propuseram

---

2 Soluções em arbitragem crescem 73% em seis anos, mostra pesquisa. Por Brenno Grillo. Publicado no CONJUR, em 15 de julho de 2016.

a analisar econômica e financeiramente[3] esse comparativo, normalmente chegando a conclusões de que a demora na resolução dos conflitos pela via judicial representa perda com a remuneração do capital aportado no empreendimento. Esse valor do capital projetado no tempo supera os valores das custas da arbitragem que possivelmente será concluída em aproximadamente dois ou três anos.

Em casos envolvendo a construção de hidroelétricas, por exemplo, os danos e prejuízos decorrentes de atrasos na entrega da obra e, consequentemente, do início da geração de energia, podem ser enormes, passando de sanções no âmbito administrativo e regulatório, a prejuízos decorrentes do inadimplemento das obrigações decorrentes da comercialização, ou multas contratuais por atraso e inadimplemento do contrato.

A tudo isso soma-se o fato de que essas controvérsias demandam profundo conhecimento do julgador em relação à matéria discutida. Ademais, é igualmente necessário ter disponibilidade de tempo para intensa dedicação ao caso e à sua condução. Dedicação esta que é praticamente inviável no âmbito do processo judicial, considerando o atual número de processos em curso no país.

2. REDAÇÃO DE CLÁUSULAS DE ARBITRAGEM NOS CONTRATOS DO SETOR DE INFRAESTRUTURA E CONSTRUÇÃO

A escolha adequada pela via arbitral começa na importante etapa de redação da cláusula compromissória. Essa etapa é fundamental para que posteriormente eventuais procedimentos arbitrais tenham efetividade e confiram segurança jurídica ao contrato.

Nesse momento é importante avaliar a adoção de outras formas de solução extrajudicial de disputas, que podem ser utilizadas em contratos de construção, tais como os *dispute boards*[4] e a mediação empresarial[5]. A combinação de métodos de resolução de conflitos pode ser feita utilizando uma cláusula escalonada que preveja as etapas de cada um dos métodos.

---

3 Tempo é dinheiro: uma visão analítica econômico-financeira de custos e prazos de litígios. Gilberto José Vaz e Pedro Augusto Gravatá Nicoli. Informativo CAMARB – Junho/Julho 2010 – no 33; VILELA, Marcelo Dias Gonçalves. Arbitragem em Contrato de Engenharia: Questões que envolvem a adequada adoção deste meio de solução de controvérsias. In: BERNARDES, Edson Garcia (org). Administração Contratual e Claim. São Paulo: Editora Pini, 2015.

4 Sobre *Dispute Boards*, vide artigo Contratos de Infraestrutura e Construção. Felipe Moraes e Gilberto Vaz. Jornal Valor Econômico, 11/09/2014.

5 Sobre Mediação vide artigo Mediação Empresarial pode Reduzir Custos e Mitigar Riscos. Felipe Moraes. Consultor Jurídico (CONJUR), 17/06/2016.

Ao determinar essas etapas, é aconselhável disciplinar que, após determinado prazo sem que as partes cheguem a um acordo, qualquer delas poderá dar início à etapa subsequente.

Entretanto, antes de determinar os métodos e as etapas a serem seguidas, é importante ressaltar a necessidade de redação de cláusula compromissória cheia. A cláusula compromissória cheia é aquela que contempla todos os requisitos necessários para instauração do procedimento arbitral e, essencialmente, prevê a forma de indicação dos árbitros para que, caso aceitem a função, seja iniciada a jurisdição.

As cláusulas cheias normalmente são aquelas que disciplinam qual será a câmara de arbitragem e o regulamento escolhido. As partes podem optar, desde já, por estabelecer qual será o número de árbitros, geralmente 1 (um) ou 3 (três) árbitros.

É possível definir o idioma que será utilizado durante o procedimento. Contudo, a escolha do idioma impacta diretamente nos custos da arbitragem. É relevante considerar em qual idioma estão os documentos que serão juntados aos autos. Caso haja a necessidade de tradução de documentos, seja por solicitação das partes ou dos árbitros, os custos e o tempo gastos com tradução podem ser elevados. Mesmo quando as partes escolhem o português como idioma aplicável, é possível definir, especialmente no Termo de Arbitragem, que a tradução de documentos que estejam em inglês não será necessária, salvo solicitação dos árbitros. Essa é uma das formas de controlar tempo e custos nas arbitragens em que as partes – advogados e árbitros – tenham domínio do idioma.

A decisão sobre qual será a sede da arbitragem é também um aspecto relevante. Para isso, deve-se levar em conta onde poderá ocorrer eventual execução de sentença, principalmente nas arbitragens com elementos internacionais, para que seja evitada eventual necessidade de homologação de sentença estrangeira pelo Superior Tribunal de Justiça.

Em relação ao número de árbitros, é aconselhável que seja definido previamente. Isso pode garantir que a vontade das partes prevaleça em relação à formação do tribunal. Por outro lado, é absolutamente desaconselhável indicar o nome do profissional na cláusula de arbitragem. Isso porque no momento em que o contrato será celebrado não se conhece as potenciais controvérsias que dele podem decorrer. Ademais, não se sabe quais profissionais poderão apresentar impedimentos para a atuação como árbitro. Dessa forma, deve-se prever a forma de nomeação dos árbitros, geralmente referenciando um regulamento, sem restringir demasiadamente as possíveis indicações.

Em alguns casos, excepcionalmente, as partes preveem em algumas cláusulas critérios ou qualificações mínimas para indicação de árbitros, tais como: i) ao menos um dos árbitros deverá ter formação em engenharia; ii) os árbitros devem possuir experiência na matéria objeto da arbitragem; iii) tempo mínimo de graduação em determinada área; e iv) atuação preponderante em determinada área.

Todos esses critérios e qualificações devem ser levados em consideração no momento da indicação do árbitro, uma vez instaurado o procedimento. É certo que a indicação dos árbitros é uma das fases mais importantes do procedimento. Contudo, em regra, não se deve limitar previamente essa nomeação. A regra geral deve ser não disciplinar qualquer requisito dessa ordem na cláusula compromissória, não restringindo a indicação pelas partes.

Em relação aos múltiplos contratos que podem ser celebrados para a execução de um único empreendimento, aconselha-se ter visão macro sobre as convenções de arbitragem celebradas, envidando todos os esforços para que seja utilizada a mesma Câmara de Arbitragem, o que atenuará algumas discussões sobre eventuais conexões de demandas oriundas de diferentes contratos. Essa deve ser a regra, a menos que as partes tenham a intenção de reforçar a independência das relações contratuais ou que os valores envolvidos demandem a escolha de diferentes instituições. Marcelo Dias Goncalves Vilela[6] reforça essa mesma orientação ao afirmar que:

> A existência de uma única cláusula compromissória permite, inegavelmente, a melhor aplicabilidade do juízo arbitral, facilitando a consolidação de procedimentos arbitrais conexos ou, ainda, a instauração de arbitragens multipartes.
>
> A harmonização da cláusula compromissória nos diversos contratos (i) potencializa as demandas de regresso (como a denunciação a lide) na mesma arbitragem; (ii) afasta a discussão acerca da ineficácia da cláusula compromissória na hipótese de litisconsórcio necessário; e (iii) evita o fenômeno indesejável das arbitragens dependentes, em que há conexão de objetos, mas as partes elegeram instituições de arbitragem distintas, árbitros diferentes, quando não optaram pela jurisdição estatal.

Em síntese, as cláusulas de arbitragem bem redigidas deverão: i) manifestar inequivocamente a instituição de arbitragem; ii) eleger uma câmara de arbitragem e a aplicação do respectivo regulamento; iii) contemplar outros itens que poderão ser relevantes, como, por exemplo, idioma, sede

[6] VILELA, Marcelo Dias Gonçalves. Arbitragem em contratos de engenharia: questões que envolvem a adequada adoção deste método de solução de controvérsias. In: BERNARDES, Edson Garcia. Administração Contratual e Claim. São Paulo: Editora Pini, 2015, p. 347.

da arbitragem ou o número de árbitros; e iv) pensar estrategicamente nos potenciais contratos conexos ou relacionados como, por exemplo, de fornecimento de equipamentos ou subcontratações, e celebrar cláusulas de arbitragem em perfeita harmonia, se possível, elegendo a mesma instituição de arbitragem e replicando as demais especificações.

As principais instituições de arbitragem brasileiras e internacionais, disponibilizam, nos respectivos sites, cláusulas modelo para que sejam utilizadas pelas partes quando da assinatura do contrato. Esse é o caso da ICC, LCIA, ICDR internacionalmente e, no Brasil, CAMARB, CAM-CCBC, FIESP, exemplificativamente.

3. ESPECIFICIDADES DO PROCEDIMENTO ARBITRAL E AS ARBITRAGENS DE CONSTRUÇÃO

A boa condução dos procedimentos arbitrais depende diretamente das partes interessadas: árbitros, câmara, peritos e assistentes técnicos envolvidos. Portanto, é importante que todos tenham consciência das responsabilidades inerentes à sua atuação e se dediquem com comprometimento em cada caso.

Os árbitros têm o imprescindível papel de conduzir o procedimento, decidindo sobre a fase de instrução e sobre as provas que devem ser produzidas, e, ao final, proferir a sentença. É comum dizer que a arbitragem tem a cara dos árbitros que serão indicados. A escolha dos árbitros interferirá diretamente na condução do caso e na sentença arbitral. Além disso, os árbitros devem confirmar a disponibilidade para atuar no caso e devem aceitar atuar em novos procedimentos arbitrais somente quando tiverem a disponibilidade necessária.

A atuação das partes e de seus advogados igualmente é decisiva para o trâmite da arbitragem. Se por um lado o procedimento arbitral pode ser eficaz mediante controle do tempo e dos custos a serem dispendidos para a produção de provas e elucidação dos fatos, por outro, a conduta das partes, dos advogados e dos árbitros, pode contribuir para o aumento da duração do procedimento.

Alguns regulamentos e minutas de termos de arbitragem passaram a autorizar que os árbitros, ao proferirem a sentença, levem em conta o comportamento das partes durante o procedimento para fins de fixação da responsabilidade pelas custas. Parece previsão bastante adequada para incentivar o regular processamento da arbitragem.

As câmaras e instituições que administram os procedimentos arbitrais também tem importante papel na gestão do caso. Primeiramente por terem a responsabilidade de zelar pela correta e eficaz comunicação entre as partes, árbitros, peritos, e demais participantes. A câmara deve sempre ser diligente e enviar as comunicações com o menor dispêndio de tempo possível, sem preterir a atenção necessária para o envio dos documentos de maneira correta.

Além disso, algumas instituições oferecem aos participantes da arbitragem a estrutura necessária para realização de audiências e reuniões. É importante que as instalações oferecidas funcionem adequadamente para tal finalidade. Não menos importante é oferecer disponibilidade de agenda, para que a eventual indisponibilidade de salas de audiências da respectiva instituição não seja frequente impeditivo para conciliar o calendário do procedimento entre os participantes.

Ademais, as instituições de arbitragem devem ser proativas. A despeito da condução dos procedimentos estar a cargo dos árbitros indicados, a câmara deve adotar mecanismos de gestão do caso no âmbito de sua Secretaria de tal forma que consiga acompanhar detalhadamente cada um dos procedimentos por ela administrados. Isso permite que adote boas práticas nos procedimentos, como, por exemplo, entrar em contato com os árbitros quando algum procedimento estiver aguardando alguma providência por parte do tribunal arbitral.

Em linhas gerais, é fundamental o emprego de algumas técnicas voltadas para a boa condução do procedimento arbitral e para a adequada gestão do caso. Dessa forma, a arbitragem atingirá o seu objetivo no menor tempo possível e com a eficiência desejada.

3.1 A formação do Tribunal Arbitral e a indicação dos árbitros

A fase de nomeação e escolha dos árbitros é fundamental para o bom desenvolvimento da arbitragem. Para isso, as partes habitualmente especificam na cláusula de arbitragem o número de árbitros, normalmente três árbitros ou árbitro único. Considerando a possibilidade de decisões colegiadas, com árbitros de perfis e experiências diversas, normalmente a atuação de três árbitros tende a conferir maior segurança jurídica à arbitragem. Deve-se preferencialmente optar por tribunais arbitrais, em detrimento da atuação de árbitro único, salvo em casos onde se pretende reduzir as custas do procedimento.

Feitas as considerações inicias acerca do número de árbitros, é importante abordar o perfil e a formação dos árbitros a serem nomeados. A Lei Brasileira de Arbitragem, Lei 9.307/1996, alterada pela Lei 13.129/2015, prevê que, para ser árbitro, basta ser capaz e de confiança de ambas as partes[7]. Pode parecer, à primeira vista, um critério muito amplo e pouco

[7] Art. 13. Pode ser árbitro qualquer pessoa capaz e que tenha a confiança das partes. (Lei n. 9.307/1996)

restritivo. Contudo, entende-se que o perfil do árbitro deve ser escolhido casuisticamente, considerando os elementos específicos, as matérias envolvidas, as peculiaridades do caso e a tese que será desenvolvida pela parte.

Com alguma frequência, depara-se com a indicação de árbitro com formação em engenharia. É certo que a atuação de engenheiros, com formação e experiência prática na área objeto da arbitragem, contribui especialmente para a análise técnica do caso pelo tribunal arbitral. Entende-se, em regra, que a indicação de um engenheiro para integrar o tribunal pode ser uma boa prática, a depender das matérias e questões que serão analisadas[8].

Contudo, para funções estratégicas como a de presidente do tribunal arbitral ou de árbitro único, recomenda-se que o profissional tenha formação jurídica, e, se possível, que tenha ampla experiência na área de construção ou infraestrutura. A formação e a experiência jurídica auxiliarão o árbitro: na condução dos trabalhos durante as audiências; na formalização, fundamentação e no pronunciamento das decisões do tribunal arbitral; e no zelo pela segurança jurídica do procedimento.

Em alguns casos as partes indicam engenheiros para atuarem como árbitro único ou presidente do tribunal arbitral. Em certos casos, desde que a indicação recaia sobre profissional com ampla experiência em arbitragens (como perito ou co-árbitro), a indicação pode funcionar bem. Contudo, é recomendável calcular o risco de contar com um tribunal conduzido por um profissional com conhecimento predominantemente técnico e não jurídico.

A título de exemplo, estima-se que, dos procedimentos já administrados pela CAMARB, aproximadamente 10% tenham contado com ao menos um engenheiro no tribunal arbitral. Em relação à atuação de engenheiros como árbitro único, a Câmara registrou, de 2008 a 2015, a atuação em apenas em dois procedimentos arbitrais.

Além do conhecimento e da experiência com as matérias discutidas, é fundamental que o profissional conheça de arbitragem e saiba o que se espera de sua atuação como árbitro. É importante que o árbitro tenha em mente, desde o início, qual será o seu papel e as suas responsabilidades em relação ao caso.

---

8 Nesses termos: MARCONDES, Fernando. Arbitragem em assuntos de construção: a experiência dos painéis mistos. Revista de Arbitragem e Mediação. São Paulo: RT, v.19, 2008.

3.2 *Produção de prova técnica e escolha de peritos, expert witness e assistentes técnicos das partes*

Nas arbitragens que tratam de temas relacionados à infraestrutura e construção, a prova pericial tem fundamental importância. Comumente se diz que as arbitragens são resolvidas de acordo com a elucidação dos fatos e com a convicção dos árbitros em relação ao mérito, o que em certa medida se confirma.

As arbitragens raramente são decididas com fundamentação preponderante em questões processuais ou de instrumentalidade do procedimento, como ocorre em algumas oportunidades no processo judicial. Com isso, a prova técnica assume papel de destaque nas arbitragens.

Existem algumas possibilidades de provas comumente utilizadas nas arbitragens de construção, dentre elas a prova pericial, que normalmente é de engenharia ou de contabilidade.

Em relação à perícia, uma vez deferida (pode ser requerida pelos árbitros), é comum que confiram prazo para que as partes formulem os respectivos quesitos. Nessa etapa o papel dos advogados e dos assistentes técnicos das partes é fundamental para contribuir para a formação da prova, para a elucidação técnica, e, não menos importante, para o desenvolvimento eficiente da arbitragem.

Todavia, formular quesitos em demasia implicará em aumento significativo de tempo e de custo para as partes. Quanto mais objetivos forem os quesitos melhor para a produção eficaz e qualitativa da prova. Uma boa prática em relação a esse item, é conferir prazo para que as partes se manifestem sobre os quesitos formulados por ambas e, antes de tomarem a decisão, o tribunal arbitral pode solicitar que as partes justifiquem e fundamentem a necessidade dos quesitos.

A título de exemplo, não se deve, em regra, formular quesitos solicitando que o perito confirme o teor de determinado documento ou que interprete o contrato e demais temas que serão objeto de decisão pelos árbitros. Por outro lado, solicitar que responda sobre matérias técnicas, ou solicitar que indique se há nos autos algum documento que comprove determinado pleito das partes, pode contribuir efetivamente para a elucidação do caso.

3.2.1 Perito, assistentes técnicos e expert witness ou testemunha técnica

É fundamental explicar o papel de cada participante na produção das provas técnicas.

O perito, normalmente é indicado pelo tribunal arbitral, ou, a critério desse, com o envolvimento das partes. Ele atuará para responder os quesitos formulados, por meio da entrega do laudo pericial, que subsidiará o tribunal de conhecimento técnico para que possa compreender o caso. Portanto, o perito deve ser imparcial e será remunerado por meio de recursos depositados pelas partes. Para isso, apresentará a respectiva proposta de honorários, estimando também o prazo para a entrega do laudo.

É muito comum, nas arbitragens de construção, que o perito tenha que prestar esclarecimentos por escrito e também em audiência. Portanto, além de conhecimento sobre perícia e sobre a matéria técnica discutida na arbitragem, o perito deverá ter a habilidade para expor as suas ideias e conclusões em audiência, prestando eventuais esclarecimentos sobre o laudo apresentado.

As partes normalmente indicarão os respectivos assistentes técnicos que serão os seus representantes durante a produção da prova pericial podendo, inclusive, apresentar laudo técnico divergente, confrontando o laudo do perito.

Os assistentes técnicos, por sua vez, possuem o dever ético e profissional de expor as respectivas teses com o necessário rigor técnico e credibilidade. Contudo, a eles não é imposta a imparcialidade que se exige do perito. Em síntese, o assistente técnico deverá apresentar o ponto de vista da parte, sem, contudo, deixar de zelar pela primazia do rigor técnico em sua atividade.

Outro componente fundamental à arbitragem são as testemunhas técnicas ou *expert witness*, especialistas que possuem grande experiência na matéria discutida e naquela área de atuação, embora não tenham conhecimento fático sobre o caso. A ideia é que alguém independente e imparcial, possa testemunhar declarando, com base na sua experiência, como a matéria funciona na prática.

Fica nítida então a diferença entre as tradicionais testemunhas fáticas – que conhecem e são arroladas para responderem perguntas fáticas sobre o conhecimento em relação ao caso – e as testemunhas técnicas – que, via de regra, não conhecem o caso, mas são chamadas a depor, com base em sua experiência em casos análogos. Reforçando a mencionada diferença, não seria tecnicamente correto formular perguntas fáticas para testemunhas técnicas e vice-versa.

Ainda resta sinalizar a existência de variações no modelo da estruturação da prova pericial. A título exemplificativo, existe o modelo adotado pelo Protocolo Sachs. De acordo com esse mecanismo, excepcionalmente adotado por alguns tribunais arbitrais, os assistentes técnicos das partes atuarão diretamente à serviço dos árbitros e apenas com esses terão contato direto. Por meio da aplicação do referido modelo, a ideia é economizar custas e tempo. Custas com os honorários do perito a ser escolhido pelo tribunal e tempo para a realização do respectivo laudo, utilizando apenas os que serão apresentados pelos assistentes técnicos.

Além desse mecanismo, em várias arbitragens os assistentes técnicos atuam normalmente e, ao apresentarem os respectivos laudos, o tribunal arbitral buscará confrontar os documentos e eliminar os pontos incontroversos. Na sequência avaliará a real necessidade de produção de um terceiro laudo pelo perito que poderá vir a ser nomeado. Em tese esse mecanismo igualmente se propõe a evitar os custos com perito do tribunal, já que a prova poderá ser dispensada ou, ao menos, terá seu escopo reduzido.

Contudo, para que esse último modelo funcione corretamente e reduza os custos da arbitragem, é essencial que as partes e os assistentes técnicos atuem privilegiando efetivamente as matérias técnicas envolvidas, em detrimento da fundamentação das respectivas teses. O que se verifica em alguns casos é que os assistentes técnicos funcionam como verdadeiros advogados das partes, estruturando as suas conclusões técnicas para defender a respectiva tese.

3.3 Boas práticas na gestão e organização dos documentos

O volume de documentos juntados aos autos em procedimentos que envolvam matérias relacionadas à construção e infraestrutura habitualmente é enorme. Portanto, é fundamental que as partes, árbitros e câmaras, zelem pela boa organização dos documentos.

A experiência prática indica algumas técnicas para melhor gestão dos documentos nos procedimentos arbitrais. A primeira delas é relacionada à numeração dos documentos que serão juntados aos autos. Ao realizar essa tarefa, recomenda-se às partes que numere os documentos indicando também uma letra que corresponderá à respectiva parte, exemplo, Requerente (A1, A2, A3), e Requerido (R1, R2, R3).

Contribui para melhor gestão dos documentos adotar uma sequência de numeração única desde o início do procedimento. Essa providência, alinhada à mencionada no parágrafo anterior, contribuirá significativamente para o manuseio e a referência aos documentos juntados durante todo o procedimento, facilitando o trabalho das partes, de seus advogados e dos árbitros.

Além disso, normalmente alguns documentos serão referenciados e juntados por ambas as partes. Com isso, para evitar a duplicidade de documentos, alguns tribunais arbitrais conferem prazo inicial, após a realização da audiência de assinatura do Termo de Arbitragem, para que as partes, conjuntamente, peticionem juntando aos autos os documentos comuns que serão referenciados.

Tem sido frequente a utilização de recursos eletrônicos para acesso e organização de documentos nas arbitragens de construção. A disponibilização dos documentos para acesso por meio eletrônico é uma boa prática e tem sido adotada por algumas instituições de arbitragem. Com isso, viabiliza-se o acesso, em meio eletrônico, para peritos, assistentes técnicos e até mesmo às partes e árbitros, aos documentos que integram os autos.

Em caso de impasses na requisição e na exibição de documentos que estejam em posse da parte contrária, outra boa prática que pode ser utilizada é o *Redfern Schedule*. Nome atribuído ao profissional que concebeu esse modelo que nada mais é do que uma tabela que busca organizar as discussões e as fundamentações sobre exibição ou não de documentos.

Na referida tabela, a parte que solicita o documento deverá indicá-lo e, na segunda coluna, descrever e fundamentar a necessidade de sua exibição. Na terceira coluna a parte contrária explicitará, de forma fundamentada, os motivos para a não exibição. Finalmente, na última coluna, o tribunal arbitral, após analisar as informações inseridas por cada uma das partes, decidirá acerca da necessidade de exibição de cada um dos documentos.

4. SENTENÇAS ARBITRAIS

É certo que o objetivo de toda arbitragem é encerrar o caso, solucionando o litígio e resolvendo os pedidos das partes por meio do proferimento de uma sentença arbitral final. Mas, além da sentença arbitral final, existem as sentenças parciais.

Sentenças parciais são aquelas que resolvem, de forma definitiva, parte dos pedidos que são objeto da arbitragem. Atualmente, desde a reforma de 2015, a própria lei de arbitragem passou a mencionar expressamente a possibilidade de proferir sentenças parciais. Os regulamentos de arbitragem das principais câmaras brasileiras igualmente já contemplavam essa possibilidade.

4.1 Sentenças arbitrais finais

O proferimento da sentença começa com a indicação para atuar como árbitro. Nunca é demais ressaltar que o árbitro deve ter em mente durante todas as fases do processo, os pleitos sobre os quais terá que decidir ao final. Considerando que as arbitragens de construção normalmente envolvem pedidos variados e às vezes independentes, é fundamental que o árbitro analise profundamente o caso desde o início e não tenha dúvidas acerca dos fatos, contribuindo para que as provas produzidas sejam suficientes para fundamentar a sentença.

Para tanto, os árbitros devem se preparar desde o momento em que recebem o convite para atuar.

Ao proferir a sentença é indispensável revisitar cada um dos pedidos das partes e os fatos que foram objeto da produção de provas durante o procedimento arbitral. A organização da sentença é também um aspecto vital ao bom andamento da arbitragem, apresentando, além dos requisitos legais, organização sumarizada facilitando a leitura e análise das partes.

Algumas das causas para anulação de sentenças guardam relação direta com o seu proferimento. A título de exemplo, as sentenças proferidas fora do prazo ou que extrapolarem os pedidos das partes e o escopo da convenção de arbitragem, podem ser objeto de anulação, nos termos da Lei Brasileira de Arbitragem.

Finalmente, é fundamental repassar todos os pedidos formulados, para que nenhum deles fique sem decisão e a adequada fundamentação. Os árbitros devem ser cuidadosos com a fundamentação, de tal forma que esgotem os argumentos apresentados por ambas as partes.

Recentemente muito se tem discutido acerca das sentenças salomônicas ou *split the baby*. Algumas partes alegam que os árbitros, via de regra, tendem a decidir de forma equilibrada entre a procedência e improcedência dos pleitos de cada uma das partes.

Em relação a essas alegações, cumpre discorrer sob a ótica dos casos provenientes do setor de construção. Na maior parte dos casos de construção e infraestrutura, as partes concluem a obra e, somente ao final, dão início ao procedimento arbitral para discutir os valores e *claims* devidos em decorrência de alterações no projeto ou na sua execução.

Nos caso de construção, quando uma das partes decide iniciar a arbitragem, não raras vezes ela opta por reunir vários pedidos. Com certa frequência, alguns desses pedidos possuem autonomia. Ademais, as partes acumulam todo e qualquer *claim*, para serem formulados em caso de uma possível arbitragem. Com isso, ao iniciar o procedimento, naturalmente a parte formula, em regra, vários pedidos que não necessariamente terão qualquer relação entre si. Portanto, é bastante compreensível que raramente uma sentença envolvendo casos complexos de construção ou infraestrutura seja integralmente procedente ou improcedente.

Contudo, é importante ressaltar que a sentença deve manter coerência, especialmente em relação à pleitos que são diretamente relacionados à mesma discussão fática, o que não limita a interpretação jurídica que será dada pelo tribunal arbitral. Embora seja uma preocupação real e que efetivamente pode ocorrer em alguns casos práticos, as sentenças, na maior parte dos casos envolvendo construção, naturalmente decidirão pela procedência parcial dos pedidos formulados pelas partes.

4.2 Sentenças arbitrais parciais

Conforme demostrado, é possível proferir sentenças parciais que resolverão, de maneira definitiva, parte do objetivo do referido procedimento. A sentença parcial é muito utilizada na área de construção e infraestrutura, especialmente para dividir o procedimento em duas fases distintas. A primeira fase é destinada à análise e julgamento dos pedidos das partes, mediante a produção das provas necessárias. A segunda fase, que normalmente ocorrerá quando deferido algum dos pedidos formulados pelas partes, consistirá na fase de quantificação dos valores que serão objeto da condenação. Essa segunda etapa normalmente ocorrerá por meio da realização de perícia contábil ou de engenharia de custos.

De fato a utilização da sentença parcial pode organizar o procedimento e aumentar a sua eficiência, uma vez que somente adentrar-se-á a fase final de quantificações e de eventual perícia contábil quando necessário. Por outro lado, a experiência prática demonstra que, em alguns casos, ao se proferir a sentença parcial, as chances de judicialização da demanda arbitral aumentam consideravelmente, já que a parte interessada em arguir eventual anulação da sentença deverá fazê-lo no curso do prazo de 90 (noventa) dias, conforme previsto na Lei de Arbitragem.

Com isso, a prática demonstra que a sentença arbitral parcial, especialmente aquela que decide praticamente a totalidade do mérito, pode ser prejudicial para o harmonioso prosseguimento da arbitragem. Por essa razão, entende-se que a sentença parcial deve ser utilizada somente quando for necessária para o prosseguimento da arbitragem.

5. CONCLUSÕES

A arbitragem é o meio jurisdicional de solução de conflitos que mais se adequa às demandas do setor da infraestrutura e construção. Sempre que os *dispute boards* ou a mediação empresarial não forem suficientes para resolução dos conflitos, a via mais adequada será a arbitragem.

Em prol da segurança jurídica, a opção pela arbitragem deverá ser feita no momento da celebração do contrato. Deve-se firmar estrategicamente a cláusula de arbitragem ou a cláusula escalonada, levando em consideração as opções apresentadas no presente artigo.

Em relação ao procedimento arbitral, a flexibilidade da arbitragem permite aos árbitros e às partes a adoção de técnicas e métodos de produção de provas que confiram maior celeridade e eficiência aos procedimentos.

Assim como a escolha adequada de técnicas e métodos, a escolha dos árbitros é fundamental para o sucesso da arbitragem. Os profissionais indicados deverão atuar com diligência e disponibilidade desde o início do procedimento. A atuação diligente contribuirá para a qualidade da sentença que será proferida ao final.

6. REFERÊNCIAS BIBLIOGRÁFICAS

MARCONDES, Fernando. Arbitragem em assuntos de construção: a experiência dos painéis mistos. Revista de Arbitragem e Mediação. São Paulo: RT, v. 19, 2008.

VILELA, Marcelo Dias Gonçalves. Arbitragem em contratos de engenharia: questões que envolvem a adequada adoção deste método de solução de controvérsias. In: BERNARDES, Edson Garcia. Administração Contratual e Claim. São Paulo: Editora Pini, 2015.

WALD, Arnoldo. A aplicação da teoria da imprevisão pelos árbitros nos litígios decorrentes de contratos de construção. Revista de Arbitragem e Mediação. São Paulo: RT, v.17, 2008.

JENKINS, Jane. STEBBINGS, Simon. International Construction Arbitration Law. Kluwer Law Internacional, 2006.

11

O PROCESSO DE ESCOLHA DO PERITO NAS ARBITRAGENS DE INFRAESTRUTURA

Francisco Maia Neto[1]

SUMÁRIO: 1. Introdução. 2. Breve histórico das perícias de engenharia no Brasil. 3. Aspectos gerais da prova pericial na arbitragem. 4. Elaboração de laudos periciais pelas partes. 5. Análise cruzada dos laudos unilaterais. 6. O modelo de nomeação do perito pelos árbitros. 7. A opção entre pessoa física ou jurídica. 8. O perito generalista e o especialista. 9. O processo de seleção e escolha dos nomes. 10. A importância da apresentação didática do laudo pericial. 11. Ponderações sobre as consequências do laudo pericial na arbitragem. 12. Utilização de testemunhas técnicas. 13. Interrogatório em audiência. 14. Casos práticos com necessidade da prova pericial. 15. Conclusão. 16. Bibliografia.

1. INTRODUÇÃO

Os conflitos no setor de infraestrutura, quando se transformam em litígios, desaguam em sua maioria na instauração de um procedimento arbitral, cujo componente fático invariavelmente pesa de forma decisiva, e nele os aspectos técnicos se mostram relevantes, o que obriga os árbitros a determinarem a realização da prova pericial, em sua grande maioria na área da engenharia, sendo também comum a necessidade de produção de perícia contábil.

Ao longo dos últimos vinte anos, que coincide com a vigência da Lei 9.037/96, conhecida como Lei de Arbitragem, quando este instituto ganhou

---

[1] Engenheiro e Advogado (UFMG); Pós-graduado em Engenharia Econômica (Fundação Dom Cabral), onde é professor convidado; Autor de livros sobre avaliação, perícia, mediação, arbitragem, construção e mercado imobiliário; Integrante das Comissões de Juristas do Senado Federal e do Ministério da Justiça para elaboração da Lei de Mediação e reforma da Lei de Arbitragem (2013); Vice-Presidente do CREA/MG (1992/1993); Conselheiro da OAB/MG (2010/2015); Pres. das Comissões de Arbitragem (2016/2018) e Direito da Construção (2011/2015) da OAB/MG; Sec.-Geral da Comissão de Arbitragem da OAB Nacional (2016/2019); Vice-Presidente Jurídico da CMI-SECOVI/MG (2012/2018).

significativo impulso no país, os arbitralistas buscam diversas formas de produzir esta prova, considerando a flexibilidade que o procedimento permite, surgindo caminhos variados para se chegar à convicção das questões técnicas envolvidas na lide.

Nesse cenário têm surgido diversas maneiras de escolher os profissionais que atuarão nessa fase do processo arbitral, sempre com o foco de encontrar pessoas de notório conhecimento, que possuam a necessária independência e imparcialidade, permitindo assim obter um laudo pericial seguro e isento.

O que procuramos explorar neste capítulo é fruto da experiência e observação, uma vez que não existem fórmulas prontas e acabadas, mas trata-se de um processo de construção e aprendizado, e, o que se mostra mais relevante, muitas vezes a aplicação de um mecanismo em determinada situação não é garantia que este se mostrará eficiente em outra oportunidade.

Algumas vezes verifica-se a adoção de determinada diretriz que não se mostrou eficiente, utilizando outra forma no mesmo procedimento arbitral, porém uma questão que devemos sempre ter em mente, quanto maior a participação das partes, como seu envolvimento nas diversas etapas desse processo, mais seguros serão os resultados obtidos.

2. BREVE HISTÓRICO DAS PERÍCIAS DE ENGENHARIA NO BRASIL[2]

Na década de 1920 surgiram as primeiras atividades periciais que se tem notícia, através de trabalhos de engenheiros paulistas, focados na área de avaliações, sucedendo a mais antiga manifestação sobre o tema, ocorrida em 1918, de autoria do Prof. Eng. Vitor da Silva Freire.

Na década de 1930, com as grandes desapropriações na cidade de São Paulo, tendo em vista o intenso processo de reurbanização, com necessárias intervenções para o desenvolvimento da metrópole, houve intensa necessidade de realização de perícias.

Os livros "Avaliação de Terrenos" e "Avaliação de Imóveis", ambos de autoria do Engenheiro Luiz Carlos Berrini, foram lançados na década de 1940, trazendo grande contribuição para o estudo do tema, pioneiros na bibliografia técnica da matéria no país.

A década de 1950 foi marcada pelo período de aglutinação nas entidades de classe, além de surgir o primeiro projeto de Norma ABNT, o P-NB-74, e

---

2 PASSOS, Mariza, coordenadora. Engenharia de Avaliações. *Breve histórico da Engenharia de Avaliações em Nosso Meio*. São Paulo. Ed. Pini. p.225 e ss.

realização da III Convenção Panamericana de Avaliações, em 1954, coincidindo com o IV Centenário da Cidade de São Paulo.

Entretanto, foi apenas na década de 1960 que a perícia ganhou impulso como especialização, principalmente pela segmentação profissional, consequência direta do crescimento da indústria da construção civil, que naturalmente aumentou a demanda por perícias.

Na década de 1970 foi lançado o famoso "livro amarelo" do IBAPE-SP (Instituto Brasileiro de Avaliações e Perícias de Engenharia de São Paulo), além de ser criado o COBREAP – Congresso Brasileiro de Engenharia de Avaliações e Perícias.

Ainda nesta década, no ano de 1977, surgiu a Norma Brasileira para Avaliação de Imóveis Urbanos, NB-502/77, da ABNT (Associação Brasileira de Normas Técnicas).

A década de 80 foi marcada pela utilização da informática, que passou a fazer parte da vida dos profissionais avaliadores e peritos, além de surgirem as primeiras experiências como disciplina curricular.

Já na década de 1990 a perícia se incorpora definitivamente à vida acadêmica, com a ampliação das disciplinas curriculares e o início dos cursos de especialização em nível de pós-graduação.

Já na primeira década do século XXI se verificou o crescimento da arbitragem, o que fez com que a perícia entrasse definitivamente nas resoluções extrajudiciais de conflitos, obrigando os peritos a uma quebra de paradigma quanto a esses procedimentos, que não seguem obrigatoriamente os ditames do CPC.

3. ASPECTOS GERAIS DA PROVA PERICIAL NA ARBITRAGEM

Quando proferiu a palestra de abertura do Congresso Extraordinário da UPAV - Unión Panamericana da Asociaciones de Valuación, em outubro de 1997[3], na cidade de São Paulo, o Ex-Ministro e Ex-Presidente do STF-Supremo Tribunal Federal, Dr. Carlos Mário da Silva Velloso, se referiu à perícia como "a rainha das provas".

Esta percepção de um dos maiores juristas que o país conhece nos dá uma dimensão de sua importância como instrumento probatório, especialmente

[3] Palestra abordando a visão do magistrado sobre a prova pericial, ministrada na abertura do Congresso Extraordinário da UPAV – Unión Panamericana de Asociaciones de Valuación, em 29 de setembro de 1997, São Paulo – SP - Brasil.

sob a ótica do julgador, que espera extrair do conjunto de informações reunidas pelos técnicos chamados a colaborar no processo elementos insofismáveis, pois se acredita que foram elaborados à luz da ciência, distante de opiniões pessoais ou desprovidos de fundamentação.

Muitos operadores do direito, forjados nas rígidas regras contidas em nosso diploma processual, costumam estranhar a sistemática de produção de provas no processo arbitral, onde prevalece a flexibilidade dos procedimentos, existindo uma ampla liberdade de condução dos atos processuais, começando pela Lei de Arbitragem, onde este instrumento probatório encontra previsão legal de forma extremamente sucinta em seu artigo 22, como segue:

> "Art. 22. Poderá o árbitro ou o tribunal arbitral tomar o depoimento das partes, ouvir testemunhas e determinar a realização de perícias ou outras provas que julgar necessárias, mediante requerimento das partes ou de ofício."[4]

Além disso, como prova da amplitude que a arbitragem oferece aos árbitros e às partes, os regulamentos de órgãos arbitrais também não se prendem a formalismos, como demonstra pesquisa realizada em 46 instituições arbitrais. Dentre as diversas opções constatou-se que 26% deles sequer citam a prova pericial, 65% detalham algum procedimento e 54% fazem referência à formulação de quesitos e indicação de assistentes técnicos.

Não só com relação ao rito que a perícia arbitral difere dos paradigmas usuais do processo civil, mas também no que se refere ao momento de realização da prova, que pode ocorrer mesmo após uma audiência de instrução, com oitiva de testemunhas técnicas ou fáticas, produção de perícias unilaterais, análise de matéria por árbitro especialista, interrogatório dos peritos ou seguir o modelo preconizado em nosso Código de Processo Civil.

4. ELABORAÇÃO DE LAUDOS PERICIAIS PELAS PARTES

Uma prática muito utilizada na produção da prova técnica em arbitragem é a determinação para que as partes tragam laudos unilaterais, produzidos por profissionais contratados por elas, para que elaborem seus pareceres com fundamento técnico sobre as questões fáticas abordadas nas respectivas alegações.

---

4 BRASIL. Lei 9307, de 23 de setembro de 1996. Dispões sobre a arbitragem. Disponível em: http://www.planalto.gov.br/ccivil_03/leis/L9307.htm. Acesso em: 27 set. 2016.

Também se costuma fazer uma apresentação técnica no início do procedimento arbitral, onde os profissionais ligados a cada uma das partes fazem uma exposição dos fatos que ensejaram a abertura de processo, utilizando recursos multimídia, explorando fatos, imagens, gráficos e tudo mais que possa trazer uma visão do assunto em discussão.

Esses trabalhos são contratados por profissionais da confiança das partes, muitas vezes com forte ligação com os temas objeto da arbitragem, o que faz com que suas conclusões sejam sempre parciais, contribuindo pouco ou nada para a solução da controvérsia, até porque muitas vezes são acompanhadas de opiniões e se alinham com a tese trazida pela parte que o contratou.

Alguns arbitralistas, em decorrência dessa realidade, procuram mitigar esta influência, ao determinarem a realização desses laudos unilaterais, exigindo que as partes indiquem pessoas sem vínculo com o caso e mesmo com os respectivos interessados, pretendendo assim que o parecer seja elaborado por um profissional independente, o que garante imparcialidade nas conclusões apresentadas.

Outros sugerem um mecanismo para a escolha dos peritos baseada na proposta do advogado argentino Ezequiel Vetulli[5] para a escolha de árbitros, conhecido como Método Ventulli, que consiste na elaboração de uma lista de três, ou até cinco, especialistas por cada uma das partes, que será encaminhada à parte contrária, que indicará um deles para elaboração do laudo.

A vantagem apontada na utilização desse sistema é que nenhuma das partes escolhe o profissional sozinho, uma vez que existe a participação de ambas no processo de escolha, além do que, se dessas listas saírem nomes coincidentes, os árbitros poderão sugerir a adoção dessa pessoa como escolha consensual na etapa de produção da prova técnica.

5. ANÁLISE CRUZADA DOS LAUDOS UNILATERAIS

Esta etapa é uma consequência da etapa anteriormente descrita, em função da elaboração de laudos unilaterais pelas partes, pois, em respeito ao princípio do contraditório, qualquer que seja o processo de escolha dos profissionais que emitiram pareceres, é fundamental que as conclusões de um trabalho sejam submetidas ao crivo do outro profissional.

Este exame tem como objetivo, em uma primeira análise, permitir que um especialista discorde dos critérios técnicos do outro, trazendo as

---

5 Proposta apresentada no ensaio submetido à Sessão de 2013 da Academia Internacional de Direito Arbitral em Paris e que rendeu ao seu autor o título de Laureado da Academia para aquele ano. http://www.arbitrationacademy.org/?page_id=4463

fundamentações de suas divergências, podendo assim estabelecer os contrapontos para uma futura apreciação, além do que pode afunilar os pontos de controvérsia, facilitando assim o apontamento do que poderá ser objeto de apreciação de outro profissional, da livre escolha dos árbitros, para fazer a função de um perito desempatador.

Essa ocorrência é mais relevante quando a escolha do parecerista que elaborou o laudo unilateral não teve a participação da parte contrária, mas também não pode ser dispensada, ainda que tenha sido adotado o chamado Método Ventulli, uma vez que haverá um duplo grau de exame, mesmo que a tendência neste caso seja para uma maior convergência nos resultados obtidos.

Além disso, não podemos esquecer que a aplicação desse método, quando da ocorrência de nomes coincidentes nas respectivas listas, facilita a escolha do terceiro nome, podendo até ser convencionado antecipadamente que esta será a forma de nomeação do profissional que fará a apreciação dos laudos periciais unilaterais e das respectivas análises cruzadas, funcionando como perito dos árbitros, cuja escolha contou com participação direta das partes, o que afasta qualquer dúvida quanto à confiança no nome indicado.

Em função das características da atuação desse perito eventualmente nomeado, não está afastada a indicação de assistente técnico e formulação de quesitos, exatamente para garantir o contraditório em todas as fases do procedimento.

6. O MODELO DE NOMEAÇÃO DO PERITO PELOS ÁRBITROS

Não obstante o amplo espectro de opções que a arbitragem proporciona no tocante à produção da prova pericial, a utilização do modelo consagrado no Código de Processo Civil, que consiste na nomeação de um perito da confiança dos árbitros, acaba ocorrendo com maior frequência, ainda que seja precedida de algumas etapas, conforme explicado nos itens anteriores.

A sistemática de realização da perícia segue regras muito parecidas com os procedimentos ditados em nosso diploma processual civil, consistindo em um processo de escolha de um profissional com atribuição para realização do trabalho, acompanhado da indicação de assistentes técnicos e formulação de quesitos pelas partes, uma vez que se torna imperativo a preservação do princípio do contraditório, ainda que essas regras não constem do regulamento de arbitragem do órgão onde se desenvolve o processo.

Assim, ao escolher um profissional para realizar a perícia, sua nomeação está sujeita ao crivo das partes, no que tange a impedimento ou suspeição, cuja eventual impugnação deverá ser devidamente fundamentada, oportunizando ao perito esclarecer os fatos que ensejaram a recusa, além de ocorrerem os demais atos que não permitam a violação dos princípios do devido processo legal.

Cumpre ainda acrescentar uma prática que vem sendo utilizada em processos dessa natureza, com grande sucesso, diante da inexistência de mecanismos legais ou mesmo regulamentares que disciplinam as diversas fases da prova pericial, que consiste nos árbitros estabelecerem os procedimentos, que poderão obedecer as seguintes etapas[6]:

a) **Nomeação do perito**: indicar nome e qualificações do profissional escolhido.

b) **Assinatura de termo de confidencialidade, declaração de independência e imparcialidade**: se for o caso, o perito deverá exercer o dever de revelação de possíveis causas de impedimento ou suspeição.

c) **Formulação de quesitos e indicação dos assistentes técnicos**: abrir prazo para apresentação do rol de quesitos e indicação de assistentes técnicos, se assim desejarem as partes.

d) **Proposta de honorários do perito**: será intimado para tomar conhecimento dos quesitos apresentados pelas partes objetivando apresentar a proposta de honorários, que será imediatamente submetida à apreciação das partes, que terão prazo para se manifestarem sobre o valor ofertado.

e) **Depósito dos honorários**: havendo concordância quanto à proposta de honorários, as partes depositarão os valores junto à secretaria, no prazo determinado, normalmente à razão de 50% (cinquenta por cento) para cada uma delas.

f) **Discordância dos honorários e questões incidentais**: existindo discordância quanto ao valor proposto, ou caso surjam questões incidentais referentes à nomeação, formulação de quesitos, indicação de assistentes técnicos, ou qualquer outra relacionada à produção da prova técnica, a secretaria submeterá a questão à decisão dos árbitros.

g) **Início dos trabalhos**: efetuado o depósito dos honorários, o perito será intimado pela secretaria para dar início ao trabalho pericial.

h) **Comunicação do início da perícia**: o perito comunicará o início da perícia aos procuradores das partes, aos assistentes técnicos, ao tribunal arbitral e à secretaria.

i) **Entrega do laudo**: a partir do início dos trabalhos periciais, o laudo deverá ser entregue no prazo determinado, ficando já estabelecido que, caso ocorra algum motivo superveniente que impeça o

---

6 NETO, Francisco Maia. *A prova pericial no processo civil e na arbitragem*. Belo Horizonte: Del Rey, 2015, p. 132.

desenvolvimento normal da perícia, o perito comunicará o fato diretamente ao tribunal arbitral, solicitando prorrogação de prazo.

j) **Pareceres de assistentes técnicos**: após o protocolo do laudo pericial, as partes e respectivos assistentes técnicos serão intimados do seu conteúdo pela secretaria, cabendo aos assistentes técnicos, caso desejem, oferecer seus pareceres, no prazo determinado, após a intimação da entrega do laudo.

k) **Manifestações sobre pareceres**: com a entrega dos pareceres, ou na sua ausência, mas findo o prazo aqui estabelecido, será dada vista comum, para que as partes se manifestem sobre os laudos periciais e os eventuais pareceres juntados ao processo arbitral.

l) **Esclarecimentos do perito**: havendo necessidade de esclarecimentos por parte do perito, ou ainda, dos assistentes técnicos, desde que requeridos pela parte contrária, estes deverão vir sobre a forma de quesitos, na mesma manifestação sobre o laudo e pareceres; em seguida, a secretaria intimará o perito e assistentes técnicos, se for o caso, para respondê-los, quando será aberta nova vista às partes.

m) **Remessa ao tribunal arbitral**: juntados os esclarecimentos, os autos serão encaminhados ao tribunal arbitral, visando dar prosseguimento ao processo.

7. A OPÇÃO ENTRE PESSOA FÍSICA OU JURÍDICA

O processo de seleção dos nomes potencialmente qualificados para funcionar como peritos em uma arbitragem passa principalmente pela opção de nomeação de uma pessoa física, segundo o princípio de que esta escolha tem caráter *intuitu personae*, uma vez que a nomeação do perito é feita em função das características pessoais e relevantes do escolhido.

O outro caminho seria a indicação de uma pessoa jurídica para realizar o trabalho, o que se justificaria em função da gama de necessidades e da diversidade de atividades exigidas no curso da perícia, o que implicaria a necessidade de um maior número de profissionais, de diversas especialidades, para responder às demandas técnicas surgidas nesta etapa.

Do ponto de vista formal, esta alternativa encontra resistência naqueles que defendem o caráter personalíssimo dessa nomeação, fato que se adequa com o surgimento do novo Código de Processo Civil, que prevê essa ocorrência, tendo o legislador tomado o cuidado de exigir que a indicação de uma pessoa jurídica seja complementada pela indicação de todos os profissionais que participarão da perícia, o que resguarda essa característica na nomeação.

Alguns entendem que a escolha de uma pessoa física tem a vantagem de gerar um menor custo no procedimento, além de facilitar a centralização do trabalho em um único profissional, dada à dispersão entre diversas pessoas no caso da pessoa jurídica, além do que não há nenhum empecilho para que o profissional nomeado busque suporte em outros profissionais, o que pode ser sanado, no caso de uma empresa, desde que seja indicado um perito coordenador.

São visões diferentes sobre um mesmo tema, que, em nosso entendimento, não invalidam nenhum tipo de escolha, tornando-se claro que uma das formas de dirimir esta dúvida encontra-se justamente no porte da perícia a ser realizada, quando devemos indagar se o custo de realização e os trâmites para sua execução justificam a montagem de uma equipe sob o manto de um pessoa jurídica ou basta a nomeação de um profissional para desenvolver o trabalho.

8. O PERITO GENERALISTA E O ESPECIALISTA[7]

Este tem se mostrado um dilema comum no processo de escolha do profissional que irá atuar na perícia, de um lado o "generalista" aquele nomeado sistematicamente em perícias de uma determinada categoria profissional, nos mais diversos campos do conhecimento, e de outro o "especialista", pouco afeito ao trato pericial, mas com amplo conhecimento teórico ou prático específico sobre a matéria posta em análise.

Isto não significa que estamos compartimentando os profissionais em campos opostos, mas apresentando uma análise das experiências registradas com as atuações de ambos, cientes que o ideal é a interação dos conhecimentos adquiridos em suas respectivas áreas, o que pode engrandecer o trabalho pericial.

A denominação "generalista" se refere a um perito experiente, que se dedica exclusivamente à realização de perícias, seja como perito ou assistente técnico, possuindo um sólido conhecimento da interface técnico-jurídico, bem como larga experiência relativa à atuação dos profissionais envolvidos, da relação entre eles e visão ampla das questões técnicas submetidas a exame.

São profissionais que demonstram grande preocupação com a linguagem do laudo pericial ou dos pareceres, cientes das limitações técnicas dos destinatários do trabalho apresentado (árbitros e advogados), procurando sempre elaborar textos didáticos, com utilização de recursos gráficos e ilustrativos

---

7 NETO, Francisco Maia. *A prova pericial no processo civil e na arbitragem*. Belo Horizonte: Del Rey, 2015, p. 133.

que torne inteligível o conteúdo técnico às pessoas que não possuem a mesma formação acadêmica.

Já o profissional dito "especialista" se refere aos profissionais com pouca ou nenhuma experiência na atividade pericial, mas com sólidos conhecimentos na matéria específica a ser discutida na fase pericial, o que faz dele uma fonte de conhecimentos, que inquestionavelmente pode ser de grande utilidade ao convencimento do julgador.

Em função de seu possível desconhecimento da sistemática pericial e dos mecanismos de condução da perícia, e até mesmo dos procedimentos que cabem ao assistente técnico, pode acontecer que a perícia resulte em desdobramento indesejável aos árbitros, além de usualmente não haver uma preocupação com a forma de apresentação, focada na matéria pesquisada, o que pode dificultar a interpretação de questões de natureza técnica.

Como esta é uma realidade presente, onde não existe uma fronteira nítida entre eles, existe uma preferência majoritária pela nomeação dos chamados "generalistas", com maior experiência no trato pericial, assim como dos advogados em indicar seus assistentes técnicos, ficando a cargo desses profissionais a busca de suporte nos ditos "especialistas", que possuem reconhecida expertise específica na matéria técnica objeto da lide, resultando muitas vezes na formação de uma equipe multidisciplinar e plural, trazendo ganhos na elaboração dos trabalhos periciais e facilitando a interpretação dos fatos pelos julgadores.

9. O PROCESSO DE SELEÇÃO E ESCOLHA DOS NOMES

Como já abordado anteriormente, em decorrência da flexibilidade que caracteriza o processo arbitral, cuja nomeação do perito não é obrigatoriamente uma escolha discricionária dos árbitros, esse tema usualmente é motivo de debate, não só na seara acadêmica, mas especialmente no curso do procedimento, mas se discute cada vez mais a importância da participação das partes nesse processo de seleção e escolha.

As questões abordadas nos dois itens anteriores representam caminhos que devem ser superados *a priori*, pois representam opções que poderão nortear a futura escolha, existindo inclusive alguns que defendem, em casos onde a prova pericial será inquestionavelmente utilizada, que alguns critérios da nomeação no momento de produção da prova sejam estabelecidos no termo de arbitragem.

Outra questão preliminar que deve ser observada refere-se ao objeto da perícia, especialmente quando envolver temas complexos, que abranjam mais de uma área de conhecimento de uma mesma profissão, sendo recomendável que a nomeação recaia sobre apenas um nome, que deverá se cercar de outros especialistas nas diversas matérias em exame, não se confundindo com perícias de profissões distintas, como engenharia e contabilidade, onde a prova deverá ser separada e nomeado um perito para cada uma delas.

Nesse cenário, o ideal seria que o nome do perito fosse consensual, como autoriza o novo CPC, onde as partes encontrem um nome de confiança recíproca e levassem aos árbitros para que formalizassem a nomeação, fato que se mostra um pouco difícil na prática, portanto existem sugestões de outras maneiras de envolver as partes na escolha.

Uma delas é a solicitação de que as partes elaborem uma lista com três ou cinco nomes de profissionais que atendam determinados critérios de seleção, como, por exemplo, formação em engenharia civil, experiência com barragens e que tenham mais de vinte anos de formado, o que limitaria o universo das indicações, e os nomes são enviados aos árbitros, que verificariam a existência de escolhas comuns, dentre elas podendo nomear o perito.

Outra forma é a indicação pelos árbitros de cinco nomes, que são encaminhados às partes com os respectivos currículos, que deverão indicar a ordem de preferência, dando notas que variam de 1 a 5, do primeiro ao último, sendo que a somatória dos números indicará aquele com menor pontuação como o de maior preferência entre as partes.

Uma maneira inovadora e um pouco mais complexa, envolvendo tanto partes como árbitros, consiste em cada uma das partes e os árbitros remeterem três nomes para a secretaria do órgão arbitral, que não revela a origem, encaminhando a lista para as partes, que podem vetar dois nomes, cujos restantes receberão pontuação idêntica àquela explicada no critério anterior, sendo o menos votado aquele escolhido para atuar como perito.

Independente do processo de seleção e escolha, que na maioria das vezes não passa por nenhuma das formas aludidas anteriormente, mas decorre de escolha dos árbitros, o nome deve merecer acolhida das partes, não devendo existir dúvidas quanto à sua independência e imparcialidade, estando sujeito aos mesmos critérios de impedimento e suspeição aplicáveis aos árbitros.

10. A IMPORTÂNCIA DA APRESENTAÇÃO DIDÁTICA DO LAUDO PERICIAL[8]

Sempre que um profissional é convocado a atuar no curso de um procedimento arbitral na condição de expert, ele tratará o conflito sob o prisma da

8 FIGUEIREDO, Flávio Fernando de e NETO, Francisco Maia, coordenadores. *Perícias em arbitragem*. São Paulo: Liv e Ed. Universitária de Direito, 2012, p. 95 e ss.

área técnica de seu conhecimento, obrigando à emissão de um documento, seja sob a forma de um laudo pericial ou parecer, permitindo ao julgador, ou às partes em litígio, solucionarem a divergência por meio da análise das conclusões ali colocadas.

Nessas circunstâncias, como o julgador e a maioria das partes envolvidas, representadas por seus advogados, podem não possuir o necessário conhecimento técnico relativo ao assunto, e mesmo os que detenham alguma experiência, não participaram dos estudos específicos que originaram aquele trabalho, torna-se necessário este trabalho se revista de enorme clareza, caso contrário poderão resultar em duas reações distintas, o leigo não será estimulado a prosseguir a leitura, abandonando logo sua leitura, e alguém que se estimule a continuar não conseguirá extrair aquilo que é importante.

Essas colocações podem parecer inalcançáveis em peças dessa natureza, que necessariamente devem ser escritas em linguagem técnica, objetivando a busca da conclusão da questão em análise, permitindo a outros profissionais poderem analisar os estudos e, eventualmente, contestarem ou sugerirem maiores aprofundamentos para o completo esclarecimento da perícia.

Uma solução muito adotada por profissionais da área, que constitui relativo sucesso na formulação e no entendimento do assunto pelo leigo, tem sido a utilização dos demonstrativos de cálculos em separado, onde são devidamente apresentados em anexo eventuais gráficos, operações matemáticas ou tabelas, cuja leitura e interpretação exigem conhecimentos próprios.

Agindo dessa forma, o perito fará com que o produto final resulte em um trabalho de fácil compreensão, onde se torna possível verificar, por meio de imagens, gráficos, tabelas e outros recursos visuais os mecanismos analisados no curso do trabalho pericial, explicando assim de forma inteligível o fenômeno estudado pelo perito.

11. PONDERAÇÕES SOBRE AS CONSEQUÊNCIAS DO LAUDO PERICIAL NA ARBITRAGEM

Terminado o trabalho do perito com a entrega do laudo pericial, abre-se o prazo para juntada dos pareceres dos assistentes técnicos das partes, de forma análoga ao que se pratica no processo civil em curso na justiça estatal, compreendendo algumas das hipóteses que podem contemplar a participação desses profissionais ao se manifestarem sobre o laudo pericial, que pode ocorrer das seguintes maneiras:

a) Pela simples concordância às conclusões trazidas pelo perito oficial, referendando o teor do laudo pericial;
b) Divergindo de algum ponto ou mesmo de vários pontos do laudo pericial, sem discordar do teor geral do trabalho elaborado pelo perito;
c) Apresentando divergência total, uma vez que as conclusões do perito se afastam totalmente da interpretação do assistente técnico;
d) Com a utilização de comentários positivos e destaques a determinados pontos do laudo pericial, que reforçam a tese defendida pela parte que indicou o assistente técnico;
e) Reforçando as argumentações trazidas pelo perito, em função de deficiência técnica ou omissão de informações, além de corrigir eventual erro, seja de natureza material ou conceitual, que possa vir a ser objeto de questionamento pelo outro assistente técnico;
f) Em uma hipótese remota, pode ocorrer omissão do assistente técnico, que não oferece seu parecer, o que em nada interfere no andamento do processo, mas pode trazer algum tipo de prejuízo à parte.

Na sequência, e como resultado dessas divergências que inevitavelmente surgem entre o laudo pericial e os pareceres assistenciais, é natural que as partes apresentem esclarecimentos a serem respondidos pelo perito, ou mesmo que os árbitros determinem que ele se manifeste sobre os pontos divergentes expostos nos trabalhos apresentados.

Os esclarecimentos costumam vir em um primeiro momento sobre a forma escrita, onde o perito responderá os respectivos quesitos ou apresentará suas argumentações às divergências apresentadas, e também poderá ocorrer em audiência, quando o perito, e também os assistentes técnicos, serão ouvidos pelas partes e pelos árbitros.

12. UTILIZAÇÃO DE TESTEMUNHAS TÉCNICAS

Uma ocorrência crescente em arbitragens de infraestrutura tem sido o uso de testemunhas técnicas em audiências, que são especialistas nas matérias objeto da controvérsia, que irão emitir opinião sobre determinados temas, diferente da figura da testemunha fática, que descreve fatos que dependam da ocorrência sensorial, como ver ou ouvir, sem expressar juízo de valor sobre os fatos.

Sua presença ocorre com mais frequência nas audiências de instrução realizadas após a ocorrência da prova pericial, mas também são ouvidas quando os árbitros decidem pela realização da audiência antes de definirem a perícia e também nos casos onde não é realizada a prova pericial.

Esses especialistas são indicados pelas partes por serem profissionais com notório conhecimento em determinado tema, ou pessoas com larga experiência na matéria em análise, sendo comum que o encaminhamento do nome aos árbitros seja acompanhado de um currículo, com ênfase em sua familiaridade com os assuntos que será questionado.

Sua importância decorre da existência de pontos controversos entre perito e assistentes técnicos, e também em posições antagônicas existentes entre esses últimos, sendo relevante como instrumento probatório a existência de alguma posição pública tomada por este profissional anteriormente à arbitragem, como texto de livro ou artigo publicado, uma vez que demonstra que suas opiniões não possuem caráter casuístico, direcionadas unicamente em função do depoimento prestado naquela ocasião.

13. INTERROGATÓRIO EM AUDIÊNCIA[9]

A etapa que envolve o interrogatório do perito, e também dos assistentes técnicos, em audiência de arbitragem merece uma reflexão especial, pois representa uma quebra de paradigma em relação ao processo estatal, em função do prestígio ao princípio da oralidade, podendo ocorrer em diversas fases do processo arbitral, e até mesmo substituir a prova pericial escrita, nas modalidades até aqui descritas e da forma como nos acostumamos na sistemática adotada no processo civil.

Outra questão que também devemos destacar é sua ocorrência poder se verificar em diversas oportunidades do processo arbitral, como, por exemplo, nas seguintes situações:

a) No início da arbitragem, caracterizando uma apresentação técnica, cujos questionamentos se mostram mais restritos, em função do pouco aprofundamento no caso;
b) Sob a forma de testemunhas técnicas e não fáticas, o que ocorre em audiência;
c) Após a juntada de laudos unilaterais determinados pelo tribunal arbitral, quando os peritos de cada uma das partes são convocados para explicarem suas conclusões, sendo determinante para a deliberação dos árbitros quanto ao passo seguinte;
d) Após a realização de toda a produção da prova pericial, o que equivaleria aos esclarecimentos adotados em nosso sistema processual civil.

---

9 FIGUEIREDO, Flávio Fernando de e NETO, Francisco Maia, coordenadores. *Perícias em arbitragem*. São Paulo: Liv e Ed. Universitária de Direito, 2012, p. 121 e ss.

O que muitas vezes chama a atenção daqueles que se iniciam na atividade arbitral é que usualmente a duração desses depoimentos é muito mais longa e a exposição mais abrangente, o que tem levado muitos árbitros, anteriormente à realização das oitivas, delimitarem o objeto do interrogatório, o que evita a ocorrência de uma gama de perguntas que não se prestam ao esclarecimento, mas que procuram confundir o depoente.

As perguntas não são feitas pelos árbitros, que também interferem ao longo do depoimento, mas pelos advogados das partes, por meio de interrogatório direto ou cruzado, especialmente quando os questionamentos são dirigidos aos peritos que trouxeram laudos unilaterais ou assistentes técnicos.

Finalmente, cumpre ainda uma observação já ouvida de alguns especialistas, no que se refere à cautela e atenção dos árbitros na condução desses interrogatórios, haja vista a possibilidade do comportamento dos advogados poder conduzir o resultado, assim como o preparo intelectual e destreza dos peritos, quando indicados pelas partes, o que pode ser um diferencial no desenvolvimento dos questionamentos.

14. CASOS PRÁTICOS COM NECESSIDADE DA PROVA PERICIAL

É sabido que a esmagadora maioria, senão até mesmo a totalidade das arbitragens que versam sobre infraestrutura carece de realização de prova pericial, em função da natureza técnica econômica que envolve esses contratos, portanto, nossa intenção neste item é apresentar alguns casos práticos, com o intuito de exemplificar a ocorrência da perícia em situações reais.

a) Erro de projeto:

Uma hipótese não usual em obras de infraestrutura, cuja ocorrência pode comprometer seriamente o desenvolvimento da obra, quando não traz consequências trágicas, caso resulte em algum tipo de colapso, mas sempre com reflexos de natureza econômico-financeira à relação contratual.

Além do levantamento técnico da origem do problema, essas perícias buscam um levantamento dos desdobramentos da ocorrência, sendo relevante também determinar a magnitude e extensão do erro, uma vez que sua percepção pelo construtor ainda é um fato controverso, devendo sua análise ser feita sob a ótica do grau de aparência, se poderia ser detectado em uma análise expedita ou exigiria um estudo mais aprofundado, pois isto irá refletir na determinação de futura responsabilidade.

b) Acerto final de obra:

Esta discussão ocorre com frequência, em decorrência da possibilidade de desencontros havidos ao longo da obra, onde o construtor executou serviços extra planilha orçamentária original, cujos itens não foram incluídos nas medições e, consequentemente, não se encontram pagos.

Existem circunstâncias que o contratante não nega a ocorrência desses serviços, entretanto, se rebela quanto aos valores orçados pelo contratado, uma vez que sua ausência no contrato original não permite a existência de valores de referência, surgindo assim o maior foco de conflitos.

Outras vezes, além da discussão referente aos valores unitários, surgem dúvidas com relação aos quantitativos desses serviços, e também já presenciamos a negativa de pagamentos devido à alegação de desconformidades nos serviços realizados, podendo haver uma compensação dos valores apurados.

c) Valores de claims:

Os *claims*, ou reivindicações, são ocorrências registradas ao longo da execução do contrato, onde surgiram normalmente imprevisões que resultaram em desequilíbrio econômico-financeiro do projeto, o que obriga a um realinhamento de preços ou de quantitativos.

Nessas situações é importante a definição muito clara dos pleitos, para que o perito possa analisar individualmente cada um deles, levando em consideração a proposta e a real situação da obra executada, o que permitirá aos árbitros definir com clareza a exata extensão de eventuais pagamentos devidos.

d) Colapso estrutural:

É uma situação extrema, onde se registra a ocorrência de um acidente, que traz consequências diversas e resulta em perdas que comprometem de forma significativa a saúde financeira do projeto, além de outros desdobramentos, envolvendo uma série de participantes diretos e indiretos da obra.

Nesses casos a perícia técnica de engenharia é fato determinante para o julgamento da lide e estabelecimento das responsabilidades e obrigações decorrentes do ocorrido, portanto, trata-se de momento decisivo no processo arbitral.

15. CONCLUSÃO

As arbitragens nas questões que envolvem infraestrutura, em sua grande maioria, possuem componente técnico, especialmente na área da engenharia e contabilidade, podendo também envolver aspectos de natureza econômica, o que obriga os árbitros a se valerem da expertise de profissionais especializados nesses temas.

Em função da flexibilidade que caracteriza o processo arbitral, que não obriga à obediência de um critério único de realização da prova pericial, podendo ser produzida de diversas maneiras, e não só aquelas que os operadores do direito se acostumaram, em função da formação originária das regras ditadas pelo nosso diploma processual civil.

Independente do caminho a ser seguido para a formação da convicção dos julgadores nos temas ligados às questões técnicas, uma discussão que ganha corpo é justamente o processo de escolha dos peritos, também em função das características próprias da arbitragem, que tende a adotar critérios que se afastam da mera escolha discricionária, mas envolve uma maior abertura, especialmente com a participação das partes.

Esse procedimento, além de trazer um maior conforto aos árbitros quanto ao acerto do nome, também tende a evitar maiores questionamentos futuros, inclusive o risco de judicialização do conflito, o que resulta também em maior confiabilidade na decisão, uma vez que a fundamentação dos questionamentos técnicos espera-se ser alicerçada em trabalhos aprofundados sobre os temas em questão, ainda que ocorram divergências entre perito e assistentes técnicos.

Isso demonstra também um amadurecimento e não deixa de fazer parte do processo evolutivo da arbitragem no país, tão carente de obras de infraestrutura, cujos conflitos merecerão tratamento adequado, sendo certo que precisamos valorizar esta etapa do processo arbitral, cientes da importância da produção da prova técnica, e, consequentemente, da escolha do profissional, pois prevalece a máxima de que "a perícia vale o que vale o perito".

16. BIBLIOGRAFIA

BRASIL. Lei 9307, de 23 de setembro de 1996. Dispões sobre a arbitragem. Disponível em: http://www.planalto.gov.br/ccivil_03/leis/L9307.htm. Acesso em: 27 set. 2016.

FIGUEIREDO, Flávio Fernando de e NETO, Francisco Maia, coordenadores. *Perícias em arbitragem*. São Paulo: Liv e Ed. Universitária de Direito, 2012.

NETO, Francisco Maia. *A prova pericial no processo civil e na arbitragem*. Belo Horizonte: Del Rey, 2015.

NETO, Francisco Maia. *A prova pericial no novo CPC*. Disponível em: http://www.ibapepr.org.br/?p=135. Acessado em 22/09/2016.

Palestra abordando a visão do magistrado sobre a prova pericial, ministrada na abertura do Congresso Extraordinário da UPAV – Unión Panamericana de Asociaciones de Valuación, em 29 de setembro de 1997, São Paulo – SP - Brasil.

PASSOS, Mariza, coordenadora. *Engenharia de Avaliações*. Breve histórico da Engenharia de Avaliações em Nosso Meio. São Paulo. Ed. Pini.

Proposta apresentada no ensaio submetido à Sessão de 2013 da Academia Internacional de Direito Arbitral em Paris e que rendeu ao seu autor o título de Laureado da Academia para aquele ano. http://www.arbitrationacademy.org/?page_id=4463.

12

FORMAS E CARACTERÍSTICAS DOS DISPUTE BOARDS CONSIDERAÇÕES ÚTEIS NA SUA ESCOLHA

Pedro Ribeiro de Oliveira[1]

SUMÁRIO: 1. Introdução. 2. Conceito. 3. Implementação. 4. *Dispute Review Board*. 5. *Dispute Adjudication Board*. 6. *Combined Dispute Board*. 7. Formação do painel no início do projeto ou quando da ocorrência de disputas. 8. Número de panelistas. 9. Conclusão. Referências Bibliográficas.

1. INTRODUÇÃO

As obras de infraestrutura são, inevitavelmente, complexas. Mesmo quando a complexidade não deriva dos aspectos técnicos da engenharia envolvida no projeto, advém das dificuldades de logística inerentes às obras de longa duração.

Com esta complexidade vêm os imprevistos, e com estes, as disputas, igualmente inevitáveis.

Na esteira destes desafios a indústria da construção está sempre buscando formas de mitigar os efeitos negativos que as disputas causam aos projetos. Em especial, preocupa-se com os que impactam a saúde financeira dos seus participantes e os prazos de entrega das obras.

---

1 Árbitro e mediador. Graduado pela UFMG e pós-graduado em Arbitragem Internacional e em Projetos de Construção pela SIA – Queen Mary; Vice presidente de Arbitragem da CAMARB – Câmara de Arbitragem Empresarial – Brasil; *Distinguished Neutral* – CPR; membro do Comitê Brasileiro de Arbitragem – CBAr, do *Chartered Institute of Arbitrators* – CIArb, da *Dispute Resolution Board Foundation*, da *Society of Construction Law*, dos comitês de Construção Internacional e de Arbitragem da *International Bar Association* – IBA, do Comitê Brasileiro da Câmara Internacional de Comércio – CCI e das Comissões de Arbitragem e Conciliação e de Infraestrutura da Ordem dos Advogados do Brasil, Minas Gerais.

Os *Dispute Boards*, que entre nós têm se convencionado chamar Comitês de Resolução de Disputas, são um dos instrumentos frequentemente usados pela indústria mundial como forma de mitigar estes efeitos.

2. CONCEITO

Os *Dispute Boards*, são acordados em contratos de médio ou longo prazo para resolver as disputas que possam surgir no decorrer da execução deste contrato. Esta é a característica que os distingue de outros métodos de resolução de disputas: os *boards* foram concebidos para atuar antes do fim do contrato, procurando evitar que as disputas prejudiquem o projeto e colaborando para que as partes contratantes mantenham um relacionamento salutar no decorrer do contrato.

São usualmente compostos por um ou três membros que podem prestar assistência informal na solução das disputas e elaborar recomendações ou decisões que devem, contratualmente, serem exaradas em um prazo predeterminado, em geral inferior a 90 dias. As decisões adjudicadas proferidas pelos *Dispute Boards* devem ser cumpridas pelas partes a partir do momento que as recebem, enquanto que as recomendações devem ser cumpridas apenas se qualquer das partes não manifestar expressamente sua insatisfação em um prazo determinado. Em qualquer hipótese, a obrigatoriedade de cumprir a decisão proferida permanece apenas até que esta seja eventualmente revertida em juízo ou através de procedimento arbitral.

No Brasil a experiência com os *Dispute Boards* é ainda modesta, mas os estímulos para sua utilização, sobretudo nos projetos de infraestrutura, vêm se multiplicando. O Enunciado 80 do Centro de Estudos Judiciários do Conselho da Justiça Federal é um claro exemplo desta tendência:

> "A utilização dos Comitês de Resolução de Disputas (*Dispute Boards*), com a inserção da respectiva cláusula contratual, é recomendável para os contratos de construção ou de obras de infraestrutura, como mecanismo voltado para a prevenção de litígios e redução dos custos correlatos, permitindo a imediata resolução de conflitos surgidos no curso da execução dos contratos."

Este artigo procura delinear as características dos tipos de *Dispute Boards* mais utilizados e suas variações mais comuns, com o fito de nortear a escolha do tipo que mais se adeque à expectativa das partes que pretendam utilizá-los.

Adotar-se-á as regras de *Dispute Boards* da Câmara de Comércio Internacional – CCI como referência, em razão de sua ampla difusão e similitude com outras regras institucionais.[2]

3. IMPLEMENTAÇÃO

Assim como na arbitragem, o uso de *Dispute Boards* é convencionado através da inserção no contrato de uma cláusula de resolução de disputas que o preveja expressamente. É fruto exclusivo da vontade das partes e da liberdade de contratar.

Esta cláusula é, necessariamente, uma cláusula escalonada. Isto porque, ao adotar os *Dispute Boards*, a solução de qualquer disputa será submetida a, no mínimo, duas fases. Uma delas será obrigatoriamente a submissão ao *board* escolhido, de cuja observância depende sua submissão a uma próxima fase. Em todos os casos, a arbitragem ou a justiça estatal são sempre a fase derradeira.

Ao contrário da arbitragem, todavia, os *Dispute Boards* não têm legislação específica no Brasil. Sua adoção está, portanto, sujeita exclusivamente às normas gerais afeitas ao direito das obrigações.[3]

Na cláusula que convenciona o seu uso, as partes poderão estabelecer diretamente os parâmetros de seu funcionamento ou, se preferirem, poderão adotar regulamentos oferecidos por instituições que administram *Dispute Boards,* tais como a CCI.

Estes regulamentos cuidam de regras importantes, tratando, por exemplo, da forma como devem ser submetidas as disputas aos panelistas do *board* e de como se dará o procedimento pelo qual as partes serão ouvidas e os panelistas buscarão as informações que julgarem necessárias antes de emitir suas recomendações ou decisões.

Em sua maioria, as instituições também disponibilizam modelos de cláusulas escalonadas que podem ser usados pelas partes. Estes modelos, testados pelo uso constante, têm a vantagem de estarem menos sujeitos aos problemas causados por cláusulas escalonadas patológicas, como as que deixam de consignar expressamente se a observância de cada etapa é condição imprescindível para o uso da etapa seguinte.

---

2 Regulamento Relativo aos Dispute Boards: CCI – *International Chamber of Commerce*. Disponível em: <www.iccwbo.org>, acessado em Fev 2016

3 Vide, a propósito, RIBEIRO, Pedro. Execução das Decisões dos Comitês de Resolução de Disputas. In: TRINDADE, Bernardo (Coord). *Comitê de Resolução de Disputas – CRD nos contratos de construção e infraestrutura*. São Paulo: Pini, 2016, p. 158.

A vantagem das instituições está também na oferta de serviços que asseguram uma instauração do *board* segura e menos sujeita a imprevistos.

Aqui, também, a arbitragem serve como analogia:

Os *Dispute Boards* devem ter seus panelistas nomeados e contratados pelas partes. As instituições proveem os serviços de nomeação sempre que qualquer das partes é recalcitrante na sua obrigação de participar ativamente da composição do painel.[4] Ademais disto, servem como terceiro desinteressado que decide a eventual impugnação de panelista apontado por uma das partes e recusado por outra.[5]

Ainda quanto à contratação, os regulamentos de instituições normalmente vêm acompanhados de tabelas de honorários, poupando as partes do embaraço de negociar diretamente com os panelistas o valor e os detalhes da prestação de serviços.[6]

Independentemente da opção pelo uso de uma instituição ou pela convenção direta, as partes normalmente optarão por um modelo de *Dispute Board* que atue através de uma suas de três formas mais comuns, quais sejam: (a) *Dispute Review Board*, que profere recomendações, (b) *Dispute Adjudication Board*, cujas decisões vinculam as partes e devem ser cumpridas, e, por fim, (c) *Combined Dispute Boards*, que a princípio proferem recomendações, mas podem proferir decisões como um *adjudicaiton board*.

Além disto, os *boards* podem ser convencionados com um, três ou mais panelistas; podem ser formados e atuar desde o início do contrato ou, alternativamente, apenas quando surgir a primeira disputa.

Cada uma destas formas tem características distintas, como a seguir se descreve.

4. *DISPUTE REVIEW BOARD*

As partes que optarem por incorporar ao seu contrato uma cláusula de resolução de disputas com os *Dispute Review Boards*, ou DRBs estarão

---

4 Veja-se, a título de exemplo, o Artigo 7º(7) do Regulamento CCI: "A nomeação de qualquer Membro do DB [*Dispute Board*] será efetuada pelo Centro a pedido de qualquer das Partes se o Centro estiver satisfeito que tal ação é justificada para assegurar a correta aplicação do Regulamento."

5 *Idem*, Artgo 8º (4): "Se uma Parte quiser impugnar um Membro do DB devido à sua suposta falta de imparcialidade, independência ou por qualquer outro motivo, poderá fazê-lo no prazo de 15 dias, contados do conhecimento dos fatos em que se fundamenta a impugnação, submetendo ao Centro um pedido de uma decisão quanto à impugnação acompanhado de uma declaração por escrito dos respectivos fatos. O Centro decidirá, em última instância, o pedido de impugnação, após ter dado ao Membro impugnado, assim como aos demais Membros do DB e à outra Parte, a oportunidade de se manifestar sobre a impugnação.

6 A CCI não só faz acompanhar seu Regulamento de uma tabela de custos, como oferece às partes um modelo de contrato de membro do *Dispute Board*.

nomeando um painel cuja função é analisar as disputas que lhes são submetidas e proferir uma recomendação para sua solução.

Esta recomendação não vincula as partes, que não são obrigadas a cumpri-la. Todavia, as partes têm uma grande probabilidade de acatar as soluções propostas por profissionais de sua confiança, que, afinal, foram por elas indicados em razão de sua experiência profissional.

Com efeito, uma das razões pelas quais os DRBs são enaltecidos pela doutrina é o fato de que os seus panelistas podem se esforçar por elaborar recomendações que levem em consideração os interesses de todas as partes envolvidas. Assim elaboradas, as recomendações têm maiores chances de serem cumpridas voluntariamente.

Neste sentido, veja-se a lição de Dearing:

> "Há que se acreditar que esta recomendação tenha que ser inovadora e ir além do que seria o resultado da aplicação direta do contrato e da lei de governança. Ela frequentemente lidará com questões que o contrato não antecipou ou para as quais a solução contratual não é interessante. Ela será muito melhor aceita se refletir um senso de justiça e equidade, mesmo que isto signifique que estará se desviando das regras previamente acordadas"[7]

Mais que fazer estas recomendações, os DRBs podem prestar uma assistência informal às partes, com vistas a prevenir as disputas, que, se for efetiva, vai evitar que um desentendimento evolua para uma disputa que seja formalmente remetida ao painel para solução.[8]

Neste papel, o trabalho do DRB se assemelha àquele desenvolvido pelo mediador na mediação facilitava[9], mas com os panelistas auxiliando as partes a chegarem, elas próprias, a uma solução que previna a disputa. É preciso, no entanto, ter cautela para não emitir qualquer opinião que possa ser percebida como um pré-julgamento de disputa[10] que possa, eventualmente,

---

7 Tradução livre. Vide: DERING, Christopher. *Dispute Boards: It's Time To Move On*. The International Construction Law Review. Londres, Inglaterra. Informa Law, 2004. 438–58, pp 441 – 442.

8 O Artigo 4º (1) do regulamento da CCI prevê expressamente esta forma de atuação: "Os DRBs poderão ajudar as Partes na prevenção de Desacordos, na resolução de Desacordos através de assistência informal e na emissão de Conclusões relativas à Litígios no caso de remissão formal. nas remissões formais, os DRBs pronunciarão Recomendações relativas aos Litígios."

9 A técnica facilitava de mediação, em contraste com a técnica avaliativa, é aquela em que o mediador limita-se a promover o diálogo e a facilitar a comunicação entre as partes, procurando não emitir qualquer opinião sobre o mérito da disputa.

10 Neste ponto, apesar do Artigo 17 (2) do Regulamento da CCI autorizar a assistência através "de opiniões informais fornecidas pelo DB às Partes", não é recomendável que os panelistas o façam, visto que podem se colocar em situação tecnicamente difícil caso tenham que emitir uma recomendação

ser objeto de recomendação formal a ser elaborada pelo DRB. A este propósito, ressalta Chapman:

> "Durante as visitas de rotina ao canteiro, potenciais disputas e questões preocupantes são trazidas à atenção do DB. Controvérsias podem ser arejadas e um diálogo ser estabelecido entre as partes, sob a cuidadosa supervisão do DRB. No entanto, é preciso exercer cautela pois o DB não deve fazer pronunciamentos informais ou pré-julgar questões que podem vir a ser objeto de uma remissão formal [ao DB]. Não é difícil, todavia, conduzir as partes a novos entendimentos e ajudar a esclarecer as questões controvertidas. "[11]

Importa notar, no entanto, que dependendo do regulamento utilizado a recomendação pode se tornar vinculante. É o que acontece se as partes optarem por um DRB que observe regulamentos, que, como o da CCI, preveem a eventual alteração da natureza da recomendação.

De acordo com o Artigo 4º (3) do Regulamento da CCI, após o recebimento de uma recomendação, as partes têm 30 dias para notificar as demais de uma eventual insatisfação com a sobredita recomendação. Caso deixem de fazer esta notificação, a recomendação fica automaticamente convertida em decisão vinculante, com os mesmos efeitos que teria uma decisão emanada por um *Dispute Adjudication Board*.[12]

Esta possibilidade de conversão de uma recomendação em uma decisão vinculante tem suas desvantagens.

Não saber com antecedência se a recomendação que deverão fazer será de cumprimento voluntário ou obrigatório é fonte de dificuldade para os panelistas, visto que a forma de conduzir o procedimento pode ser diferente em um ou outro caso.

Além disto, a redação de uma recomendação cujo cumprimento seja facultativo e a redação de uma decisão vinculante é necessariamente diversa.

A fundamentação da parte operativa da recomendação / decisão é necessariamente diferente em um e outro caso, o que torna o trabalho mais

---

a posteriori, que, eventualmente, vá divergir da opinião dada antes da submissão formal de uma disputa.

11 Tradução livre. Palestra proferida por Peter Chapman na Conferência da *Dispute Resolution Board Foundation* em Bruxelas em novembro de 2011.

12 Artigo 4º (3): "as Partes acordam que, se, nos 30 dias seguintes ao recebimento de uma Recomendação, nenhuma das Partes notificar a outra Parte e o DRB, por escrito, de sua insatisfação com a Recomendação, esta passará a ser final e vinculativa para as Partes. as Partes deverão cumprir sem demora a Recomendação que se tornou final e vinculativa e concordam em não contestar essa Recomendação, a menos que tal acordo seja proibido pela lei aplicável.

complexo, menos pragmático, e, em casos extremos, até mesmo um tanto ambíguo.

As partes que quiserem evitar estes inconvenientes podem, naturalmente, excetuar o regulamento que adotarem no que tange à possibilidade de conversão da recomendação em decisão vinculante. Afinal, os *Dispute Boards* são fruto da vontade e liberdade de contratar das partes.

5. *DISPUTE ADJUDICATION BOARD*

As partes que, por sua vez, optarem por uma cláusula de resolução de disputas com um *Dispute Adjudication Board*, ou DAB, estarão nomeando um painel que emitirá uma decisão vinculante, ou seja, cujo cumprimento é obrigatório.

A vantagem de uma decisão vinculante exarada por um DAB é que as partes deverão, em razão do contrato que celebraram, cumprir imediatamente aquela decisão, ainda que pretendam contestá-la através de arbitragem ou via justiça estatal. Em outras palavras, a decisão vem com o dever de cumprimento provisório, permitindo que o projeto seja executado sem suspensões em razão da disputa.

O procedimento que antecede a uma decisão por DAB é normalmente mais aguerrido que o procedimento afeito a uma recomendação, e, eventualmente, mais longo e oneroso.

É importante notar que em razão dos *Dispute Boards* não serem regidos por legislação específica no Brasil, se o contrato ou o regulamento adotado pelas partes não prever, o procedimento não está sujeito a observância de devido processo legal. Isto não significa que os panelistas possam agir com parcialidade, mas garante que não estejam sujeitos a formalidades exacerbadas na condução do procedimento.[13] Os *Dispute Boards* enfatizam os aspectos técnicos da construção e do contrato em detrimento das formalidades. Esta é a razão pela qual são chamados de "justiça rústica".[14]

No entanto, um DAB experiente toma precauções para que, nos limites do período de tempo que tem para exarar sua decisão, a condução do procedimento observe um mínimo de princípios afeitos ao devido processo legal, tal como o princípio do contraditório.

---

13 Veja-se a respeito o Artigo 21 (6) do Regulamento CCI: "O DB deverá atuar de forma equânime e imparcial, devendo sempre assegurar que cada Parte tenha a oportunidade de apresentar as suas razões".

14 É preciso sempre ressaltar, quando se discute *Dispute Boards* e devido processo legal, que as partes podem sempre levar uma decisão da qual discordarem ao judiciário ou à arbitragem.

E é esta condução mais formal do procedimento que pode acarretar em custos maiores, como a contratação de advogados para melhor argumentar um aspecto legal da disputa, ou em maior duração do procedimento, quando as partes acordam prorrogar o limite original para a decisão na ânsia de defender mais detalhadamente suas posições.

Ao considerar a adoção de um DAB, é preciso também manter em mente que a decisão por ele exarada não tem força de título executivo, doméstico ou internacional. Como bem ressalta Götz-Sebastian Hök,

> "o procedimento DAB, consequentemente, não é um procedimento arbitral e nenhuma de suas decisões têm as características de uma sentença arbitral. Desta forma as decisões de um DAB não são exequíveis nos termos da Convenção de Nova Iorque. "[15]

Em outras palavras, para executar uma decisão exarada por um DAB a parte interessada deverá submeter o descumprimento contratual da obrigação – de acatar a decisão – à arbitragem ou à justiça estatal.[16]

As partes que pretendem adotar o DAB devem ainda estar atentas à redação da cláusula escalonada que o prevê, no que concerne às etapas a serem observadas antes de eventual arbitragem ou ação na justiça estatal. Uma redação ambígua ou excessivamente simplista pode levar a dúvidas quanto à natureza da disputa relativa ao cumprimento de decisão DAB: seria este descumprimento uma nova disputa que deva ser submetida à todas as etapas da uma cláusula escalonada, i.e., que deva ser levada ao próprio *Dispute Board*, antes que possa ser levada à arbitragem ou à justiça estatal?

O risco desta interpretação ficou evidenciado em *PT Perusahaan Gas Negara (Persero) TBK ("PGN")* vs *CRW Joint Operation*[17], caso levado à Corte Superior de Cingapura que incitou acirrada discussão na doutrina internacional.

---

15 HÖK, Götz-Sebatian. *Dispute Adjudication In Civil Law Countries – Phantom Or Effective Dispute Resolution Method.* The International Construction Law Review. Londres, Inglaterra. Informa Law, 2011. 413 – 438, p. 425. (Tradução livre)

16 O Artigo 5º (6) do Regulamento da CCI estabelece todas as circunstâncias em que as partes podem ou devem levar a disputa ao judiciário ou à arbitragem: "Se uma das Partes enviar tal notificação escrita expressando sua insatisfação com uma Decisão, ou se o DAB não emitir sua Decisão no prazo previsto no artigo 22, ou se o DAB for dissolvido nos termos do Regulamento antes da emissão de uma Decisão sobre um Litígio, o Litígio em questão será resolvido definitivamente por arbitragem, se as Partes assim o tiverem convencionado, ou, na falta de tal convenção, por qualquer tribunal competente. Até que o Litígio seja definitivamente resolvido por arbitragem ou de outra forma, ou a menos que o tribunal arbitral ou o juiz decida em contrário, as Partes permanecerão obrigadas a cumprir qualquer Decisão emitida dentro do prazo previsto."

17 (PT Perusahaan Gas Negara (Persero) TBK ("PGN") v CRW Joint Operation. Relator Vinodh Coomaraswamy. 16 de Julho 2014; disponível em <http://www.singaporelaw.sg/sglaw/laws-of-singapore/case-law/free-law/high-court-judgments> consultado em 10/10/2014.

Em razão deste risco, as partes devem considerar acrescentar em sua cláusula escalonada linguagem que deixe claro que o descumprimento de decisão vinculativa, seja ela DAB ou derivada de uma das outra formas de *Dispute Boards*, deve ser submetida diretamente à arbitragem ou justiça estadual, conforme a escolha das partes.

Finalmente, vale a pena notar que o Banco Mundial estabelece o uso de DAB em suas Condições Padrão para Licitação de Serviços de Engenharia e Construção[18], no que é acompanhado por diversos outros bancos multilaterais de desenvolvimento.

6. *COMBINED DISPUTE BOARD*

A terceira forma de adoção dos *Dispute Boards* é a forma combinada, que foi originalmente formalizada pela CCI com o nome *Combined Dispute Boards* ou CDB.[19] Neste formato, o *Board* elabora recomendações como padrão, mas pode exarar decisões vinculantes sempre que: (a) uma das partes requeira e as demais concordem, ou, (b) quando uma das partes requerer, independentemente da recusa das demais, desde que o *Board* entenda estarem presentes os requisitos acordados pelas partes na cláusula de resolução de disputas ou exigidos pelo regulamento.[20]

As vantagens e desvantagens da adoção do CDB são as mesmas, em geral, daquelas apontadas para a adoção dos *Dispute Review Boards* ou dos *Dispute Adjudication Boards*. Todavia, as dificuldades inerentes a um procedimento que pode ou não ser vinculativo, como acima mencionamos ao tratar dos DRBs, são inerentes ao CRD e não podem ser evitadas com uma alteração da cláusula escalonada.

---

18 Vide os *Standard Bidding Documents for the Procurement of Works of Civil Engineering Construction – SBDW* disponíveis no site do Banco Mundial <http://go.worldbank.org/LLG7KORBF0> consultado em 05/06/2015.

19 Veja-se a propósito o Artigo 6º do Regulamento CCI, que assim define o CDB: "Os CDBs poderão ajudar as Partes na prevenção de Desacordo, na resolução de Desacordos através de assistência informal e na emissão de Conclusões relativas a Litígios no caso de remissão formal. Nas remissões formais, os CDBs emitem Recomendações relativas à Litígios nos termos do artigo 4°, mas podem emitir Decisões nos termos do artigo 5°, conforme previsto nos parágrafos 2 e 3 do presente artigo 6°.

20 No caso do Regulamento CCI, estes requisitos estão no Artigo 6º (3): "Se uma das Partes solicitar uma Decisão e outra Parte discordar disso, o CDB tomará uma decisão final sobre se emitirá uma Recomendação ou uma Decisão. Para tanto, o CDB levará em consideração os seguintes fatores, sem, contudo, se limitar a eles:
- se, em razão da urgência da situação ou de outras considerações pertinentes, a Decisão facilitará a execução do Contrato ou evitará uma perda ou prejuízo significativo por qualquer uma das Partes;
- se a Decisão prevenirá a ruptura do Contrato; e
- se a Decisão é necessária para a preservação de provas. "

Ao considerar todas as opções, as partes devem decidir se é melhor ter à disposição uma decisão que é de cumprimento obrigatório (embora provisoriamente) ou um procedimento melhor aparelhado para fomentar uma abordagem mais colaborativa na resolução das disputas, mas que ao final elabore apenas recomendações.

7. FORMAÇÃO DO PAINEL NO INÍCIO DO PROJETO OU QUANDO DA OCORRÊNCIA DE DISPUTAS

Em qualquer das formas acima apontadas as partes podem optar por estabelecer os *Dispute Boards* desde o início do projeto, quando ainda não ocorreram disputas (*standing Dispute Boards*) ou acordar nomeá-lo apenas quando da primeira disputa (*ad hoc Dispute Board*). Dorgan resume as vantagens de um *standing Dispute Board* da seguinte forma:

> "Há certas vantagens óbvias na adoção de um *standing Dispute Board*: as partes vão normalmente achar mais fácil concordar com a indicação dos panelistas do *board* no início do projeto do que quando uma disputa já houver acontecido. Uma das principais vantagens do procedimento de *Dispute Board* é a familiaridade dos panelistas com o projeto (o que, entre outros benefícios, permite que eles tomem decisões rapidamente) o que depende do *board* estar formado por toda a duração do projeto, para receber relatórios e outros documentos, fazer visitas periódicas ao canteiro etc."[21]

E as desvantagens:

> "Por outro lado, o *standing Dispute Board* será naturalmente mais dispendioso que um *ad hoc Dispute Board*, porque os membros de um *standing board* recebem honorários e são reembolsados pelas despesas incorridas durante as visitas ao canteiro, reuniões com as partes e o tempo gasto em suas próprias deliberações. Estas despesas adicionais podem parecer excessivas se a fase inicial do contrato envolver um período relativamente longo de design, aquisição e/ou manufatura fora do canteiro."[22]

Muito embora a opinião de Dorgan reflita os comentários mais comuns encontrados na pouca doutrina ainda existente sobre o assunto, a questão, como por ele colocada, reflete mais um problema de estratégia contratual do que um problema de vantagens ou desvantagens inerentes a uma ou outra abordagem na formação do painel. O princípio que deve-se observar ao

---

21 Tradução livre. Carrolls S., Dorgan., *The ICC's New Dispute Board Rules.*, The International Construction Law Review. Londres, Inglaterra. Informa Law, 2005, 142–50, P. 145

22 Idem.

decidir quando formar o *board* é o de identificar o momento do projeto em que as várias partes que nele atuarão passarão a se relacionar.

Assim, na fase de design em que a principal relação se dá entre o dono da obra e o projetista, é menor o risco da ocorrência de fatos que possam, naquele momento, gerar disputas.[23] Todavia, quando ao fim da terraplanagem, as empresas contratadas começam a se mobilizar e os materiais e equipamentos necessários à obra ou que à ela serão incorporados começam a ser entregues, aí sim, já é útil que o *board* esteja visitando o canteiro e sendo informado dos fatos que podem, no decorrer da obra, se tornarem relevantes para a prevenção ou solução de eventuais disputas.

Em qualquer hipótese, é sempre recomendável que os panelistas sejam indicados e contratados no início do projeto, logo após a assinatura do contrato que adotou os *Dispute Boards*. Nada impede que o contrato com os panelistas preveja que o trabalho comece e os honorários e as despesas com visitas ao canteiro sejam pagos a partir da data em que o cronograma prevê a mobilização das empresas construtoras.

8. NÚMERO DE PANELISTAS

A escolha do número de panelistas de um *Dispute Board* é tratada normalmente como uma simples questão de custo em face do valor do contrato.

A título de exemplo, os *Standard Bidding Documents for the Procurement of Works of Civil Engineering Construction – SBDW* do Banco Mundial[24] dispõe que todo e qualquer contrato financiado pela Instituição, com valor de 50 milhões de dólares americanos ou mais, devem utilizar um *board* composto por três panelistas. O mesmo documento autoriza as partes a optarem por um *Dispute Review Board* com apenas um panelista nos contratos de valor inferior.

Não obstante, um contrato de valor elevado não implica necessariamente em um projeto tecnicamente complexo, v.g., as obras de edificações civis sem detalhes arquitetônicos extravagantes. Nesta hipótese talvez não seja justificável um painel composto por três profissionais.

Por outro lado, um pequeno aeródromo construído em terreno com subsolos variados pode não ter um valor vultoso, mas a complexidade técnica do projeto talvez justifique a indicação de um *board* composto por três panelistas.

---

[23] As disputas originadas de problemas com o projeto normalmente ocorrem quando o problema é descoberto, já na fase de execução.

[24] Vide 14 acima.

Em qualquer caso, o importante é ter em mente que o valor de um contrato nem sempre reflete o montante dos riscos nele envolvidos, e que o potencial valor dos riscos é mais relevante que o custo do contrato ao se ponderar qual a melhor forma de resolução de disputas para este ou aquele contrato.

Dois outros pontos merecem ainda ser aventados, um de natureza procedimental, e outro afeito ao ambiente político de qualquer das partes contratantes:

O aspecto procedimental diz respeito ao mecanismo de indicação dos panelistas. Ao optar por um *board* de apenas um panelista, é preciso cuidar de como este será indicado.

Se a opção for a indicação por todas as partes contratantes, de comum acordo, recomenda-se a utilização de um *standing board* em que nome do profissional seja acordado ainda na formação do contrato. Neste momento as partes estão trabalhando sem que qualquer disputa esteja a lhes acirrar os ânimos, e a indicação, assim, deve ocorrer sem dificuldades.

A mesma recomendação serve para a hipótese de três panelistas que devam ser indicados de comum acordo pelas partes.

Alternativamente, se as partes preferirem utilizar um *ad hoc Dispute Board*, recomenda-se a utilização de cláusula ou regulamento institucional que preveja que, caso as partes não cheguem a um acordo, uma autoridade apontadora indique os panelistas. Esta opção é importante, igualmente, em qualquer hipótese de *boards* de três ou mais panelistas, visto que resolve o impasse causado quando os panelistas indicados pelas partes, individualmente, não cheguem a um acordo quanto ao profissional que deva presidir o *board*.

O aspecto político da opção por um *board* de um, três ou mais panelistas, relaciona-se à percepção da importância do projeto. Se um projeto é percebido pela direção ou os acionistas de uma empresa como sendo estratégico ou extremamente relevante para o seu resultado, é recomendável o uso de um painel com três ou mais profissionais. Assim como nos casos médicos, uma segunda ou terceira opinião tornam as decisões mais difíceis menos amargas de se aceitar.

9. CONCLUSÃO

Existe um *Dispute Board* mais adequado para cada contrato de infraestrutura, conforme os riscos inerentes ao projeto ou a expectativa e características das partes contratantes. A escolha de um *Dispute Board* adequado assegura um melhor resultado, seja quanto ao seu custo, seja quanto ao seu resultado.

REFERÊNCIAS BIBLIOGRÁFICAS

CHAPMAN, Peter. *Dispute Boards on Major Infrastructure Projects*. In: DRBF CONFERENCE, Nov 2011, Bruxelas. Nov. 2011.

DORGAN, Carrolls S. *The ICC's New Dispute Board Rules*. The International Construction Law Review, n. 2005.

HÖK, Götz-Sebastian. *Dispute Adjudication in Civil Law Countries – Phantom or Effective Dispute Resolution Method?* The International Construction Law Review, v. 28–Part 4, n. 2011.

RIBEIRO, Pedro. *Execução das Decisões dos Comitês de Resolução de Disputas*. Comitê de Resolução de Disputas - CRD nos contratos de construção e infraestrutura. São Paulo, SP: Pini, 2016.

CONTRATOS E RESPONSABILIDADE CIVIL

13

A RESPONSABILIDADE CIVIL DO TOMADOR DOS SERVIÇOS POR DANOS DECORRENTES DE ACIDENTES DE TRABALHO NAS OBRAS DE INFRAESTRUTURA

Fabio Goulart Villela[1]

SUMÁRIO: Introdução. 1. A Competência Material da Justiça do Trabalho para Julgamento das Ações Indenizatórias decorrentes de Acidentes do Trabalho. 2. A Responsabilidade Civil no Código Civil Brasileiro. 3. A Responsabilidade do Empregador pelos Danos ao Empregado no Acidente de Trabalho. 4. A Responsabilidade por Acidente de Trabalho na Terceirização. Conclusão. Referências Bibliográficas.

INTRODUÇÃO

A realização de obras de infraestrutura consiste num relevante instrumento para o desenvolvimento nacional, cuja garantia constitui um dos objetivos fundamentais da República Federativa do Brasil, nos moldes previstos no artigo 3º, inciso II, da Constituição da República de 1988.

Neste contexto, a indústria da construção apresenta-se como um dos mais importantes segmentos de nossa economia, em virtude da geração de um grande volume de riquezas e de empregos para todas as camadas sociais. A sua participação é ainda maior se considerarmos toda a sua cadeia produtiva, que envolve desde a produção de materiais de construção, de máquinas

[1] Procurador-Chefe do Ministério Público do Trabalho no Estado do Rio de Janeiro (Procuradoria Regional do Trabalho da 1ª Região). Bacharel em Direito pela Universidade Federal Fluminense – UFF. Pós-Graduado em Direito do Trabalho e Direito Processual do Trabalho pela Universidade Gama Filho – UGF. Doutorando pela Universidade Autônoma de Lisboa – UAL. Orientador Pedagógico da Escola Superior do Ministério Público da União - ESMPU. Coordenador Pedagógico do Curso Toga Estudos Jurídicos. Professor em Cursos de Pós-Graduação. Autor de livros e artigos jurídicos.

e equipamentos, até o setor de prestação de serviços, de modo a expandir, consideravelmente, o impacto social e econômico desta atividade.

Não obstante a sua indiscutível importância no cenário socioeconômico, a construção civil vem, há tempos, liderando o ranking de acidentes de trabalho no país, incluindo os infortúnios fatais, conforme pode ser facilmente verificado a partir dos números divulgados nos Anuários Estatísticos da Previdência Social (onde não são contabilizados os inúmeros casos de subnotificação), o que contrasta, por si só, com a ideia de que o trabalho deve se traduzir em fonte de subsistência e de mecanismo de inclusão social e de promoção da cidadania.

A dignidade da pessoa humana encontra-se consagrada como fundamento da liberdade e como valor central da ordem jurídica internacional, incorporando-se como um dos alicerces estruturantes do Estado Democrático de Direito, de modo a influenciar as Constituições da segunda metade do século XX, inclusive a Constituição da República Federativa do Brasil de 1988, consoante se extrai da disposição contida no inciso III do seu artigo 1º.

Esta centralidade da pessoa humana na ordem jurídica exige que a pessoa humana seja concebida e tratada como valor-fonte de todo o ordenamento jurídico, sendo que a sua dignidade deve ser o centro e fundamento básico de todo o sistema constitucional relativo aos direitos fundamentais. O princípio da dignidade humana nutre e perpassa todos os direitos fundamentais que, em maior ou menor medida, podem ser considerados como concretizações ou exteriorizações suas.

Por conseguinte, sendo o direito ao trabalho um direito fundamental, deve pautar-se na dignidade da pessoa humana. Assim, quando a Constituição da República, em seu artigo 6º, assegura o direito social ao trabalho, deve ser compreendido que o trabalho consagrado pela ordem constitucional é o trabalho digno ou decente. Primeiro, em razão do nexo lógico existente entre direitos fundamentais e o alicerce do Estado de Direito Democrático, que é a dignidade da pessoa humana. Segundo, porque apenas o trabalho exercido em condições dignas pode ser considerado um eficaz instrumento de viabilização da emancipação do trabalhador e de reafirmação de sua cidadania e identidade social[2].

Logo, a todo cidadão deve ser assegurado um trabalho digno ou decente, ou seja, que corresponda às condições mínimas de higiene, de saúde e de

---

[2] DELGADO, Mauricio Godinho; DELGADO, Gabriela Neves. *Constituição da República e Direitos Fundamentais: Dignidade da Pessoa Humana, Justiça Social e Direito do Trabalho.* 3ª ed. São Paulo: LTr, 2015. p. 63-64.

segurança, até porque a redução dos riscos inerentes ao trabalho também configura direito social constitucionalmente atribuído à classe trabalhadora, nos moldes previstos no artigo 7º, inciso XXII, da Constituição da República de 1988. Como consectário lógico desta proteção conferida ao trabalhador, a fim de resguardar a sua integridade física e psíquica, esta tutela deve ser direcionada à manutenção da higidez do meio ambiente do trabalho, eliminando, ou neutralizando, a ação de agentes nocivos, e prevenindo a ocorrência de infortúnios e doenças ocupacionais.

A implementação de medidas preventivas, que venham a reduzir os riscos à saúde e à segurança do trabalhador, é direito fundamental consolidado no ordenamento jurídico pátrio. Nos termos do artigo 157, inciso I, da CLT, não basta as empresas (tomadores dos serviços) cumprir as normas de saúde e segurança do trabalho, mas também deve fazê-las cumprir, de modo a dar efetividade a estes mandamentos cogentes ou de ordem pública e que, por isso, são inderrogáveis pela vontade de qualquer das partes contratantes.

Trata-se, pois, de direito de ordem fundamental cujos titulares encontram-se dispersos no seio da sociedade, de nítido caráter difuso, transcendendo a esfera do direito meramente individual, de forma a beneficiar, de uma só vez, todos os componentes de um meio social. A natureza transindividual e indivisível deste direito humano de terceira dimensão advêm da impossibilidade de se assegurar um meio ambiente salubre e hígido a apenas uma parte de determinada coletividade, sem alcançá-la em sua plenitude. A observância do direito de um perpassa necessariamente pelo cumprimento do direito de todos.

O artigo 225, *caput*, da Constituição da República, após destacar o direito de todos ao meio ambiente ecologicamente equilibrado, o alçou a bem de uso comum do povo e essencial à sadia qualidade de vida, impondo ao Poder Público e à coletividade o dever de defendê-lo e preservá-lo para as presentes e futuras gerações. E a busca a esta sadia qualidade de vida deve se iniciar no meio ambiente laboral, onde o indivíduo passa, por certo, a maior parte de seu tempo, e que deve ser integrada na política de ampla tutela ambiental.

Registre-se, por oportuno, que a preservação do meio ambiente do trabalho não se restringe à matéria inerente à seara do Direito do Trabalho, não obstante a existência de inúmeras normas de saúde e de segurança do trabalho previstas na Consolidação das Leis do Trabalho e nas Normas Regulamentadoras instituídas pela Portaria nº 3.214/78 do Ministério do Trabalho.

A construção e a preservação de um ambiente laboral imune às ações de agentes insalubres e perigosos à integridade física e psíquica do trabalhador, aliada à efetiva redução dos riscos ocupacionais, através da adoção de medidas de saúde e segurança do trabalho, são preciosos mecanismos que integram, inequivocamente, a política pública de prestação dos serviços de saúde.

De acordo com o artigo 196 do Texto Constitucional, a saúde é direito de todos e dever do Estado, garantido mediante políticas sociais e econômicas que visem à redução do risco de doenças e de outros agravos e ao acesso universal e igualitário às ações e serviços para sua promoção, proteção e recuperação. Por óbvio, esta tutela estatal constitucionalmente enunciada deve abranger a coletividade de trabalhadores, os quais, não raras vezes, se submetem a precárias condições de trabalho, colocando em risco a sua própria vida e segurança, em benefício do processo produtivo inerente à atividade econômica desenvolvida.

Tanto é verdade que o comando contido no artigo 200, incisos II e VIII, da Constituição da República de 1988 estabelece que ao Sistema Único de Saúde compete, além de outras atribuições, nos termos da lei, executar as ações de vigilância sanitária e epidemiológica, bem como as de saúde do trabalhador, e colaborar na proteção do meio ambiente, nele compreendido o do trabalho.

Se todo cidadão tem direito à saúde, ao trabalhador deve assistir este mesmo direito em seu âmbito laboral. Desta forma, torna-se imprescindível que a sua proteção seja alvo de atuação do próprio Ministério da Saúde, órgão constitucionalmente previsto para zelar e propiciar o seu gozo, através de seu Sistema Único.

Partindo-se da premissa de que estas normas tutelares da saúde e da segurança do trabalhador, como do meio ambiente do trabalho como um todo, não se limitam ao âmbito do Direito do Trabalho, a competência legislativa não seria exclusiva da União, como prescreve o artigo 22, inciso I, da Constituição da República, mas concorrente, tanto sob o aspecto da defesa da saúde (CF/88, art. 24, XII) quanto sob o da proteção do meio ambiente (CF/88, art. 24, VI).

Vale lembrar, outrossim, que a ordem econômica, fundada na valorização do trabalho humano e na livre iniciativa, tem por fim assegurar a todos existência digna, conforme os ditames da justiça social, observados, entre outros, os princípios da função social da propriedade, da defesa do meio ambiente (inclusive, logicamente, o laboral) e da busca do pleno emprego (CF/88, art. 170, III, VI e VIII).

Logo, onde haja o dispêndio de energia laborativa por pessoa física em favor de um tomador, com vistas à produção de bens e/ou a prestação serviços, ter-se-á configurada uma relação de trabalho, reivindicando a observância de todas as normas de higiene, de saúde e de segurança do trabalho, de modo a dar efetividade e concretude ao princípio ambiental da prevenção, evitando-se infortúnios e doenças decorrentes da incúria do respectivo tomador.

1. A COMPETÊNCIA MATERIAL DA JUSTIÇA DO TRABALHO PARA JULGAMENTO DAS AÇÕES INDENIZATÓRIAS DECORRENTES DE ACIDENTES DO TRABALHO

A partir de uma releitura do artigo 109, inciso I, da Constituição da República, em cotejo com a nova redação atribuída ao artigo 114 da Carta Magna pela Emenda Constitucional nº 45/2004, notadamente a inserção dos incisos I, VI e IX, o Supremo Tribunal Federal, reformulando posicionamento anteriormente pacificado, atribuiu à Justiça do Trabalho a competência para julgamento das causas que versem sobre o pagamento de indenizações por danos morais e materiais decorrentes de acidentes do trabalho[3].

Segundo o entendimento firmado pela Suprema Corte, o marco temporal da competência da Justiça Trabalhista passou a ser o advento da Emenda Constitucional nº 45/2004. As ações que tramitavam perante a Justiça Comum dos Estados, com sentença de mérito anterior à promulgação da Emenda Constitucional nº 45/2004, lá continuaram até o trânsito em julgado e correspondente execução. Quanto àquelas cujo mérito ainda não havia sido apreciado, foram remetidas à Justiça do Trabalho, no estado em que se encontravam, com total aproveitamento dos atos praticados até então.

O referido posicionamento jurisprudencial restou sedimentado com a edição da Súmula Vinculante nº 22 do STF: "A Justiça do Trabalho é competente para processar as ações de indenização por danos morais e patrimoniais decorrentes de acidente de trabalho propostas por empregado contra empregador, inclusive aquelas que ainda não possuíam sentença de mérito em primeiro grau quando da promulgação da Emenda Constitucional nº 45/04".

O Tribunal Superior do Trabalho também editou a Súmula nº 392, atribuindo à Justiça do Trabalho, com base no artigo 114, inciso VI, da Constituição da República, a competência material para processar e julgar ações de indenização por dano moral e material, decorrentes da relação de trabalho, inclusive as oriundas de acidente de trabalho e doenças a ele equiparadas, ainda que propostas pelos dependentes ou sucessores do trabalhador falecido.

A atribuição desta nova competência a esta Justiça Especializada trouxe à baila importantes discussões doutrinárias e jurisprudenciais acerca de

---

3 CC 7204 / MG - MINAS GERAIS, Tribunal Pleno, Rel. Min. Carlos Britto, julgado em 29.06.2005, DJ 09.12.2005.

questões relacionadas às ações indenizatórias acidentárias, notadamente quanto à natureza da responsabilidade civil do empregador e de outros tomadores de serviços pelos danos materiais e morais decorrentes de acidentes de trabalho, o que será objeto do presente estudo.

2. A RESPONSABILIDADE CIVIL NO CÓDIGO CIVIL BRASILEIRO

O artigo 186 do Código Civil dispõe que aquele que, por ação ou omissão voluntária, negligência ou imprudência, violar direito e causar dano a outrem, ainda que exclusivamente moral, comete ato ilícito. Assim, extrai-se do referido dispositivo legal que a noção de culpa em sentido amplo (dolo e culpa em sentido estrito) encontra-se dentro do próprio conceito de ato ilícito.

Por sua vez, o artigo 927, *caput*, do mesmo Código atribui ao causador de dano a outrem, em decorrência da prática de ato ilícito, a obrigação de repará-lo. Desta forma, como regra geral, a responsabilidade civil a ser imputada ao agente que causa dano a alguém é de natureza subjetiva, perquirindo-se, além do nexo de causalidade existente entre a conduta (causa) e o dano (efeito), a sua culpabilidade (culpa ou dolo).

A responsabilidade civil objetiva sempre foi tratada como exceção a esta regra, condicionando-se a sua aplicabilidade à expressa previsão legal. Cite-se, como exemplos, as disposições contidas nos artigos 7º, inciso XXVIII (seguro contra acidente de trabalho)[4], 21, inciso XXIII, alínea "d' (danos nucleares) e 37, § 6º (agentes públicos), da Constituição da República; 14, § 1º, da Lei nº 6.938/81 (dano ambiental); 12, *caput*, da Lei nº 8.078/90 (Código de Defesa do Consumidor); e 735 do Código Civil (transporte de passageiros).

Merece destaque neste cenário específico a inovação introduzida no parágrafo único do artigo 927 do novo Código Civil, quando estabelece que haverá obrigação de reparar o dano, independentemente de culpa, nos casos especificados em lei, ou quando a atividade normalmente desenvolvida pelo autor do dano implicar, por sua natureza, risco para os direitos de outrem.

O legislador ordinário, ao imputar ao autor do dano, cuja atividade por ele normalmente desenvolvida implicar, por sua natureza, risco para os

---

[4] O pagamento deste benefício é devido ao empregado acidentado independente de culpa do empregador, por se fundar também na teoria da responsabilidade objetiva. Esclareça-se, desde já, que o pagamento deste seguro previdenciário ao empregado acidentado não exclui a indenização porventura devida pelo empregador, quando da ocorrência de dolo ou culpa, nos exatos termos do mesmo inciso XXVIII do artigo 7º do Texto Constitucional. Assim como, a teor do disposto no artigo 121 da Lei nº 8.213/91, o pagamento, pela Previdência Social, das prestações por acidente do trabalho não exclui a responsabilidade civil da empresa ou de outrem.

direitos de outrem, a obrigação pela reparação, sem apreciação da eventual culpabilidade do agente, não tem por fundamento o ato ilícito (que pressupõe a existência de culpa em sentido amplo), mas a teoria do risco criado. Conclui-se, deste modo, que a responsabilidade civil pode derivar de ato ilícito (artigo 927, *caput*) e do risco criado (artigo 927, parágrafo único). Sobre os distintivos enfoques atribuídos às teorias da responsabilidade civil subjetiva e objetiva, leciona José Acir Lessa Giordani:

> "De fato, a visão da reparação do dano pelo prisma da responsabilidade civil subjetiva é estabelecida a partir da preocupação em tutelar, proteger realmente, o autor do fato lesivo, evitando que ele possa ser compelido, injustamente, a reparar um dano causado sem que tivesse contribuído culposamente para o evento. Mesmo na hipótese de inversão do onus probandi, verifica-se, nos autores defensores da responsabilidade subjetiva, a preocupação permanente em viabilizar uma forma de defesa do agente, com base na inexistência de culpa, o que se compreende em razão da dificuldade já mencionada, na verdade uma grande resistência natural, inerente ao ser humano, de se desprender dos valores morais que o conduzem a crer, quase intuitivamente, que a ninguém deve ser imposta sanção de qualquer natureza sem que a conduta causadora do dano tenha sido decorrente de culpa do seu autor. Este prisma, contudo, se mostra iníquo para o lesado, especialmente porque a questão não é apreciada sob a ótica de seus interesses.
>
> Realmente, o que fizeram os precursores da responsabilidade objetiva, criadores da teoria do risco, foi exatamente modificar o ponto de vista, alterar o ângulo de visão da questão, objetivando apreciar todo o contexto da responsabilidade civil pela ótica da vítima, verificando seus interesses, especialmente quanto à relação de causalidade do evento lesivo. Observa-se, assim, que a atividade desenvolvida pelo agente, e que resulta no dano à vítima, praticamente só produz benefícios para ele"[5].

Como bem destacado pelo ilustre jurista, todos nós temos uma resistência natural quanto à possibilidade de atribuir responsabilidade pela reparação de evento danoso que tenha escapado à culpabilidade de seu agente. No entanto, quando o dano emerge do risco inerente à própria atividade desempenhada pelo autor, não há como deixar de imputar-lhe a responsabilidade pela reparação, independente de culpa, pela simples razão de ter sido o principal, senão único, beneficiário desta mesma atividade. Isso tudo, sem falarmos no penoso encargo probatório que, muitas das vezes, é imposto à vítima em virtude da aplicação da teoria da responsabilidade civil subjetiva, dificultando, ou até mesmo impedindo, o seu acesso à tutela jurisdicional.

---

5 GIORDANI, José Acir Lessa. *A Responsabilidade Civil Objetiva Genérica no Código Civil de 2002*. Rio de Janeiro: Lumen Juris, 2004. p. 36-37.

O primeiro passo dado em direção a este efetivo acesso à Justiça foi a instituição da responsabilidade civil subjetiva com culpa presumida, que termina por acarretar verdadeira inversão do ônus da prova em favor da vítima. Há culpa presumida quando a lei faz operar presunção de que a culpa foi do agente, acarretando-lhe o ônus de se desincumbir da prova em contrário. Promove-se a inversão do *onus probandi* da culpa, em razão das dificuldades econômicas e/ou técnicas inerentes à produção desta prova em muitos dos casos.

A título de ilustração, o artigo 6º da Lei nº 8.078/90 (Código de Defesa do Consumidor), em seu inciso VIII, enumera como direito básico do consumidor a facilitação da defesa de seus direitos, inclusive com a inversão do ônus da prova, a seu favor, no processo civil, quando, a critério do juiz, for verossímil a alegação ou quando for ele hipossuficiente, segundo as regras ordinárias de experiências. Importante, contudo, não confundir a responsabilidade subjetiva com culpa presumida com responsabilidade civil objetiva, posto que, para a configuração desta última, prescinde-se da noção de culpabilidade.

Com a previsão da responsabilidade civil objetiva pela teoria do risco, visa-se a alçar mais um importante degrau nesta escala de acesso ao poder jurisdicional. A teoria do risco criado vem sendo considerada pela doutrina como uma evolução da teoria do risco proveito. Enquanto esta última responsabiliza o autor do fato que o desencadeia com o objetivo de obtenção de um proveito econômico, a primeira dispensa a prova de que o autor do fato obtenha vantagens econômicas da atividade que acarretou o dano, uma vez que o risco incidirá em todas as atividades desenvolvidas pelo agente, tenha proveito econômico ou não. Desta forma, caberá a responsabilização do autor do evento danoso, que tenha decorrido do risco inerente à atividade por ele normalmente desenvolvida, desde que perfeitamente configurado o nexo de causalidade existente entre o risco criado e o dano ocorrido.

Na teoria do risco, as causas de exclusão da responsabilidade civil objetiva também devem ser apreciadas em função deste mesmo nexo de causalidade, não podendo, assim, ensejar qualquer responsabilidade o dano emergente de conduta da própria vítima (fato da vítima). Não por se tratar de "culpa exclusiva da vítima", já que a aplicabilidade da responsabilidade civil objetiva prescinde da ideia de culpabilidade, mas pelo simples fato de não haver qualquer nexo de causalidade entre o risco criado pela atividade desenvolvida e o dano ocorrido.

Do mesmo modo, o autor do fato deverá ser responsabilizado ainda que tenha sido decorrente de fortuito interno (caso fortuito), ou seja, daquele inerente aos riscos da atividade, cabendo a exclusão tão-somente nas hipóteses de fortuito externo (força maior), ou seja, quando da ocorrência de evento estranho à atividade desempenhada.

Após abordados, ainda que de forma superficial, alguns dos principais aspectos concernentes ao tema da responsabilidade civil no âmbito do Direito Civil, mostra-se necessário iniciarmos o estudo acerca da natureza específica da responsabilidade do empregador pelos danos morais e patrimoniais sofridos pelo empregado em decorrência de acidente do trabalho.

3. A RESPONSABILIDADE DO EMPREGADOR PELOS DANOS AO EMPREGADO NO ACIDENTE DE TRABALHO

Diante do que fora até aqui exposto, podemos extrair que o Código Civil estabelece duas modalidades genéricas de responsabilidade civil, devendo haver a adequada compatibilização da norma prevista no *caput* do artigo 927 com a aquela contida em seu parágrafo único. Ao lado da responsabilidade civil subjetiva, que possui como pressuposto a noção da culpabilidade (culpa ou dolo), o Código Civil, adotando um sistema misto, instituiu a responsabilidade civil objetiva genérica, com fundamento na ideia do risco criado.

Vislumbradas as duas espécies de responsabilidade civil, surge a seguinte questão: qual a natureza da responsabilidade civil do empregador pelos danos morais e patrimoniais sofridos pelo empregado em virtude de acidente de trabalho?

O artigo 7º, inciso XXVIII, da Constituição da República prevê como direito dos trabalhadores urbanos e rurais o seguro contra acidentes de trabalho, a cargo do empregador, sem excluir a indenização a que está obrigado, quando incorrer em dolo ou culpa. Assim sendo, a partir de uma interpretação meramente gramatical ou literal deste dispositivo constitucional, poder-se-ia concluir que a natureza desta responsabilidade civil do empregador seria inegavelmente subjetiva, haja vista o condicionante de culpabilidade contido no referido preceito ("quando incorrer em dolo ou culpa"). E, de fato, a responsabilidade civil do empregador, nestes casos, deve ser, em regra, subjetiva, ou seja, a obrigação de reparar os danos morais e patrimoniais sofridos pelo empregado em razão de acidente de trabalho está condicionada, além da configuração do nexo de causalidade, à comprovação do dolo ou da culpa do empregador.

Neste mesmo sentido, Sebastião Geraldo de Oliveira:

> "Para acolhimento da indenização acidentária, uma vez constatada a ocorrência dos danos, passa-se à etapa seguinte para verificar-se se

> também ocorreu um ato ilícito (culpa do empregador) e, ainda, se há uma ligação necessária entre esse ato e o dano, isto é, um nexo de causalidade. Se o acidentado, autor da ação indenizatória, não comprovar a presença desses dois pressupostos, não terá êxito na sua pretensão.
>
> Como leciona o Desembargador Sérgio Cavalieri Filho, 'o conceito de nexo causal não é jurídico; decorre das leis naturais. É o vínculo, a ligação ou relação de causa e efeito entre a conduta e o resultado'.
>
> É até possível determinar a reparação de dano sem a constatação de culpa, em algumas hipóteses expressamente previstas (culpa objetiva), mas é inviável condenar, em qualquer hipótese, em que não se vislumbra o nexo causal. Para obter os direitos acidentários cobertos pelo seguro da Previdência Social, por exemplo, basta que se comprove o nexo causal do acidente com o trabalho do segurado. No entanto, para conseguir a reparação do direito comum (responsabilidade civil) é imprescindível que se comprove, além do nexo causal, a culpa ou dolo do empregador"[6].

Rodolfo Pamplona Filho também admite como regra geral a responsabilidade civil subjetiva do empregador, esclarecendo, *in litteris*:

> "De fato, não há como se negar que, como regra geral, indubitavelmente a responsabilidade civil do empregador, por danos decorrentes de acidente de trabalho, é subjetiva, devendo ser provada alguma conduta culposa de sua parte, em algumas das modalidades possíveis, incidindo de forma independente do seguro acidentário, pago pelo Estado"[7].

Apesar de comungarmos do mesmo entendimento dos ilustres autores sobre a regra geral acerca da responsabilidade civil do empregador pelos danos decorrentes de acidente de trabalho, a luz do disposto no artigo 7º, inciso XXVIII, da Constituição da República, algumas ponderações devem, entretanto, ser expostas.

Inicialmente, entendemos que, muitas das vezes, atribuir todo o encargo probatório ao empregado, e vítima do acidente, é impormos um ônus deveras oneroso à parte hipossuficiente da relação de emprego, o que poderá comprometer o próprio acesso do obreiro à obtenção da tutela jurisdicional. A deficiência de recursos financeiros e as dificuldades técnicas de comprovação da culpabilidade do empregador são fatores que nos impelem a admitir, em alguns casos, a adoção da responsabilidade civil subjetiva com culpa presumida, procedendo-se a verdadeira inversão do ônus da prova.

---

6 OLIVEIRA, Sebastião Geraldo de. *Proteção Jurídica à Saúde do Trabalhador*. 4ª ed. São Paulo: LTr, 2002. p. 239-240.

7 PAMPLONA FILHO, Rodolfo. *Temas Atuais – Direito Civil e Direito do Trabalho*. 2ª ed. Rio de Janeiro: Ed. Leiditathi, 2005. p. 117-118.

Aplicar-se-ia, à espécie, com fulcro no parágrafo único do artigo 8º da CLT, a disposição contida no artigo 6º, inciso VIII, da Lei nº 8.078/90 (Código de Defesa do Consumidor). Isso porque, assim como o consumidor é a parte hipossuficiente na relação jurídica de consumo, o empregado o é na relação jurídica empregatícia, sendo perfeitamente compatíveis os princípios regentes dos respectivos diplomas normativos[8].

De outro lado, a par da incidência da regra geral da responsabilidade civil subjetiva (com a possibilidade de adoção da teoria da culpa presumida), posicionamo-nos pela aplicação da norma contida no parágrafo único do artigo 927 do Código Civil à responsabilidade civil do empregador por acidente de trabalho, desde que a atividade normalmente por ele desenvolvida, por sua própria natureza, produza risco a seus empregados.

Segundo Raimundo Simão de Melo:

> "Com efeito, não se deve levar ao extremo nenhuma das teorias; ao contrário, deve haver uma conciliação entre ambas, prevalecendo um ou outra, conforme a situação, como é o caso das atividades de risco, em que deve imperar a teoria objetiva.
>
> Assim é que, em certos negócios, como o de transporte ou de trabalho e outros que impliquem a existência de riscos inerentes à atividade, impõe-se seja reconhecida a responsabilidade objetiva de quem tira proveito desta atividade ou visa com ela a obter resultado do seu interesse"[9].

Estas lições são perfeitamente aplicáveis ao âmbito da relação de emprego, onde o seu sujeito passivo (empregador) é dotado de alteridade, ou seja, assume o risco da atividade desenvolvida na prestação dos serviços (empreendimento) e do próprio trabalho executado. Ademais, a submissão do empregado a estes riscos, além de decorrer não raras vezes da própria natureza dos serviços a serem prestados, intensifica-se ainda mais com o estado de subordinação jurídica em que o labor é prestado, em contraposição ao poder diretivo do empregador.

Frise-se, ainda, que o reconhecimento da responsabilidade objetiva pelo risco criado não está condicionado, necessariamente, ao desempenho de uma atividade econômica, assim como a própria configuração do vínculo de emprego não possui como pressuposto a finalidade lucrativa da atividade desenvolvida pelo empregador, conforme se depreende da norma prevista

---

8 VILLELA, Fabio Goulart. *Estudos Temáticos de Direito do Trabalho para a Magistratura e Ministério Público*. Rio de Janeiro: Campus-Elsevier, 2009. p. 97-98.

9 MELO, Raimundo Simão de. *Direito Ambiental do Trabalho e a Saúde do Trabalhador*. 5ª ed. São Paulo: LTr, 2013. p. 263.

no § 1º do artigo 2º da CLT, que trata dos empregadores por equiparação ou por extensão legal.

Desta forma, toda a atividade desenvolvida pelo empregador que, por sua natureza, produza riscos para a vida ou incolumidade física ou psíquica de seus empregados enseja a responsabilidade objetiva, bastando à sua configuração a simples comprovação do nexo de causalidade entre o risco criado e o dano ocorrido. Como exemplo típico, poder-se-ia citar a empresa que trabalha com reparo de instalações elétricas, onde se extrai da própria natureza dos serviços oferecidos a produção de riscos a direitos de outrem, sejam consumidores (beneficiários dos serviços) ou mesmo os seus respectivos empregados.

Na verdade, cumpre-nos esclarecer que, em razão das peculiaridades que regem a relação de emprego, em que nem sempre o empregado presta serviços inerentes às atividades normais da empresa, faz-se necessária a verificação da existência de risco naquelas atividades normalmente desempenhadas pelo trabalhador[10]. Assim, ainda que a atividade normalmente desenvolvida pelo empregador não seja considerada de risco, se aquela desempenhada pelo empregado acidentado o for, incidirá a responsabilidade civil objetiva genérica prevista no artigo 927, parágrafo único, do Código Civil. Por outro lado, não ensejará a responsabilidade objetiva se a atividade exercida pelo empregado não for de risco, embora o seja a desenvolvida pelo empregador.

Caso assim não se entenda, chegaríamos à seguinte conclusão paradoxal: seria a hipótese de adoção da teoria da responsabilidade objetiva com relação aos danos sofridos pelos consumidores dos serviços e da teoria da responsabilidade subjetiva no tocante aos danos advindos a seus próprios empregados. Esta interpretação encontrar-se-ia em flagrante descompasso com os princípios da dignidade da pessoa humana e da valorização social do trabalho, considerados como fundamentos do Estado Democrático de Direito brasileiro (artigo 1º, inciso III e IV, da Constituição da República).

Com relação à disposição contida no inciso XXVIII do artigo 7º da Constituição da República, que fundamenta a responsabilização civil subjetiva do empregador, a interpretação a lhe ser conferida deve levar em conta todo o sistema jurídico em que se encontra inserida, com vistas a se assegurar a unidade constitucional, notadamente a norma contida no artigo 7º,

---

[10] VILLELA, Fabio Goulart. *Manual de Direito do Trabalho*. Série Provas & Concursos. 2ª ed. Rio de Janeiro: Campus-Elsevier, 2012. p. 432.

caput, que se reporta a outros direitos que visem à melhoria da condição social dos trabalhadores[11].

Em sede de jurisprudência, segundo consta no Informativo TST Nº 01 (08 a 14 de março de 2012), a SBDI-I, por maioria, negou provimento aos embargos, mantendo a decisão da 8ª Turma, que reconhecera a responsabilidade objetiva da empregadora no caso em que o trabalhador, técnico em informática, cuja atividade envolvia a condução de veículo em rodovias intermunicipais, veio a falecer em decorrência de acidente automobilístico causado por culpa exclusiva de terceiro. Na espécie, asseverou o relator que as más condições nas rodovias brasileiras são fato notório, razão pela qual o perigo ocasionado ao reclamante permite classificar o trabalho por ele exercido como atividade de risco. Assim, ainda que ausente culpa do empregador, a teoria do risco da atividade econômica atrai a responsabilidade da empresa pelos danos gerados, facultando-lhe, tão somente, o ajuizamento de ação de regresso contra aquele que efetivamente provocou o dano objeto de reparação[12].

Assim sendo, não há como se impingir uma interpretação rígida e isolada da norma contida no inciso XXVIII do artigo 7º da Constituição, sob pena de estarmos pactuando com verdadeiro atentado ao princípio da unidade constitucional.

É certo que o referido preceito constitui fundamento de validade para aplicação da regra geral da teoria da responsabilidade civil subjetiva do empregador em decorrência de danos sofridos pelo empregado por acidente de trabalho. Não nos furtamos a esta conclusão. No entanto, quando a atividade desempenhada pelo empregador, por sua própria natureza, produzir risco a vida ou à incolumidade física ou psíquica do empregado, não vemos como deixar de ser aplicada à espécie a teoria da responsabilidade objetiva com base na teoria do risco criado, nos termos do artigo 927, parágrafo único, do Código Civil.

---

11 Neste mesmo sentido o Enunciado nº 37 da 1ª Jornada de Direito Material e Processual na Justiça do Trabalho (23/11/2007): "RESPONSABILIDADE CIVIL OBJETIVA NO ACIDENTE DE TRABALHO. ATIVIDADE DE RISCO. Aplica-se o art. 927, parágrafo único, do Código Civil nos acidentes de trabalho. O art. 7º, XXVIII, da Constituição Federal, não constitui óbice à aplicação desse dispositivo legal, visto que seu caput garante a inclusão de outros direitos que visem à melhoria da condição social dos trabalhadores. Também a OIT, adotando rígida política de proteção do operário, aprovou a Convenção nº 155/81, ratificada pelo Brasil, que determinou a definição e execução de uma política nacional que vise a prevenir os acidentes e os danos para a saúde que sejam consequência do trabalho, guardem relação com a atividade profissional ou sobrevenham durante o trabalho, reduzindo ao mínimo, na medida do possível, as causas dos riscos inerentes ao meio ambiente do trabalho (art. 4º)".

12 TST-E-RR-1299000-69.2008.5.09.0016, SBDI-I, Rel. Min. Aloysio Corrêa da Veiga, julgamento em 16.2.2012.

Registre-se, por oportuno, não ser necessário que haja comportamento anormal ou ilícito do empregador para gerar o direito à indenização, pois o simples exercício da sua atividade rotineira, ainda que normalmente desenvolvida, pode acarretar o direito à indenização, caso tenha provado danos à vítima[13].

Adotando-se a teoria da responsabilidade objetiva pelo risco criado nos casos de danos decorrentes de acidentes de trabalho, as excludentes de responsabilidade limitar-se-iam às seguintes hipóteses: quando da ocorrência do chamado "fato da vítima" (onde não há nexo de causalidade entre o risco criado e o dano, posto que este ocorreu em decorrência da conduta da própria vítima), ou no caso de "fortuito externo" (quando o dano ocorreu em razão de evento alheio à atividade desempenhada pelo empregador).

4. A RESPONSABILIDADE POR ACIDENTE DE TRABALHO NA TERCEIRIZAÇÃO

Já se sabe que, numa relação jurídica de emprego, o empregador responde diretamente pelos danos causados a empregado em virtude de acidente de trabalho, quando incorrer em culpa ou dolo, ou quando a atividade normalmente desenvolvida seja de risco. E quando estamos no âmbito da terceirização de serviços? Qual a natureza desta responsabilidade? Aplica-se o entendimento consubstanciado na Súmula nº 331, item IV, do Tribunal Superior do Trabalho, que se refere à responsabilidade subsidiária quanto ao pagamento das obrigações trabalhistas inadimplidas pelo empregador?

A expressão "terceirização" é resultante de neologismo oriundo da palavra "terceiro", como sinônimo de "interveniente" ou "intermediário". Foi construído pela ciência da administração, para enfatizar a descentralização empresarial de atividades a outrem, um terceiro à empresa. A ideia original é possibilitar que a empresa tomadora possa focar todos os seus esforços e atenção no desenvolvimento de sua atividade central (atividade-fim), transferindo para o ente intermediador a execução das ditas atividades acessórias ou complementares (atividades-meio), em relação às quais a prestadora dos serviços é detentora de *know-how* específico.

No Direito do Trabalho, a terceirização consiste no fenômeno pelo qual se dissocia a relação econômica de trabalho da relação justrabalhista que lhe seria correspondente. O trabalhador é inserido no processo produtivo da

---

13 OLIVEIRA, Sebastião Geraldo de. *Indenizações por Acidente do Trabalho ou Doença Ocupacional*. 8ª ed. São Paulo: LTr, 2014. p. 135.

empresa tomadora dos serviços, sem que haja vinculação empregatícia a esta, a qual se preserva com a entidade e/ou empresa intermediária[14].

A terceirização acarreta a formação de uma relação trilateral, envolvendo o trabalhador, a empresa tomadora e a empresa terceirizada. Diferencia-se, pois, da relação bilateral típica do modelo clássico empregatício, tratando-se de uma modalidade excetiva de contratação de serviços.

Na terceirização lícita, embora o empregador seja a empresa contratada, o tomador dos respectivos serviços responde de forma subsidiária pelo pagamento das obrigações trabalhistas inadimplidas pela terceirizada, desde que conste na relação processual e no título executivo judicial. Neste sentido, o posicionamento cristalizado na Súmula nº 331, item IV, do Tribunal Superior do Trabalho[15], que somente se aplica ao pagamento de créditos trabalhistas.

Em relação aos danos advindos de acidente de trabalho, as empresas prestadora e tomadora respondem solidariamente, com fundamento nos artigos 932, inciso III, 933 e 942, *caput*, e parágrafo único, do Código Civil[16].

Segundo Sebastião Geraldo de Oliveira, o artigo 942 do Código Civil estabelece a solidariedade na reparação dos danos dos autores, coautores e das pessoas designadas no artigo 932, valendo tal preceito para o acidente ocorrido por culpa do empregador ou pela atividade de risco acentuado, fundamento esse sempre invocado nos julgamentos para estender a solidariedade passiva ao tomador dos serviços[17]. Neste sentido, o precedente abaixo ementado, oriundo da 7ª Turma do Tribunal Superior do Trabalho:

> "AGRAVO DE INSTRUMENTO DA PETRÓLEO BRASILEIRO S.A.-PETROBRAS-INDENIZAÇÃO POR DANOS MORAIS E MATERIAIS DECORRENTES DE ACIDENTE DE TRABALHO - EMPREGADO TERCEIRIZADO - RESPONSABILIDADE SOLIDÁRIA DA EMPRESA TOMADORA DE SERVIÇOS - ENTE PÚBLICO. A exegese dos arts. 927, caput, e 942 do Código Civil autoriza a

---

14 DELGADO, Mauricio Godinho. *Curso de Direito do Trabalho*. 14ª ed. São Paulo: LTr, 2015. p. 473.

15 Súmula nº 331, item IV, do TST: "O inadimplemento das obrigações trabalhistas, por parte do empregador, implica a responsabilidade subsidiária do tomador dos serviços quanto àquelas obrigações, desde que haja participado da relação processual e conste também do título executivo judicial" (Res. 174/2011, DEJT divulgado em 27, 30 e 31.05.2011).

16 Este também é o entendimento contido no Enunciado nº 44 da 1ª Jornada de Direito Material e Processual na Justiça do Trabalho (23/11/2007): "RESPONSABILIDADE CIVIL. ACIDENTE DO TRABALHO. TERCEIRIZAÇÃO. SOLIDARIEDADE. Em caso de terceirização de serviços, o tomador e o prestador respondem solidariamente pelos danos causados à saúde dos trabalhadores. Inteligência dos artigos 932, III, 933 e 942, parágrafo único, do Código Civil e da Norma Regulamentadora 4 (Portaria 3.214/77 do Ministério do Trabalho e Emprego)"

17 OLIVEIRA, Sebastião Geraldo de. *Indenizações por Acidente do Trabalho ou Doença Ocupacional*. 8ª ed. São Paulo: LTr, 2014. p. 107.

> conclusão de que, demonstrada a culpa das empresas envolvidas no contrato de terceirização de serviços, estas devem responder solidariamente pela reparação civil dos danos sofridos pelo trabalhador em decorrência de acidente de trabalho. Não há dúvidas de que a empresa tomadora de serviços, no caso de terceirização, tem o dever de cautela, seja na eleição da empresa prestadora de serviços, seja na fiscalização de suas atividades, eis que elege e celebra contrato com terceiro que intermedia, em seu proveito, a mão de obra necessária ao desenvolvimento de suas atividades econômicas. No caso concreto, a recorrente era tomadora de serviços do reclamante, que lhe prestava serviços mediante empresa interposta (a primeira-reclamada), nas suas dependências, quando sofreu acidente de trabalho fatal. Porque configurada a culpa de ambas as reclamadas pelo dano suportado pelo reclamante, já que foi constatada pelo Tribunal Regional a inobservância pelas rés das medidas de segurança necessárias à execução dos serviços, emerge a coparticipação da segunda-reclamada no infortúnio que vitimou o trabalhador, a autorizar a sua responsabilização solidária. Precedentes. Agravo de instrumento desprovido"[18].

Frise-se que a norma contida no artigo 157, inciso I, da CLT impõe às empresas (e não apenas ao empregador) o dever de cumprir e fazer cumprir as normas de saúde e de segurança do trabalho[19], sendo certo, ainda, que o artigo 17 da Convenção nº 155 da Organização Internacional do Trabalho – OIT dispõe que sempre que duas ou mais empresas desenvolverem simultaneamente atividades num mesmo local de trabalho, as mesmas terão o dever de colaborar na aplicação das medidas previstas na referida Convenção, que tem por objeto a saúde e a segurança dos trabalhadores[20]. Logo, na terceirização, a empresa prestadora (terceirizada) e a empresa tomadora (cliente) têm o mesmo dever de manutenção da higidez do meio ambiente de trabalho, respondendo solidariamente pelos danos causados em razão de acidentes laborais.

Pode-se afirmar, outrossim, que, nos contratos de terceirização, deve prevalecer a regra da responsabilidade objetiva da empresa tomadora quanto

---

18 TST-AIRR-72200-07.2006.5.01.0207, 7ª Turma, Rel. Min. Luiz Philippe Vieira de Mello Filho, julgado em 11/06/2014, publicado no DEJT de 13/06/2014.

19 A responsabilidade também é solidária entre contratantes e contratados quanto ao cumprimento das Normas Regulamentadoras previstas na Portaria nº 3.214/78 do Ministério do Trabalho, inclusive a NR 18, que estabelece diretrizes de ordem administrativa, de planejamento e de organização, que objetivam a implementação de medidas de controle e sistemas preventivos de segurança nos processos, nas condições e no meio ambiente de trabalho na Indústria da Construção.

20 Aprovada na 67ª reunião da Conferência Internacional do Trabalho (Genebra — 1981), entrando em vigor, no plano internacional, em 11.8.83. No Brasil, foi aprovada pelo Decreto Legislativo n. 2, de 17.3.92, do Congresso Nacional; ratificada em 18 de maio de 1992; promulgada pelo Decreto n. 1.254, de 29.9.94; e com vigência nacional a partir de 18 de maio de 1993.

aos empregados da fornecedora, com base nos artigos 932, inciso III, e 933, ambos do Código Civil, em relação aos acidentes causados aos empregados da empresa terceirizada, que nada mais é do que preposta da empresa tomadora dos serviços.

Por exemplo, um eletricitário que executa serviços de manutenção de rede de alta voltagem para empresa concessionária de energia elétrica, por meio de empresa contratada, está sujeito ao mesmo risco específico acentuado que os empregados daquela e, portanto, se vier a se acidentar, está protegido pela regra da responsabilidade objetiva, que alcançará não apenas a sua empregadora, em virtude da regra contida no artigo 927, parágrafo único, do Código Civil, como também a concessionária, em virtude da sua condição de preponente[21].

Por derradeiro, importante também destacar que a isenção da responsabilidade solidária ou subsidiária do dono da obra de que trata a Orientação Jurisprudencial nº 191 da SBDI-I do Tribunal Superior do Trabalho[22] decorre, sobretudo, da ausência de disciplina legal a regular as responsabilidades do dono da obra de construção civil e somente alcança as obrigações de natureza trabalhista contraídas pelo empreiteiro.

Significa dizer que a caracterização da condição de dono da obra não é fator suficiente para eximir o tomador dos serviços de toda e qualquer responsabilidade, ainda mais quando flagrante o dano causado a terceiro advindo da execução do contrato de empreitada. Portanto, não é lógico invocar o entendimento sedimentado na referida Orientação Jurisprudencial se a controvérsia diz respeito à responsabilização civil do dono da obra por acidente de trabalho ocorrido durante o cumprimento do contrato de empreitada e se evidencia que, assim como o empreiteiro, não adotou as precauções necessárias à proteção do obreiro, ainda que sabedor e consciente dos riscos aos quais esse trabalhador encontrava-se exposto. Desta forma, o empreiteiro e o dono da obra respondem solidariamente pelos danos decorrentes de infortúnios trabalhistas[23].

---

21 BRANDÃO, Cláudio. *Acidente do Trabalho e Responsabilidade Civil do Empregador*. 4ª ed. São Paulo: LTr, 2015. p. 319.

22 OJ nº 191 da SBDI-1 do TST: "Diante da inexistência de previsão legal específica, o contrato de empreitada de construção civil entre o dono da obra e o empreiteiro não enseja responsabilidade solidária ou subsidiária nas obrigações trabalhistas contraídas pelo empreiteiro, salvo sendo o dono da obra uma empresa construtora ou incorporadora".

23 TST-AIRR-145340-66.2005.5.04.0291, 1ª Turma, Rel. Min. Lelio Bentes Corrêa, julgado em 11/10/2001 e publicado no DEJT de 21/10/2011.

CONCLUSÃO

Após lançadas estas breves considerações, podemos concluir que, em relação à responsabilização do empregador por danos decorrentes de acidente de trabalho, aplicar-se-á, conforme for o caso, a regra geral da responsabilidade civil subjetiva, fundamentada na ideia de ato ilícito (que pressupõe a noção de culpa), ou a teoria da responsabilidade civil objetiva genérica, com supedâneo no risco criado, em decorrência da natureza da atividade normalmente desenvolvida (que se limita à aferição do nexo de causalidade entre o risco e o evento danoso).

Este entendimento encontra-se em perfeita sintonia com os princípios e normas constitucionais, além daqueles inerentes à própria relação de emprego, promovendo um legítimo movimento de acesso à tutela jurisdicional.

Por sua vez, na terceirização de serviços, as empresas prestadora e tomadora são solidariamente responsáveis pelos danos oriundos de infortúnios trabalhistas, a teor das disposições contidas nos artigos 932, inciso III, 933 e 942, *caput*, e parágrafo único, do Código Civil, não se aplicando a responsabilidade subsidiária de que trata o item IV da Súmula nº 331 do Tribunal Superior do Trabalho, restrita ao pagamento de créditos trabalhistas. Também resta inaplicável nesta seara acidentária o entendimento contido na Orientação Jurisprudencial nº 191 da SBDI-1 da Suprema Corte Trabalhista, o qual apenas alcança as obrigações trabalhistas, sendo solidária a responsabilidade do dono da obra e do empreiteiro pelos danos advindos de acidente de trabalho.

Imbuído da certeza de que o presente estudo está muito longe de esgotar os instigantes e profícuos debates que podem ser desencadeados pela apreciação da matéria, almejamos apenas levar a nossa contribuição ao enriquecimento da discussão, estando sempre abertos a novas considerações e aos sempre respeitáveis pontos de vista em contrário.

REFERÊNCIAS BIBLIOGRÁFICAS

BRANDÃO, Cláudio. *Acidente do Trabalho e Responsabilidade Civil do Empregador*. 4ª ed. São Paulo: LTr, 2015.

DELGADO, Mauricio Godinho; DELGADO, Gabriela Neves. *Constituição da República e Direitos Fundamentais: Dignidade da Pessoa Humana, Justiça Social e Direito do Trabalho*. 3ª ed. São Paulo: LTr, 2015.

DELGADO, Mauricio Godinho. *Curso de Direito do Trabalho*. 14ª ed. São Paulo: LTr, 2015.

GIORDANI, José Acir Lessa. *A Responsabilidade Civil Objetiva Genérica no Código Civil de 2002*. Rio de Janeiro: Lumen Juris, 2004.

MELO, Raimundo Simão de. *Direito Ambiental do Trabalho e a Saúde do Trabalhador*. 5ª ed. São Paulo: LTr, 2013.

OLIVEIRA, Sebastião Geraldo de. *Indenizações por Acidente do Trabalho ou Doença Ocupacional*. 8ª ed. São Paulo: LTr, 2014.

OLIVEIRA, Sebastião Geraldo de. *Proteção Jurídica à Saúde do Trabalhador*. 4ª ed. São Paulo: LTr, 2002.

PAMPLONA FILHO, Rodolfo. *Temas Atuais – Direito Civil e Direito do Trabalho*. 2ª ed. Rio de Janeiro: Ed. Leiditathi, 2005.

VILLELA, Fabio Goulart. *Estudos Temáticos de Direito do Trabalho para a Magistratura e Ministério Público*. Rio de Janeiro: Campus-Elsevier, 2009.

VILLELA, Fabio Goulart. *Manual de Direito do Trabalho*. Série Provas & Concursos. 2ª ed. Rio de Janeiro: Campus-Elsevier, 2012.

14

O CONTRATO COMO INSTRUMENTO DE *COMPLIANCE* NO DIREITO DE INFRAESTRUTURA

Felipe Martins Reis[1]

SUMÁRIO: Introdução. Breve Histórico do Compliance. A Importância do Compliance. O Programa de Integridade ou Compliance. O Peculiar Papel do Contrato na Difusão do Compliance Empresarial. Conclusão. Referências Bibliográficas.

INTRODUÇÃO

O presente estudo tem por escopo identificar, abordar e refletir o contrato como ferramenta de difusão do *compliance* no ambiente empresarial, com destaque para o seu importante papel como mecanismo de governança corporativa. Buscar-se-á, neste artigo, demonstrar a função do instrumento contratual no controle e combate à corrupção na relação entre as empresas, notadamente, aquelas inseridas no setor de infraestrutura, e terceiros contratantes, sejam eles, fornecedores, prestadores de serviços, agentes intermediários e associados.

Embora não previsto no vernáculo nacional, o termo *compliance* remete a ideia de agir em conformidade com uma ordem, comando, lei ou regulamento.[2] Este pode ser conceituado como o "ato de cumprir, de estar em conformidade e executar regulamentos internos e externos, impostos às

---

1 Advogado formado pela Faculdade de Direito Milton Campos. Mestre em Direito (LL.M.) de Petróleo e Gás pela *University of Aberdeen*, no Reino Unido. *Master of Business Administration* pela Universidade de São Paulo (USP). Especialização em Direito Empresarial pela Universidade Gama Filho. Participou da negociação e desenvolvimento de grandes projetos de infraestrutura, nas áreas de energia, mobilidade urbana, saneamento básico, entre outros.

2 *OXFORD UNIVERSITY PR*ictionaries.com*ESS. Dictionary. Definition of Compliance.* Disponível em <https://en.oxforddictionaries.com/definition/compliance> Acesso em: 15 out. 2016.

atividades da instituição, buscando mitigar risco atrelado a reputação e ao regulatório."[3] Em linhas gerais, trata-se o *compliance* de gerir os negócios da empresa em observância à lei, normas e procedimentos, especificamente, aplicáveis ao seu setor de atuação.

Em que pese o *compliance* remeter a ideia de ética, estes conceitos não se confundem. Ética empresarial "traduz a filosofia e os objetivos fundamentais de um negócio."[4] É inerente ao seu surgimento o caráter de espontaneidade, podendo-se dizer que a ética empresarial "constitui um conjunto de princípios e padrões morais que orientam o comportamento no mundo dos negócios."[5] Por outro turno, o *compliance* relaciona-se à responsabilidade legal de uma empresa, precipuamente, a necessidade de observar determinados preceitos legais.[6]

O conceito do termo também pode ser associado ao de governança corporativa, mas, da mesma forma, estes institutos diferem-se, podendo-se considerar, contudo, que o *compliance* é um dos meios para se atingir o fim governança corporativa. Segundo a definição prevista no Código de Melhores Práticas de Governança Corporativa, do Instituto Brasileiro de Governança Corporativa:[7]

> Governança Corporativa é um sistema pelo qual as organizações são dirigidas, monitoradas e incentivadas, envolvendo relacionamento entre proprietários, Conselho de Administração, Diretoria e órgãos de controle. As boas práticas de Governança Corporativa convertem princípios em recomendações objetivas, alinhando interesses com a finalidade de preservar e otimizar o valor da organização, facilitando seu acesso e recursos e contribuindo para a sua longevidade.

Por certo, o advento da legislação anticorrupção acentuou o estudo do instituto do *compliance*, o que se intensificou após o surgimento dos recentes escândalos ligados à corrupção de agentes públicos que macularam a reputação de grandes empresas nacionais e estrangeiras. Esses fatores propiciaram, por conseguinte, um novo paradigma para as empresas, que

---

3 MANZI, Vanessa Alessi. *Compliance* no Brasil. Sao Paulo: Saint Paul, 1.ed, 2008, p. 15.

4 ANTONIK, Luis Roberto. *Compliance,* Ética, Responsabilidade Social e Empresarial: uma Visão Prática. Rido de Janeiro: Alta Books, 1.ed, 2016, p. 46.

5 TAGLIAPIETRA, O. M.; SANTANA, M. F. P.; DEPARIS, E. O Comportamento Ético e a Responsabilidade Social das Organizações: Fatores Indispensáveis na Nova Economia. In: Congresso Brasileiro de Ensino de Engenharia, 2014. P. 01.

6 ANTONIK, Luis Roberto. *Compliance,* Ética, Responsabilidade Social e Empresarial: uma Visão Prática. Rido de Janeiro: Alta Books, 1.ed, 2016, p. 47.

7 INSTITUTO BRASILEIRO DE GOVERNANÇA CORPORATIVA. Governança Corporativa. Disponível em <http://www.ibgc.org.br/index.php/governanca/governanca-corporativa > Acesso em: 15 out. 2016.

passaram a introduzir na cultura dos seus negócios determinados padrões de integridade.

Ainda nesta linha, reflexo da crise econômica vivenciada nos últimos anos, o acesso a recursos externos para o financiamento de obras e projetos de infraestrutura tem se tornado escasso. Por outro lado, tem-se como notórios a complexidade destes grandes empreendimentos e os riscos inerentes à sua execução. Investidores e parceiros, antes de financiarem um determinado projeto ou somarem sinergias para sua execução, passam a exigir, de seus financiados ou consortes, padrões mínimos de ética e conduta.

Por estas razões, a adoção de mecanismos e estruturas dedicadas ao *compliance* tem se apresentado como prática recorrente no ambiente corporativo. Entre esses mecanismos, a produção de códigos e políticas internas, canais de denúncias, treinamento de colaboradores e rotinas relacionadas passam a compor os denominados programas de integridade das empresas. Contudo, como fazer com que essas práticas apresentem-se eficazes contra terceiros, não diretamente subordinados à empresa? Neste particular, o contrato parece surgir como imperiosa ferramenta, consoante será abordado no presente estudo.

BREVE HISTÓRICO DO *COMPLIANCE*

Embora considerado tema contemporâneo na pauta das empresas brasileiras, a aplicação e desenvolvimento do instituto do *compliance* no ambiente corporativo teve forte influência de organizações internacionais, que cuidaram de elaborar normas e procedimentos específicos com o objetivo de combater a corrupção.

Por meio da Convenção sobre Combate do Suborno de Funcionários Estrangeiros em Transações Comerciais Internacionais, publicada no ano de 1999, a *Organisation for Economic Co-operation and Development* (OECD) alertou a comunidade global sobre o impacto negativo do suborno nas transações comerciais, precipuamente, como elemento limitador do desenvolvimento econômico e da competitividade. Referida convenção foi editada para reivindicar os seguintes preceitos:[8]

> A Convenção Anticorrupção da OCDE estabelece normas juridicamente vinculantes para criminalizar o suborno de funcionários públicos estrangeiros em transações comerciais internacionais e prevê uma série de

---

[8] *ORGANISATION FOR ECONOMIC CO-OPERATION AND DEVELOPMENT. OECD Convention on Combating Bribery of Foreign Public Officials in International Business Transactions.* Disponível em <http://www.oecd.org/corruption/oecdantibriberyconvention.htm> Acesso em: 16 out. 2016.

medidas relacionadas para fazê-las efetivas. É o primeiro e único instrumento internacional anticorrupção centrado sobre o 'lado de quem oferta' na operação de suborno. (REIS, 2016, tradução nossa)

Os países membros da OECD ratificaram e internalizaram referida convenção, normatizando, dentro dos limites de suas jurisdições, a punição de práticas corruptivas relacionadas a agentes públicos.[9] Neste contexto, nações como os Estados Unidos e Reino Unido editaram leis específicas para tratar da punição de atos de corrupção e, por conseguinte, do *compliance* empresarial, respectivamente, por meio do *Foreign Corrupt Practices Act*[10] e *Bribery Act,*[11] que serviram de pano de fundo para o texto da legislação brasileira.[12]

A Organização das Nações Unidas (ONU), ainda no âmbito internacional, editou o denominado Pacto Global, iniciativa desenvolvida por meio de dez princípios "com o objetivo de mobilizar a comunidade empresarial internacional para a adoção, em suas práticas de negócios, de valores fundamentais e internacionalmente aceitos"[13] em áreas prioritárias, com destaque, entre elas, para a corrupção. Sobre o tema, o Pacto Global estabelece que "As empresas devem combater a corrupção em todas as suas formas, inclusive extorsão e propina."[14]

Outro importante instrumento internacional que cuidou de criar normas anticorrupção surgiu com o advento da Convenção das Nações Unidas contra a Corrupção (CNUCC), que teve por escopo a implementação de medidas para prevenção e combate à corrupção.[15] A Convenção teve por finalidade a promoção e fortalecimento de medidas para prevenir e combater a corrupção; a promoção, facilitação e apoio à cooperação internacional na

---

9 Os 35 países membros da OECD, além de 6 países não-membros, assinaram a Convenção sobre Combate do Suborno de Funcionários Estrangeiros em Transações Comerciais Internacionais. Ver *ORGANISATION FOR ECONOMIC CO-OPERATION AND DEVELOPMENT. OECD Convention on Combating Bribery of Foreign Public Officials in International Business Transactions.* Disponível em <http://www.oecd.org/corruption/oecdantibriberyconvention.htm> Acesso em: 16 out. 2016.

10 STELLMACH, William. Foreign Corrupt Practices Act. Disponível em <http://www.justice.gov/criminal/fraud/fcpa/>. > Acesso em: 15 out. 2016.

11 REINO UNIDO. *Bribery Act 2010.* Disponível em <http://www.legislation.gov.uk/ukpga/2010/23/contents>. > Acesso em: 15 out. 2016.

12 A edição do *Foreign Corrupt Practices Act* remonta ao ano de 1940, contudo, seu texto sofreu alteração para adequar-se à Convenção Anti-suborno da Organização para Cooperação e Desenvolvimento Econômico (OCDE).

13 ORGANIZAÇÃO DAS NAÇÕES UNIDAS. Pacto Global. O que é? Disponível em <http://www.pactoglobal.org.br/artigo/70/O-que-eh>. > Acesso em: 15 out. 2016.

14 ORGANIZAÇÃO DAS NAÇÕES UNIDAS. Pacto Global. Os 10 princípios. Disponível em <http://www.pactoglobal.org.br/artigo/70/O-que-eh>. > Acesso em: 15 out. 2016.

15 NAÇÕES UNIDAS. Convenção das Nações Unidas Contra a Corrupção, Disponível em < https://www.unodc.org/documents/lpo-brazil//Topics_corruption/Publicacoes/2007_UNCAC_Port.pdf>. Acesso em: 15 out. 2016.

prevenção da corrupção, incluída a recuperação de ativos; e, ainda, a promoção da integridade e a devida gestão dos bens públicos.

No Brasil, a Lei 12.846, de 1º de agosto de 2013, conhecida como Lei Anticorrupção, colocou o país na agenda do *compliance* empresarial. Regulamentada pelo Decreto 8.420, de 18 de março de 2015, a lei instituiu preceitos importantes contra a corrupção de agentes públicos, com o objetivo de:

> [...] suprir uma lacuna existente no sistema jurídico pátrio no que tange à responsabilização de pessoas jurídicas pela prática de atos ilícitos contra a Administração Pública, em especial, por atos de corrupção e fraude em licitações e contratos administrativos[16].

Entre as principais disposições da Lei Anticorrupção e seu decreto regulamentador destacam-se a responsabilidade objetiva das pessoas jurídicas por atos praticados contra a administração pública, nacional ou estrangeira; a regulamentação do denominado programa de integridade; as regras e dinâmica do acordo de leniência; o estabelecimento do Cadastro Nacional de Empresas Punidas – CNEP; a competência da Controladoria Geral da União (CGU) para instaurar, apurar e julgar os atos ilícitos contra a administração pública; e os critérios para o cálculo da multa aplicada às empresas infratoras, cujo valor pode chegar a 20% do seu faturamento bruto.

De certo, a deflagração da operação Lava Jato e os recentes episódios relacionados à corrupção elevaram o tema do *compliance* empresarial ao topo da prioridade das grandes corporações brasileiras e deram nova dimensão ao tema, impondo novos desafios à comunidade empresarial. Neste contexto, possibilitar o desenvolvimento sustentável da companhia, em observância aos preceitos legais aplicáveis, em especial aqueles concernentes à corrupção, torna-se um desafio importante.

A IMPORTÂNCIA DO *COMPLIANCE*

Os riscos oriundos da inobservância dos preceitos legais atinentes à corrupção no âmbito empresarial parecem consideráveis. Em uma primeira abordagem, tem-se que, ao estabelecer a responsabilidade objetiva das empresas pela prática de atos contra a administração pública, o legislador reconheceu o elevado grau de temeridade inerente à esta atividade,[17] ainda

---

16 BRASIL. Exposição de Motivos do Projeto de Lei no 6.826-A, de 2010, que converteu-se na Lei 12.846, de 1º de agosto de 2013. Disponível em <http://www.camara.gov.br/sileg/integras/1084183.pdf> Acesso em: 15 out. 2016.

17 Referida assertiva pode ser comprovada do estudo da Exposição de Motivos do Projeto de Lei no 6.826-A, de 2010, que converteu-se na Lei 12.846, de 1º de agosto de 2013. Disponível em <http://www.camara.gov.br/sileg/integras/1084183.pdf> Acesso em: 15 out. 2016.

que a responsabilidade subjetiva continue sendo o fundamento básico da responsabilidade civil no ordenamento jurídico brasileiro.[18] Neste sentido, sob o prisma da responsabilidade objetiva, "quem com sua atividade cria um risco, deve suportar o prejuízo que sua conduta acarreta, ainda porque essa atividade de risco lhe proporciona um benefício."[19]

Outra importante consequência do desrespeito aos preceitos da Lei Anticorrupção e seu decreto regulamentador refere-se à possibilidade da empresa restar inabilitada ou proibida de contratar com a administração publica, o que, para as empresas do setor de infraestrutura, pode representar verdadeiro óbice às suas atividades. Isso porque os maiores empreendimentos de infraestrutura do país derivam da iniciativa pública, seja por meio de parcerias público-privadas, concessões ou outras modalidades de contratos administrativos.

Ainda nesta linha, a lei previu como punição aplicável às empresas infratoras a possibilidade de figurar em cadastro de pessoas jurídicas consideradas inidôneas ou proibidas de contratar com a administração pública, o que não parece ser um risco aceitável para as companhias do setor. Empresas inseridas no setor de infraestrutura, como previamente citado, frequentemente, precisam recorrer a financiamentos externos e alianças estratégicas com terceiros, que, acredita-se, evitarão ter seus nomes vinculados às empresas consideradas antiéticas ou inidôneas.

Outro ponto de destaque são as elevadas multas que poderão ser aplicadas às empresas envolvidas em atos de corrupção contra a administração pública, que podem chegar a 20% do faturamento bruto da sociedade. Este fato deve representar mais um importante óbice às atividades das empresas de infraestrutura, que cada vez mais tentam mitigar seus riscos e reduzir custos, para garantir melhores margens nos contratos, em um ambiente econômico delicado e mercado marcado por grande competitividade.

Neste sentindo, verifica-se a importância de não somente observar e cumprir as disposições legais aplicáveis aos negócios da empresa, mas de criar mecanismos para que esta cultura torne-se efetiva. Neste contexto, a criação de políticas e órgãos internos, o treinamento de colaboradores, a adoção de práticas de gestão corporativa e rotinas relacionadas deverão resultar na criação de um ambiente corporativo confiável, reduzindo a exposição da companhia a determinados tipos de riscos, notadamente, àqueles relacionados à corrupção.

---

18 FACCHINI NETO, Eugênio. *"Da responsabilidade civil no novo Código"*, p. 165. In: SARLET, Ingo Wolfgang (Org.). O novo Código Civil e a Constituição. Porto Alegre: Livraria do Advogado, 2003.

19 VENOSA, Silvo de Salvo. *Direito Civil: Responsabilidade civil*, 2. ed. São Paulo: Atlas, 2002, p. 36.

Parece ter se tornado prática comum nas empresas a estruturação de setores dedicados ao desenvolvimento do *compliance,* seja por meio de profissionais destacados ou de equipes interdisciplinares incumbidas de criar e divulgar políticas internas, bem como para, entre outras atribuições, apurar, controlar e julgar a prática de atos considerados antiéticos ou ilegais.

O PROGRAMA DE INTEGRIDADE OU *COMPLIANCE*

Da leitura do Decreto nº 8.420 de 2015, verifica-se a preocupação do legislador em disseminar os programas de integridade nas empresas, como forma de prevenir e punir a prática de atos ilícitos contra a administração pública. Segundo o texto legal, o programa de integridade consiste no conjunto de mecanismos e procedimentos internos de integridade, auditoria e incentivo à denúncia de irregularidades, a aplicação efetiva de códigos de ética e de conduta, políticas e diretrizes com objetivo de detectar e sanar desvios, fraudes, irregularidades e atos ilícitos praticados contra a Administração Pública, nacional ou estrangeira.[20]

Segundo a Controladoria Geral da União, órgão responsável pela apuração, processamento e julgamento dos atos ilícitos previstos na Lei Anticorrupção, o programa de *compliance* tem como objetivo:[21]

> [...] estabelecer uma conjunção de arranjos institucionais, gerenciamento, controle e regulamentações para promover a transparência e a redução do risco de atitudes que violam princípios de integridade. A instituição de um programa desse tipo está relacionada à adoção de ferramentas que impeçam a ocorrência de casos de corrupção.

Ainda em consonância com o diploma legal, o programa de *compliance* deve ser estruturado, aplicado e atualizado de acordo com as características e riscos que envolvem as atividades da empresa, tornando-se necessário, ainda, o seu constante aprimoramento e adaptação, com vistas a garantir sua efetividade.[22] Desta forma, evidencia-se que o programa de *compliance* deve considerar, especificamente, os riscos inerentes aos negócios de determinada empresa, as peculiaridades do seu setor de atuação e, ainda, deve apresentar-se flexível às mudanças e adaptações necessárias no curso de seu desenvolvimento.

---

20 BRASIL. Artigo 41 do Decreto nº 8.420 de 18 de março 2015. Diário Oficial da República Federativa do Brasil, Poder Executivo, Brasília, DF, 19 mar. 2015.

21 BRASIL. Controladoria Geral da União. A Responsabilidade Social das Empresas no Combate à Corrupção. Disponível em <http://www.cgu.gov.br/Publicacoes/etica-e-integridade/arquivos/manualrespsocialempresas_baixa.pdf> Acesso em: 15 out. 2016.

22 BRASIL. Parágrafo Segundo do Artigo 41 do Decreto nº 8.420 de 18 de março 2015. Diário Oficial da República Federativa do Brasil, Poder Executivo, Brasília, DF, 19 mar. 2015.

Neste particular, a lei estabeleceu parâmetros preponderantes que servir-se-ão de critério de avaliação do programa de *compliance* de uma empresa:[23]

> Art. 42. Para fins do disposto no § 4o do art. 5o, o programa de integridade será avaliado, quanto a sua existência e aplicação, de acordo com os seguintes parâmetros:
>
> I - comprometimento da alta direção da pessoa jurídica, incluídos os conselhos, evidenciado pelo apoio visível e inequívoco ao programa;
>
> II - padrões de conduta, código de ética, políticas e procedimentos de integridade, aplicáveis a todos os empregados e administradores, independentemente de cargo ou função exercidos;
>
> III - padrões de conduta, código de ética e políticas de integridade estendidas, quando necessário, a terceiros, tais como, fornecedores, prestadores de serviço, agentes intermediários e associados;
>
> IV - treinamentos periódicos sobre o programa de integridade;
>
> V - análise periódica de riscos para realizar adaptações necessárias ao programa de integridade;
>
> VI - registros contábeis que reflitam de forma completa e precisa as transações da pessoa jurídica;
>
> VII - controles internos que assegurem a pronta elaboração e confiabilidade de relatórios e demonstrações financeiros da pessoa jurídica;
>
> VIII - procedimentos específicos para prevenir fraudes e ilícitos no âmbito de processos licitatórios, na execução de contratos administrativos ou em qualquer interação com o setor público, ainda que intermediada por terceiros, tal como pagamento de tributos, sujeição a fiscalizações, ou obtenção de autorizações, licenças, permissões e certidões;
>
> IX - independência, estrutura e autoridade da instância interna responsável pela aplicação do programa de integridade e fiscalização de seu cumprimento;
>
> X - canais de denúncia de irregularidades, abertos e amplamente divulgados a funcionários e terceiros, e de mecanismos destinados à proteção de denunciantes de boa-fé;
>
> XI - medidas disciplinares em caso de violação do programa de integridade;

---

[23] BRASIL. Artigo 42 do Decreto nº 8.420 de 18 de março 2015. Diário Oficial da República Federativa do Brasil, Poder Executivo, Brasília, DF, 19 mar. 2015.

XII - procedimentos que assegurem a pronta interrupção de irregularidades ou infrações detectadas e a tempestiva remediação dos danos gerados;

XIII - diligências apropriadas para contratação e, conforme o caso, supervisão, de terceiros, tais como, fornecedores, prestadores de serviço, agentes intermediários e associados;

XIV - verificação, durante os processos de fusões, aquisições e reestruturações societárias, do cometimento de irregularidades ou ilícitos ou da existência de vulnerabilidades nas pessoas jurídicas envolvidas;

XV - monitoramento contínuo do programa de integridade visando seu aperfeiçoamento na prevenção, detecção e combate à ocorrência dos atos lesivos previstos no art. 5o da Lei no 12.846, de 2013; e

XVI - transparência da pessoa jurídica quanto a doações para candidatos e partidos políticos.

Ao discorrer sobre o tema, a Controladoria Geral da União estabeleceu cinco pilares fundamentais para a criação e desenvolvimento de um efetivo programa de integridade.[24] O primeiro deles refere-se ao comprometimento e apoio da alta direção como elemento indispensável para efetividade do programa. Em seguida, tem-se a necessidade de instituir uma instância responsável pelo programa de *compliance,* que deverá, entre outros atributos, ser dotada de autonomia, independência e imparcialidade para o exercício de suas atividades. Outro pilar do programa versa sobre a análise de riscos e perfil da empresa, em que exige-se da sociedade não somente conhecer os riscos inerentes à sua atividade, mas avaliá-los de forma constante. Com base nesses riscos, tem-se mais um elemento, qual seja, a criação de códigos e políticas internas que tornem o programa efetivo, tais como o código de conduta, política anticorrupção, canais de denúncia e, ainda, o constante treinamento dos colaboradores. Por fim, tem-se por essencial a criação de mecanismos de monitoramento do programa de integridade para que este possa ser aperfeiçoado e, cada vez mais, incorporado à rotina da empresa.

Em que pese o texto legal incentivar a edição de programas de integridade no âmbito das empresas, sua adoção não exime a sociedade infratora das penalidades previstas em lei, caso verificada a prática de atos contra a administração pública. Assim é que, ainda que a sociedade institua e pratique os preceitos de seu programa de integridade, este fato não será suficiente para evitar a aplicação das sanções legais, mas deverá ser considerada pelo

---

[24] BRASIL. Controladoria Geral da União. Programa de Integridade. Diretrizes para Empresas Privadas. 2015. Disponível em <http://www.cgu.gov.br/Publicacoes/etica-e-integridade/arquivos/programa-de-integridade-diretrizes-para-empresas-privadas.pdf> Acesso em: 15 out. 2016.

agente sancionador como critério de dosimetria da pena.[25] Pode-se dizer, portanto, que o programa de *compliance*, além de fomentar a cultura interna da empresa, servir-se-á, de igual forma, para minorar eventual sanção a ser aplicada à sociedade em processo de apuração de responsabilidades.

Contudo, para que o programa de integridade de uma empresa seja considerado como critério atenuante de eventual pena aplicável à sociedade, este dever-se-á apresentar efetivo. No entendimento da Controladoria Geral do Município de São Paulo, tem-se por efetivo o programa de *compliance* que observa três preceitos básicos.[26] O primeiro deles refere-se à concepção do programa, se este foi criado em observância à dimensão, riscos e natureza dos negócios da empresa. Em seguida, tem-se que o programa somente é efetivo se aplicado pela empresa, ou, em outras palavras, trata-se não somente da existência de um conjunto de normas e políticas internas, mas de sua materialização. O último dos preceitos refere-se à eficácia do programa, precipuamente, na produção de efeitos concretos com o fim de evitar a prática de atos de corrupção no ambiente corporativo ou, caso estes venham a ser perpetrados, possibilitar sua rápida identificação e consequente penalização dos agentes envolvidos.

O PECULIAR PAPEL DO CONTRATO NA DIFUSÃO DO *COMPLIANCE* EMPRESARIAL

Consoante abordado no decorrer do presente estudo, na avaliação do programa de *compliance* de uma empresa dever-se-ão observar a existência de determinados parâmetros. Entre eles, destacam-se aqueles referentes à necessidade de se impor a terceiros, tais como fornecedores, prestadores de serviço, agentes intermediários e associados, os controles de *compliance* da empresa.

Neste sentido, surgem os seguintes questionamentos: como fazer com que terceiros, não diretamente subordinados à empresa, observem e cumpram o código de conduta e políticas correlatas da companhia? Ainda, como certificar de que estes terceiros são idôneos, nos termos da lei? E mais, como fiscalizar as atividades destes terceiros para que, se necessário, pôr-se fim à relação contratual entre as partes? Estes questionamentos tornam-se ainda mais relevantes ao sopesarmos a responsabilidade objetiva prevista na Lei Anticorrupção, em que o ato de um terceiro pode,

---

25 BRASIL. Parágrafo Segundo do Artigo 42 do Decreto nº 8.420 de 18 de março 2015. Diário Oficial da República Federativa do Brasil, Poder Executivo, Brasília, DF, 19 mar. 2015.

26 SÃO PAULO. Controladoria Geral do Município de São Paulo. Programa de Integridade. Disponível em <http://www.prefeitura.sp.gov.br/cidade/secretarias/upload/controladoria_geral/Guia.pdf> Acesso em: 15 out. 2016.

por certo, implicar na responsabilização da empresa contratante, independentemente do elemento culpa.

Sabe-se que, na conjuntura das empresas do setor de infraestrutura, a complexidade e dimensão dos empreendimentos exige das companhias a formação de alianças e parcerias comerciais com terceiros, seja em um viés horizontal, por meio de consórcios e institutos afins, ou em um prisma vertical, por meio de subcontratações. Imagine-se, ainda, esta realidade aplicada à rotina das empresas multinacionais, que possuem inúmeros projetos em curso não somente no país, mas em todo o globo. Esses numerosos arranjos comerciais e contratuais tornam, por certo, dificultoso o controle, pelas empresas, dos seus múltiplos parceiros, especificamente, no que refere-se às práticas de *compliance*. Neste contexto, passaremos a examinar a figura do contrato como instrumento de controle e difusão do *compliance* empresarial, precipuamente, na relação *inter partes*.

Na definição de Clóvis Beviláqua o contrato é "o acordo de vontade de duas ou mais pessoas com a finalidade de adquirir, resguardar, modificar ou extinguir direito".[27] Para Maria Helena Diniz, tem-se que o contrato "é o acordo de duas ou mais vontades, na conformidade da ordem jurídica, destinado a estabelecer uma regulamentação de interesses entre as partes, com o escopo de adquirir, modificar ou extinguir relações jurídicas de natureza patrimonial".[28]

Neste sentido, o contrato, ao estabelecer direitos e obrigações entre as partes, pode ascender-se como forte aliado na disseminação do *compliance*, precipuamente, na relação da empresa com terceiros contratantes. Neste sentido, a edição de cláusulas específicas atinentes à integridade empresarial parece ser essencial. Essas disposições, por seu turno, podem estabelecer, sem a pretensão de esgotar o tema: i) que o terceiro conhece e compromete-se a respeitar o código de ética e regulamentos internos da empresa contratante, cujas cópias devem lhe ser fornecidas; ii) que o terceiro conhece e compromete-se a respeitar a legislação aplicável à matéria anticorrupção, notadamente, a Lei 12.846 de 2013 e o Decreto 8.420 de 2015; iii) que caso haja o descumprimento, por parte do terceiro, das normas e políticas internas da empresa contratante ou, ainda, da legislação anticorrupção, exista a possibilidade de rescisão unilateral do contrato, inclusive com a aplicação de multa e eventuais perdas e danos sofridos pela empresa contratante; iv) a possibilidade da empresa contratante auditar os livros, registros e documentos

---

27 BEVILÁQUA, Clóvis. Código civil anotado, vol. 4, Rio de Janeiro: Francisco Alves,1916. p. 245.

28 DINIZ, Maria Helena. Curso de direito civil brasileiro. vol. 3. São Paulo: Saraiva, 2008. p. 30.

contábeis e financeiros do terceiro; v) a exigência de que o terceiro informe à empresa contratante sobre qualquer mudança no seu quadro societário após a formalização do contrato; ou, ainda vi) a obrigatoriedade do terceiro em replicar as disposições previamente citadas nos contratos firmados com seus parceiros, subcontratados e colaboradores.

Além da criação de cláusulas específicas que deverão ser observadas pelos terceiros contratantes, outros aspectos contratuais, de igual forma, parecem preponderantes na difusão do *compliance*. Antes de realizar a contratação de novos parceiros, a empresa deve realizar criterioso processo de *due diligence* com o intuito de conhecer melhor o terceiro contratante, seu passado, a figura dos seus administradores e sócios.[29] Este procedimento pode incluir, sem se limitar, i) na exigência de que os potenciais contratantes preencham formulários e questionários com informações mínimas relacionadas à sua estrutura organizacional e idoneidade de seus sócios e administradores; ii) no cadastramento prévio de potenciais contratantes, inclusive com requerimento de envio de certidões, declarações e documentos correlatos atinentes à sociedade, seus sócios e administradores; ou, ainda, iii) em qualquer ato relacionado à efetiva identificação do potencial contratante.

Na condução do processo de *due diligence*, alguns fatores, conhecidos como *red flags* ou bandeiras vermelhas, devem indicar risco na contratação de um potencial parceiro. Neste sentido, caso o potencial contratante i) não possua experiência na realização dos serviços objeto do contrato; ii) se negue ou se mostre reticente em colaborar no procedimento de *due diligence;* iii) solicite que sejam realizados pagamentos em favor de terceiros, estranhos à relação entre as partes; iv) tenha sido condenado por algum crime relacionado a atos de corrupção; v) figure em cadastro de empresas ou pessoas inidôneas ou proibidas de contratar com a administração pública; vi) exija o pagamento de comissão ou honorário excepcionalmente elevados; ou ix) trate-se de pessoa politicamente exposta; estes fatores devem requerer cuidado especial da empresa contratante antes da formalização do contrato com o potencial parceiro.

A simples existência de *red flag* sobre determinado parceiro não deve, de forma isolada, inviabilizar uma contratação, mas, por certo, exigirá da empresa contratante maior controle e fiscalização das atividades do terceiro contratante. Neste sentido, minutas contratuais robustas, que descrevam com riqueza de detalhes o escopo dos serviços prestados e determinem a

---

[29] SERPA, Alexandre da Cunha. *Compliance* Descomplicado: Um guia simples e direto sobre Programas de Compliance. São Paulo: eBook Kindle, 2016.

necessidade de contratação de determinado terceiro parecem fundamentais. Ainda neste contexto, a produção de documentos que comprovem a efetiva prestação dos serviços objeto do contrato torna-se vital.

Por fim, tem-se como essencial não apenas a criteriosa escolha do potencial contratante, mas a efetiva fiscalização de suas atividades. Neste sentido, no curso da relação contratual torna-se fundamental a existência de mecanismos de controle e monitoramento da empresa contratada. Mais uma vez, o contrato apresenta papel basilar. Cláusulas específicas editadas para este fim podem conter i) a exigência de que o terceiro contratante envie, regularmente, certidões, declarações e documentos correlatos atinentes à sua sociedade, seus sócios e administradores; ii) a possibilidade de retenção de pagamento ou rescisão do contrato em caso de descumprimento, por parte do terceiro contratante, das disposições legais e contratuais atinentes ao *compliance*; iii) a exigência de que o terceiro contratante reúna uma descrição minuciosa dos trabalhos realizados antes de que seja realizado o pagamento dos honorários correspondentes; ou, ainda, v) a proibição de se realizar pagamentos a pessoas distintas da figura do terceiro contratante.

CONCLUSÃO

O instituto do *compliance* ganhou notoriedade no Brasil e tem se tornado tema recorrente na agenda das empresas de infraestrutura, em especial em virtude da onda dos escândalos de corrupção percebidos nos últimos anos. Gerir os negócios da empresa em observância aos preceitos legais aplicáveis, sobretudo aqueles atinentes aos diplomas anticorrupção, apresenta-se como fator essencial para a longevidade de uma sociedade.

Os benefícios de se instituir práticas de *compliance* no âmbito empresarial parecem definitivos, em especial em vista das sanções previstas pela legislação anticorrupção, notadamente a Lei 12.846 de 2013 e o Decreto 8.420 de 2015. Entre essas rotinas, a edição, desenvolvimento e constante aperfeiçoamento de um programa de integridade, com mecanismos efetivos para controle e combate de atos de corrupção, apresenta-se como ferramenta corporativa importante.

De forma mais específica, entre as práticas constantes de um efetivo programa de *compliance* encontram-se aquelas atinentes ao controle e fiscalização de terceiros. Neste contexto, tem-se que o contrato, como instrumento gerador de obrigações entre as partes contratantes, pode exercer papel fundamental como mecanismo de propagação do *compliance* empresarial.

Tão importante quanto ao exercício de redação de cláusulas contratuais específicas atinentes ao *compliance,* o processo de *due diligence* sobre futuros parceiros deve alertar a empresa sobre possíveis riscos que envolvam uma potencial contratação. Após este processo, a fiscalização e controle do parceiro contratado devem ser contínuas e meticulosas, em especial para evitar que o ato de um terceiro possa vir a atingir a empresa contratante, ainda que sem a sua concorrência.

Por estas razões, a instituição do *compliance* no ambiente empresarial deixa de ser mera exigência legal para tornar-se verdadeiro mecanismo de competividade ou, mais ainda, uma exigência de mercado. No contexto do direito de infraestrutura, estar em conformidade com as exigências legais e regulatórias deverá implicar diretamente na longevidade de uma empresa, possibilitando o estreitamento do seu relacionamento com o poder público, parceiros privados, investidores e o mercado em geral.

REFERÊNCIAS BIBLIOGRÁFICAS

ANTONIK, Luis Roberto. *Compliance,* Ética, Responsabilidade Social e Empresarial: uma Visão Prática. Rido de Janeiro: Alta Books, 1.ed, 2016.

BEVILÁQUA, Clóvis. Código civil anotado, vol. 4, Rio de Janeiro: Francisco Alves, 1916.

BRASIL. Decreto nº 8.420 de 18 de março 2015. Diário Oficial da República Federativa do Brasil, Poder Executivo, Brasília, DF, 19 mar. 2015.

BRASIL. Controladoria Geral da União. A Responsabilidade Social das Empresas no Combate à Corrupção. Disponível em <http://www.cgu.gov.br/Publicacoes/etica-e-integridade/arquivos/manualrespsocialempresas_baixa.pdf> Acesso em: 15 out. 2016.

BRASIL. Controladoria Geral da União. Programa de Integridade. Diretrizes para Empresas Privadas. 2015. Disponível em <http://www.cgu.gov.br/Publicacoes/etica-e-integridade/arquivos/programa-de-integridade-diretrizes-para-empresas-privadas.pdf> Acesso em: 15 out. 2016.

DINIZ, Maria Helena. Curso de direito civil brasileiro. vol. 3. São Paulo: Saraiva, 2008.

FACCHINI NETO, Eugênio. *"Da responsabilidade civil no novo Código".* In: SARLET, Ingo Wolfgang (Org.). O novo Código Civil e a Constituição. Porto Alegre: Livraria do Advogado, 2003.

INSTITUTO BRASILEIRO DE GOVERNANÇA CORPORATIVA. Governança Corporativa. Disponível em <http://www.ibgc.org.br/index.php/governanca/governanca-corporativa > Acesso em: 15 out. 2016.

MANZI, Vanessa Alessi. *Compliance* no Brasil. Sao Paulo: Saint Paul, 1.ed, 2008, p. 15.

NAÇÕES UNIDAS. Convenção das Nações Unidas Contra a Corrupção. Disponível em <https://www.unodc.org/documents/lpo-brazil//Topics_corruption/Publicacoes/2007_UNCAC_Port.pdf>. Acesso em: 15 out. 2016.

ORGANISATION FOR ECONOMIC CO-OPERATION AND DEVELOPMENT. OECD Convention on Combating Bribery of Foreign Public Officials in International Business Transactions. Disponível em <http://www.oecd.org/corruption/oecdantibriberyconvention.htm > Acesso em: 16 out. 2016.

ORGANIZAÇÃO DAS NAÇÕES UNIDAS. Pacto Global. O que é? Disponível em <http://www.pactoglobal.org.br/artigo/70/O-que-eh>. > Acesso em: 15 out. 2016.

ORGANIZAÇÃO DAS NAÇÕES UNIDAS. Pacto Global. Os 10 princípios. Disponível em <http://www.pactoglobal.org.br/artigo/70/O-que-eh>. > Acesso em: 15 out. 2016.

OXFORD UNIVERSITY PRESS. Dictionary. Definition of Compliance. Disponível em <https://en.oxforddictionaries.com/definition/compliance> Acesso em: 15 out. 2016.

REINO UNIDO. *Bribery Act 2010.* Disponível em <http://www.legislation.gov.uk/ukpga/2010/23/contents>. > Acesso em: 15 out. 2016.

SÃO PAULO. Controladoria Geral do Município de São Paulo. Programa de Integridade. Disponível em <http://www.prefeitura.sp.gov.br/cidade/secretarias/upload/controladoria_geral/Guia.pdf> Acesso em: 15 out. 2016.

SERPA, Alexandre da Cunha. *Compliance* Descomplicado: Um guia simples e direto sobre Programas de Compliance. São Paulo: eBook Kindle, 2016.

STELLMACH, William. Foreign Corrupt Practices Act. Disponível em <http://www.justice.gov/criminal/fraud/fcpa/>. > Acesso em: 15 out. 2016.

TAGLIAPIETRA, O. M.; SANTANA, M. F. P.; DEPARIS, E. O Comportamento Ético e a Responsabilidade Social das Organizações: Fatores Indispensáveis na Nova Economia. In: Congresso Brasileiro de Ensino de Engenharia, 2014. P. 01.

VENOSA, Silvo de Salvo. *Direito Civil: Responsabilidade civil*, 2. ed. São Paulo: Atlas, 2002, p. 36.

15

PPI – PROGRAMA DE PARCERIAS DE INVESTIMENTOS INOVAÇÕES E DESAFIOS

Gustavo Eugenio Maciel Rocha[1]

SUMÁRIO: I. Como Surgiu o PPI?. II – O que é PPI?. III. Para Que Serve o PPI?. IV. Como se Organiza o PPI?. V. Como se Estruturam os Projetos de PPI?. VI. Como se Financiam os Projetos de PPI?. VII. Conclusão. VIII.– Referências Bibliográficas.

I. COMO SURGIU O PPI?

Ato pioneiro do Governo Michel Temer, o Programa de Parcerias de Investimentos ("PPI"), foi publicado como Medida Provisória no dia 12 de maio de 2016, logo no primeiro dia do exercício interino do novo mandatário da República.

A Medida Provisória 727/16, que criou o PPI, foi finalmente convertida em lei no dia 13 de setembro do mesmo ano, transformando-se na vigente Lei 13.334/16, que, por sua vez, alterou a Lei 10.683/03, a qual dispõe sobre a organização da Presidência da República e dos Ministérios, para inserir e vincular a Secretaria do Programa de Parcerias de Investimentos na estrutura organizacional da Presidência da República.

---

1 Advogado. L.L.M *International Law* - Cambridge University, Inglaterra; Mestrado Direito Constitucional – Univ. de Lisboa, Portugal; Especializações: Direito do Estado - PUC/MG e Altos Estudos Governamentais – Fund. João Pinheiro. Professor de pós-graduação na UNA e *Ecobusiness School.* Membro da Comissão de Infraestrutura da OAB e da FIEMG. Obras publicadas: "PPP - Parcerias Público-Privadas: Guia Legal para Empresários, Executivos e Agentes de Governo"; "Investing in Brazil: The Business and Legal Framework of Brazilian Public-Private Partnerships"; "Jogo Legal – O Jogo do Direito"; "Spikeboy e a Liga da Natureza"; além de diversos artigos e monografias publicados no Brasil e no exterior.

Primeiros aspectos aos quais se deve chamar atenção são, portanto, a prioridade dada pelo novo governo ao setor de infraestrutura nacional e a abertura concedida à iniciativa privada para uma participação mais ampla de investimentos nesta área.

II. O QUE É PPI?

PPI, conforme a Lei 13.334/16 estabelece, é um programa federal de incentivo à ampliação e fortalecimento da interação entre o Estado e a iniciativa privada por meio da celebração de "contratos de parceria" para a execução de empreendimentos públicos de infraestrutura e de outras medidas de desestatização.

Neste bojo, podem integrar o PPI

- Os empreendimentos públicos de infraestrutura em execução ou a serem executados por meio de contratos de parceria celebrados pela administração pública direta e indireta da União;
- Os empreendimentos públicos de infraestrutura que, por delegação ou com o fomento da União, sejam executados por meio de contratos de parceria celebrados pela administração pública direta ou indireta dos Estados, do Distrito Federal ou dos Municípios; e
- As demais medidas do Programa Nacional de Desestatização a que se refere a Lei nº 9.491, de 9 de setembro de 1997.[2]

Para os fins da referida Lei, consideram-se contratos de parceria:

- A concessão comum e a permissão de serviços públicos, regidas pelas Leis 8.987/95[3] e 9.074/95[4];

- A concessão patrocinada e a concessão administrativa, consistente nas duas modalidades de PPP – Parcerias Público-Privadas, ambas regidas pela Lei 11.079/04[5];

- A concessão regida por legislação setorial, que vem a ser aquelas concessões de serviços públicos relativas a setores de infraestrutura que possuem legislação própria e marco regulatório específico, tais quais as concessões do setor de telecomunicações, regidas pela Lei 9.472/97, também

---

2 Altera procedimentos relativos ao Programa Nacional de Desestatização, revoga a Lei n° 8.031, de 12 de abril de 1990, e dá outras providências.

3 Dispõe sobre o regime de concessão e permissão da prestação de serviços públicos previsto no art. 175 da Constituição Federal, e dá outras providências.

4 Estabelece normas para outorga e prorrogações das concessões e permissões de serviços públicos e dá outras providências.

5 Institui normas gerais para licitação e contratação de parceria público-privada no âmbito da administração pública.

chamada de "Lei Geral de Telecomunicações" e reguladas pela ANATEL – Agência Nacional de Telecomunicações.

- O arrendamento de bem público, regido, *lato sensu*, pelas Leis 8.666/93 e 9.491/97 e, *stricto sensu*, por legislações específicas setoriais, como a Lei 12.815/13, que regula a exploração de atividades portuárias, dentre as quais a concessão e arrendamento de bem público referente às instalações portuárias.

- A concessão de direito real de uso, regida pelo Decreto-Lei 271/67, com redação mais recente dada pela Lei 11.481/07.

- Outros negócios público-privados que, em função de seu caráter estratégico e de sua complexidade, especificidade, volume de investimentos, longo prazo, riscos ou incertezas envolvidas, adotem estrutura jurídica semelhante.

Há de se observar, em virtude do último item relacionado, que prevê outras hipóteses não previstas especificamente na lei, que a listagem acima torna-se meramente exemplificativa, podendo considerar outros arranjos que se adequem ao propósito do PPI e possam ser legalmente fundamentados, dentre os quais aqueles previstos na Lei 9.491/97, que dispõe sobre o PND – Programa Nacional de Desestatização, o qual contempla as seguintes modalidades operacionais de desestatização:

- Alienação de participação societária, inclusive de controle acionário, preferencialmente mediante a pulverização de ações;

- Abertura de capital;

- Aumento de capital, com renúncia ou cessão, total ou parcial, de direitos de subscrição;

- Alienação, arrendamento, locação, comodato ou cessão de bens e instalações;

- Dissolução de sociedades ou desativação parcial de seus empreendimentos, com a consequente alienação de seus ativos;

- Concessão, permissão ou autorização de serviços públicos.

Ressalta-se, finalmente, a previsão no PPI de contratos de parceria celebrados pela administração pública direta ou indireta dos Estados, do Distrito Federal ou dos Municípios, resultantes de empreendimentos públicos de infraestrutura delegados ou fomentados pela União. Para este fim, o PPI será regulamentado por meio de decretos que, nos termos e limites das leis setoriais e da legislação geral aplicável, definirão, dentre outras diretrizes, as políticas federais de fomento às parcerias em empreendimentos públicos de infraestrutura dos Estados, do Distrito Federal ou dos Municípios.

III. PARA QUE SERVE O PPI?

O PPI foi criado com o intuito de destravar os gargalos existentes nos diversos setores de infraestrutura nacional, visando à retirada de entraves burocráticos desnecessários e os excessos de interferência do Estado, além de perseguir os seguintes objetivos:

- Ampliar as oportunidades de investimento e emprego e estimular o desenvolvimento tecnológico e industrial, em harmonia com as metas de desenvolvimento social e econômico do País;
- Garantir a expansão com qualidade da infraestrutura pública, com tarifas adequadas;
- Promover ampla e justa competição na celebração das parcerias e na prestação dos serviços;
- Assegurar a estabilidade e a segurança jurídica, com a garantia da mínima intervenção nos negócios e investimentos; e
- Fortalecer o papel regulador do Estado e a autonomia das entidades estatais de regulação.

Na implementação do PPI, a Lei ainda previu a observância dos seguintes princípios:

- Estabilidade das políticas públicas de infraestrutura;
- Legalidade, qualidade, eficiência e transparência da atuação estatal; e
- Garantia de segurança jurídica aos agentes públicos, às entidades estatais e aos particulares envolvidos.

A Lei ainda prevê, em seu art. 6º, que os "órgãos, entidades e autoridades da administração pública da União com competências relacionadas aos empreendimentos do PPI formularão programas próprios visando à adoção, na regulação administrativa, independentemente de exigência legal, das práticas avançadas recomendadas pelas melhores experiências nacionais e internacionais", inclusive mediante as seguintes providências:

> (i) edição de planos, regulamentos e atos que formalizem e tornem estáveis as políticas de Estado fixadas pelo Poder Executivo para cada setor regulado, de forma a tornar segura sua execução no âmbito da regulação administrativa, observadas as competências da legislação específica, e mediante consulta pública prévia; (ii) eliminação de barreiras burocráticas à livre organização da atividade empresarial; (iii) articulação com o Conselho Administrativo de Defesa Econômica - CADE, bem como com a Secretaria de Acompanhamento Econômico - SEAE do Ministério da Fazenda, para fins de *compliance* com a defesa da concorrência; e (iv) articulação com os órgãos e autoridades de controle, para aumento da

transparência das ações administrativas e para a eficiência no recebimento e consideração das contribuições e recomendações.

IV. COMO SE ORGANIZA O PPI?

A exemplo do que ocorre com a maioria dos programas de políticas públicas semelhantes, a estrutura organizacional do PPI compreende um órgão deliberativo e outro executivo.

O órgão deliberativo é o Conselho do Programa de Parcerias de Investimentos da Presidência da República - CPPI, o qual contempla as seguintes competências:

- Opinar, previamente à deliberação do Presidente da República, quanto às propostas dos órgãos ou entidades competentes, sobre as matérias previstas no art. 4º desta Lei;

- Acompanhar a execução do PPI;

- Formular propostas e representações fundamentadas aos Chefes do Poder Executivo dos Estados, do Distrito Federal e dos Municípios;

- Formular recomendações e orientações normativas aos órgãos, entidades e autoridades da administração pública da União;

- Exercer as funções atribuídas:

a) ao órgão gestor de parcerias público-privadas federais pela Lei nº 11.079, de 30 de dezembro de 2004;

b) ao Conselho Nacional de Integração de Políticas de Transporte pela Lei nº 10.233, de 5 de junho de 2001[6]; e

c) ao Conselho Nacional de Desestatização pela Lei nº 9.491, de 9 de setembro de 1997;

- Editar o seu Regimento Interno.

Os membros do CPPI, com direito a voto, são: o Secretário-Executivo da Secretaria do Programa de Parcerias de Investimentos da Presidência da República - SPPI, que também atuará como Secretário-Executivo do Conselho; o Ministro-Chefe da Casa Civil; os Ministros de Estado da Fazenda, do Planejamento, Desenvolvimento e Gestão, dos Transportes, Portos e Aviação Civil e o do Meio Ambiente; o Presidente do Banco Nacional de

---

[6] Dispõe sobre a reestruturação dos transportes aquaviário e terrestre, cria o Conselho Nacional de Integração de Políticas de Transporte, a Agência Nacional de Transportes Terrestres, a Agência Nacional de Transportes Aquaviários e o Departamento Nacional de Infra-Estrutura de Transportes, e dá outras providências.

Desenvolvimento Econômico e Social - BNDES e o Presidente da Caixa Econômica Federal.

Serão convidados a participar das reuniões do Conselho, sem direito a voto, os ministros setoriais responsáveis pelas propostas ou matérias em exame e, quando for o caso, os dirigentes máximos das entidades reguladoras competentes.

Quando se tratar de eventual desestatização de instituições financeiras, participará das reuniões, com direito a voto, o Presidente do Banco Central do Brasil, aplicando-se, para este fim, o § 2º do art. 5º da Lei nº 9.491, de 9 de setembro de 1997.[7]

As reuniões do Conselho serão presididas pelo Presidente da República, a quem caberá, nas matérias deliberativas, a decisão final em caso de empate.

O CPPI publicou, inicialmente, seis resoluções que trazem diretrizes gerais e estratégicas a serem adotadas no processo de contratação de empreendimentos.

A resolução 1, que será analisada e detalhada adiante, fixa diretrizes gerais e estratégicas a serem adotadas pelos órgãos e entidades da administração pública federal no processo de contratação de empreendimentos do PPI. Como se verá, no tópico V, abaixo, as etapas de contratação são ordenadas em planejamento, licitação, celebração e acompanhamento.

As demais resoluções tratam de projetos específicos que serão contemplados no bojo do PPI em diversas áreas de infraestrutura, dentre as quais saneamento básico, energia, rodovias, portos e aeroportos.

Já o órgão executivo do PPI é a Secretaria do Programa de Parcerias de Investimentos – SPPI, chefiada por um Secretário-Executivo, a quem compete:

- Dirigir a SPPI, superintender e coordenar suas atividades e orientar-lhe a atuação;

- Despachar com o Presidente da República;

- Assessorar o Presidente da República em assuntos relativos à atuação da SPPI, elaborando pareceres e estudos ou propondo normas, medidas e diretrizes;

- Exercer orientação normativa e supervisão técnica quanto às matérias relativas às atribuições da SPPI;

- Editar o Regimento Interno da SPPI; e

- Editar e praticar os atos normativos e os demais atos, inerentes às suas atribuições.

---

7 "§ 2º Quando se tratar de desestatização de instituições financeiras, participará das reuniões, com direito a voto, o Presidente do Banco Central do Brasil".

V. COMO SE ESTRUTURAM OS PROJETOS DE PPI?

Competirá a um ministério setorial específico, ou órgão com competência para formulação da política setorial, com o apoio da SPPI, a adoção das providências necessárias à inclusão de um determinado empreendimento no âmbito do PPI.

Para a estruturação dos projetos que integrem ou que venham a integrar o PPI, o órgão ou entidade competente poderá, sem prejuízo de outros mecanismos previstos na legislação:

- Utilizar a estrutura interna da própria administração pública;

- Contratar serviços técnicos profissionais especializados;

- Abrir chamamento público;

- Receber sugestões de projetos, sendo vedado qualquer ressarcimento; ou

- Celebrar diretamente com o Fundo de Apoio à Estruturação de Parcerias - FAEP contrato de prestação de serviços técnicos profissionais especializados.

Em 13 de setembro de 2016, o Conselho do Programa de Parcerias de Investimentos – CPPI, estabeleceu as diretrizes gerais e estratégicas a serem adotadas pelos órgãos e entidades da administração pública federal no processo de contratação de empreendimentos do PPI.

A Resolução n. 1 do CPPI definiu, como processo de contratação de parcerias no bojo do PPI, as etapas de planejamento, licitação, celebração e acompanhamento dos empreendimentos a que ela se refere.

No processo de contratação dos empreendimentos públicos de infraestrutura contemplados pelo PPI, as autoridades competentes deverão observar, sempre que possível e desde que não haja norma específica que disponha em sentido contrário, os ritos e as orientações previstos na referida Resolução, com vistas a homogeneizar os procedimentos básicos, as regras gerais e as diretrizes comuns aplicáveis aos projetos e setores envolvidos.

O primeiro passo refere-se à necessidade de motivação, justificativa e fundamentação da opção do empreendimento. Destarte, as escolhas regulatórias utilizadas nos novos empreendimentos a serem estruturados e as atribuições privativas do poder concedente deverão ser justificadas e fundamentadas em seus procedimentos administrativos.

Não se trata aqui de nenhuma novidade legislativa. Ao par da Constituição da República e da legislação administrativa, em especial a Lei Geral de Licitações 8.666/93 e suas correlatas, consagrarem o princípio de motivação do ato administrativo, a Lei 11.079/04, que rege as PPPs – Parcerias Público

-Privadas, já condicionava a abertura do processo licitatório de uma PPP à autorização da autoridade competente, fundamentada em estudo técnico que demonstre a "conveniência e a oportunidade da contratação, mediante identificação das razões que justifiquem a opção pela forma de parceria público-privada"[8]

Para cada empreendimento qualificado no PPI, os órgãos ou as entidades competentes deverão designar agente público que se responsabilizará pelo acompanhamento e a quem incumbirá, entre outros:

- O gerenciamento do cronograma de atividades previsto;

- A reunião e a revisão de dados, informações e premissas;

- A harmonização dos estudos realizados, tendo em vista os resultados de avalições técnicas e consultas públicas;

- O sequenciamento das etapas do processo de contratação;

- O acompanhamento dos Estudos de Viabilidade Técnica, Econômico-Financeira e Ambiental - EVTEA, quando necessários; e

- A realização e a condução de reuniões técnicas com os demais órgãos da administração pública, inclusive os órgãos de controle.

Há de se observar aqui uma nítida preocupação com a governança do processo de um projeto de PPI como um todo, desde a sua origem até à conclusão dos estudos que resultará na futura licitação do empreendimento.

O art. 5º da referida Resolução preocupa-se com a transparência do procedimento, ao determinar que o poder concedente deverá garantir ampla transparência aos processos de contratação dos empreendimentos, divulgar os documentos, os ritos e as demais regras do certame na imprensa oficial e na internet, destacando-se ainda dois preceitos específicos, a saber:

> "Na hipótese de potenciais licitantes estrangeiros, os órgãos e as entidades competentes promoverão a divulgação, em língua portuguesa (sic)[9], dos principais documentos relacionados à licitação do empreendimento";
>
> "Caberá aos órgãos e às entidades competentes encaminhar as informações de que trata o caput, sempre atualizadas, para a Secretaria do Programa de Parcerias de Investimentos da Presidência da República, para que ela também as divulgue em seu sítio eletrônico".

---

8 *Vide* art. 10, I, da Lei 11.079/04

9 Entendemos ter havido um equívoco de digitação no documento oficial da Resolução, o qual intencionava se referir "em língua estrangeira", ao invés de "em língua portuguesa".

O art. 6º da Resolução repete exigências requentadas do arcabouço legislativo pátrio: "Quando o objeto do contrato o exigir, a licitação dos empreendimentos ficará condicionada, na forma da legislação aplicável, à atestação de sua viabilidade ambiental mediante a expedição da Licença Prévia - LP ou das diretrizes para o licenciamento ambiental".

A exigência prévia de licenciamento ambiental é requisito básico para contratações administrativas regidas pela Lei de Licitações – Lei 8.666/93 e correlatas, mas flexibilizada em regimes mais modernos de contratação, como as Parcerias Público-Privadas[10] e a modalidade de contratação integrada, regida pelo RDC – Regime Diferenciado de Contratação[11].

O art. 7º da referida Resolução dispõe sobre a orientação de se elaborar uma matriz de risco adequada que vise à mitigação e alocação entre os diversos riscos envolvidos no empreendimento a ser licitado: "Na elaboração do edital e da minuta de contrato, a adoção de matriz de repartição de riscos do empreendimento deverá ser prevista e deverão ser consideradas, no mínimo, a identificação, a avaliação e a alocação dos riscos à parte que melhor puder gerenciá-los, com o menor custo para o processo, de maneira a minimizar futuras revisões contratuais extraordinárias."

Não se trata exatamente de matéria inovadora, pois a elaboração de matrizes de riscos vem sendo uma praxe usual durante a confecção de estudos para modelagens de PPPs – Parcerias Público-Privadas, embora não obrigatório por lei[12]. A novidade trazida pela Resolução do CPPI concerne, entretanto, à orientação expressa de dever estar prevista no edital e na minuta de contrato o instrumento da matriz de riscos.

O art. 8º versa sobre as boas práticas na estruturação e condução dos projetos contemplados no PPI, algo que também já vem sendo previsto nas legislações mais modernas de parcerias com o setor privado, tais quais as que regem os regimes de PPP – Parcerias Público-Privadas e RDC – Regime Diferenciado de Contratação.

---

[10] Art. 10, VII, da Lei 11.079/04: "licença ambiental prévia ou expedição das diretrizes para o licenciamento ambiental do empreendimento, na forma do regulamento, sempre que o objeto do contrato exigir".

[11] Art. 9º, § 2º, "d", da Lei 12.462/11: "...No caso de Contratação Integrada: (...) os parâmetros de adequação ao interesse público, à economia na utilização, à facilidade na execução, aos impactos ambientais e à acessibilidade".

[12] O Art. 5º da Lei 11.079/04 dispõe que o contrato de PPP – Parceria Público-Privada deverá prever, dentre outros preceitos, "III – a repartição de riscos entre as partes, inclusive os referentes a caso fortuito, força maior, fato do príncipe e álea econômica extraordinária". Todavia, a Lei de PPP silencia-se sobre a obrigatoriedade da previsão da matriz de riscos como parte integrante do edital ou da minuta do contrato.

De acordo com o citado preceito resolutivo, os empreendimentos e os contratos de parcerias deverão ser estruturados com base em práticas regulatórias modernas, tendo como principal foco os serviços a serem prestados, e contemplar as cláusulas de desempenho e as metas objetivas para o contratado, de acordo com as particularidades de cada projeto e setor.

O art. 9º da Resolução traz uma novidade, até então não expressamente prevista em outra norma regulamentar semelhante – a orientação para, sempre que possível, a estruturação dos empreendimentos considerar a implementação de infraestrutura de telecomunicações ou de rede de fibra ótica ao longo de rodovias, ferrovias, gasodutos ou outros empreendimentos em que tal medida se mostre pertinente.

A princípio, aparenta-se pouco provável que a implementação de referida infraestrutura se demonstre viável financeiramente e não comprometa o fluxo econômico do projeto. Muito por isso, a Resolução determina que o procedimento será objeto de estudo técnico em cada empreendimento e caberá aos órgãos e às entidades competentes justificar as hipóteses em que ela se mostre técnica, operacional ou economicamente inviável.

Realçando os ditames legais, o art. 10 enfatiza que o edital e o contrato do empreendimento deverão prever regras de governança, transparência e acompanhamento das condições de contratação de partes relacionadas ao concessionário, a fim de se garantir a transparência da execução das obras necessárias à prestação dos serviços concedidos, sobretudo quando houver sócio público em sociedade de propósito específico – as chamadas "SPEs".

Deverão ainda conter regras específicas para prever mecanismos que desestimulem a postergação ou o descumprimento do programa de investimentos estipulado no contrato ou a sua desconformidade com o cronograma pactuado.

No que concerne ao fluxo de investimentos necessários para a realização do projeto, a Resolução prescreve que os empreendimentos deverão ser compatíveis com os níveis de serviços exigidos, os quais retratarão as efetivas necessidades dos usuários ao longo da vigência do contrato, de maneira a evitar a imposição de investimentos desnecessários.

Já o art. 13 resgata a relevância das agências reguladoras e a necessidade premente de uma regulação autônoma e eficaz para permitir que os empreendimentos sejam estruturados visando ao fortalecimento da atuação das agências reguladoras, sobretudo quanto à regulação, ao monitoramento, à fiscalização e ao acompanhamento dos contratos.

Sobre os Estudos de Viabilidade Técnica, Econômico-Financeira e Ambiental - EVTEA e a documentação jurídica relacionada aos empreendimentos, estes serão submetidos ao Conselho do PPI somente quando se mostrarem suficientemente consistentes e robustos.

Vislumbra-se aqui uma tentativa de se evitar o desperdício de tempo e de recursos humanos e financeiros, que historicamente têm-se revelado mal-empregados.

Os EVTEA serão construídos com base em premissas claras, objetivas e suficientemente adequadas para garantir a robustez e a consistência dos modelos, além de considerar a complexidade e as particularidades de cada projeto.

Reforçando as diretrizes de transparência e publicação dos atos administrativos, os EVTEA serão submetidos a consultas públicas antes de seu encaminhamento ao Tribunal de Contas da União.

Também as minutas do edital e do contrato e os seus anexos, referentes a cada empreendimento, serão submetidos à consulta pública pelo órgão ou pela entidade competente.

A consulta pública será divulgada na imprensa oficial e na internet, com a identificação do objeto, a motivação para a prorrogação, as condições propostas, entre outras informações relevantes, fixando-se, exceto se houver disposição em sentido contrário, o prazo mínimo de quarenta e cinco dias para o recebimento de sugestões dos potenciais interessados.

Ainda sobre a transparência, publicidade e cooperação entre os órgãos das três esferas federativas, os EVTEAs e a documentação jurídica relacionados ao empreendimento também deverão ser submetidos ao Tribunal de Contas da União.

O agente público deverá promover, sempre que necessário, reuniões técnicas com o Tribunal de Contas da União a fim de possibilitar a análise célere dos documentos, de esclarecer eventuais dúvidas e, quando for o caso, de providenciar correções nos documentos apresentados.

O edital de licitação do empreendimento poderá ser lançado após o encaminhamento dos documentos ao Tribunal de Contas da União pelo órgão ou pela entidade competente, observados os prazos normativamente fixados.

A iniciativa de se compartilhar com o Tribunal de Contas a estruturação da modelagem, desde a sua origem, nos parece uma faca de dois gumes. De um lado, a louvável transparência ao processo e a tentativa salutar de se oferecer mais consistência jurídica ao projeto. De outro, os inevitáveis atrasos que impactarão o cronograma do processo e o desafio de conciliar visões distintas, às vezes antagônicas, na definição da modelagem mais viável para o empreendimento.

O edital do empreendimento poderá prever o prazo para a entrega das propostas, sempre que possível, desde que este não seja inferior a cem dias corridos, "para que os interessados possam avaliar o projeto e as informações a ele relacionadas".

Eis aqui uma outra inovação normativa, com relação ao prazo para a entrega das propostas, o qual, segundo o preceito regulatório acima explanado, não deverá ser inferior a 100 (cem) dias.

Ora, entendemos que este dispositivo regulamentar carece de praticidade, podendo até mesmo ser questionada a sua legalidade, pois, como ato resolutivo que é, não poderia, em tese, contrapor os ditames de uma regra geral contida na Lei de licitações, no caso a Lei 8.666/93, a qual prevê de até 45 dias, a depender da respectiva modelagem ou natureza do certame licitatório, o prazo mínimo pré-determinado entre a publicação do edital e a entrega das propostas[13].

Embora a lei trate expressamente de "prazo mínimo", não concedeu ao Poder Executivo a prerrogativa de dilatar, como regra geral, a fixação deste prazo. Tal conduta, a nosso ver, além de comprometer outros princípios administrativos não menos relevantes, como os da celeridade, economicidade e eficiência, limita a margem discricionária deixada pelo Legislador para que o Administrador possa fixar o prazo de abertura do certame licitatório conforme a sua necessidade e conveniência, observado o prazo mínimo estabelecido pela Lei Geral de Licitações.

O processo de contratação dos empreendimentos do PPI deverá, conforme a Resolução, ser tratado com prioridade por todos os órgãos e entidades envolvidos, cabendo:

- Às agências reguladoras, a responsabilidade pela regulação, pelo monitoramento, pela fiscalização e pelo acompanhamento dos empreendimentos em execução;

- Aos Ministérios setoriais, o planejamento e a tomada de decisões políticas sobre os empreendimentos; e

- Ao Conselho do PPI, o papel de dirimir eventuais conflitos entre os órgãos envolvidos, sem prejuízo de outras competências atribuídas em lei.

Por fim, vale destacar mais uma novidade trazida pela Lei 13.334/16: a previsão expressa de "não necessidade de lei autorizativa", geral ou

---

13 *Vide* art. 21, § 2º, I, da Lei 8.666/93

específica, para a licitação e celebração de parcerias dos empreendimentos públicos do PPI, ressalvados apenas dois casos específicos: (i) o do disposto no art. 3º da Lei nº 9.491/97 (dispõe sobre o PND – Plano Nacional de Desestatização), que excetua a aplicação dos dispositivos da citada lei ao Banco do Brasil S.A., à Caixa Econômica Federal, e a empresas públicas ou sociedades de economia mista que exerçam atividades de competência exclusiva da União, de que tratam os incisos XI e XXIII do art. 21 e a alínea "c" do inciso I do art. 159 e o art. 177 da Constituição Federal, não se aplicando a vedação aqui prevista às participações acionárias detidas por essas entidades, desde que não incida restrição legal à alienação das referidas participações; e (ii) o do disposto no § 3o do art. 10 da Lei no 11.079/04 (Lei das PPPs – Parcerias Público-Privadas), que prevê a obrigatoriedade de autorização legislativa específica para as concessões patrocinadas em que mais de 70% (setenta por cento) da remuneração do parceiro privado for paga pela Administração Pública.

VI. COMO SE FINANCIAM OS PROJETOS DE PPI?

A Lei 13.334/16 autoriza o BNDES a constituir e participar do Fundo de Apoio à Estruturação de Parcerias - FAEP, que terá por finalidade a prestação onerosa, por meio de contrato, de serviços técnicos profissionais especializados para a estruturação de parcerias de investimentos e de medidas de desestatização.

O FAEP terá natureza privada e patrimônio próprio separado do patrimônio dos cotistas, será sujeito a direitos e obrigações próprios e terá capacidade de celebrar, em seu nome, contratos, acordos ou qualquer ajuste que estabeleça deveres e obrigações e que seja necessário à realização de suas finalidades.

O prazo inicial do FAEP será de dez anos, renovável por iguais períodos.

O BNDES será o responsável pela administração, gestão e representação judicial do FAEP, e receberá, como contraprestação pecuniária, parcela do preço recebido pelos serviços prestados pelo FAEP. O administrador e os cotistas do FAEP não responderão por qualquer obrigação do Fundo, salvo pela integralização das cotas que subscreverem.

O FAEP não pagará rendimentos a seus cotistas, assegurado a qualquer deles o direito de requerer o resgate total ou parcial de suas cotas, fazendo-se a liquidação com base na situação patrimonial do Fundo, sendo vedado o resgate de cotas em valor superior ao montante de recursos financeiros disponíveis ainda não vinculados às estruturações integradas já contratadas, nos termos de seu estatuto.

A Lei ainda permite que o FAEP se articule com os órgãos ou entidades da União, dos Estados, do Distrito Federal e dos Municípios cuja atuação funcional seja ligada à estruturação, liberação, licitação, contratação e financiamento de empreendimentos e atividades, para troca de informações e para acompanhamento e colaboração recíproca nos trabalhos.

Constituem recursos do FAEP:

- Os oriundos da integralização de cotas, em moeda corrente nacional, por pessoas jurídicas de direito público, organismos internacionais e pessoas naturais ou jurídicas de direito privado, estatais ou não estatais;

- As remunerações recebidas por seus serviços;

- Os recebidos pela alienação de bens e direitos, ou de publicações, material técnico, dados e informações;

- Os rendimentos de aplicações financeiras que realizar; e

- Os recursos provenientes de outras fontes definidas em seu estatuto.

O FAEP poderá ser contratado diretamente por órgãos e entidades da administração pública para prestar serviços técnicos profissionais especializados visando à estruturação de contratos de parceria e de medidas de desestatização.

Para a execução dos serviços técnicos para os quais houver sido contratado, o FAEP poderá subcontratar, na forma da legislação, o suporte técnico de pessoas naturais ou jurídicas especializadas, cabendo aos agentes públicos gestores do Fundo, com o apoio da SPPI, a coordenação geral dos trabalhos e a articulação com os demais órgãos e entidades envolvidos.

Outra previsão legal que merece destaque é o incentivo à cooperação entre as entidades das três esferas federativas visando a facilitar a liberação dos empreendimentos do PPI.

Conforme a referida Lei, entende-se por "liberação" a obtenção de quaisquer licenças, autorizações, registros, permissões, direitos de uso ou exploração, regimes especiais, e títulos equivalentes, de natureza regulatória, ambiental, indígena, urbanística, de trânsito, patrimonial pública, hídrica, de proteção do patrimônio cultural, aduaneira, minerária, tributária, e quaisquer outras, necessárias à implantação e à operação do empreendimento.

Neste sentido, a Lei determina que os órgãos, entidades e autoridades estatais, inclusive as autônomas e independentes, da União, dos Estados, do Distrito Federal e dos Municípios, com competências de cujo exercício dependa a viabilização de empreendimento do PPI, têm o dever de atuar, em conjunto e com eficiência, para que sejam concluídos, de forma uniforme, econômica e em prazo compatível com o caráter prioritário nacional do empreendimento, todos os processos e atos administrativos necessários à sua estruturação, liberação e execução.

Por fim, visando à celeridade na liberação do empreendimento, especialmente o seu licenciamento ambiental, a Lei ainda prevê que os órgãos, entidades e autoridades da administração pública da União com competências setoriais relacionadas aos empreendimentos do PPI convoquem todos os órgãos, entidades e autoridades da União, dos Estados, do Distrito Federal ou dos Municípios, que tenham competência liberatória, para participar da estruturação e execução do projeto e consecução dos objetivos do PPI, inclusive para a definição conjunta do conteúdo dos termos de referência para o licenciamento ambiental.

VII. CONCLUSÃO

O PPI traz mais boa vontade do que grandes novidades. Não se trata exatamente de novo regime de licitação ou concessão, mas de programa de política pública que pretende oferecer um grau maior de clareza, governança e organização aos processos já existentes.

Há, portanto, que considerá-lo um avanço significativo na busca do resgate de credibilidade perante o mercado e a sociedade como um todo, e a retomada dos investimentos que poderão, enfim, sanear os inúmeros gargalos existentes nos diversos setores da infraestrutura nacional.

Dentre as medidas normatizadas, destaca-se a louvável iniciativa de se consolidar em uma mesma lei a abrangência de todos os prováveis tipos de arranjos de parcerias com a iniciativa privada, desde os modelos usuais, como a concessão comum de serviços públicos, quanto arranjos legais modernos que, embora de origem tradicional, vêm ganhando novos contornos normativos, como são os casos das PPPs – Parcerias Público-Privadas, do RDC – Regime Diferenciado de Contratação, e do arrendamento de bens públicos portuários. Isso sem falar no resgate do PND – Plano Nacional de Desestatização, esquecido desde o primeiro governo FHC.

Outro fator positivo que merece destaque é o esforço em se oferecer mais transparência e consistência aos processos licitatórios contemplados pelo PPI, embora às vezes pecando em excesso, a exemplo de se estipular um prazo mínimo de 100 (cem) dias entre a publicação do edital e a entrega das propostas.

Por fim, ressalta-se também a preocupação com a credibilidade e reconhecimento do programa. Provas mais contundentes disso foram a sua vinculação direta à presidência da República, bem como a prioridade a ele estabelecida ao ser lançado ainda no primeiro dia de Governo do então presidente interino Michel Temer.

Certamente há muitos desafios a serem superados, dentre os quais antigos problemas como resistência ideológica, corporativismo e entraves burocráticos – principalmente na obtenção de autorizações e licenciamentos.

Entendemos que o primeiro passo foi dado na direção correta. Um país da imensidão do Brasil não pode prescindir de investimentos que visem ao soerguimento de sua combalida infraestrutura. Nem tampouco ao aperfeiçoamento constante da prestação de serviços públicos à sociedade. Para isso, a parceria com a iniciativa privada torna-se cada vez mais essencial.

VIII. REFERÊNCIAS BIBLIOGRÁFICAS

- Diário Oficial da União.

- Site de busca legislativa www.planalto.gov.br.

- Constituição da República Federativa do Brasil.

- Leis Federais: 13.334/16; 9.491/97; 8.987/95; 9.074/95; 11.079/04; 8.666/93; 12.462/11; 9.472/97; 12.815/13; 10.233/01; Decreto-Lei 271/67; 11.481/07; dentre outras legislações correlatas.

- Resoluções do CPPI – Conselho do Programa de Parcerias de Investimento.

- ROCHA, Gustavo Eugenio Maciel e HORTA, João Carlos Mascarenhas, *PPP – Parcerias Público-Privadas – Guia Legal para Empresários, Executivos e Agentes de Governo.* 3ª Edição, rev. e ampl. Belo Horizonte: Prax Editora, 2010.

16

MECANISMOS CONSENSUAIS NA FORMAÇÃO DO EDITAL E DOS CONTRATOS ADMINISTRATIVOS DE INFRAESTRUTURA

Marcela Campos Jabôr[1]
Poliana Lino Rodrigues[2]

SUMÁRIO: 1. Introdução. 2. O novo direito administrativo. 3. Os procedimentos de manifestação de interesse e de propostas não solicitadas. 3.1 Breve esboço histórico-normativo. Os Procedimentos de Manifestação de Interesse e de Propostas Não Solicitadas no ordenamento jurídico brasileiro. 3.2 Desafios aos Procedimentos de Manifestação de Interesse e de Propostas Não Solicitadas à luz dos contratos públicos de infraestrutura. 4. Conclusão. 5. Referências bibliográficas.

1. INTRODUÇÃO

É indubitável que o Direito Administrativo brasileiro precisa, nos moldes como já ocorreu com outros ramos como o Direito Penal e o Direito Civil, de ser relido à luz dos princípios e regras da Constituição de 1988, a partir de uma premissa de filtragem constitucional[3].

---

1 Doutoranda e Mestre em Direito Administrativo pela Faculdade de Direito da Universidade de Lisboa. Professora de Licitações e Contratos Administrativos na Pós-Graduação em Direito Público do IEC/PUC-MG. Professora do curso de Graduação em Direito da PUC Minas, Unidade Praça da Liberdade. Professora de Direito Administrativo nos cursos de formação da Academia de Polícia Militar do Estado de Minas Gerais. Coordenadora dos cursos de Aperfeiçoamento e Desenvolvimento Profissional em Direito do IEC/PUC-MG. Advogada na área de contratações públicas.

2 Mestranda em Direito pelo Programa de Pós-graduação em Direito da Pontifícia Universidade Católica de Minas Gerais. Bacharela em Direito pela PUC-MG onde atuou como Monitora e em atividade interdisciplinar de Extensão. Coordenadora de Pesquisa no Núcleo Acadêmico de Pesquisa; Pesquisadora no Instituto de Investigação Científica Constituição e Processo; Pesquisadora no grupo de pesquisa denominado Dos Direitos e Garantias Processuais Penais: uma análise a partir das decisões das cortes internacionais de direitos humanos, todos vinculados à Faculdade Mineira de Direito e ao Programa de Pós-Graduação em Direito da Pontifícia Universidade Católica de Minas Gerais. Advogada.

3 SCHIER, Paulo Ricardo. *Filtragem Constitucional*: construindo uma nova dogmática jurídica. Porto Alegre: S.A. Fabris, 1999, p. 145-146.

Isso se torna ainda mais urgente quando se percebe que a atuação do gestor público fica engessada a partir de premissas já ultrapassadas como a supremacia do interesse público sobre o privado e a legalidade estrita, em especial quando se trata dos contratos de infraestrutura do setor público, marcados, em geral, por terem objeto complexo e duração diferida no tempo.

Pensar o Direito Administrativo como se ele ainda estivesse preso à sua origem pós Revolução Francesa no século XVIII impede que os setores público e privado possam dialogar e, em parceria, criar editais de licitações mais próximos à realidade dos grandes contratos de infraestrutura, o que, como sabemos, leva inevitavelmente à indústria dos aditivos contratuais[4].

Assim, o objetivo do presente trabalho é, com base nessa premissa da problemática formação dos contratos de infraestrutura da Administração Pública – a que denominaremos de contratos incompletos – propor uma releitura do Direito Administrativo à luz da constitucionalização do Direito e, em seguida, analisar os instrumentos que permitem, sob um prisma de consensualidade, a formação participada do contrato administrativo.

2. O NOVO DIREITO ADMINISTRATIVO

Gustavo Binenbojm afirma que o Direito Administrativo precisa ser reanalisado a partir de quatro novos paradigmas, quais sejam, a relativização da supremacia do interesse público sobre o privado, a substituição da legalidade estrita pelo princípio da juridicidade, o fim da dicotomia entre discricionariedade e vinculação e o reconhecimento de uma Administração Pública policêntrica[5].

Com efeito, para os fins que se pretende no presente trabalho, focaremos apenas no segundo paradigma deste novo Direito Administrativo que trata da substituição do princípio da legalidade estrita para o princípio da juridicidade.

Ora, estamos acostumados a lecionar nas Faculdades de Direito que o princípio da legalidade deve ser apreendido a partir da máxima que enquanto os particulares podem fazer tudo aquilo que a lei não proíbe, a Administração está autorizada a fazer apenas e tão-somente aquilo que a lei expressamente permite[6].

---

4 GARCIA, Flávio Amaral. A mutabilidade nos contratos de infraestrutura. Palestra ministrada no *VII Congresso de Direito Administrativo do Estado do Rio de Janeiro*. Rio de Janeiro: Auditório da Procuradoria Geral do Estado do Rio de Janeiro, 05 nov. 2014.

5 BINENBOJM, Gustavo. *Uma teoria do direito administrativo*: direitos fundamentais, democracia e constitucionalização. 2.ed. Rio de Janeiro: Renovar, 2005, p. 9 e seguintes.

6 Confira-se, nesse sentido: MEIRELLES, Hely Lopes. *Direito administrativo brasileiro*. 38. ed. São Paulo: Malheiros, 2012, p. 89; MELLO, Celso Antônio Bandeira de. *Curso de Direito Administrativo*. 29. ed. São Paulo: Atlas, 2012, p. 104-108

Essa é a definição tradicional para o princípio da legalidade, expresso no art. 37, *caput* da Constituição.

Ocorre que tal definição atrela a atividade do gestor público ao comando estrito e específico da lei, dependendo, portanto, de uma atividade do legislador que corresponda às inúmeras e aceleradas mudanças da vida moderna.

Ocorre que, se observarmos especificamente o cenário da contratação pública brasileira, observaremos que a lei geral de licitação, a notória 8.666 de 23 de junho, é do ano de 1993.

A lei de concessões de serviços públicos, por sua vez, Lei nº 8.987, é de 13 de fevereiro de 1995 e, mais recentemente, a Lei que trata das parcerias público-privadas é de 30 de dezembro de 2004.

Isso significa que a norma mais moderna em termos de contratação pública possui mais de dez anos de vigência, período em que ocorreram diversas mudanças no cenário dos contratos administrativos brasileiros[7].

A legalidade estrita, portanto, na sua visão clássica, acaba por engessar a atuação do gestor público às ultrapassadas premissas do microssistema de contratação pública brasileira, ao passo que a União Europeia, por exemplo, reconheceu na Diretiva nº 2014/24 a necessidade de flexibilização do modelo de contratação pública até então vigente.

O que se observa, na verdade, é que a Lei 8.666/93 trabalha um modelo de completude contratual, em que a Administração deve, de forma unilateral e impositiva prever todas as cláusulas e nuances do futuro contrato administrativo ainda na fase interna do certame público[8].

Com efeito, a referida norma geral de licitações e contratos baseia-se no modelo clássico de contratos, onde o objetivo das partes é apenas a prestação e respectiva contraprestação, sem incertezas ao longo da execução do ajuste ou assimetrias de informações [9].

Ocorre que esse modelo é utilizável apenas nos contratos simples firmados pela Administração Pública, como aqueles destinados a compra de material de limpeza, por exemplo.

Quando partimos para os contratos de infraestrutura da Administração Pública, o cenário, em virtude da complexidade do objeto contratual, passa a ser de verdadeira incompletude e incerteza, vez que a sua execução diferida

---

7 Não será considerado o Regime Diferenciado de Contratação Públicas, vez que seu objeto é delimitado pelo art. 1º da Lei 12.462, de 11 de agosto de 2011.

8 WILLIAMSON, Oliver E. *As instituições econômicas do capitalismo*. São Paulo: Pezco Editora, 2012, p. 62.

9 WILLIAMSON, Oliver E. *As instituições econômicas do capitalismo*. São Paulo: Pezco Editora, 2012, p. 62.

no tempo não permite aferir, de antemão, todas as hipóteses que podem vir a incidir sobre o ajuste.

Assim, o modelo trazido pela Lei 8.666/93 não é suficiente para tratar desses contratos administrativos com objeto complexo e duração diferida no tempo, de modo que a resposta para os problemas da contratação pública precisa superar a ideia da legalidade estrita, pois, caso contrário, ficamos com as premissas ultrapassadas da referida norma geral[10].

Assim, os grandes contratos da Administração Pública, especialmente os de infraestrutura, são dotados de pura incompletude, o que não é algo que seja ruim, como afirma Fernando Araújo, mas, para que não prejudique a execução do ajuste – e leve à indústria dos aditivos contratuais, é necessário que todo o estudo da legalidade estrita seja substituído pela juridicidade e, como veremos, pela consensualidade[11].

Desse modo, como propõe Gustavo Binenbojm, a atuação do agente público hoje deve estar pautada não apenas na letra fria e estrita da lei, mas a partir das regras e princípios da Constituição, podendo a atividade administrativa encontrar fundamento diretamente nesta, (...) independente ou para além da lei (...)[12].

Para Diogo de Figueiredo Moreira Neto, a juridicidade representa, portanto, a legalidade, porém, em "(...)sentido amplo, ou seja, não se o restringindo à mera submissão à lei, como produto das fontes legislativas, mas de reverência a toda a ordem jurídica"[13].

E não podemos pensar que a juridicidade abre espaço a atuações administrativas permeadas por conluios ou má-fé. É que se o agente público não mais está atrelado à letra fria da lei, agora o seu espaço de atuação, apesar de mais flexível, é muito mais dotado de responsividade, já que toda e qualquer conduta praticada deve obedecer ao ordenamento jurídico como um todo e não apenas mais às normas de Direito Administrativo.

---

10 Nesse sentido, confira-se: NÓBREGA, Marcos. Contratos incompletos e infraestrutura: contratos administrativos, concessões de serviço público e PPPs. *Revista Eletrônica de Direito Administrativo Econômico (REDAE)*, Salvador, Instituto Brasileiro de Direito Público, n. 18, maio/ jul. 2009. Disponível em: <http://www.direitodoestado.com/revista/REDAE-18-MAIO-2009-MARCOSNOBREGA. pdf>. Acesso em: 17 nov. 2015.

11 ARAÚJO, Fernando. *Teoria econômica dos contratos*. Coimbra: Almedina, 2007, p. 156.

12 Binenbojm defende que a atuação administrativa pode até mesmo se dar *contra legem*, ponto este que respeitosamente discordamos. Confira-se: BINENBOJM, Gustavo. *Uma teoria do direito administrativo*: direitos fundamentais, democracia e constitucionalização. 2.ed. Rio de Janeiro: Renovar, 2005, p. 39.

13 MOREIRA NETO, Diogo. *Curso de Direito Administrativo*. Rio de Janeiro: Forense, 2014, p. 85.

Tudo isso, aliado ao grande viés democrático da Constituição de 1988 abre espaço à aplicação da consensualidade no Direito Administrativo.

Com efeito, a consensualidade parte da premissa de que a atuação da Administração Pública baseada na supremacia, na imposição unilateral de sua vontade é onerosa e, por isso, tal princípio traz ao Direito Administrativo a possibilidade de contratualizar a atividade da Administração Pública, tornando-a participada e dialógica[14].

Nesse contexto, explica Juliana Bonacorsi de Palma:

> "O recurso ao clássico esquema de atuação administrativa por meio de atos administrativos unilaterais, cunhados no exercício da prerrogativa imperativa, parece não mais dar conta do satisfatório exercício dos deveres cometidos à Administração Pública. A complexidade do atual Direito Administrativo coloca em xeque respostas binárias do tipo "proibido – permitido" a algumas situações concretas, como nos casos de conflito entre Administração Pública e administrado, as quais poderiam ser melhor conformadas com acordos que valorizem decisões mais consentâneas às especificidades do caso e, assim, mais eficientes. Ademais, a configuração do Estado Democrático enseja a participação do administrado no desenvolvimento das atividades administrativas, fator que propicia a ascensão da consensualidade"[15].

Assim, o que se pode observar é, reitera-se, que não se pode mais pensar o Direito Administrativo da forma tradicional e pautada em princípios como legalidade estrita, mas sim, para que as soluções aos problemas tradicionais desse ramo do Direito tenham eficácia, é preciso partir das novas premissas da juridicidade e da consensualidade.

A partir da consensualidade pode-se trazer o particular para um momento anterior à decisão de contratar, permitindo a sua participação desde as etapas iniciais de formatação do edital, reduzindo, portanto, não só as falhas de projeto básico – tão comuns nos grandes contratos de infraestrutura da Administração Pública – como, ainda, mitigando a assimetria de informações.

---

14 A exemplo, confira-se: PALMA, Juliana Bonacorsi de. Atuação Administrativa Consensual: estudo dos acordos substitutivos no processo administrativo sancionador. 2010. 332 folhas. Tese de Mestrado. Orientador. Prof. Doutor Floriano de Azevedo Marques Neto. Universidade de São Paulo: São Paulo-SP, 2010.

15 PALMA, Juliana Bonacorsi de. Atuação Administrativa Consensual: estudo dos acordos substitutivos no processo administrativo sancionador. 2010. 332 folhas. Tese de Mestrado. Orientador. Prof. Doutor Floriano de Azevedo Marques Neto. Universidade de São Paulo: São Paulo-SP, 2010, p. 11-12.

É que, sabidamente, quem possui o *know-how* e a expertise do objeto contratual, em especial nesses contratos incompletos, é inegavelmente o setor privado e, por isso, não pode o setor público permanecer com a ingenuidade da elaboração unilateral de editais de licitação nos quais o particular já ingressa no certame sabendo que precisará de inúmeras modificações para tornar de fato exequível o objeto do ajuste.

É nesse contexto que surge no direito brasileiro a possibilidade de mecanismos consensuais como o Procedimento de Manifestação de Interesse e as Propostas Não Solicitadas, sobre os quais se passa agora a discorrer.

3. OS PROCEDIMENTOS DE MANIFESTAÇÃO DE INTERESSE E DE PROPOSTAS NÃO SOLICITADAS

Consistem os Procedimentos de Manifestação de Interesse (PMI) e de Propostas Não Solicitadas (PNS) em institutos que viabilizam a coparticipação privada na fase interna do procedimento licitatório[16]. Tais, por excelência e em consonância aos preceitos estatuídos na Constituição da República Federativa do Brasil de 1988 (CRFB/1988), implicam em uma revisitação da atuação da Administração Pública tal que impende na retirada do viés unilateral e não raro autoritário para sobrepor-lhe a bilateralidade e consensualidade[17].

Com efeito, no Estado Democrático de Direito instituído na República Federativa do Brasil por intermédio da CRFB/1988, todo o poder emana e deve ser exercido pelo povo, direta e indiretamente[18]. A CRFB/1988, ao elencar a cidadania e a soberania popular (ou do povo) como princípios fundamentais, oportunizou a efetivação de institutos tradicionais relativos ao exercício direto do poder, como o plebiscito, o referendo e a iniciativa

---

16 PEREIRA, Maria Marconiete Fernandes. *O Procedimento de Manifestação de Interesse e a Assimetria de Informação*: uma perspectiva dialógica. In: BARACHO, Hertha Urquiza; POMPEU, Gina Vidal Marcílio; GONÇALVES, Everton das Neves (Org.). A Humanização do Direito e a Horizontalização da Justiça no século XXI. Florianópolis: CONPEDI, 2014. Disponível em: <http://publicadireito.com.br/publicacao/ufpb/livro.php?gt=207>. Acesso em: 18 out. 2016.

17 RESENDE, Mariana Bueno; SILVA, Cristiana Maria Fortini Pinto e. *De Adversários a Parceiros*: o procedimento de manifestação de interesse como instrumento de cooperação no tradicionalmente inóspito cenário das licitações públicas. In: GARCIA, Marcos Leite Garcia; GORDILHO, Heron José de Santana; MUZZI FILHO, Carlos Victor (Org.). Direito e Política: da vulnerabilidade à sustentabilidade. Florianópolis: CONPEDI, 2015. Disponível em: <http://www.conpedi.org.br/publicacoes/66fsl345/nlxnt420>. Acesso em: 18 out. 2016.

18 Art. 1° da CRFB/1988: [...]
Parágrafo único. Todo o poder emana do povo, que o exerce por meio de representantes eleitos ou diretamente, nos termos desta Constituição. *In*: BRASIL, *Constituição* (1988). Disponível em: <http://www.planalto.gov.br/ccivil_03/constituicao/constituicao.htm>. Acesso em: 23 maio 2016.

popular[19], mas também, e de igual modo, de todo contributo privado na consecução da esfera pública.

Ultrapassando-se a dicotomia privado/ público verificada nos chamados Estado Liberal e Estado Social[20], o Estado Democrático de Direito advém da necessidade de o direito "[...] preservar uma conexão interna com a garantia de um processo democrático através do qual os cidadãos alcancem um entendimento acerca das normas de seu viver em conjunto"[21].

Essa conexão entre a semântica das normas, sobretudo as constitucionais, e as transformações estruturais[22] parece se viabilizar pelo efetivo exercício do poder - efetiva elaboração e aplicação de normas jurídicas -, com a "[...] elaboração de estruturas formais diferenciadas e adequadas à regulação dos interesses [...]"[23]. Interesses os quais, destaca-se, são marcados pela mais complexa pluralidade[24].

Os PMI e PNS, nesse cenário, são institutos que viabilizam (ou tendem a viabilizar) a participação privada em procedimento público, qual seja, o procedimento licitatório. Tal oportunidade indica, por si só, um aspecto que ultrapassa a dicotomia entre o privado e o público. O público, no Estado Democrático de Direito, não necessariamente é estatal.

É dado a todos aqueles que se interessarem e tiverem aptidão técnica, leia-se, expertise, intervir no procedimento licitatório antes mesmo deste ser instaurado. São, pois, estudos, investigações, levantamentos e projetos

---

19 Art. 14. A soberania popular será exercida pelo sufrágio universal e pelo voto direto e secreto, com valor igual para todos, e, nos termos da lei, mediante:
I - plebiscito;
II - referendo;
III - iniciativa popular. [...]. *In*: BRASIL, *Constituição* (1988). Disponível em: <http://www.planalto.gov.br/ccivil_03/constituicao/constituicao.htm>. Acesso em: 23 maio 2016.

20 CARVALHO NETTO, Menelick de. *A contribuição do Direito Administrativo enfocado da ótica do administrado para uma reflexão acerca dos fundamentos do controle de constitucionalidade das leis no Brasil um pequeno exercício de Teoria da Constituição*. p. 79. Disponível em: <https://aplicacao.tst.jus.br/dspace/bitstream/handle/1939/51380/006_carvalhonetto.pdf?sequence=1>. Acesso em: 23 maio 2016.

21 OLIVEIRA, Marcelo Andrade Cattoni de. *Direito constitucional*. Belo Horizonte: Mandamentos, 2002. p. 66.

22 NEVES, Marcelo. *A Constituição e a esfera pública: entre diferenciação sistêmica, inclusão e reconhecimento*. In: DUTRA, Roberto; BACHUR, João Paulo (Org.). Dossiê Niklas Luhmann. Belo Horizonte: Editora UFMG, 2013.

23 LEAL, Rosemiro Pereira. *Teoria geral do processo*: primeiros estudos. 12. ed. Rio de Janeiro: Forense, 2014. p. 2.

24 MOUFFE, Chantal. *Democracia, cidadania e a questão do pluralismo*. In: II Seminário Internacional Educação Intercultural, Gênero e Movimentos Sociais: identidade, diferença e mediações, 2003. Florianópolis. Disponível em: <https://periodicos.ufsc.br/index.php/politica/article/viewFile/2015/1763>. Acesso em: 23 maio 2016.

realizados por particulares, mediante autorização, e cuja função primordial é fundamentar a instauração do procedimento licitatório.

A partir deles, portanto, princípios informadores da Administração Pública podem ser efetivados, a exemplo da publicidade e eficiência[25], mas, sobretudo, a partir dos PMS e PNS a legitimidade do procedimento licitatório ganha um novo enfoque, uma vez que não mais restrita à observância pura e simples da legalidade do ato instaurador e sim da fundamentação deste a partir da contribuição técnica do setor privado.

Certamente, como institutos contemporâneos que são, os PMS e PNS possuem desafios. É o que nesse tópico pretendemos abordar. À frente, contudo, faz-se necessário esboçar o contexto histórico-normativo em que os Procedimentos se inserem.

3.1 Breve esboço histórico-normativo. Os Procedimentos de Manifestação de Interesse e de Propostas Não Solicitadas no ordenamento jurídico brasileiro

Foram os PMI e PNS introduzidos no ordenamento jurídico brasileiro a partir da Lei n.º 8.987/1995, que "dispõe sobre o regime de concessão [comum] e permissão da prestação de serviços públicos [...]"[26]. Veja-se o seu artigo 21:

> Art. 21. Os estudos, investigações, levantamentos, projetos, obras e despesas ou investimentos já efetuados, vinculados à concessão, de utilidade para a licitação, realizados pelo poder concedente ou com a sua autorização, estarão à disposição dos interessados, devendo o vencedor da licitação ressarcir os dispêndios correspondentes, especificados no edital[27].

Pela norma, de se observar a viabilidade de se realizar estudos, investigações, levantamentos e projetos, no âmbito dos regimes de concessão comum e permissão, pelo concedente ou, observada autorização sua, por particular. Essa é a característica essencial dos PMI e PNS que, por sua vez, na República Federativa do Brasil, se diferenciam pelo sujeito propositor da intervenção privada, no caso dos PMI, o concedente, e no caso das PNS[28], o particular.

---

25 Art. 37. A administração pública direta e indireta de qualquer dos Poderes da União, dos Estados, do Distrito Federal e dos Municípios obedecerá aos princípios de legalidade, impessoalidade, moralidade, publicidade e eficiência [...]

26 BRASIL, *Lei n.º 8.987, de 13 de fevereiro de 1995*. Disponível em: <http://www.planalto.gov.br/ccivil_03/leis/L8987cons.htm>. Acesso em: 18 out. 2016.

27 BRASIL, *Lei n.º 8.987, de 13 de fevereiro de 1995*. Disponível em: <http://www.planalto.gov.br/ccivil_03/leis/L8987cons.htm>. Acesso em: 18 out. 2016.

28 Nesse sentido, o Procedimento de Propostas Não solicitadas (PNS) pode também ser denominado por Manifestação de Interesse da Iniciativa Privada (MIP) e Procedimento de Manifestação de

A Lei n.º 8.987/1995, ao seu turno, não faz diferenciação quanto à iniciativa da proposição, pelo que se pode afirmar ser a Lei n.º 8.987/1995 o fundamento legal de ambos os Procedimentos[29].

Característica outra relativa a esses procedimentos diz respeito ao procedimento licitatório em si, que poderá, ou não, ser instaurado. O particular apenas será ressarcido se sobrevier o procedimento licitatório, devendo os dispêndios derivados da atividade serem suportados pelo vencedor do certame, apenas.

Ainda em 1995, a Lei n.º 9.074, que "estabelece normas para outorga e prorrogações das concessões e permissões de serviços públicos [...]"[30], em que se pese o disposto no artigo 9º da Lei n.º 8.666/1993[31], permitiu a participação, no procedimento licitatório, dos autores ou responsável econômico de dado projeto[32]:

> Art. 31. Nas licitações para concessão e permissão de serviços públicos ou uso de bem público, os autores ou responsáveis economicamente pelos projetos básico ou executivo podem participar, direta ou indiretamente, da licitação ou da execução de obras ou serviços.[33]

Interesse espontâneo. É possível ainda que, a despeito de a intervenção ser proposta pelo concedente ou por particular, ambos os procedimentos sejam denominados Procedimento de Manifestação de Interesse (PMI) ou que, em dado ente que institua o PMI, o PNS não seja instituído. *In:* RESENDE, Mariana Bueno; SILVA, Cristiana Maria Fortini Pinto e. *De Adversários a Parceiros*: o procedimento de manifestação de interesse como instrumento de cooperação no tradicionalmente inóspito cenário das licitações públicas. In: GARCIA, Marcos Leite Garcia; GORDILHO, Heron José de Santana; MUZZI FILHO, Carlos Victor (Org.). Direito e Política: da vulnerabilidade à sustentabilidade. Florianópolis: CONPEDI, 2015. Disponível em: <http://www.conpedi.org.br/publicacoes/66fsl345/nlxnt420>. Acesso em: 18 out. 2016.

29 RESENDE, Mariana Bueno; SILVA, Cristiana Maria Fortini Pinto e. *De Adversários a Parceiros*: o procedimento de manifestação de interesse como instrumento de cooperação no tradicionalmente inóspito cenário das licitações públicas. In: GARCIA, Marcos Leite Garcia; GORDILHO, Heron José de Santana; MUZZI FILHO, Carlos Victor (Org.). Direito e Política: da vulnerabilidade à sustentabilidade. Florianópolis: CONPEDI, 2015. Disponível em: <http://www.conpedi.org.br/publicacoes/66fsl345/nlxnt420>. Acesso em: 18 out. 2016.

30 BRASIL, *Lei n.º 9.074, de 7 de julho de 1995*. Disponível em: <http://www.planalto.gov.br/ccivil_03/leis/L9074cons.htm>. Acesso em: 18 out. 2016.

31 Art. 9º Não poderá participar, direta ou indiretamente, da licitação ou da execução de obra ou serviço e do fornecimento de bens a eles necessários:
I - o autor do projeto, básico ou executivo, pessoa física ou jurídica;
II - empresa isoladamente ou em consórcio, responsável pela elaboração do projeto básico ou executivo ou da qual o autor do projeto seja dirigente, gerente, acionista ou detentor de mais de 5% (cinco por cento) do capital com direito a voto ou controlador, responsável técnico ou subcontratado;
[...]

32 RESENDE, Mariana Bueno; SILVA, Cristiana Maria Fortini Pinto e. *De Adversários a Parceiros*: o procedimento de manifestação de interesse como instrumento de cooperação no tradicionalmente inóspito cenário das licitações públicas. In: GARCIA, Marcos Leite Garcia; GORDILHO, Heron José de Santana; MUZZI FILHO, Carlos Victor (Org.). Direito e Política: da vulnerabilidade à sustentabilidade. Florianópolis: CONPEDI, 2015. Disponível em: <http://www.conpedi.org.br/publicacoes/66fsl345/nlxnt420>. Acesso em: 18 out. 2016.

33 BRASIL, *Lei n.º 9.074, de 7 de julho de 1995*. Disponível em: <http://www.planalto.gov.br/ccivil_03/leis/L9074cons.htm>. Acesso em: 18 out. 2016.

Após, a Lei n.º 11.079/2004, que "institui normas gerais para licitação e contratação de parceria público-privada [...]"[34], dispôs sobre a aplicação dos PMI e PNS às concessões patrocinadas e administrativas[35]. Observe-se:

> Art. 3º As concessões administrativas regem-se por esta Lei, aplicando-se-lhes adicionalmente o disposto nos arts. 21, 23, 25 e 27 a 39 da Lei no 8.987, de 13 de fevereiro de 1995, e no art. 31 da Lei no 9.074, de 7 de julho de 1995.
>
> § 1º As concessões patrocinadas regem-se por esta Lei, aplicando-se-lhes subsidiariamente o disposto na Lei no 8.987, de 13 de fevereiro de 1995, e nas leis que lhe são correlatas. [...][36]

Por fim, os PMI e PNS encontram-se atualmente regulamentados por diversas normas estaduais, municipais e distrital[37]. No âmbito federal, é o Decreto Federal n.º 8.428/2015 que, revogando Decreto Federal n.º 5.977/2006, dispõe sobre os Procedimentos:

> Art. 1º Este Decreto estabelece o Procedimento de Manifestação de Interesse - PMI a ser observado na apresentação de projetos, levantamentos, investigações ou estudos, por pessoa física ou jurídica de direito privado, com a finalidade de subsidiar a administração pública na estruturação de empreendimentos objeto de concessão ou permissão de serviços públicos, de parceria público-privada, de arrendamento de bens públicos ou de concessão de direito real de uso. [...]
>
> Art. 3º O PMI será aberto mediante chamamento público, a ser promovido pelo órgão ou pela entidade que detenha a competência prevista no art. 2º, de ofício ou por provocação de pessoa física ou jurídica interessada. [...][38]

---

34 BRASIL, *Lei n.º 11.079, de 30 de dezembro de 2004*. Disponível em: < http://www.planalto.gov.br/ccivil_03/_ato2004-2006/2004/lei/l11079.htm>. Acesso em: 18 out. 2016.

35 RESENDE, Mariana Bueno; SILVA, Cristiana Maria Fortini Pinto e. *De Adversários a Parceiros*: o procedimento de manifestação de interesse como instrumento de cooperação no tradicionalmente inóspito cenário das licitações públicas. In: GARCIA, Marcos Leite Garcia; GORDILHO, Heron José de Santana; MUZZI FILHO, Carlos Victor (Org.). Direito e Política: da vulnerabilidade à sustentabilidade. Florianópolis: CONPEDI, 2015. Disponível em: <http://www.conpedi.org.br/publicacoes/66fsl345/nlxnt420>. Acesso em: 18 out. 2016.

36 BRASIL, *Lei n.º 11.079, de 30 de dezembro de 2004*. Disponível em: < http://www.planalto.gov.br/ccivil_03/_ato2004-2006/2004/lei/l11079.htm>. Acesso em: 18 out. 2016.

37 RESENDE, Mariana Bueno; SILVA, Cristiana Maria Fortini Pinto e. *De Adversários a Parceiros*: o procedimento de manifestação de interesse como instrumento de cooperação no tradicionalmente inóspito cenário das licitações públicas. In: GARCIA, Marcos Leite Garcia; GORDILHO, Heron José de Santana; MUZZI FILHO, Carlos Victor (Org.). Direito e Política: da vulnerabilidade à sustentabilidade. Florianópolis: CONPEDI, 2015. Disponível em: <http://www.conpedi.org.br/publicacoes/66fsl345/nlxnt420>. Acesso em: 18 out. 2016.

38 BRASIL, *Decreto Federal n.º 8.428, de 2 de abril de 2015*. Disponível em: < http://www.planalto.gov.br/ccivil_03/_Ato2015-2018/2015/Decreto/D8428.htm>. Acesso em: 18 out. 2016.

De se observar que, a partir da norma federal, os PMI e PNS não mais se restringem aos regimes de permissão ou concessão. Esse é o corte normativo em que se inserem. A partir dele é que buscaremos tecer algumas considerações no que diz respeito, notadamente, aos chamados contratos públicos de infraestrutura.

3.2 Desafios aos Procedimentos de Manifestação de Interesse e de Propostas Não Solicitadas à luz dos contratos públicos de infraestrutura

Os contratos de infraestrutura, conforme se expôs, cada vez mais vêm sendo uma constante na dinâmica das comunidades e em especial dos grandes centros urbanos. No contexto da esfera pública, pelos contratos públicos de infraestrutura é que se permite a gestão do grande e variado índice de recursos, humanos, materiais, enfim, de fatores que constroem as plurais relações contemporâneas.

Por assim ser, a complexidade das matérias que destes contratos são emanadas, combinadas ao potencial interesse de todos aqueles que afetados ou envolvidos por seus efeitos, torna os contratos de infraestrutura uma verdadeira contenda para a Administração Pública, que categoricamente não possui expertise sobre todas as áreas de conhecimento. Os PMI e PNS nesse cenário, além de possibilitar a qualificação de eventual procedimento licitatório pelo crivo da legitimidade, permite um benefício que na execução de dado projeto tende a fazer toda a diferença, a saber, permite a análise de viabilidade por aqueles que efetivamente capacitados a fazê-la.

Diante da assimetria de informações entre o particular e a Administração Pública[39], parece realmente prejudicial à eficiência e, portanto, ao interesse público, a elaboração de contratos públicos de infraestrutura que não observem todo e qualquer fator que implique em sua economia e qualidade. E mais, segundo Schiefler, a partir dos Procedimentos ao se expor "[...] ao público todo o processo de formação da licitação pública e do contrato administrativo, há também a aproximação informacional necessária para o controle, seja o controle social ou dos órgãos competentes."[40].

---

39 SCHIEFLER, Gustavo Henrique Carvalho. *Procedimento de Manifestação de Interesse (PMI)*: solicitação e apresentação de estudos e projetos para a estruturação de concessões comuns e parcerias público-privadas. 2013. Dissertação de Mestrado. Universidade Federal de Santa Catarina, Florianópolis.

40 SCHIEFLER, Gustavo Henrique Carvalho. *Procedimento de Manifestação de Interesse (PMI)*: solicitação e apresentação de estudos e projetos para a estruturação de concessões comuns e parcerias público-privadas. 2013. Dissertação de Mestrado. Universidade Federal de Santa Catarina, Florianópolis.

A eficiência na celebração e execução de um contrato de infraestrutura, na medida em que estes são custeados pelos administrados, fundamenta a necessidade de adoção dos PMI e PNS. Ademais, é ainda o que sustenta a participação, quando do procedimento licitatório, daqueles que outrora realizaram estudos, investigações, levantamentos e projetos sobre o objeto.

Conforme se colocou, a Lei n.º 9.074/1995, em que se pese o disposto no artigo 9º da Lei n.º 8.666/1993, permite a participação dos autores ou responsáveis econômicos de um projeto no seu respectivo procedimento licitatório. Sem prejuízo da especificidade daquela norma, que retira qualquer antinomia aparente, de dizer que tal disposição nada mais faz do que enaltecer o princípio da eficiência. Essa eficiência, contudo, pela conformação político-normativa introduzida pela CRFB/1988, tem de observar a isonomia, isonomia daqueles que se interessarem pelo procedimento licitatório[41], e há mecanismos que permitem isso, como a estipulação de um prazo maior para apresentação de propostas etc.

Tais Procedimentos se demonstram tão benéficos à administração pública que refutá-los tão somente por conjecturas hipotéticas é negar vigência aos objetivos da CRFB/1988, de uma construção social livre, justa e solidária e que garanta o desenvolvimento[42]. A propósito, nesse sentido a Diretiva 2014/24/UE do Parlamento Europeu e do Conselho sobre os contratos públicos afirma:

> Artigo 30.º [...] 7. As autoridades adjudicantes avaliam as propostas recebidas com base nos critérios de adjudicação indicados no anúncio do concurso ou na memória descritiva.
>
> A pedido da autoridade adjudicante, podem ser conduzidas negociações com o proponente identificado como tendo apresentado a proposta com a melhor relação qualidade/preço nos termos do artigo 67.o, para confirmar os compromissos financeiros ou outros termos nela constantes, finalizando os termos do contrato, desde que tal não resulte numa alteração material de aspetos essenciais da proposta ou do contrato público, incluindo as necessidades e requisitos definidos no anúncio de concurso ou na memória descritiva, e não sejam suscetíveis de distorcer a concorrência ou dar azo a discriminações.

---

41 Art. 5º Todos são iguais perante a lei, sem distinção de qualquer natureza, garantindo-se aos brasileiros e aos estrangeiros residentes no País a inviolabilidade do direito à vida, à liberdade, à igualdade, à segurança e à propriedade [...]

42 Art. 3º Constituem objetivos fundamentais da República Federativa do Brasil:
I - construir uma sociedade livre, justa e solidária;
II - garantir o desenvolvimento nacional; [...]

De se perceber que, desde que observe a isonomia e concorrência, poderá determinada proposta ser aproveitada pelo contrato e para tal necessário se faz demonstrar tão somente a qualidade/preço.

Ainda sobre a necessária isonomia na tramitação dos PMI e PNS, os esclarecimentos, transparência, em suma, todos os dados equanimemente disponibilizados e que visem a subsidiar bons estudos e posteriores propostas, só tendem a contribuir para o bom desenvolvimento dos contratos de infraestrutura.

Lado outro, desafio latente ao desenvolvimento dos PMI e PNS, também ligado à isonomia, relaciona-se incisivamente à sua característica substancial, a existência de expertise sobre determinada área do conhecimento. Sabendo-se que, em regra, as pessoas jurídicas, sobretudo as empresariais, detém mais capacidade técnica na elaboração de projetos, justamente porque possuem poderio econômico de investimento em pesquisa e tecnologia necessárias aos bons resultados, a possibilidade de uma pessoa natural, também ou até mais interessada em determinado procedimento licitatório, mas que não possui todos os elementos necessários ao bom desenvolvimento de um projeto, fica, pela expertise, afastada das discussões preliminares sobre o melhor rumo a ser tomado quando da licitação.

Retirar uma demanda da Administração Pública para aloca-la pura e simples para o particular empresarial, soluciona boa parte do problema, em especial os relacionados à economia e qualidade (eficiência) do projeto.

A aplicabilidade, contudo, desses instrumentos consensuais, ainda que claramente permitam alcançar soluções à problemática contratação pública brasileira, depende de uma mudança de postura tanto dos aplicadores do direito, quanto dos agentes públicos e privados que precisam, na prática, passar a adotar tais mecanismos.

Talvez a cultura do medo das ações de improbidade administrativa levem à uma demora na mudança de paradigma na contratação pública, vez que não seguir a legalidade estrita, em teoria, levaria à improbidade nos termos do art. 11, da Lei 8.429, de 2 de junho de 1992.

Contudo, além de ser necessário relembrar que só há improbidade quando presentes os elementos do dolo e da má-fé dos agentes envolvidos, fica claro que se torna essencial a desvinculação da legalidade estrita e a análise do direito da contratação pública à luz da juridicidade.

Sem esse passo, continuaremos na era das contratações engessadas, dos editais mal elaborados e da indústria dos aditivos contratuais.

Esses são alguns aspectos que ainda precisam ser trabalhados, mas que, não obstante, não parecem excluir a urgência de efetiva implementação (ou integral implementação) dos PMI e PNS no âmbito de todos os procedimentos licitatórios, sobretudo os formadores de contratos de infraestrutura.

4. CONCLUSÃO

Verificou-se, inicialmente, que há uma premente necessidade de realizar uma releitura do Direito Administrativo à luz das regras e princípios constitucionais, deixando para trás paradigmas ultrapassados como a supremacia do interesse público sobre o privado e o princípio da legalidade estrita.

Assim, as soluções para a formação dos grandes contratos da Administração Pública devem estar pautadas na juridicidade, que desvincula a atuação do gestor público da necessidade de previsão legal específica, transferindo-a para a atuação voltada para os ditames da Constituição de 1988.

Ademais, a consensualidade, no âmbito do Estado Democrático de Direito, retira o ônus da atuação impositiva da Administração e permite, no caso dos grandes contratos de infraestrutura da Administração um diálogo com o setor privado, notoriamente detentor do *know-how* e da expertise na execução desses complexos e duradouros contratos administrativos.

Uma forma de viabilizar, na prática, tudo isso é por meio do Procedimento de Manifestação de Interesse e das Propostas Não Solicitadas.

Ambos tem, como ponto de contato, a possibilidade de uma formação coparticipada do edital da futura licitação, o que possibilita a formação futura de um contrato mais estável e livre das reiteradas modificações decorrentes de falhas de formatação do edital.

Se diferenciam, contudo, na medida em que o PMI é de iniciativa da Administração e as PNS partem de uma iniciativa do particular.

Por fim, verificou-se que a despeito das discussões a respeito da isonomia que supostamente poderia ser violada com o uso desses mecanismos, o interesse público alcançado e a efetivação de princípios como a eficiência justificam a sua utilização e a prova disso é que recentemente a Diretiva 2014/24 da União Europeia, nos seus arts. 30 e 31, não só permite, como incentiva o uso de mecanismos como os ora estudados.

Assim, buscou-se a partir desta análise demonstrar que há novas soluções já aplicáveis para os velhos problemas da contratação pública brasileira e que tem eficácia especialmente no âmbito dos contratos de infraestrutura celebrados pela Administração Pública.

5. REFERÊNCIAS BIBLIOGRÁFICAS

ARAÚJO, Fernando. *Teoria econômica dos contratos*. Coimbra: Almedina, 2007.

BINENBOJM, Gustavo. *Uma teoria do direito administrativo*: direitos fundamentais, democracia e constitucionalização. 2.ed. Rio de Janeiro: Renovar, 2005.

CARVALHO NETTO, Menelick de. *A contribuição do Direito Administrativo enfocado da ótica do administrado para uma reflexão acerca dos fundamentos do controle de constitucionalidade das leis no Brasil um pequeno exercício de Teoria da Constituição*. p. 79. Disponível em: <https://aplicacao.tst.jus.br/dspace/bitstream/handle/1939/51380/006_carvalhonetto.pdf?sequence=1>.

OLIVEIRA, Marcelo Andrade Cattoni de. *Direito constitucional*. Belo Horizonte: Mandamentos, 2002.

GARCIA, Flávio Amaral. A mutabilidade nos contratos de infraestrutura. Palestra ministrada no *VII Congresso de Direito Administrativo do Estado do Rio de Janeiro*. Rio de Janeiro: Auditório da Procuradoria Geral do Estado do Rio de Janeiro, 05 nov. 2014.

LEAL, Rosemiro Pereira. *Teoria geral do processo*: primeiros estudos. 12. ed. Rio de Janeiro: Forense, 2014.

MEIRELLES, Hely Lopes. *Direito administrativo brasileiro*. 38. ed. São Paulo: Malheiros, 2012.

MELLO, Celso Antônio Bandeira de. *Curso de Direito Administrativo*. 29. ed. São Paulo: Atlas, 2012.

MOREIRA NETO, Diogo. *Curso de Direito Administrativo*. Rio de Janeiro: Forense, 2014.

MOUFFE, Chantal. *Democracia, cidadania e a questão do pluralismo*. In: II Seminário Internacional Educação Intercultural, Gênero e Movimentos Sociais: identidade, diferença e mediações, 2003. Florianópolis. Disponível em: <https://periodicos.ufsc.br/index.php/politica/article/viewFile/2015/1763>.

NEVES, Marcelo. *A Constituição e a esfera pública: entre diferenciação sistêmica, inclusão e reconhecimento*. In: DUTRA, Roberto; BACHUR, João Paulo (Org.). Dossiê Niklas Luhmann. Belo Horizonte: Editora UFMG, 2013.

NÓBREGA, Marcos. Contratos incompletos e infraestrutura: contratos administrativos, concessões de serviço público e PPPs. *Revista Eletrônica de Direito Administrativo Econômico (REDAE)*, Salvador, Instituto Brasileiro de Direito Público, n. 18, maio/ jul. 2009. Disponível em: <http://www.direitodoestado.com/revista/REDAE-18-MAIO-2009-MARCOSNOBREGA. pdf>.

PALMA, Juliana Bonacorsi de. Atuação Administrativa Consensual: estudo dos acordos substitutivos no processo administrativo sancionador. 2010. 332 folhas. Tese de Mestrado. Orientador. Prof. Doutor Floriano de Azevedo Marques Neto. Universidade de São Paulo: São Paulo-SP, 2010.

PEREIRA, Maria Marconiete Fernandes. *O Procedimento de Manifestação de Interesse e a Assimetria de Informação*: uma perspectiva dialógica. In: BARACHO,

Hertha Urquiza; POMPEU, Gina Vidal Marcílio; GONÇALVES, Everton das Neves (Org.). A Humanização do Direito e a Horizontalização da Justiça no século XXI. Florianópolis: CONPEDI, 2014. Disponível em: <http://publicadireito.com.br/publicacao/ufpb/livro.php?gt=207>.

RESENDE, Mariana Bueno; SILVA, Cristiana Maria Fortini Pinto e. *De Adversários a Parceiros*: o procedimento de manifestação de interesse como instrumento de cooperação no tradicionalmente inóspito cenário das licitações públicas. In: GARCIA, Marcos Leite Garcia; GORDILHO, Heron José de Santana; MUZZI FILHO, Carlos Victor (Org.). Direito e Política: da vulnerabilidade à sustentabilidade. Florianópolis: CONPEDI, 2015. Disponível em: http://www.conpedi.org.br/publicacoes/66fsl345/nlxnt420.

SCHIER, Paulo Ricardo. *Filtragem Constitucional*: construindo uma nova dogmática jurídica. Porto Alegre: S.A. Fabris, 1999.

SCHIEFLER, Gustavo Henrique Carvalho. *Procedimento de Manifestação de Interesse (PMI)*: solicitação e apresentação de estudos e projetos para a estruturação de concessões comuns e parcerias público-privadas. 2013. Dissertação de Mestrado. Universidade Federal de Santa Catarina, Florianópolis.

WILLIAMSON, Oliver E. *As instituições econômicas do capitalismo*. São Paulo: Pezco Editora, 2012.

17

DESVENDANDO O "PROJECT FINANCE" NA INFRAESTRUTURA

Rodrigo Bernardes Braga[1]

SUMÁRIO: Introdução. 1. Desafios de financiar projetos de infraestrutura. 2. Conceito. 3. Modalidades de financiamentos de projetos. 4. Riscos e sua alocação. 5. Partícipes da operação. 6. Garantias e exigências de "covenants". 7. Fim das operações *off-balance sheet* em financiamentos de projetos. 8. Conclusão. Referências bibliográficas.

INTRODUÇÃO

1. DESAFIOS DE FINANCIAR PROJETOS DE INFRAESTRUTURA

No mundo inteiro existe o desafio de financiar projetos de infraestrutura, embora se reconheça que investimentos nessa área possam representar um grande passo para o crescimento da economia a longo prazo. A realidade é que, atrasos nesse tipo de investimento transferem pesados ônus econômicos e sociais, dificultando, ainda, o processo de integração da economia, criando ilhas entre a produção e o destino final do produto até o consumidor.

Se os benefícios da infraestrutura são tão óbvios, por que os investimentos não acompanham essa trajetória? Por que não são implementados a tempo? Descobriu-se, então, que a falta de investimento não está ligada

---

1 Advogado. Professor de Pós-Graduação do IBMEC/MG. Foi *Head* do Jurídico Regional da Vale S.A. e *General Counsel* nas empresas ArcelorMittal (Aços Planos) e Vale Soluções em Energia (VSE). Foi ainda membro titular dos Conselhos de Administração das empresas Turbo Power Systems Inc. (Reino Unido) e Plum Combustion Inc. (Atlanta – USA). Autor de inúmeros livros, entre os quais: Teoria e Prática da Arbitragem, publicado pela editora Del Rey (2009), e Setor Elétrico Brasileiro: visão crítica da geração de energia, publicado pela editora D`Plácido (2016), palestrante e membro da Comissão de Direito de Infraestrutura da OAB/MG.

à carência de recursos, pois há fundos no mercado mundial dispostos a colocar dinheiro e financiar os projetos. A dificuldade reside no casamento entre as fontes de financiamento de setores privados e projetos elegíveis. Em outras palavras, projetos com bons retornos de investimento. Por isso, historicamente, projetos de infraestrutura sempre foram financiados pelo setor público ou por quem o represente, normalmente através dos recursos pagos pelos contribuintes. Em Estados de bem estar social (*Welfare State*), essa realidade é ainda mais acentuada. Só mais recentemente, a noção de obras e serviços públicos adquiriu uma outra conotação, viabilizando a participação da iniciativa privada. Quando o Estado se atrofiou financeiramente, encontrando dificuldades para fechar as contas, foi obrigado a se aproximar do setor privado para expandir a sua infraestrutura, ao mesmo tempo em que cuidou de regular o serviço para garantir o atendimento da população.

Nagla Nassar mostra que a era Thatcher, no Reino Unido, e a vitória da direita e dos partidos de centro-direita na Europa no final da década de 70 permitiram uma guinada de 180 graus. A onda das privatizações engolfou o mundo, com o Reino Unido tomando a dianteira. A chamada "deregulation" era mais que uma política, era um valor em si. Ambas – privatização e desregulação da economia – eram expressões que combinavam com o clima de competição dominante. [2] Nessa perspectiva, ninguém duvidada que os projetos estruturantes tinham mesmo que ser privatizados ou financiados por agentes privados, que usavam capitais para modernizar, expandir ou desenvolver novas infraestruturas, evitando queimar recursos dos contribuintes. Foi assim que apareceram as novas técnicas de financiamento de projetos envolvendo complexas transações de longo prazo, o que incluía uma multiplicidade de partes e contratos coligados.

A situação nos países emergentes era mais perversa. Diante da crise, recorrente na sua história, o Estado precisou contar com o financiamento privado. Basta ver o que nos aconteceu na década de 80, marcada por uma inflação exuberante, desemprego, baixo nível da atividade econômica e desarranjo nas contas públicas. A solução foi apelar para a mesma receita do mundo civilizado: privatizações e estímulo à competição onde fosse possível. O governo Collor encampou essa política que nada tinha que ver com viés ideológico, mas com a situação fiscal em que se encontrava o Estado. A década de 90 se inicia com a globalização e o entendimento de que o Estado precisava se reposicionar, reduzindo o seu papel ante a necessidade de conferir maior participação aos agentes privados em setores tradicionalmente

---

2 *Project Finance, Public Utilities, and Public Concerns*: A Practitioner's Perspective, Fordham International Law Journal: The Berkeley Electronic Press (bepress). http://ir.lawnet.fordham.edu/il

dominados por empresas estatais, como o setor de infraestrutura. Como tudo no Brasil, essa percepção foi difundida tardiamente, já a partir de meados de 1990 com o ciclo de privatizações e um esboço de regulação estatal sobre os setores transferidos à iniciativa privada.

Em cenários de incertezas econômicas, como os que estamos vivendo, aliados a uma inclinação das economias avançadas de aumentarem as taxas de juros, o apetite do investidor para financiar projetos de longo prazo diminui. Isto sem falar dos riscos correntes, com destaque para os riscos regulatórios, uma tentação de qualquer governo autoritário, tomada a expressão em sua acepção mais lata. O que a Presidente Dilma fez com o setor elétrico através da famigerada MP 579 merece um capítulo exclusivo.

De qualquer forma, fontes de financiamento privadas, como os fundos de pensão, companhias de seguros e outros agentes trabalham com um horizonte de longo prazo. Os fundos de pensão estão preocupados com o pagamento de aposentadorias e benefícios. Nesse sentido, investimentos em bons ativos de longo prazo criam incentivos para canalização de recursos que poderiam assegurar o cumprimento daqueles primeiros objetivos através de fluxos de caixa estáveis. Além disso, investidores privados também são importantes não apenas como financiadores de projetos em infraestrutura, mas como suportes técnicos para que determinado projeto seja executado de maneira eficiente e possa ter êxito na sua implantação e operacionalização.

2. CONCEITO

A expressão "project finance" é usada largamente para designar um modelo de financiamento privado onde o repagamento da dívida é dependente do êxito do projeto, pois se dá através dos seus fluxos de caixa futuros. Nesse esquema, o investidor externo que financia o projeto opta em colocar os recursos porque se satisfaz com as perspectivas de fluxos de caixa e os retornos prometidos. Os lucros distribuídos pela unidade econômica passam a ser a fonte primária a partir da qual o empréstimo é pago, servindo os ativos daquela unidade econômica como colaterais do empréstimo. No comum dos casos, diz-se que o financiamento sob esse rótulo não atinge o patrimônio do acionista ou patrocinador, mas a realidade é ligeiramente diversa.

A modalidade não é nova, e remonta aos grandes empreendimentos relatados ao longo dos séculos. O que pode ser eventualmente considerado inovador são os arranjos financeiros e as sofisticadas opções de mitigação de risco oferecidas pelo mercado, sobretudo quando se estabelece um esquema de coligação contratual com reforço das garantias concedidas, servindo como técnica de alocação dos riscos associados. A concepção do modelo só tem alguma valia se as partes puderem segregar o fluxo de caixa numa sociedade de propósito específico (SPE), que vai conduzir as atividades do projeto, deter a propriedade dos ativos e tomar o financiamento, sendo, ainda, a figura central em torno da qual os contratos são firmados (contratação de fornecedores, seguros, empréstimos etc.). Se o negócio não envolve nenhuma espécie de garantia ou obrigação pelo acionista da SPE, então se cuida do modelo mais genuíno de financiamento de projeto sem aumento da capacidade de endividamento daquele, resultando numa transação *off-balance*.[3]

O financiamento do projeto é geralmente dividido em duas porções: uma parte menor se destina ao "equity", isto é, a formação do capital da SPE, e outra parcela compõe a dívida da sociedade, numa proporção que depende muito da característica do projeto a ser levado a efeito. A parcela da dívida tende a ser sempre maior em função da necessidade de baratear o custo de capital. Não é raro essa proporção (debt/equity) se situar entre 80/20 ou 70/30. Como é curial, projetos de infraestrutura exigem grandes volumes de capital, de sorte que a parcela que compõe a dívida é geralmente obtida na forma de empréstimos sindicalizados.[4]

Para se ter uma ideia de quão remota é a operação de "project finance", há quem sustente que a descoberta do Brasil pode ser citada como um exemplo dessa modalidade de engenharia financeira, por meio da qual o governo português, juntamente com mercadores e banqueiros europeus, financiaram as expedições do descobrimento e, em conjunto com o capitão e sua tripulação, dividiram os riscos e ganhos do empreendimento.

Quando os bancos fornecem os recursos no âmbito de um "project finance", o dinheiro é canalizado para financiar um projeto específico por um determinado período de tempo, e as receitas do projeto devem ser suficientes para honrar os compromissos do empréstimo, cujo valor é então ajustado para refletir os riscos inerentes (e.g. produção e venda de energia). Tudo é apurado para que as receitas a serem geradas sejam vinculadas ao empréstimo, em favor do financiador, o que é realizado através de penhor ou cessão de créditos. Em caso de não pagamento do empréstimo, o banco irá promover

---

3 Ver excelente trabalho de José Virgílio Lopes Enei. *Project Finance*: Editora Saraiva, 2007, p. 30. Sobre transações *off-balance*, remeto o leitor ao tópico sobre os seus efeitos contábeis.

4 Por distribuir os riscos entre vários bancos, o empréstimo sindicalizado permite que empresas captem recursos com juros menores mesmo diante de um cenário em que o risco país é alto. Essas operações são comuns no mercado internacional com instituições financeiras multilaterais e agências de fomento à exportação, onde a remuneração é baseada na taxa Libor adicionada de um *spread*, mas de uns tempos para cá vem crescendo no Brasil, tendo o BNDES liderado o repasse de recursos em sistema de "club deal", sem distribuição formal.

a execução contra o tomador dos recursos penhorando as garantias que recaem sobre os ativos do negócio e, na medida do possível, preservando a operacionalidade da empresa. Também é plenamente possível que as ações da SPE sejam dadas em garantia em conjunto com outros bens. É como diz Viviana Cardoso de Sá e Faria, "os financiadores vêem o fluxo de caixa e/ou ativos do projeto como fonte primária de recursos para atender ao serviço de seus empréstimos e fornecer o retorno sobre o capital investido no projeto. Os prazos de vencimento da dívida e dos títulos patrimoniais são estabelecidos de acordo com as características do fluxo de caixa do projeto. Para sua garantia, os títulos da dívida do projeto dependem, ao menos, parcialmente, da lucratividade do mesmo e do valor dos seus ativos."[5]

Portanto, o que se pretende numa engenharia financeira como essa é segregar o risco do projeto na SPE, preservar a capacidade de endividamento de seus empreendedores ou patrocinadores, dividir o risco entre vários interessados, economizar no pagamento de tributos, levar adiante um projeto que não seria compatível com a capacidade financeira de um só patrocinador e evitar a necessidade de garantias reais, utilizando apenas a garantia de recebíveis do próprio projeto.

3. MODALIDADES DE FINANCIAMENTOS DE PROJETOS

Em seu modelo mais genuíno, um financiamento de projeto exige a criação de uma SPE para desenvolver e investir no negócio, sendo que a estrutura do empréstimo é negociada e concluída sem comprometimento dos recursos dos patrocinadores (*non-recourse*). Nesta ordem de ideias, quem financiou a SPE vai buscar se proteger contra os riscos de *default* criando mecanismos de controle sobre os fluxos de caixa, que passam a ser vistos como fontes de atrito entre acionistas e credores. Os primeiros querendo transferir recursos da SPE para os seus caixas; os segundos querendo manter os recursos na SPE visando o recebimento dos seus créditos. Surgem, assim, exigências que obrigam a manutenção de um nível mínimo determinado de capital de giro da SPE acompanhada de um índice de liquidez corrente, calculado a partir da razão entre os direitos de curto prazo (caixa, bancos, estoques, clientes), classificados no Ativo Circulante, e as dívidas de curto prazo (empréstimos, financiamentos, impostos, fornecedores), caracterizadas no Passivo Circulante (AC / PC = Índice de Liquidez Corrente). Essa providência visa atenuar o conflito de interesses e deve ser mantida para

---

5 Dissertação de Mestrado. *O Papel do Project Finance no Financiamento de Projetos de Energia Elétrica*: caso da UHE Cana Brava, UFRJ, Fevereiro, 2003, p. 30

proteger o financiador contra significativa expansão de débitos ou contra possível diminuição do nível de atividade econômica da empresa. Vale lembrar, entretanto, que isto só é possível graças a segregação do fluxo de caixa na SPE, por tudo e em tudo distinto do fluxo de caixa de seus acionistas.

Também é natural que o financiamento do projeto se verifique com recursos limitados dos patrocinadores (*limited recourse*), decorrendo daí as exigências de garantias para cobrir os riscos da atividade empresarial, sobretudo os riscos de execução ou pré-operacionais, quando os fluxos de caixa ainda não estão disponíveis. Essas garantias são muito comuns e podem assumir diferentes formas, como veremos mais adiante.

4. RISCOS E SUA ALOCAÇÃO

Num "project finance" é fundamental a análise dos riscos e a sua correta alocação. Borges[6] cita os inúmeros riscos associados a um projeto, como os de *construção*, de *operação*, no *suprimento* ou na *matéria-prima*, da *produção* ou do *mercado*, *político* ou *regulador*, bem como os de *caso fortuito*, de *força maior* e de *atos de império*. Para cada um e para todos eles, uma política de seguros é altamente recomendável.

Os riscos de *construção* estão visceralmente ligados à não conclusão ou atrasos na execução da obra, frustrando a entrada em operação do empreendimento e atrasando consideravelmente o início do fluxo financeiro. É imperioso que se exijam garantias dos fornecedores de equipamentos, a contratação de seguros específicos, a diligência na obtenção das licenças ambientais, o comprometimento de capital próprio do patrocinador, o emprego de tecnologia comprovada etc.

Os riscos de *operação* são associados à redução da produção ou do nível operacional, afetados por uma série de eventos, como fornecimento de insumos, revisão ou reajuste de preços, aumento dos custos administrativos etc.

Os riscos de *suprimento* ou de *matéria-prima* podem ser devidos a sua falta ou disponibilidade no mercado, bem como custos associados. Imagine-se o caso de uma termelétrica operando com gás natural a partir da importação de gás natural liquefeito (GNL), havendo aumento substancial no preço do insumo? Ou o aumento dos preços do aço na construção de um novo terminal aeroportuário?

---

6 Luiz Ferreira Xavier Borges. *Project Finance e Infraestrutura:* descrição e críticas, Revista do BNDES, n.09, v.5, p. 105-122.

Os riscos relativos à *produção* ou riscos de *mercado* são os relativos à flutuação da demanda, dos preços (incluindo inflação) e da moeda.

Os riscos *políticos* também não podem ser desprezados, sobretudo em países de governo populista. Não vai longe o episódio da nacionalização do gás na Bolívia com a desapropriação de ativos privados. Foi em 1° de maio de 2006 que o Presidente Evo Morales decretou a nacionalização do setor de gás e petróleo do país. A ação incluiu ocupação militar das refinarias, inclusive as da Petrobras. A alegação era que as empresas estrangeiras ganhavam muito e pagavam pouco ao Estado. Afora as mudanças abruptas e unilaterais nas normas regulamentares afetando os investimentos de longo prazo. No projeto da Rodonorte[7], foi observado que o maior risco para os financiadores externos (BNDES e debenturistas) estava relacionado à possibilidade de alteração unilateral do valor da tarifa pelo governo. Como a concessão era estadual, os financiadores perceberam que o risco político era maior do que nas concessões federais. No fundo, eles estavam certos. A Rodonorte foi vítima da interferência estadual nos dois primeiros anos da concessão, tendo a sua tarifa reduzida pela metade e recomposta, posteriormente, após longas negociações.[8] Com efeito, setores de infraestrutura precisam contar com previsibilidade nas regras do jogo sem o que dificilmente o investidor terá apetite para financiar os projetos.

---

7 O Projeto Rodonorte compreendia o lote nº 5 do Programa de Concessão de Rodovias do Estado do Paraná, tendo por objetivo recuperar, conservar e explorar 560 km de estrada por 24 anos. Ao término deste período, o bem público e as benfeitorias implantadas reverteriam ao Poder Concedente (Estado do Paraná, representado pelo Departamento de Estradas de Rodagem do Estado). O contrato de concessão foi assinado em 14 de novembro de 1997. O lote estava dividido em dois trechos principais: Curitiba a Apucarana, ligando a capital ao maior centro agroindustrial no norte do Estado, sendo o escoadouro da produção para o Porto de Paranaguá. O outro trecho: Ponta Grossa a Jaguaraíva, no sentido nordeste, é a rota de acesso ao Estado de São Paulo. A região da concessão abrangia 19 municípios, que representavam 33% do Produto Interno Bruto do Paraná. Os investimentos totais previstos na rodovia ultrapassavam R$ 1,3 bilhão, distribuídos ao longo do período da concessão, que pode ser dividido em duas fases: 1998 e 2010, em que serão duplicados 128 Km de rodovia, e a segunda, entre 2011 e 2020, na qual serão duplicados 191 Km, e realizadas obras de contorno. A estrutura de "project finance" foi montada para a primeira fase, sendo que os valores mais elevados de investimento se dariam nos cinco primeiros anos, totalizando R$ 463 milhões. Os custos de operação e manutenção, entre 2003 e 2010, totalizavam R$ 267 milhões, com maior concentração em 2009 (R$ 79,4 milhões) e 2010 (R$ 69,0 milhões). A operação previa a cobrança de pedágios em sete praças, nos dois sentidos. O valor dos pedágios, estipulado no contrato de concessão, foi fixado a tarifa-base, relativa aos veículos de passeio, e um multiplicador, levando em consideração a categoria de veículo e o número de eixos. Previam-se reajustes anuais para a tarifa-base, conforme um índice paramétrico também estabelecido no contrato. O preço médio do pedágio para veículos de passeio era de R$ 3,28 em junho de 2001. A estrutura de financiamento do projeto consistiu de 45,3% em recursos próprios e 54,7% em capitais de terceiros - representados por financiamentos do BNDES (36,4%) e emissão de debêntures (18,3%).

8 Luiz Felipe Jacques da Motta e Ligia Barros das Chagas Ferreira. *Project Finance em Concessões Rodoviárias*: Um Estudo de Caso, disponível em http://www.anpad.org.br/

Por fim, os riscos de *caso fortuito* e de *força maior* são absolutamente recorrentes em grandes obras de infraestrutura, requerendo ações concretas como a contratação de seguros e renegociação com autoridades regulatórias para aditivos contratuais ou postergação da entrada em operação dos empreendimentos.

5. PARTÍCIPES DA OPERAÇÃO

Revela Stefan Lourenço de Lima que "a viabilidade de um *project finance* reside na capacidade de construir uma rede de colaboração/garantias entre os agentes envolvidos, de maneira que cada um individualmente se sinta confortável em assumir compromissos futuros, financeiros ou não, que, em conjunto, gerem resultados positivos para o projeto e garantam o adimplemento do serviço da dívida estruturado."[9]

Um projeto dessa magnitude envolve um número grande de participantes. Os mais próximos do projeto, aqueles que efetivamente participam de sua construção e operação, assumindo riscos e colhendo os benefícios, são: (i) a sociedade de propósito específico (SPE), cujos sócios são os patrocinadores do projeto, que controlam a sociedade; (ii) os construtores ou empreiteiros, responsáveis pela implantação da obra ou do projeto que, seguramente, contam com o suporte de projetistas, engenheiros, fornecedores de equipamentos e tecnologias; (iii) os clientes da SPE, responsáveis por adquirir o produto gerado pela atividade econômica; (iv) os financiadores externos, bancos e agências de fomento, peças fundamentais para viabilizar o projeto do ponto de vista do aporte de capital, que vai sendo gradualmente empregado de acordo com os "milestones" definidos; e (v) as seguradoras, que assumem riscos importantes, sobretudo durante a fase pré-operacional.

A figura a seguir fornece uma visão melhor dos participantes da operação:

9 *Garantias em Operações de Project Finance nos Setores de Infraestrutura*: o Papel dos Covenants, in Revista de Finanças Aplicadas, vol. 1, 2014, p. 18.

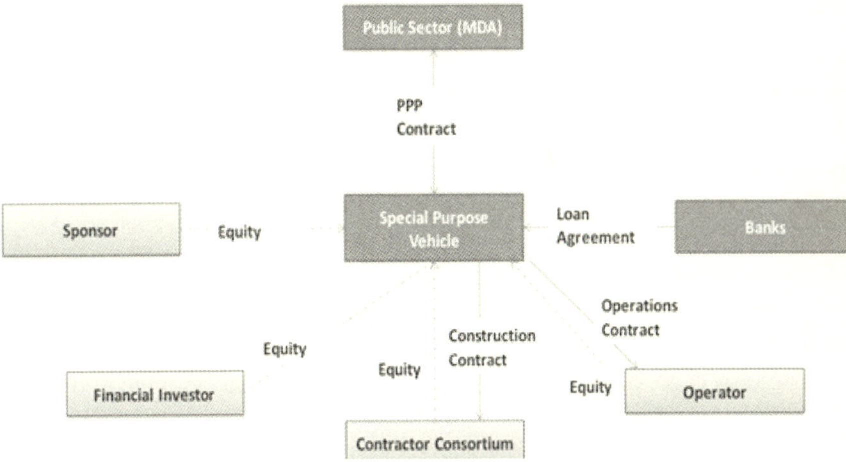

6. GARANTIAS E EXIGÊNCIAS DE "COVENANTS":

Como se disse, a regra é evitar o comprometimento ou gravame do patrimônio dos patrocinadores do projeto. Ocorre que essa regra, na prática, é inteiramente nula. Por mais limitado que seja, sempre haverá um comprometimento ou garantia – real ou fidejussória – a ser exigida dos patrocinadores (*limited recourse*), quando nunca compromisso de aporte adicional do capital próprio durante a fase pré-operacional. A rigor, portanto, os financiadores externos assumem uma parcela maior do risco e estão dispostos a colocar os recursos para viabilizar a obra ou projeto de longo prazo contando, preferencialmente, com os fluxos de caixa do próprio projeto e, lateralmente, com garantias reais ou fidejussórias, que seriam típicas de um financiamento corporativo onde o mais importante é o risco de crédito da sociedade mutuária e a sua capacidade financeira. Essas garantias adicionais têm o objetivo de reduzir o custo financeiro.

Inicialmente, cumpre esclarecer que as exigências de garantias são distintas a depender da fase do projeto. Durante a construção (fase pré-operacional), os financiadores correm maiores riscos. Vale lembrar que não há receitas muito menos a existência de ativos físicos que pudessem servir de garantias.

Nesse sentido, a criatividade deve ser maior, donde a engenharia financeira precisa ser acionada para mitigar os riscos e tornar viável a transação. O ponto nodal é como estruturar o negócio através de uma rede de contratos capaz de isolar os riscos ou diminuir a exposição dos financiadores.

Na prática, vários exemplos podem ser citados, como a cessão de eventuais indenizações dos seguros contratados pela SPE ou pela empreiteira responsável pela obra; garantias prestadas pelos patrocinadores, o que pode incluir fianças ou penhor das ações da SPE ou da "holding" que a controla; cessão fiduciária dos direitos decorrentes da concessão; hipoteca do imóvel onde se localiza o empreendimento etc. Essas garantias incidem sobre a fase pré-operacional. [10]

Já na fase operacional, as garantias podem recair sobre os ativos do projeto, o que permitiria ao credor, na hipótese de inadimplência, assumir a sua administração (*step in*) ou se dar através da cessão dos recebíveis do projeto. No primeiro caso, a dificuldade do credor se funda na vinculação do ativo operacional ao serviço público, tornando impenhoráveis esses bens, como tem decidido a nossa jurisprudência:

> AgRg no AREsp 37545 / SP. AGRAVO REGIMENTAL NO AGRAVO EM RECURSO ESPECIAL 2011/0109902-7, Relator Ministro HERMAN BENJAMIN, julgado em 07/02/2012
>
> PROCESSUAL CIVIL E ADMINISTRATIVO. SOCIEDADE DE ECONOMIA MISTA. PRESTAÇÃO DE SERVIÇO PÚBLICO. BENS. IMPENHORABILIDADE. SÚMULA 7/STJ.
>
> (...)

---

[10] Consulte Victor de Oliveira Fernandes. *Alternativas para constituição de garantia sobre direitos de crédito em favor de credores estrangeiros em operações de* project finance *de plataformas e sondas de perfuração*. Dissertação de Mestrado, FGV, São Paulo, 2016. Há que se estabelecer, desde logo, uma clara separação entre serviço público e atividade econômica em sentido estrito. Às empresas prestadoras de serviço público se atribuem o dever-poder de prestar o serviço público. Para tanto a elas é atribuído, pelo poder concedente, o também dever-poder de usar o domínio público necessário à execução do serviço, bem como de promover desapropriações e constituir servidões de áreas declaradas de utilidade pública. Relativamente ao serviço postal, decidiu o STF que se trata do conjunto de atividades que torna possível o envio de correspondência, ou objeto postal, de um remetente para endereço final e determinado, não consubstanciando atividade econômica em sentido estrito. Serviço postal é serviço público, como concluiu o STF na ADPF 46, relator para o acórdão o ministro Eros Grau, em julgamento ocorrido na data de 5-8-2009, Plenário, *DJE* de 26-2-2010. Portanto, a atividade econômica em sentido amplo é gênero que compreende duas espécies, o serviço público e a atividade econômica em sentido estrito. Outra distinção igualmente relevante formulada pelo STF é a de monopólio e privilégio. Monopólio é de atividade econômica em sentido estrito, empreendida por agentes econômicos privados. A exclusividade da prestação dos serviços públicos é expressão de uma situação de privilégio. Monopólio e privilégio são distintos entre si; não se os deve confundir no âmbito da linguagem jurídica, qual ocorre no vocabulário vulgar. Nesse sentido, cumpre entender por serviços públicos, no atual regime jurídico-constitucional brasileiro, as atividades econômicas exercidas em regime de privilégio pelo Estado, em função de reserva constitucional, ou por quem o faça as vezes, em regime de concessão e permissão. Somente nestes casos é que se pode falar de impenhorabilidade dos bens vinculados à concessão ou permissão, exatamente pelo fato de cumprir uma finalidade pública inadiável.

4. No que tange à questão da impenhorabilidade dos bens afetados ao serviço público, o julgado recorrido não diverge da orientação do STJ, segundo a qual são impenhoráveis os bens de sociedade de economia mista prestadora de serviço público, desde que destinados à prestação do serviço ou que o ato constritivo possa comprometer a execução da atividade de interesse público (cf. AgRg no REsp 1.070.735/RS, Rel. Ministro Mauro Campbell Marques, Segunda Turma, julgado em 18.11.2008; AgRg no REsp 1.075.160/AL, Rel. Ministro Benedito Gonçalves, Primeira Turma, julgado em 10.11.2009; REsp 521.047/SP, Rel. Ministro Luiz Fux, Primeira Turma, julgado em 20.11.2003)."

No segundo caso, a vinculação total da receita como garantia tem se mostrado ineficiente, uma vez que prejudica as fontes de capital de giro da operação. Também não resolve a subordinação dos créditos decorrentes de penhor e hipoteca em eventual processo de falência da SPE, pois este fato praticamente impossibilita sua recuperação.[11]

Daí se propõe que, adicionalmente ao conjunto de garantias contratuais, haja previsão de "covenants" nos instrumentos jurídicos. E o que são *covenants*? São cláusulas contratuais estipuladas em contratos de empréstimos ou títulos de dívida que protegem o interesse do credor estabelecendo condições que não devem ser descumpridas. Se o forem, o credor tem o direito de requerer o vencimento antecipado da dívida, dando início a execução das garantias e acionando determinados remédios contratuais.

Os *covenants* representam importantes compromissos assumidos pelos patrocinadores ou pela própria SPE nos financiamentos de projetos, tais como não modificar os contratos de longo prazo, não alterar o orçamento e plano de investimento previamente definidos para o empreendimento e não contrair novos endividamentos com igual ou maior prioridade do que o financiamento originalmente concedido pelo financiador externo (*restrictive covenants*). Diante do potencial conflito de interesses entre os patrocinadores e os financiadores externos, um *covenant* negativo muito comum diz respeito ao condicionamento da distribuição de resultados (dividendos e juros sobre capital próprio) aos acionistas da SPE. Neste caso, condiciona-se a distribuição à obtenção de indicadores financeiros do projeto (vide abaixo sobre "coverage ratio") e à geração de reservas para contingências. Com efeito, o caixa gerado pela SPE é transferido parcialmente para constituição de reservas visando resguardar o crédito dos financiadores.

---

11 Stefan Lourenço de Lima. *Garantias em Operações de* Project Finance *nos Setores de Infraestrutura,* cit. p. 23.

Na via inversa (*affirmative covenants*), os compromissos obrigam a SPE a manter em bom estado e funcionamento os equipamentos que integram o empreendimento, a respeitar em sua integralidade o contrato de concessão e demais atos governamentais aplicáveis, a manter seguros que atendam exigências mínimas de cobertura e a manter um índice mínimo de cobertura do serviço da dívida. [12] Sobre este último ponto, deve-se ponderar que a "coverage ratio" mede a capacidade da companhia de honrar as suas obrigações financeiras. Assim, numa perspectiva ampla, manter uma alta "coverage ratio" significa melhores condições de a SPE cumprir as suas obrigações junto aos financiadores externos. Trata-se de um *covenant* de inspiração financeira que pode trazer mais conforto para o credor. A sugestão importa num compromisso de observar o índice de cobertura do serviço da dívida (ICSD), indicador muito utilizado no mercado financeiro. A intenção do financiador é que o projeto seja capaz de repagar o financiamento por seus próprios méritos e que a SPE continue existindo após esse pagamento. O ICSD é calculado pela divisão do EBITDA Ajustado e Consolidado[13] com os Encargos de Juros Consolidados.[14] O cálculo do índice permite avaliar a liquidez do empreendimento, obtendo-se o número de anos que seria necessário para saldar todo o capital de terceiros da empresa.[15] Confira o método de cálculo abaixo:

(A) Geração de Caixa
(+) EBITDA
(-) Imposto de Renda
(-) Contribuição Social
(+/-) Variação de Capital de Giro
(B) Serviço da Dívida
(+) Amortização de Principal
(+) Pagamento de Juros
Índice de Cobertura do Serviço da Dívida = (A) / (B)

---

12 Idem, Ibidem.

13 "EBITDA Ajustado e Consolidado" reflete o lucro antes das despesas/receitas financeiras líquidas do imposto de renda e da contribuição social, da depreciação, amortização e resultados não operacionais. O EBITDA ajustado consiste no potencial de caixa gerado pelos ativos operacionais. Pela teoria contábil, as receitas e as despesas são reconhecidas pelo princípio da competência e não pelo regime de caixa. Assim, o EBITDA não reflete o fluxo físico de caixa.

14 Encargos de Juros Consolidados significam as despesas de juros de caixa da sociedade, em base consolidada, pagável para determinado período em relação a todas as dívidas ativas da empresa, incluindo-se todas as comissões, descontos e outras taxas e encargos devidos relacionados a cartas de crédito e aceite financeiro bancário que constituam dívidas.

15 Stefan Lourenço, loc. cit. p. 23.

A inclusão dessa medida faculta aos bancos financiadores elevado grau de controle sobre o projeto, evitando mudanças abruptas no fluxo financeiro do empreendimento e minimizando o potencial conflito de interesses. Assim, espera-se que o compromisso assumido pela SPE seja a manutenção do ICSD em patamar mínimo de, digamos, 1,10, indicando o quanto do fluxo de caixa estaria disponível para amortização do principal após a realização dos pagamentos de juros (e aluguéis) exigidos.

Outro *covenant* positivo é o compromisso de aporte de capital pelo acionista patrocinador, onde ele se obriga a subscrever e integralizar capital na SPE até certo montante garantido, em periodicidade que seja compatível com as necessidades do empreendimento e a reforçar esse capital toda vez que haja quebra na proporção entre "debt/equity" inicialmente estabelecida.

7. FIM DAS OPERAÇÕES *OFF-BALANCE SHEET* EM FINANCIAMENTOS DE PROJETOS

A ideia de se criar uma SPE no âmbito do financiamento de projeto era isolar o risco do empreendimento dos demais ativos do empreendedor, segregando tal risco na SPE, que passa a remunerar o investimento através do fluxo de caixa produzido pelo próprio projeto. A vantagem, cantada em verso e prosa, consistia no fato de que o financiamento ficava fora do balanço dos patrocinadores (*off-balance*), enquanto um empréstimo corporativo era registrado no passivo do promotor do projeto. Portanto, o "project finance" aliviava a capacidade de endividamento dos patrocinadores na medida em que não alavancava o seu balanço, ficando a dívida gravada na contabilidade da SPE, única responsável pela tomada do recurso de terceiros. Para que essa dívida não fosse consolidada no balanço dos acionistas da SPE, bastava que aqueles não fossem controladores. No intuito de evitar abusos e distorções na contabilidade das empresas, a Comissão de Valores Imobiliários (CVM) aplicou um primeiro golpe nessas transações por meio da Instrução nº 408, de 18 de agosto de 2004. Nesse sentido, obrigou às companhias abertas a consolidarem em suas demonstrações contábeis as informações referentes às SPEs quando a essência das atividades entre elas indicarem que a companhia aberta exerce de fato, direta ou indiretamente, o controle sobre a SPE, independentemente da existência de participação societária. O novo enfoque prefere examinar a essência da transação e sua realidade econômica ao invés de privilegiar aspectos societários. Em Nota Explicativa, a CVM justificou a emissão da norma argumentando que as transações envolvendo sociedades de propósito específico têm se tornado cada vez mais comum e que o enfoque da consolidação, baseada exclusivamente no capital votante, tinha se mostrado algumas vezes ineficaz na identificação do controle efetivo sobre a atividade econômica. A norma optou pela verificação do exercício do controle econômico, pois em decorrência deste exercício, riscos eram assumidos, fazendo com que, antes da Instrução 408/04, certos riscos de negócios "controlados" por empresas abertas não fossem evidenciados nas demonstrações contábeis consolidadas. Sem a norma da CVM, ativos, exigibilidades, receitas e despesas acabavam não constando das informações divulgadas sobre a entidade econômica, afetando, muitas vezes de forma significativa, a informação sobre a situação financeira e patrimonial da companhia como um todo. Portanto, o foco da Instrução CVM nº 408/04 é o controle de fato, mesmo sem vínculo ou participação societária. De tal sorte que os indicadores de controle das atividades de uma SPE passam a ser outros. Eles estarão presentes desde que, alternativamente, direta ou indiretamente: a) a companhia aberta tenha o poder de decisão ou os direitos suficientes à obtenção da maioria dos benefícios das atividades da SPE, podendo, em conseqüência, estar exposta aos riscos decorrentes dessas atividades; ou b) a companhia aberta esteja exposta à maioria dos riscos relacionados à propriedade da SPE ou de seus ativos.

A Instrução CVM só deve ser aplicada no âmbito das companhias abertas brasileiras. Ocorre que, também sob o comando do "International Accounting Standards Board (IASB)", a norma que trata da consolidação de sociedades de propósito específico - SIC Interpretation 12 - Consolidation - Special Purpose Entities (SIC 12), foi alterada em 1998. Visando disponibilizar uma orientação quanto as circunstâncias em que uma empresa deve consolidar informações sobre uma sociedade de propósito específico, em 1998, o IASB emitiu a norma SIC 12, com eficácia para as demonstrações financeiras elaboradas a partir de julho de 1999. De acordo com a norma, "uma SPE deve ser consolidada quando a essência do relacionamento entre uma empresa e a SPE indicar que a SPE é controlada por esta empresa" (IASB, 1998). Na tentativa de esclarecer em que situações os investidores/patrocinadores devem consolidar as informações da SPE, o parágrafo 10 da SIC 12 vem ilustrar bem a matéria, elencando as transações em que: a) essencialmente, as atividades da SPE sejam conduzidas em favor da empresa controladora de acordo com as suas necessidades de negócios específicas, de forma que a empresa controladora obtenha os benefícios do funcionamento da SPE; b) essencialmente, a empresa controladora tenha poderes para tomada de decisões que a levem a obter a maioria dos benefícios das atividades da SPE ou, ao estabelecer um mecanismo de 'autopilot' (predeterminação das atividades), a empresa controladora delegue estes poderes para tomada de decisões; c) essencialmente, a empresa tenha direitos para obter a maioria dos benefícios da SPE e pode, por conseguinte, estar exposta aos riscos inerentes às atividades da SPE; ou d) essencialmente, a empresa venha a reter a maioria dos riscos residuais ou de propriedade relativos à SPE ou aos seus ativos, a fim de obter benefícios de suas atividades.

Para completar a estrutura normativa, o "Financial Accounting Standards Board" (FASB), em janeiro de 2003, publicou a FASB Interpretation 46 (FIN 46) – *Consolidation of Variable Interest Entities*, como uma interpretação do "Accounting Research Bulletin 51" (ARB 51) – *Consolidated Financial Statements*. Ali, a questão foi tratada de forma muito mais abrangente. A FIN 46 apresenta uma estrutura denominada de *Variable Interest Entities* (VIE), cuja participação pela investidora pode derivar simplesmente de arrendamentos, contratos, garantias, opções de venda, participações retidas em securitizações, participações acionárias, dentre outros, sem restringir a aplicação da norma apenas às participações em SPE. A aplicação da FIN 46 tornou-se efetiva de imediato para todas as entidades classificadas como *Variable Interest Entities* constituídas ou adquiridas após 31 de janeiro de 2003. Para aquelas constituídas ou adquiridas antes de 1º de fevereiro de 2003, as disposições da FIN 46 tornaram-se válidas para as demonstrações emitidas a partir de 1º de janeiro de 2004, se envolverem sociedades de propósito específico e, 31 de dezembro de 2004, para todos os outros tipos de entidades. A legislação contábil, assim, põe termo às transações *off-balance* quando os acionistas da SPE tenham, de fato, um envolvimento com a sociedade que lhes confiram direitos suficientes à obtenção de benefícios relevantes das atividades da SPE, ou que estejam expostos a riscos também relevantes, relacionados às atividades da SPE ou de seus ativos, sem, contudo, deterem participação acionária na sociedade.[16]

8. CONCLUSÃO

Nos últimos quinze anos o Brasil contou com uma ferramenta importante no financiamento de projetos na área de infraestrutura, o que ajudou a superar alguns gargalos. No entanto, todo o investimento que foi feito ainda é pequeno se considerarmos o tamanho do déficit. Estradas, portos, aeroportos, ferrovias, saneamento básico, energia, são amostras do conjunto de obras e investimentos de que o país necessita para crescer e proporcionar melhor qualidade de vida para toda a sua população. O país do "puxadinho" não é mais uma economia tacanha, e vem competindo de igual para igual

[16] Nesse sentido, ver Rodrigo Bernardes Braga. *Setor Elétrico Brasileiro*: visão crítica da geração de energia, D'Plácido, 2016, p. 344-5.

com as economias mais avançadas no agronegócio, graças à incorporação de novas tecnologias no campo que forjaram a competividade e aumentaram a produtividade. O desafio, para usar uma velha figura de linguagem, se coloca da "porteira para fora".

O futuro do "project finance" na infraestrutura depende, fundamentalmente, da capacidade do governo perceber que não pode fazer tudo sozinho, nem de maneira arbitrária. O governo precisa se aproximar das empresas privadas visando mitigar a assimetria informacional, como também acertar as bases de sua política macroeconômica se quiser atrair investimentos. As taxas de juros exorbitantes praticadas no Brasil são apontadas como grandes entraves para projetos de longo prazo porque, em muitas situações, não permitem sequer que o índice de cobertura do serviço da dívida (ICSD) seja igual a um.

Por outro lado, a regulação dos setores de infraestrutura deve legitimar o diálogo entre as partes por se apoiar em contratos incompletos, como são os contratos de longo prazo, insuscetíveis de preverem todas as vicissitudes e contingências advindas de fatores mais diversos, como crises internacionais, retração de mercado, aumento inesperado e expressivo de matérias-primas em função de guerras e atos extremos, eventos da natureza etc.

Neste exato momento, o BNDES, principal financiador de projetos na área da infraestrutura, anuncia que vai reduzir a sua participação na estrutura de financiamento, o que deve elevar o custo de capital dos empreendedores. Sensível a essa realidade, a ANEEL, por exemplo, aprovou abertura de audiência pública visando aprimorar a proposta do modelo de definição da receita teto das licitações, na modalidade leilão público, para contratação das concessões para prestação do serviço público de transmissão. Para garantir o sucesso da 2ª Etapa do Leilão de Transmissão nº 13/2015, a agência propõe que a metodologia para cálculo do teto da Receita Anual Permitida (RAP) seja revista, resultando num aumento de 13,13%, para um caso médio. O parâmetro de custo do capital próprio aumenta 2,21% (de 10,86% para 11,10%) e a variação do Custo Médio Ponderado de Capital (WACC) sobe de 8,38% para 9,67%. É uma forma de melhorar a atratividade financeira do projeto, proposta que, a nosso ver, reflete a compreensão do novo governo de que é preciso se aproximar mais dos agentes de mercado e do público investidor.

REFERÊNCIAS BIBLIOGRÁFICAS

BORGES, Luiz Ferreira Xavier. *Project Finance e Infraestrutura:* descrição e críticas, Revista do BNDES, n.09, v.5.

BRAGA, Rodrigo Bernardes. *Setor Elétrico Brasileiro*: visão crítica da geração de energia, Belo Horizonte: D'Plácido, 2016.

EHLERS, Torsten. *Understanding the challenges for infrastructure finance*. Working Papers n. 454, Bank for International Settlements, August, 2014.

ENEI, José Virgílio Lopes. *Project Finance*: São Paulo: Editora Saraiva, 2007.

FARIA, Viviana Cardoso de Sá. Dissertação de Mestrado. *O Papel do Project Finance no Financiamento de Projetos de Energia Elétrica*: caso da UHE Cana Brava, UFRJ, Fevereiro, 2003.

FERNANDES, Victor de Oliveira. *Alternativas para constituição de garantia sobre direitos de crédito em favor de credores estrangeiros em operações de* project finance *de plataformas e sondas de perfuração*. Dissertação de Mestrado, São Paulo: FGV, 2016

LIMA, Stefan Lourenço de. *Garantias em Operações de Project Finance nos Setores de Infraestrutura*: o Papel dos Covenants, in Revista de Finanças Aplicadas, vol. 1, 2014.

MOTTA, Luiz Felipe Jacques da; FERREIRA, Ligia Barros das Chagas. *Project Finance em Concessões Rodoviárias*: Um Estudo de Caso, disponível em http://www.anpad.org.br/

NASSAR, Nagla. *Project Finance, Public Utilities, and Public Concerns*: A Practitioner's Perspective, Fordham International Law Journal: The Berkeley Electronic Press (bepress). http://ir.lawnet.fordham.edu/il

MINERAÇÃO

18

MINERAÇÃO E INTERVENÇÃO NA PROPRIEDADE PRIVADA

Adriano Drummond Cançado Trindade[1]

SUMÁRIO: I. Introdução. II. Mineração e propriedade superficiária. III. Intervenção na propriedade privada e infraestrutura. IV. Mineração e intervenção na propriedade privada. (a) ação de avaliação de renda e indenização. (b) servidão minerária. (c) outros modos de intervenção na propriedade privada. V. Considerações finais. VI. Referências bibliográficas.

I. INTRODUÇÃO

Grandes empreendimentos de infraestrutura enfrentam diversos desafios. Esses desafios compreendem desde os mecanismos de financiamento do projeto e o licenciamento ambiental, com a adoção de medidas mitigatórias e compensatórias, passando pela análise de impactos sociais e como abordar os anseios da população antes e durante o empreendimento (a chamada "licença social"), até a própria operação desse mesmo empreendimento.

Talvez um dos aspectos de maior preocupação em empreendimentos de infraestrutura – ainda que certamente não o único – diz respeito à delimitação da área a ser usada e da área que sofrerá os impactos da operação, e o acesso e uso dessas mesmas áreas. Pela própria natureza de empreendimentos de infraestrutura, grandes áreas serão exigidas para a implementação e operação do empreendimento. Cite-se, como exemplo, empreendimentos de geração de energia elétrica, rodovias e ferrovias, portos e aeroportos, entre tantos outros.

---

[1] Mestre em Direito e Política dos Recursos Naturais (*Distinction*) pelo Centro de Direito e Política Energética, Mineral e do Petróleo (CEPMLP) da Universidade de Dundee, Reino Unido; advogado e professor voluntário da Faculdade de Direito da Universidade de Brasília (UnB) e de cursos de pós-graduação do Instituto Brasiliense de Direito Público (IDP).

Na mineração esse aspecto não é diferente. A depender do porte do empreendimento mineiro e das estruturas de apoio que serão necessárias para a lavra – barragens de rejeitos, área para deposição de estéreis, plantas de processamento, além da própria cava, quando se trata de mina a céu aberto – a superfície necessária para a implantação e operação do empreendimento pode ser considerável. A depender da geografia do local e de outros usos atribuídos ao solo, o acesso e uso da superfície podem ser mais complexos e, em alguns casos, podem até mesmo inviabilizar o próprio empreendimento.

A mineração, contudo, apresenta algumas circunstâncias específicas que merecem um estudo mais detido. O fato de que o concessionário da lavra não precisa ser o proprietário do solo (comumente referido como "dualidade da propriedade")[2] é uma dessas circunstâncias. A inexistência de alternativa locacional é outro fator que, no setor mineral, adquire contornos muito particulares.[3] O objetivo deste artigo é analisar essas dificuldades de acesso e uso do solo em empreendimentos mineiros e as respostas e instrumentos de que dispõe o ordenamento jurídico brasileiro.

II. MINERAÇÃO E PROPRIEDADE SUPERFICIÁRIA

O regime dominial atualmente adotado pelo ordenamento jurídico brasileiro no tocante aos recursos minerais acarreta algumas consequências. A primeira delas é a propriedade da União com relação aos recursos minerais. A segunda é a relação jurídica entre aquele que recebe da União o dever de pesquisar e lavrar e o proprietário ou possuidor do solo.

A propriedade dos recursos minerais foi conferida à União por força dos artigos 20, inciso IX, e 176 da Constituição Federal. Ao assim estabelecer, o ordenamento jurídico busca corrigir "distorções" da natureza representadas pela distribuição irregular dos recursos minerais ao longo do território nacional, pois caberá à União, e não ao proprietário imobiliário, beneficiar-se da exploração de recursos minerais, na qualidade de representante dos interesses da coletividade.

---

2 TRINDADE, Adriano D.C. Princípios de Direito Minerário Brasileiro. In Souza, Marcelo Mendo Gomes de. *Direito Minerário em Evolução*. 1ª ed. Belo Horizonte: Mandamentos, 2009, p. 62.

3 Admite-se que a rigidez ou inexistência de alternativa locacional não seja uma circunstância inerente apenas ao setor mineral. O aproveitamento de potenciais hidráulicos, por exemplo, tem a mesma característica. Não obstante, o setor mineral se depara com desafios decorrentes da rigidez locacional com grande frequência, mesmo em casos de empreendimentos de pequeno porte, que precisam se adaptar às circunstâncias do local onde será conduzida a operação (tanto no aspecto ambiental como no aspecto social e no uso do solo). Há casos notórios em que comunidades inteiras tiveram que ser reassentadas em outro local para que empreendimentos mineiros pudessem ser implementados.

No regime da acessão, que vigorou de 1889 até 1934, a propriedade dos recursos minerais era originalmente atribuída ao proprietário do solo. Em outras palavras, os recursos minerais eram tratados como um acessório do solo, ainda que pudessem ser dele separados e alienados pelo proprietário do imóvel. A consequência é que, nesse período, havia jazidas federais, jazidas estaduais e jazidas privadas. Aquele que desejasse desenvolver um empreendimento mineiro deveria, assim, negociar as condições para o exercício da atividade com o proprietário da jazida, que era o dono da terra ou alguém que dele adquiriu a jazida. O ponto de maior relevância desse sistema, para fins da análise aqui conduzida, é o fato de que, não raro, ao se adquirir a jazida ou negociar a sua exploração com o proprietário do imóvel, o uso da superfície também já era objeto da negociação e incluída nos termos do negócio.

A segunda consequência da adoção do regime dominial é o fato de que, em contraposição à acessão, o fato de se atribuir a propriedade dos recursos minerais à União implicou o estabelecimento de uma relação jurídica entre o proprietário do solo e o titular de direitos minerários. A partir do momento em que a Constituição de 1988 estabeleceu que os recursos minerais pertencem à União, "inclusive os do subsolo", a propriedade da superfície pouco representa para a outorga de "autorização e concessão da União" para a "pesquisa e lavra de recursos minerais". Não obstante, o acesso à superfície é algo essencial para o exercício da autorização ou concessão, de maneira que essa relação não pode ser ignorada pelo Direito. Tanto assim é que mecanismos para o ingresso na área objeto da autorização ou concessão, bem como para o uso da superfície e do subsolo e até mesmo a construção de instalações estão previstos no Código de Mineração (Decreto-lei 227, de 28 de fevereiro de 1967).

É interessante observar que a Constituição de 1934 não previu a propriedade da União sobre os recursos minerais, mas apenas rejeitou o regime da acessão então vigente. Na verdade, o regime da acessão já havia sido mitigado com a Lei Calógeras (Decreto 2.933, de 6 de janeiro de 1915) e com a Lei Simões Lopes (Decreto 4.265, de 15 de janeiro de 1921).[4] Seja como for, a Constituição de 1934 estabeleceu que o aproveitamento de minas e jazidas dependeria de autorização ou concessão federal, "ainda que de propriedade privada", restando ao proprietário do solo apenas "preferência na exploração ou coparticipação nos lucros" (artigo 119). Foi somente a

4 Artigo 6º: E' permittido ao proprietario separar a mina do sólo para o fim de a arrendar, hypothecar ou alienar, e póde fazel-o com relação á propriedade do sólo, reservando para si a da mina.

Constituição de 1988 que previu a propriedade pública – no caso, da União – sobre os recursos minerais.[5]

A Constituição de 1988 foi mais além e deixou claro que a pesquisa e lavra de recursos minerais [e o aproveitamento de potenciais de energia hidráulica] somente poderão ser efetuados "no interesse nacional". A análise dos debates ocorridos ao longo dos trabalhos da Assembleia Nacional Constituinte[6] revela que a expressão foi inserida no texto da proposta que restou aprovada apenas na fase final de tramitação, e que parece ter decorrido de preocupação em face do capital internacional – o que também explica a previsão original da Constituição de que apenas empresas brasileiras de capital nacional[7] poderiam obter autorizações e concessões para a pesquisa e lavra, o que foi posteriormente alterado pela Emenda Constitucional 6, em 1995.

Ainda que esse possa ter sido o propósito do constituinte – a *mens legislatoris* – parece-nos aceitável a interpretação de que, ao se referir a "interesse nacional", a Constituição também teria posicionado a pesquisa e lavra de recursos minerais frente a outras atividades econômicas e frente a interesses privados, notadamente a propriedade superficiária. O "interesse nacional" se dirige, portanto, (i) ao próprio Estado, que deverá disponibilizar os instrumentos que permitam viabilizar o exercício dos direitos de pesquisa e lavra, bem como (ii) aos proprietários de imóveis que porventura tenham que suportar a intervenção do Estado em sua propriedade, nos moldes do que será analisado mais abaixo. Essa é a interpretação segundo a qual o "interesse nacional" *qualifica* as atividades de pesquisa e lavra quando consideradas em abstrato.[8]

Por outro lado, o "interesse nacional" também parece *condicionar* as atividades de pesquisa e lavra no caso concreto. Assim, para todo empreendimento mineiro, deve ser realizado o exame de outras circunstâncias que possam superar o interesse nacional da mineração, como nas hipóteses em que a pesquisa e lavra forem prejudiciais ao bem público ou comprometam

---

5 Ainda que as Constituições de 1934, 1937, 1946 e 1967 não tivessem referido os recursos minerais como propriedade pública, a referência a autorização e/ou concessão para a pesquisa e lavra e a estrutura do ordenamento infraconstitucional permitiam concluir pela vigência do regime dominial, de forma que entendemos não ser o caso de *res nullius*.

6 Anais da Assembleia Nacional Constituinte, disponível em http://www.senado.gov.br/publicacoes/anais/asp/CT_Abertura.asp (acessado em 21 de junho de 2016).

7 Assim entendidas as empresas cujo controle efetivo estivesse, em caráter permanente, sob a titularidade de pessoas físicas residentes e domiciliadas no País. Controle, para esses fins, era entendido como a titularidade da maioria do capital social votante e o exercício, de fato e de direito, do poder decisório para gerir as atividades da empresa em questão.

8 TRINDADE, Adriano D.C. Princípios de Direito Minerário Brasileiro. In Souza, Marcelo Mendo Gomes de. *Direito Minerário em Evolução*. 1ª ed. Belo Horizonte: Mandamentos, 2009, pp. 56-59.

interesses que superem a utilidade do aproveitamento mineral (tal como preceitua o artigo 42 do Código de Mineração).

É nesse contexto, portanto, que deve ser considerado o ordenamento infraconstitucional que poderá amparar o acesso e uso de terras de terceiros em benefício de empreendimentos mineiros.

III. INTERVENÇÃO NA PROPRIEDADE PRIVADA E INFRAESTRUTURA

Ainda que a Constituição Federal garanta o direito de propriedade (artigo 5º, inciso XXII), esse mesmo direito de propriedade é relativizado nos dois incisos seguintes, que condicionam o direito de propriedade ("a propriedade atenderá a sua função social") e permitem até mesmo a sua supressão ("a lei estabelecerá o procedimento para desapropriação por necessidade ou utilidade pública, ou por interesse social, mediante justa e prévia indenização em dinheiro, ressalvados os casos previstos nesta Constituição"). Vale dizer, a propriedade individual deve se sujeitar a interferências causadas pelo Estado, passíveis de indenização, em prol da coletividade em razão de um fator de utilidade pública ou interesse social.

Em outras palavras, os dispositivos acima revelam o fundamento não só para a intervenção supressiva do Estado na propriedade privada, como para mecanismos de intervenção restritiva, tais como limitações administrativas, servidões administrativas, requisições administrativas, ocupações temporários e tombamentos.[9] Em todos esses casos de intervenção restritiva, o Estado impõe obrigações ao proprietário condicionando o uso de sua propriedade, em maior ou menor grau, independentemente da generalidade ou especificidade da modalidade de intervenção, que poderão vir a dar ensejo ao dever de indenizar pelo Estado. Em empreendimentos de infraestrutura, são mais comuns as servidões administrativas, assim como a desapropriação para aquelas situações em que a interferência na propriedade não possibilita a coexistência com o proprietário do imóvel ou iria suprimir o seu conteúdo econômico.

No caso da desapropriação, a supressão da propriedade privada dar-se-á a partir de um elemento que seja reconhecidamente de necessidade pública (geralmente relacionado a emergências ou calamidades), utilidade pública ou interesse social. Esse elemento deve estar previamente reconhecido pela

---

9 FURTADO, Lucas Rocha. Curso de Direito Administrativo. 4ª ed. Belo Horizonte: Forum, 2013, pp. 609-610.

lei como algo que legitima a desapropriação e, no caso concreto, deve ser declarado como tal, na maior parte dos casos pelo Poder Executivo.

O Decreto-lei 3.365, de 21 de junho de 1941 ("Lei de Desapropriações"), relaciona em seu artigo 5º uma série de hipóteses que podem configurar necessidade pública ou utilidade pública. Nos casos de empreendimentos de infraestrutura, certas ações poderiam estar amparadas pela utilidade pública ao envolverem a criação e melhoramento de centros de população (alínea e), a exploração de serviços públicos (alínea h), a abertura ou melhoramento de vias de transporte (alínea i), a execução de planos de urbanização (alínea i), e o aproveitamento industrial das águas e da energia hidráulica (alínea f). Para tanto, o reconhecimento dessa utilidade pública no caso concreto deve ser expressamente manifestado. A rigor, qualquer das esferas – federal, estadual, municipal e distrital – tem competência para declarar a utilidade pública. Em determinados empreendimentos ligados a energia elétrica ou transporte, também admite-se a declaração da utilidade pública pela Agência Nacional de Energia Elétrica – ANEEL e pelo Departamento Nacional de Infraestrutura de Transportes – DNIT.[10]

Somente após concluída a etapa declaratória terá início a etapa executória, em que o desapropriante adotará as medidas concretas com vistas à concretização da desapropriação. Nessa etapa, o objetivo precípuo é a definição do valor a ser indenizado ao proprietário do imóvel e a geração de um título a ser levado a registro para a transferência da propriedade. Essa etapa poderá se dar em caráter amigável, hipótese em que uma escritura definirá o valor da indenização e será levada a registro na matrícula do imóvel; ou em juízo, mediante o ajuizamento de ação de desapropriação, destinada a se discutir o valor da indenização.[11]

Quando o empreendimento exigir o uso de um imóvel que não seja absolutamente incompatível com o seu uso pelo proprietário, deve-se procurar preservar o direito de propriedade, evitando-se a desapropriação. O instrumento aplicável, nessa hipótese, é o da servidão administrativa, que impõe um ônus sobre o imóvel mas não impossibilita o exercício de atributos do direito de propriedade pelo seu dono, ainda que o uso e/ou a fruição do bem possam encontrar restrições.

A servidão administrativa assemelha-se à servidão civil na medida em que ambas configuram um direito real sobre coisa alheia; no caso da servidão administrativa, trata-se de um direito real de natureza pública.

---

[10] As hipóteses de desapropriação por interesse social estão relacionadas na Lei 4.132, de 10 de setembro de 1962.

[11] CARVALHO FILHO, José dos Santos. *Manual de Direito Administrativo*. 24ª ed. Rio de Janeiro: Lumen Juris, 2011, p. 771.

Em ambos os casos, o imóvel serviente restará gravado, de maneira que acompanha o imóvel, independentemente da identidade de seu proprietário. Além disso, tal como na servidão civil em que o objetivo é proporcionar *utilidade* a um imóvel dominante em detrimento de um imóvel serviente (artigo 1.378 do Código Civil), a servidão administrativa também busca dar utilidade a um elemento dominante em detrimento de um imóvel serviente. A principal diferença, aqui, é que o elemento dominante não é necessariamente um imóvel, mas sim um serviço público ou outro elemento que, por analogia, também teria o potencial de legitimar a desapropriação (ou seja, as hipóteses do artigo 5º, do Decreto-lei 3.365/1941). A servidão administrativa é comum na passagem de linhas de transmissão sobre terras privadas.[12]

No que diz respeito ao procedimento, a servidão administrativa será constituída aplicando-se por analogia as normas da Lei de Desapropriações, naquilo que não for incompatível com a natureza do instituto. Assim, também nas servidões deve haver uma etapa inicial em que é declarada a hipótese de utilidade pública que legitimará a constituição da servidão. Após a declaração, segue-se a fase executória com a celebração de escritura de constituição de servidão administrativa ou o ajuizamento da respectiva ação. A indenização a ser paga ao proprietário do imóvel deve ser proporcional ao nível de restrição que lhe foi imposta quanto ao uso e/ou fruição do imóvel.[13] Por outro lado, a restrição imposta pela servidão sobre o imóvel não pode suprimir o conteúdo econômico da propriedade por inteiro, do contrário também seria aplicável a desapropriação.

IV. MINERAÇÃO E INTERVENÇÃO NA PROPRIEDADE PRIVADA

Até aqui, tratamos de formas genéricas de intervenção na propriedade privada. No entanto, foi dito que o ordenamento jurídico deveria dispor de instrumentos que viabilizassem a consecução do "interesse nacional" inerente à mineração. São esses instrumentos a ação de avaliação de renda e indenização e a servidão minerária, sem prejuízo de outros meios de intervenção.

(a) Ação de Avaliação de Renda e Indenização

Para viabilizar a pesquisa mineral, o Código de Mineração estabeleceu, no artigo 27, a chamada ação de avaliação de renda e indenização.

---

12 FURTADO, Lucas Rocha. Curso de Direito Administrativo. 4ª ed. Belo Horizonte: Forum, 2013, p. 649.

13 ARAGÃO, Alexandre Santos de. Curso de Direito Administrativo. 1ª ed. Rio de Janeiro: Forense, 2012, p. 270.

O dispositivo legal determina que "o titular de autorização de pesquisa poderá realizar os trabalhos respectivos, e também as obras e serviços auxiliares necessários, em terrenos de domínio público ou particular". A fim de dar efetividade à previsão legal, a ação configura o instrumento judicial pelo qual se determina o montante a ser pago ao proprietário do solo a título de renda e indenização.

A primeira advertência que deve ser feita é a de que se trata de ação que busca garantir o acesso, baseada numa relação obrigacional entre o titular de direitos minerários e o superficiário. Muito embora até possa ser constituída uma servidão para fins de pesquisa mineral, a preferência de um detentor de autorização de pesquisa costuma ser a de firmar acordos de acesso à área para pesquisa, devido à sua simplicidade e às incertezas em altos índices inerentes à pesquisa mineral. Na impossibilidade desses acordos, busca-se a fixação da renda e da indenização em juízo, sem a constituição de um direito real na fase de pesquisa.

É interessante observar que a norma prevê que o pagamento deve ser feito aos "respectivos proprietários ou posseiros". Ao assim prever, o legislador buscou reforçar a dualidade da propriedade, na medida em que o pagamento deixa de estar condicionado à verificação da titularidade, privilegiando a situação de fato. Disputas sobre a propriedade ou sua extensão não devem representar um obstáculo nem retardar a definição das parcelas de renda e indenização e seu efetivo pagamento, bem como a realização da pesquisa mineral.

As parcelas previstas no artigo 27 estão denominadas como renda e indenização. No caso de acordo amigável, os valores a esse título podem ser livremente definidos pelas partes. No entanto, no caso de ação de avaliação, aplicam-se os seguintes parâmetros: (i) a renda não poderá exceder ao montante do rendimento líquido máximo da propriedade na extensão da área a ser realmente ocupada; e (ii) a indenização por danos causados não poderá exceder o valor venal da propriedade na extensão da área efetivamente ocupada pelos trabalhos de pesquisa.

O que o Código de Mineração chama de renda e de indenização são parcelas que, apesar de possuírem definições distintas, se inserem no contexto de desapropriação (e da servidão administrativa) da Constituição e da Lei de Desapropriações. Com efeito, o art. 5º da Constituição estabelece que a indenização deva ser "justa". Justa é a indenização que recompõe na integralidade o patrimônio do desapropriado, incluindo aí todas as parcelas devidas, independentemente de se tratar de valor da terra, de benfeitorias e acessões, ou ainda de juros compensatórios pela imissão provisória do desapropriante na posse do imóvel, suprimindo-lhe a oportunidade de usar e fruir desse mesmo bem. Todos esses elementos que integram a indenização são considerados na Lei de Desapropriações.[14]

Comparando-se os institutos, a indenização decorrente da pesquisa mineral será devida para a recomposição do patrimônio do superficiário em face dos danos que lhe foram causados pelas atividades de pesquisa. Já a renda traduz-se no custo de oportunidade, ou seja, na supressão da oportunidade de o superficiário obter algum proveito econômico do imóvel. Assemelha-se, portanto, à imissão provisória na posse no âmbito de uma desapropriação, sendo que a indenização na desapropriação compreende ambos os fatores.

Mas a comparação com a desapropriação deve ser feita com ressalvas. Naturalmente, os valores de renda deverão ser proporcionais à intensidade do uso da terra para a pesquisa, duração e extensão da ocupação e em que medida essa ocupação teria, de fato, afetado o uso do bem pelo superficiário. O valor da indenização, por outro lado, será proporcional à extensão e intensidade dos danos, mas as medidas concretas que porventura sejam adotadas pelo titular da autorização de pesquisa para recompor os bens danificados implicarão a redução proporcional da indenização.

Uma previsão do Código de Mineração que merece discussão é a dispensa de pagamento de renda pela ocupação da área na hipótese de pesquisa mineral em terrenos públicos (artigo 27, inciso V). Essa dispensa guarda conformidade com a relevância atribuída à atividade sob a ótica do Estado. Vale dizer, na medida em que terrenos públicos sejam usados para uma atividade de reconhecida utilidade pública, configurando constitucionalmente o interesse nacional, o legislador entendeu que a dispensa da renda seria uma forma de prestigiar a atividade e estimular a pesquisa mineral.

No entanto, é preciso avaliar se o dispositivo teria aplicação apenas no que diz respeito a bens dominicais, ou mesmo na hipótese de bens de uso comum e bens de uso especial. O tema comporta discussões, pois se por um lado o texto legal não faz ressalvas quanto à classificação do bem, por outro lado a interpretação sistemática poderia levar à conclusão de que, na medida em que a pesquisa mineral impossibilite ou afete o uso do bem (seja ele comum ou especial), a dispensa da renda não seria aplicável nesses casos. A análise da situação concreta seria necessária para se verificar se o uso do bem é realmente afetado pela pesquisa, em que extensão e intensidade, e se a renda seria de fato devida.

---

14 CARVALHO FILHO, José dos Santos. *Manual de Direito Administrativo*. 24ª ed. Rio de Janeiro: Lumen Juris, 2011, p. 783.

Em termos procedimentais, os incisos VI a XVI estabeleceram um rito de difícil aplicação prática. Por exemplo, está previsto que, se o titular da autorização de pesquisa não apresentar cópia de acordo com o superficiário, o Departamento Nacional de Produção Mineral (DNPM) deve encaminhar cópia da autorização de pesquisa ao juízo da comarca em que se situa a área a ser pesquisada. No entanto, o DNPM não é parte no processo, cabendo ao juízo uma série de providências – inclusive a própria avaliação – antes mesmo que o titular da autorização seja intimado e o superficiário seja citado. Na descrição do procedimento, em tese, o superficiário somente seria "intimado" após o julgamento da avaliação (inciso XII).

O procedimento da ação de avaliação de renda e indenização é de tal forma *sui generis* que se chega a aventar se seria hipótese de jurisdição voluntária ou administrativa. Nesse sentido, Bruno Feigelson assinala que parte da doutrina classifica as ações de avaliação de renda e indenização como procedimentos de jurisdição voluntária. Ao problematizar esse mesmo entendimento, o autor conclui – a nosso ver acertadamente – que somente quando não há resistência do proprietário ou possuidor do solo é que seria admissível falar-se de jurisdição voluntária.[15]

Seja como for, as práticas administrativa e forense encarregaram-se de afastar a aplicação do procedimento e reafirmar a sua natureza contenciosa. De um lado, o DNPM muitas vezes furtava-se de enviar cópia da autorização ao juízo. Em várias ocasiões em que ocorreu o envio, o juízo considerou ser o DNPM parte ilegítima – tratando-o como autor para, em seguida, concluir pela carência de ação. Em outras circunstâncias, apesar de enviada cópia da autorização, e apesar de o juízo ter dado seguimento ao feito nos exatos termos do artigo 27, o titular da autorização e o superficiário somente foram "intimados" tardiamente para então revelar que já existia acordo entre eles e que não haveria necessidade de movimentar o Judiciário.

Diante de todos esses exemplos, nada mais natural do que deixar a cargo da parte interessada – ou seja, do titular da autorização – a iniciativa para ajuizar a ação e impulsionar o feito, no qual se discute justamente o valor a ser atribuído à renda e à indenização, em uma dinâmica semelhante à ação de desapropriação ou de constituição de servidão.

(b) Servidão Minerária

Pela sistemática do Código de Mineração, a avaliação de renda e indenização estaria destinada a viabilizar o acesso à terra para a realização de

---

[15] FEIGELSON, Bruno. *Curso de Direito Minerário*. 1ª ed. São Paulo: Saraiva, 2012, pp. 253-256.

pesquisa mineral, até porque essa ação está prevista no capítulo de pesquisa mineral. Já servidão minerária foi posicionada em capítulo seguinte ao da lavra e está costumeiramente associada a essa fase, muito embora admita-se que sejam constituídas servidões "de solo e subsolo, para os fins de pesquisa ou lavra" (artigo 59).

O principal traço distintivo é o de que, na servidão minerária – sendo esta uma espécie do gênero servidão administrativa – há a constituição de um direito real em favor do titular do direito minerário sobre o imóvel onde se localiza a jazida e sobre imóveis vizinhos. Adverte-se que, por "vizinhos", não se trata apenas de imóveis adjacentes ao direito minerário, mas também aqueles que estejam mais distantes e, mesmo assim, sejam considerados servientes em relação à operação da mina.[16] A necessidade de constituição de um direito real, nesse caso, está relacionada à duração da intervenção na propriedade. A pesquisa tende a ser atividade que interferirá com o imóvel em caráter momentâneo, pontual, passageiro, com vistas à identificação de uma jazida no local. Na lavra, a jazida já foi descoberta e o uso do solo terá por objeto a operação de um empreendimento mineiro, revelando-se como uma interferência duradoura, permanente, que persistirá por tempo considerável no contexto da operação do empreendimento mineiro.

Admite-se que há pesquisas que envolverão a ocupação das terras em caráter mais duradouro, especialmente nos casos em que já foi identificado um recurso e os trabalhos estão direcionados à verificação de sua viabilidade. Esses casos comportam servidões, mesmo na fase de pesquisa. Ainda assim, na fase de lavra, a ocupação e uso da superfície invariavelmente trará maior interferência e perdurará no tempo, justificando-se o emprego da servidão minerária.

Sendo uma espécie de servidão administrativa, a servidão minerária comporta duas fases: a declaratória e a executória. Na fase declaratória, cabe ao DNPM reconhecer a necessidade de constituição da servidão em prol de um empreendimento mineiro. Ainda que "o aproveitamento industrial das minas e das jazidas minerais" seja um fundamento de utilidade pública para fins de desapropriação ou servidão administrativa, está-se tratando da servidão minerária, devendo esta guardar conformidade com o Código de Mineração. O parágrafo único do artigo 59 relaciona uma série de

---

[16] "Não são somente as propriedades que dividem com a área de pesquisa ou de lavra que estão sujeitas a servidões: mesmo as afastadas também o são, uma vez que as servidões se tornem necessárias." PENTEADO, A.A. de Barros. A Legislação Mineira do Brasil. 1ª ed. São Paulo: Imprenta, 1941, p. 71.

hipóteses com certo grau de detalhe,[17] mas parece-nos que outras hipóteses que guardem relação com o empreendimento mineiro poderiam justificar a constituição de servidões administrativas.[18] Vale dizer, o aspecto de relevância para fundamentar a intervenção na propriedade privada é a necessidade de uso da superfície ou subsolo em benefício do empreendimento mineiro, independentemente de seu conteúdo técnico. Assim é que o rol do artigo 59, parágrafo único, não esgota as hipóteses de servidão minerária.

O reconhecimento da utilidade da servidão minerária deve ser manifestado pelo DNPM. O requerimento dessa manifestação pode se dar no âmbito do requerimento de lavra, como parte integrante do Plano de Aproveitamento Econômico. Nesse caso, a aprovação do Plano pelo DNPM representa a aprovação também do requerimento para que se reconheça a utilidade da servidão, de maneira que o elemento declaratório está atingido. Por uma questão procedimental, seria recomendável que essa declaração fosse feita em instrumento à parte, mas não nos parece ser a forma essencial. A partir dessa manifestação, o titular de direitos minerários poderá constituir a servidão minerária ou judicialmente. Como consequência, a ausência de manifestação do DNPM a respeito da servidão pretendida pode inviabilizar a sua constituição – como, aliás, já se pronunciou o Tribunal de Justiça de Minas Gerais.[19] Daí se conclui que a simples existência do direito minerário não é razão suficiente para a servidão minerária, devendo a Administração Pública considerar especificamente o pedido de servidão.

Attilio Vivacqua[20] tem entendimento diverso, ao afirmar que a servidão minerária é uma "servidão legal instituída em consideração à utilidade pública, e neste caso, a lei tem aplicação imediata para o efeito de afetar a propriedade territorial". Mais adiante, manifesta o entendimento de que a "lei grava o terreno com uma servidão em benefício da indústria mineira, a começar das fases preparatórias desta." Não obstante, devido à formalidade exigida em intervenções na propriedade, a servidão minerária depende de alguma forma de manifestação da utilidade pública no caso concreto.

---

17 Construção de oficinas, instalações, obras acessórias e moradias; abertura de vias de transporte e linhas de comunicações; captação e adução de água para o empreendimento; transmissão de energia elétrica; escoamento de águas da mina e da planta de beneficiamento; passagens de pessoas, materiais, dutos e energia elétrica; utilização de aguadas; deposição de estéreis e rejeitos.

18 Esse é também o entendimento de Bruno Feigelson, ao afirmar que o artigo 59 do Código de Mineração apresenta um rol "meramente exemplificativo" de estruturas que são viabilizadas pela servidão minerária. FEIGELSON, Bruno. *Curso de Direito Minerário*. 1ª ed. São Paulo: Saraiva, 2012, p. 247.

19 Agravo de Instrumento CV n. 1.0120.13.001682-3/001, TJMG, 18ª Câmara Cível.

20 VIVACQUA, Attilio. *A Nova Política do Sub-solo e o Regime Legal das Minas*. 1ª ed. Rio de Janeiro: Panamericana, 1942, pp. 563-564.

Nada impede que o requerimento quanto à declaração seja feito em momento distinto do requerimento de lavra. Na verdade, é situação recorrente que o progresso dos trabalhos de lavra e o melhor conhecimento da jazida levem à necessidade de constituição de novas servidões ou à revisão das servidões existentes. Nesses casos, o DNPM declara a utilidade da servidão geralmente por meio de um "laudo de servidão", seguindo-se os ritos necessários para a constituição da servidão. Vale dizer, o "laudo" tem conteúdo meramente declaratório e depende ainda de providências do interessado para a criação do gravame.

Se a declaração pode ser feita pelo DNPM a qualquer tempo, seria possível cogitar-se a constituição da servidão minerária antes da outorga da concessão de lavra? O tema é controvertido e encontra argumentos em ambos os sentidos. De um lado, a concessão é o título minerário que traz estabilidade para o empreendimento. Antes de sua outorga, ainda há incertezas por estar o direito minerário representado por um requerimento de lavra, ainda sujeito a análises e manifestações do Poder Público. Nesse caso, sendo a servidão minerária um instituto que viabilizará uma atividade de "utilidade pública", essa atividade deveria estar juridicamente materializada em uma concessão de lavra vigente (ou em uma autorização, no caso da pesquisa). Por outro lado, o próprio Código de Mineração admite a possibilidade de constituição de servidões para a pesquisa mineral. Além disso, o Plano de Aproveitamento Econômico em geral é aprovado pelo DNPM em momento anterior à outorga da concessão. Como a aprovação do Plano que contemple a criação de servidões equivale à declaração da autarquia quanto à utilidade da servidão, em tese a servidão poderia ser constituída com base nessa declaração do DNPM e antes da concessão. Aliás, essa medida permitiria que parte da infraestrutura exigida no empreendimento já pudesse ser desenvolvida e construída (desde que conte também com as respectivas licenças ambientais).

A dificuldade prática daí resultante é a de que, sendo a servidão uma modalidade de intervenção na propriedade privada, que em tese ocorre somente em caráter excepcional, o Poder Judiciário pode se mostrar relutante em constituir a servidão e definir as devidas contrapartidas financeiras na pendência de um requerimento de lavra. Isso não significa que o Judiciário questionaria a utilidade da própria constituição da servidão, mas apenas o seu momento. A utilidade da servidão minerária é analisada pelo DNPM no âmbito de sua discricionariedade, podendo a autarquia avaliar alternativas de localização da servidão ou mesmo indeferi-la. Trata-se de atividade administrativa típica, implicando um juízo de valor sobre a interferência causada pela lavra sobre propriedades existentes na área da concessão ou mesmo em imóveis vizinhos (que, como visto, não devem ser considerados apenas como imóveis adjacentes à área do direito minerário).

Passando à fase executória, a primeira questão que se apresenta diz respeito à legitimidade do concessionário de lavra para a constituição da servidão minerária. O Código de Mineração não traz detalhes sobre o procedimento para a constituição, apesar de se reportar ao "rito estabelecido em Decreto do Governo Federal" (na realidade, o dispositivo parece aludir ao Decreto-lei 3.365/1941, não obstante sua imprecisão).

A Lei de Desapropriações admite como legitimados para a fase executória "os concessionários de serviços públicos e os estabelecimentos de caráter público ou que exerçam funções delegadas de poder público (...) mediante autorização expressa, constante de lei ou contrato".[21] No caso da mineração, o Código não prevê expressamente a legitimidade e não há contrato administrativo que atribua essa prerrogativa ao concessionário.

Por outro lado, o mesmo Código estabelece que caberá ao titular da autorização de pesquisa ou concessão de lavra pagar a indenização (artigo 60, parágrafo 2º), revelando o papel de destaque do concessionário na constituição da servidão. Além disso, esse mesmo dispositivo se reporta ao artigo 27 no que diz respeito às prescrições para fins de cálculo da indenização (a saber, parâmetros de valores máximos). Poder-se-ia interpretar que essa referência também implica o reconhecimento da legitimidade do concessionário, até porque o DNPM não é parte na ação de que trata o artigo 27. Sem prejuízo dessa conclusão, reconhece-se a necessidade de aprimoramento legislativo quanto a esse aspecto.

É de se observar que a referência ao rito da Lei de Desapropriações demonstra que, para fins da constituição da servidão minerária em juízo, terá aplicação o mesmo processo das servidões administrativas em geral.

Cabe, ainda, uma última questão a ser discutida no âmbito da servidão minerária. Na hipótese de sua constituição mediante acordo, seria imprescindível a manifestação do DNPM? A resposta, a nosso ver, deve considerar que as servidões administrativas em geral dependem do reconhecimento da utilidade pública manifestado pelo Poder Público. Dessa forma, o pronunciamento do DNPM seria necessário, por concretizar o pressuposto do

---

[21] Este rol havia sido consideravelmente ampliado pela Medida Provisória 700, de 8 de dezembro de 2015. A Medida Provisória incluía, entre os legitimados, os concessionários e autorizatários em geral (o que poderia ser aplicado ao regime legal da mineração), bem como entidades que exerçam funções delegadas do Poder Público (aqui haveria margem para um debate quanto à pesquisa e lavra serem "funções delegadas"). Seja como for, o diploma legal teve sua vigência encerrada em 17 de maio de 2016, de maneira que a questão acima apresentada subsiste.

"interesse nacional" no caso específico. Não obstante, nada impede a criação de uma servidão civil entre o proprietário do imóvel e o concessionário, a fim de se conferir utilidade ao imóvel dominante – no caso, o imóvel dominante é a jazida a ser lavrada. Por se tratar de servidão civil, não seria necessária a manifestação do Poder Público e caberia ao concessionário de lavra executar o acordo para viabilizar o empreendimento mineiro.

É importante observar que o título que evidencie a servidão minerária – seja um acordo ou uma decisão judicial – deve ser levado a registro no DNPM, para se vincular ao direito minerário em questão; assim como no Registro de Imóveis competente, para que seja registrado na matrícula do imóvel, a fim de que se constitua o direito real. Na falta desse registro, a relação permanece com caráter meramente obrigacional.

Por fim, é curioso que o Código de Mineração não preveja a hipótese de desapropriação em razão de um empreendimento mineiro. O fundamento para a servidão minerária – utilidade pública – revela-se o mesmo fundamento que legitimaria a desapropriação, naqueles casos em que a interferência a ser causada pelo empreendimento mineiro seja incompatível com a manutenção do direito de propriedade. A nosso ver, o legislador deveria ter considerado, no contexto do Código de Mineração, não apenas os casos de constituição de servidão minerária, mas também situações extremas em que o concessionário de lavra pudesse implementar a desapropriação, após a declaração de utilidade pública de praxe proveniente do Poder Executivo.[22]

(c) Outros Modos de Intervenção na Propriedade Privada

Tendo analisado os instrumentos específicos do Código de Mineração que acarretam a intervenção na propriedade privada, resta ser analisado se poderiam ser aplicados instrumentos mais genéricos em benefício de empreendimentos mineiros, a saber, a servidão administrativa e a desapropriação. A resposta parece-nos ser positiva.

A Lei de Desapropriações é expressa ao considerar, como elemento que legitima a declaração de utilidade pública, o "aproveitamento industrial das minas e das jazidas minerais" (artigo 5º, alínea f). Essa previsão, por si só, já justifica a intervenção na propriedade privada. Como se não bastasse, também sob o aspecto ambiental, a nova lei florestal (Lei 12.651, de 25 de

[22] Essa é também a opinião de Barros Penteado: "Mais acertado seria que o Código assegurasse ao concessionário da lavra o direito de desapropriar os terrenos estritamente indispensáveis para todos os serviços da mineração e da metalurgia". PENTEADO, A.A. de Barros. A Legislação Mineira do Brasil. 1ª ed. São Paulo: Imprenta, 1941, p. 72.

maio de 2012) prevê que a mineração se insere nas atividades de utilidade pública (artigo 3º, inciso VIII, alínea a).

Assim, a mineração pode representar o fundamento para a instituição de servidões administrativas e para desapropriações – como, por exemplo, no caso do mineroduto que se estende do Município de Conceição do Mato Dentro, em Minas Gerais, até o Porto do Açu, em São João da Barra, no Estado do Rio de Janeiro. Para essa operação logística associada a um empreendimento de minério de ferro, em vez de se constituir uma servidão minerária, optou-se por servidões administrativas e desapropriações. Para tanto, os Estados de Minas Gerais e do Rio de Janeiro pronunciaram-se por meio de decretos reconhecendo a utilidade pública sobre terrenos nos quais o mineroduto viria a ser concluído.[23] A partir dos decretos, puderam ser realizadas as negociações ou ajuizadas as ações pertinentes para se executar a desapropriação ou a servidão administrativa, conforme o caso.

Aliás, apesar de não ser tão frequente, entendemos ser possível a desapropriação de imóveis privados em favor de empreendimentos mineiros, com base nos mesmos fundamentos que justificariam a servidão administrativa e a servidão minerária. A grande diferença entre as servidões e a desapropriação seria o nível de intervenção na propriedade privada. Toda vez que a intervenção se der em tal nível que suprima ou mesmo aniquile o conteúdo econômico da propriedade superficiária, em razão do uso vocacionado em empreendimento mineiro, deverá ser ultimada a desapropriação. No entanto, sempre que for possível mitigar a intervenção, para que esta se limite a meras restrições aos atributos de uso e fruição do imóvel, deve-se preferir a servidão.

De outro lado, em termos administrativos, a servidão minerária parte de uma declaração feita pelo DNPM, que é o ente setorial especializado. Já a desapropriação e a servidão administrativa, apesar de também poderem ser empregadas no contexto de empreendimentos mineiros, dependerão do pronunciamento do Chefe do Poder Executivo na esfera pertinente (federal, estadual, municipal ou distrital), o que demanda a interlocução com órgãos nem sempre dotados de conhecimento técnico ligado à mineração.

Em suma, tem-se que a legislação administrativa mineral viabiliza tanto a aplicação de modalidades de intervenção do Estado na propriedade ditas "genéricas", como a desapropriação e as servidões administrativas, como modalidades concebidas especificamente para o setor mineral, sendo essas as servidões minerárias e a ação de avaliação de renda e indenização.

---

[23] Decreto do Estado do Rio de Janeiro nº 41.652, de 22 de janeiro de 2009; e Decreto do Estado de Minas Gerais sem número, de 17 de junho de 2010.

V. CONSIDERAÇÕES FINAIS

A análise aqui conduzida traz a constatação de que, por se tratar de empreendimento que envolve o acesso e uso da terra, tal como outros empreendimentos de infraestrutura, a lavra mineral depende de institutos jurídicos que viabilizem esse mesmo acesso e uso. A pesquisa mineral, ainda que em menor grau de interferência, seja em razão de sua transitoriedade inicial, seja por se revelar como um estágio de um potencial empreendimento ainda cercado de incertezas, também depende de mecanismos para o acesso à terra, porém sem o caráter de permanência ou definitividade na maior parte dos casos.

Os institutos apresentados revelam a aplicação das modalidades genéricas de intervenção do Estado – por intermédio do titular de direitos minerários outorgados pelo Estado – na propriedade privada, aliados a institutos específicos da mineração, como a avaliação de renda e indenização empregada na pesquisa mineral e a servidão minerária frequentemente utilizada na fase de lavra. Esses dois institutos possuem naturezas jurídicas distintas, sendo que apenas a servidão minerária representa um direito real público incidente sobre os imóveis servientes. A disciplina jurídica desses dois institutos, derivada do Código de Mineração, ainda demanda aperfeiçoamento, a fim de se eliminar incertezas e dificuldades quanto à sua aplicação, tais como aquelas aqui identificadas.

Mais do que simples mecanismos de acesso e uso da terra, os instrumentos jurídicos de acesso e uso da terra discutidos neste artigo garantem a própria continuidade e efetividade do setor mineral, devido ao fato de o ordenamento jurídico segregar a propriedade superficiária da propriedade dos recursos minerais. A previsão legal e a efetiva aplicação desses instrumentos viabiliza a implementação de empreendimentos mineiros em prol do "interesse nacional" da mineração vislumbrado pelo constituinte.

VI. REFERÊNCIAS BIBLIOGRÁFICAS

ARAGÃO, Alexandre Santos de. *Curso de Direito Administrativo.* 1ª ed. Rio de Janeiro: Forense, 2012.

BRASIL. *Anais da Assembleia Nacional Constituinte.* Disponível em http://www.senado.gov.br/publicacoes/ anais/asp/CT_Abertura.asp.

CARVALHO FILHO, José dos Santos. *Manual de Direito Administrativo.* 24ª ed. Rio de Janeiro: Lumen Juris, 2011.

FEIGELSON, Bruno. *Curso de Direito Minerário.* 1ª ed. São Paulo: Saraiva, 2012.

FURTADO, Lucas Rocha. *Curso de Direito Administrativo.* 4ª ed. Belo Horizonte: Forum, 2013.

PENTEADO, A.A. de Barros. *A Legislação Mineira do Brasil.* 1ª ed. São Paulo: Imprenta, 1941.

TRINDADE, Adriano D.C. *Princípios de Direito Minerário Brasileiro*. In Souza, Marcelo Mendo Gomes de. *Direito Minerário em Evolução*. 1ª ed. Belo Horizonte: Mandamentos, 2009.

VIVACQUA, Attilio. *A Nova Política do Sub-solo e o Regime Legal das Minas*. 1ª ed. Rio de Janeiro: Panamericana, 1942.

19

O INSTITUTO DO BLOQUEIO DE ÁREAS PARA ATIVIDADES DE MINERAÇÃO E O INTERESSE PÚBLICO

Alexandre Oheb Sion[1]
Luiza Mello Souza[2]

SUMÁRIO: 1. Introdução: do interesse e da utilidade pública de que se reveste a atividade de mineração, da rigidez locacional e do interesse nacional. 2. Da possibilidade do bloqueio de área para a mineração. 3. Da ausência de regulamentação e da verificação do atendimento ao interesse público. 4. Conclusão. Referências Bibliográficas.

1. INTRODUÇÃO: DO INTERESSE E DA UTILIDADE PÚBLICA DE QUE SE REVESTE A MINERAÇÃO, DA RIGIDEZ LOCACIONAL E DO INTERESSE NACIONAL

A Constituição da República Federativa do Brasil de 1988 ("CRFB/88"), seguindo o ordenamento jurídico de outros países ocidentais de tradição mineral, tais como o Chile, confere enorme importância à atividade de mineração, protegendo-a e conferindo-lhe certa prevalência em detrimento de outras atividades econômicas. É exatamente em razão desta relevância, inclusive, que, também por força constitucional, os recursos minerais e as jazidas configuram propriedade distinta da do solo e pertencem à União.[3]

---

[1] Advogado. Doutorado e Mestrado em Direito pela Universidade Autónoma de Lisboa, Portugal (créditos concluídos). Mestre em Direito Internacional Comercial (L.LM) pela Universidade da Califórnia, EUA. Especialista em Direito Constitucional. Pós-graduado em Direito Civil e Processual Civil pela FGV. Graduado em Direito e Administração de Empresas. Vice-Presidente da União Brasileira da Advocacia Ambiental. Presidente da Comissão de Direito de Infraestrutura da OAB/MG. Consultor da Comissão Nacional de Direito Ambiental da OAB Federal. Foi Coordenador do GT Jurídico do SINDIEXTRA e Membro da Comissão Jurídica do IBRAM. É Membro da Comissão de Direito Minerário da OAB/MG e Professor da PUC/MG.

[2] Advogada. Graduada em direito pela Faculdade de Direito Milton Campos. Pós-graduanda em Direito Ambiental e Minerário pela PUC/MG. Membro da União Brasileira da Advocacia Ambiental – UBAA.

[3] Vide artigo 176 da Constituição da República Federativa do Brasil de 1988.

A legislação brasileira define a atividade de mineração como de utilidade pública, sendo essencial ao desenvolvimento econômico e dotada de relevante valor social.

A utilidade da mineração se dá na medida em que esta atividade é essencial às necessidades da nossa sociedade, sendo inquestionáveis as benesses advindas do aproveitamento racional e sustentável dos recursos minerais[4]. Essas benesses não se restringem, destaca-se, à aplicação dos recursos para grandes obras de infraestrutura ou ao desenvolvimento tecnológico, mas abrangem, também, as necessidades mais primárias, na medida em que, a título de exemplo, o próprio uso de fertilizantes é fundamental para o avanço da agricultura e combate à fome.

Trata-se, ainda, de atividade de relevante importância no cenário econômico brasileiro, sendo que a contribuição da mineração não é sentida apenas no PIB (Produto Interno Bruto)[5], mas também no fato de fornecer insumos a outros segmentos industriais.

No primeiro semestre de 2015, a participação das exportações do setor mineral no total das exportações brasileiras foi de 21%, registrando um superávit na balança comercial de US$ 7,5 bilhões (no mesmo período de 2014, foi de US$ 12,4 bilhões)[6]. Em relação à geração de emprego, estima-se que quase 2,7 milhões de trabalhadores atuem, de forma direta ou indireta, no setor mineral.[7]

Em relação à utilidade pública de que é dotada a atividade mineral, Carlos Piedra Correa, do Chile, país com forte vocação mineral, ensina:

> El carácter de utilidad que reviste la explotación de las minas, significa, en su esencia, una restricción amplia y general que se halla sometida al suelo, a favor de la industria minera, en sus diversas manifestaciones. Y es una restricción que el actuar sobre el conjunto del derecho de minas, lo fisonomiza como cuerpo de legislación que consagra un franco

---

4 Existe um grande acervo a respeito do tema. A título de exemplo, vide nota do Mineropar – Serviço Geológico do Paraná intitulada **Importância dos Recursos Minerais**. Disponível em <http://www.mineropar.pr.gov.br/modules/conteudo/conteudo.php?conteudo=28>. Acesso em 15 Nov 2016.

5 **Boletim Informativo do Setor Mineral**. Disponível em <http://www.mme.gov.br/documents/10584/2674215/Boletim+Informativo+do+Setor++Mineral+2016/21817b34-f2c-0-4a66-b9df-f60e9efa9555?version=1.2>. Acesso em 09 Nov 2016.

6 Notícia do Ministério de Minas e Energia intitulada **Setor Mineral exportou US$ 20 bilhões no 1º semestre de 2015**. Disponível em < http://www.mme.gov.br/web/guest/pagina-inicial/outras-noticas/-/asset_publisher/32hLrOzMKwWb/content/setor-mineral-exportou-us-20-bilhoes-no-1-semestre-de-2015;jsessionid=F70A0A2D4A05AA3DAFE41ADB23CD6D19.srv155>. Acesso em 15 Nov 2016.

7 Informações Sobre a Economia Mineral Brasileira 2015. Disponível em < http://www.ibram.org.br/sites/1300/1382/00005836.pdf>. Acesso em 13 Nov 2016.

privilegio en beneficio de la minería, a costa del aprovechamiento del terreno en cualquier otro fin.[8]

Ainda quanto à utilidade pública de que se reveste a mineração, a legislação assim dispõe:

> Art. 5º Consideram-se casos de utilidade pública:
>
> [...]
>
> f) o aproveitamento industrial das minas e das jazidas minerais, das águas e da energia hidráulica;[9]

A atividade mineral, em suma, tem caráter de utilidade pública, não apenas por atribuição do Decreto-Lei n° 3.365/1941, mas em razão de sua importância sob os pontos de vista estratégico, econômico e social. É revestida, ainda, do interesse nacional, na forma do que estabelece a CRFB/88[10], dado o interesse público na transformação da reserva mineral inerte em riqueza.

A utilidade pública do aproveitamento dos bens minerais, ainda, se justifica em razão da rigidez locacional da jazida, característica peculiar que consiste na impossibilidade de o empreendedor escolher livremente onde deseja explorar a riqueza mineral, estando necessariamente restrito ao seu local de ocorrência.

Disso decorre que o aproveitamento econômico das jazidas minerais, que se dá no interesse nacional, como vimos, por definição constitucional, só pode ocorrer, evidentemente, onde há jazimento, cuja localização foge, à toda evidência, ao controle do ser humano. A jazida está onde a natureza a colocou. Portanto, não reconhecer o interesse público predominante da exploração mineral seria impedir a sua exploração, em contraposição ao que determina a nossa CRFB/88.

É por essa razão, dada a superioridade do interesse público sobre o particular na exploração mineral, que a atividade tem prioridade em relação a outras, não podendo o proprietário do imóvel onde se localiza a jazida (chamado superficiário) opor-se ou criar obstáculos ao desenvolvimento da mineração em sua propriedade.

---

8 CORREA, Carlos Piedra. **Las Servidumbres Mineras**. Santiago: Universitaria, 1962. p.44-45.

9 BRASIL. **Decreto-Lei n° 3.365**, de 21 de junho de 1941.

10 Art. 176 da CRFB/88 [...]
"§ 1º A pesquisa e a lavra de recursos minerais e o aproveitamento dos potenciais a que se refere o "caput" deste artigo somente poderão ser efetuados mediante autorização ou concessão da União, no interesse nacional, por brasileiros ou empresa constituída sob as leis brasileiras e que tenha sua sede e administração no País, na forma da lei, que estabelecerá as condições específicas quando essas atividades se desenvolverem em faixa de fronteira ou terras indígenas. (Redação dada pela Emenda Constitucional nº 6, de 1995)".

Apesar da utilidade pública, da rigidez locacional e do interesse nacional característicos do aproveitamento dos recursos minerais, há que se ponderar. Isso porque,

> A utilidade pública pode ser entendida como a qualidade de algumas atividades que, por sua natureza, trazem benefícios a toda a coletividade. Trata-se, portanto, de conceito relativo, variável de acordo com as condições econômicas, políticas e sociais da sociedade a que se refere.[11]

Tem-se, portanto, que o interesse público segue diversas variáveis, sendo indispensável a análise concreta para que seja definido. Nas lições de José dos Santos Carvalho Filho:

> A despeito de não ser um conceito exato, aspecto que leva a doutrina em geral a configurá-lo como conceito jurídico indeterminado, a verdade é que, dentro da análise específica das situações administrativas, é possível ao intérprete, à luz de todos os elementos do fato, identificar o que é e o que não é interesse público. Ou seja: é possível encontrar as balizas do que seja interesse público dentro de suas zonas de certeza negativa e de certeza positiva. Portanto, cuida-se de conceito determinável.[12]

Desta feita, a própria ordem jurídica vigente faz menção e regulamenta diversas situações em que há um aparente conflito de interesses entre o desenvolvimento da atividade mineral e outra atividade que se pretenda desenvolver na área ou, ainda, destinação diversa que se planeje para a mesma localidade.

São os casos, entre outros, da implantação de hidrelétricas e construção de ferrovias, que devem ser analisados casuisticamente, a fim de se chegar à decisão que melhor atenda o interesse público envolvido.

2. DA POSSIBILIDADE DO BLOQUEIO DE ÁREA PARA MINERAÇÃO

A despeito da utilidade e do interesse públicos de que se reveste a mineração, há ocasiões em que a implantação de outros empreendimentos, tais como de uma usina hidrelétrica ou a construção de um estaleiro, pode ser mais vantajosa à coletividade. O interesse público decorrente de outro empreendimento pode ser superior àquele esperado da atividade de mineração,

---

[11] SION, Alexandre Oheb; BOUSAS, Roberta Paes Leme. Bloqueio de áreas para pesquisa e lavra de recursos minerais: um instrumento em benefício do setor mineral. In FERRARA, Marina; GALLO, Luciana Drumond. WERKEMA, Maurício Sirihal; PERSECHINI, Sílvia Ferreira. **Estudos de Direito Minerário**. Belo Horizonte: Fórum, 2012. p. 33-49.

[12] CARVALHO FILHO, José dos Santos. **Manual de Direito Administrativo**. São Paulo: Atlas, 2014. p. 34.

seja pela necessidade de melhorias na infraestrutura, geração de emprego e renda, demanda local ou nacional etc.

Diante desse aparente conflito de interesses e da preferência constitucionalmente prevista para a atividade de mineração, fez-se necessária a criação de instrumento jurídico apto a regular tais hipóteses, de maneira a permitir que prevaleça, eventualmente, outro empreendimento em detrimento do aproveitamento da jazida em determinada localidade, quando a coexistência for impossível[13].

Com esse intuito, o Código de Mineração, Decreto-Lei n. 227/1967, em seu art. 42, trouxe a possibilidade do bloqueio de áreas. O bloqueio de áreas é instituto de que dispõe o particular com vistas a bloquear determinada área para o desenvolvimento da mineração, em razão da viabilidade técnico-econômica-financeira de exploração de outra atividade que melhor atenda ao interesse público. Para isso, deve-se preencher os requisitos elencados pelo dispositivo, quais sejam, a impossibilidade de coexistência de ambas as atividades e a superação do interesse público pela atividade que se deseja implementar.

Veja-se:

> Art. 42 – A autorização será recusada, se a lavra for considerada prejudicial ao bem público ou comprometer interesses que superem a utilidade da exploração industrial, a juízo do Governo. Neste último caso, o pesquisador terá direito de receber do Governo a indenização das despesas feitas com os trabalhos de pesquisa, uma vez que haja sido aprovado o Relatório.[14]

O dispositivo legal, no entanto, trata tão somente da possibilidade de recusa da lavra, sendo omisso quanto aos requisitos para esta recusa e os instrumentos de que disporia o particular e o próprio Poder Público para pleiteá-la.

Em que pese o referido dispositivo legal dispor somente sobre a recusa da lavra, o melhor entendimento é no sentido de que também poderão ser indeferidos Alvarás de Pesquisa, embora não se trate, a rigor, de "lavra";

---

13 Sempre que possível, em caso de aparente conflito, deve-se procurar a manutenção dos direitos em atracação, preservando a essência daqueles em disputa, com a menor restrição possível de cada um. A superação de um por outro é, em regra, medida de exceção e, dessa forma deve ser analisada. A respeito, vide SION, Alexandre Oheb. Conflito Aparente de Princípios Constitucionais Ambientais e Indigenistas. In: BRAGA FILHO, Edson de Oliveira; AHMED, Flávio; ACETI JR., Luiz Carlos; MURAD, Samir Jorge; GRAU NETO, Werner (Orgs.). **Advocacia Ambiental: Segurança Jurídica para Empreender**. Lumen Juris: Rio de Janeiro, 2009. p. 143-173.

14 BRASIL. Decreto-Lei n° 227, de 28 de fevereiro de 1967.

bem como poderão ser revogados títulos minerários de outras naturezas já outorgados.

Isto porque, prevalece no Direito a máxima de "quem pode o mais, pode o menos", expressa no brocardo latino *a maiori, ad minus*. Desta feita, levando-se em consideração que a Concessão de Lavra, segundo parcela relevante da doutrina, tem, inclusive, caráter vinculado e definitivo, a sua recusa ou revogação representaria ato muito mais gravoso do que o mero indeferimento ou revogação do Requerimento e do Alvará de Pesquisa, respectivamente.

Em relação à abrangência também do título autorizativo para pesquisa, o próprio DNPM – Departamento Nacional de Produção Mineral, já se manifestou nos seguintes termos:

> 17. Não obstante o artigo 42 fazer referência expressa somente à "recusa da lavra", esta Procuradoria-Geral do DNPM já se manifestou no sentido de que **esta regra deve ser estendida a outras fases do processo minerário**. O Parecer PROGE 203/2007 abordou situação em que se pretendia aplicar o art. 42 do Código de Mineração para extinguir uma concessão de lavra já outorgada. Na ocasião restou entendido que "o dispositivo acima transcrito [art. 42] encontra-se situado no Código de Mineração no Capítulo referente à lavra [Capítulo III, da parte I], todavia, referente especificamente à autorização. É certo também afirmar que ao referir-se à autorização faz alusão à lavra na medida em que 'autorização será recusada se a lavra for considerada prejudicial ao bem público ou comprometer interesses que superam a utilidade da exploração industrial, a juízo do Governo."[15]

Nesse sentido, não apenas a lavra pode ser recusada quando do Requerimento de Lavra, como qualquer título concedido, em qualquer fase do processo minerário, pode ser revogado. Uile Reginaldo Pinto defende que:

> No entanto, muito embora esse artigo 42 do Código de Mineração preveja somente a recusa da outorga de títulos minerários, não é desarrazoado admitir-se o desfazimento do ato de outorga, quando ficar constatado que os trabalhos de explotação minerais são prejudiciais ao bem público ou comprometem interesses que superem a utilidade dessas atividades de lavra.[16]

O Parecer Normativo PROGE n° 500/2008-FMM-LBTL-MP-SDM-JA, a fim de regulamentar o instituto do Bloqueio de Áreas, estabeleceu, de início, que o instrumento, além de "*abarcar (...) a revogação de títulos*

---

[15] Parecer/PROGE n° 101/2009 – AS.

[16] PINTO, Uile Reginaldo. **Comentários sobre a Jurisprudência do Setor Mineral**. Brasília: LGE, 2009. p. 329.

minerários menos robustos, como permissões de lavra garimpeira e autorizações de pesquisa"[17], somente seria cabível mediante a comprovação de dois requisitos cumulativos, a saber:

a) Incompatibilidade de coexistência da atividade de mineração e daquela pretendida pelo requerente do pedido de bloqueio;

b) Superação da utilidade do aproveitamento mineral na área pelo interesse envolvido no projeto daquele que requerer o pedido de bloqueio.

Desta forma, tem-se que, ainda em eventual hipótese de superação da utilidade pública por outra atividade que não a minerária, a lavra apenas seria recusada caso houvesse, comprovadamente, incompatibilidade no desenvolvimento simultâneo de ambas as atividades.

A regra, portanto, é a de manutenção do título autorizativo ou do deferimento do Requerimento de Lavra, ainda que realizada em conjunto com outra atividade, apenas havendo que se falar em recusa da lavra caso esta coexistência se mostre efetivamente inviável, conforme já decidido pelo próprio DNPM – Departamento Nacional de Produção Mineral:

> Apesar de não constar expressamente do dispositivo legal, a incompatibilidade entre as atividades é um requisito essencial para a aplicação do art. 42 do Código de Mineração uma vez que só haverá conflito entre as atividades, se a coexistência de ambas for efetivamente inviável. **Caso contrário, o interesse público impõe a manutenção das duas atividades**, buscando-se, assim, o desenvolvimento de ambos os setores, de forma sustentada.[18]

A edição do referido Parecer, que foi aprovado com força normativa em 12/11/2008, foi fundamental para orientar a análise pela Procuradoria Federal em exercício junto ao DNPM de casos que, nos moldes já tratados, os benefícios da atividade mineral fossem claramente superados por aqueles decorrentes de outra atividade econômica.

Importante destacar, ainda, que o bloqueio de áreas abrange duas possibilidades de conflitos de interesses distintas, sendo cabível não apenas na hipótese de conflito existente entre a mineração e outra atividade que goze, por força de lei, de utilidade pública, mas também no caso de conflito com atividade econômica que, embora a princípio não goze de qualquer *status* de

---

[17] Parecer/PROGE n°500/2008-FMM-LBTL-MP-SDM-JÁ, aprovado com força normativa em 12/11/2008 pelo Diretor-Geral do DNPM.

[18] Parecer/PROGE n° 101/2009 – AS, in PINTO, Uile Reginaldo. **Comentários sobre a Jurisprudência do Setor Mineral**. Brasília: LGE, 2009. p. 326.

utilidade ou interesse públicos, supere, no caso concreto, o interesse público que adviria de uma eventual exploração mineral no local.

A primeira hipótese é aquela, por exemplo, do conflito entre atividades de exploração de recursos minerais e de geração e transmissão de energia elétrica, objeto, inclusive, do Parecer n° 500/2008, que assim dispõe:

> 1. A mineração e os serviços de geração e transmissão de energia elétrica encontram-se no mesmo patamar jurídico-constitucional, não havendo como, a partir da análise da legislação em vigor, afirmar de antemão a prevalência de qualquer uma das duas atividades.[19]

A segunda possibilidade, no entanto, consiste na eventualidade de uma determinada atividade econômica que, a princípio, não goze de qualquer benefício especial por força de lei, vir a superar o interesse público inerente ao aproveitamento mineral. Tem-se, assim, que diante das especificidades do caso concreto, admitir-se-ia a recusa da lavra e o deferimento do bloqueio da área, desde que comprovado que, pelas circunstâncias peculiares àquele caso, a implantação e o desenvolvimento da atividade *comum* melhor atenderia ao interesse público.

Cite-se, como exemplo, o Parecer/PROGE n° 101/2009 – AS que concluiu pelo deferimento do pedido de bloqueio de área em benefício de atividade que não goza de "status" especial.

No caso, foi defendido pela área técnica da Autarquia Mineral que não haveria compatibilidade no desenvolvimento simultâneo das atividades e que a substância mineral titulada era abundante na região. Ainda, o DNPM constatou que a outra atividade em conflito com a atividade mineral era de extrema relevância para o segmento e que a ocorrência do mesmo minério em localidades próximas demonstrava que não se tratava, ali, de atividade mineral singular.

Importante frisar, entretanto, que a prevalência, no caso concreto, da chamada atividade "comum" em detrimento de atividade que goze do "status" legal de utilidade pública, cuja exploração se dá no interesse nacional, como determina a CRFB/88, e possui rigidez locacional, como é o caso da mineração, é medida excepcional e deve ser aplicada apenas em casos concretos flagrantes de prevalência do interesse público, de modo que os limites da análise concreta da administração pública estão contornados pela legislação. Do contrário, estaríamos por fazer tábua rasa dos comandos impostos pelo constituinte e pelo legislador ordinário.

---

[19] Parecer/PROGE n° 500/2008-FMM-LBTL-MP-SDM-JÁ, disponível <http://www.dnpm.gov.br/acesso-a-informacao/legislacao/pareceres/pareceres-proge/parecer_proge_500_2008.pdf/view>. Acesso em 08 Nov 2016.

A respeito da aparente discricionariedade do termo "a juízo do Governo" transcrito no art. 42 do Código de Mineração, o DNPM já se manifestou no sentido de que este juízo de conveniência e oportunidade é restrito, "*sendo a negativa para a realização da atividade minerária hipótese excepcional, a ser devidamente justificada pelo poder concedente*[20]". E, em decisão análoga, destacou:

> Decerto que tal negativa [da concessão de lavra] deverá alicerçar-se no interesse nacional e ser devidamente motivada e fundamentada em razão de interesse público e em observância aos princípios que regem os atos administrativos: legalidade, finalidade, razoabilidade e proporcionalidade, além do princípio da destinação do bem ao uso geral, que inspira a atividade minerária.[21]

Independentemente das áreas em conflito, o bloqueio de áreas, por essência, é medida especial que deve ser analisada, à luz do caso concreto, com a devida restrição. Destaca-se que, conforme dados constantes do Sistema de Informações Geográficas da Mineração – Sigmine, existem hoje, no Brasil, poucas dezenas de áreas bloqueadas, sendo a maioria delas em caráter temporário[22].

Destaca-se, ainda, que na hipótese de revogação do título autorizativo, o titular do direito minerário fará jus à indenização, seja na fase de Concessão de Lavra ou na fase de Autorização de Pesquisa[23]. A respeito do direito indenizatório a que faz jus o titular da Portaria de Lavra já se manifestou o STF:

> DIREITO DE PROPRIEDADE – PROTEÇÃO CONSTITUCIONAL – INSTITUIÇÃO DE SERVIDÃO DE PASSAGEM DE LINHAS DE TRANSMISSÃO DE ENERGIA ELÉTRICA – GARANTIA DE INDENIZAÇÃO PLENA – JAZIDAS MINERAIS EXISTENTES NO IMÓVEL AFETADO PELA SERVIDÃO DE PASSAGEM – RESSARCIBILIDADE DOS DIREITOS INERENTES À CONCESSÃO DE LAVRA – [...] CONCESSÃO DE LAVRA – INDENIZABILIDADE – O sistema

---

20 Parecer/PROGE nº 500/2008-FMM-LBTL-MP-SDM-JÁ, aprovado com força normativa em 12/11/2008 pelo Diretor-Geral do DNPM. Disponível em <http://www.dnpm.gov.br/acesso-a-informacao/legislacao/pareceres/pareceres-proge/parecer_proge_500_2008.pdf/view>. Acesso em 08 nov 2016.

21 Parecer/PROGE nº 015/2007/PROC. 9º DS/DNPM-SGM, rel. Procuradora-Federal Suzana Muino Garcia.

22 Dados obtidos através do Sistema de Informações Geográficas da Mineração – SIGMINE, disponível em http://sigmine.dnpm.gov.br/webmap/. Acesso em 11 Nov 2016.

23 A respeito do valor econômico dos Alvarás de Pesquisa e o dever de indenizar, vide SION, Alexandre Oheb; DUTRA, Maria Carolina Faria; PÁDUA, Caio de. **O direito do titular de alvará de pesquisa à indenização pela exploração mineral irregular pelo superficiário**. 2015. Disponível em < http://www.noticiasdemineracao.com/storyview.asp?storyID=826948629&section=Legisla%E7%E3o&sectionsource=s1450709&aspdsc=yes>. Acesso em 12 nov 2016.

> minerário vigente no Brasil atribui, à concessão de lavra – que constitui verdadeira res in comercio -, caráter negocial e conteúdo de natureza econômico-financeira. **O impedimento causado pelo Poder Público na exploração empresarial das jazidas legitimamente concedidas gera o dever estatal de indenizar o minerador** que detém, por efeito de regular delegação presidencial, o direito de industrializar e de aproveitar o produto resultante da extração mineral. Objeto de indenização há de ser o título de concessão de lavra, enquanto bem jurídico suscetível de apreciação econômica, e não a jazida em si mesma considerada, pois esta, enquanto tal, acha-se incorporada ao domínio patrimonial da União Federal. A concessão de lavra, que viabiliza a exploração empresarial das potencialidades das jazidas minerais, investe o concessionário em posição jurídica favorável, eis que, além de conferir-lhe a titularidade de determinadas prerrogativas legais, acha-se essencialmente impregnada, quanto ao título que a legitima, de valor patrimonial e de conteúdo econômico. Essa situação subjetiva de vantagem atribui, ao concessionário da lavra, direito, ação e pretensão à indenização, toda vez que, por ato do Poder Público, vier o particular a ser obstado na legítima fruição de todos os benefícios resultantes do processo de extração mineral. (Grifamos).
>
> (RE 140254 AgR, Relator(a): Min. CELSO DE MELLO, Primeira Turma, julgado em 05/12/1995, DJ 06-06-1997 PP-24876 EMENT VOL-01872-05 PP-00907)

Por fim, destaca-se que em caso de bloqueio **não apenas aquele título** será revogado, como ficará a área bloqueada para novos requerimentos, por qualquer pessoa, sendo certo que "*nem mesmo a União Federal, através de suas empresas, pode explotar o bem mineral ocorrente na área do título mineral que tenha sido bloqueada*".[24]

3. DA AUSÊNCIA DE REGULAMENTAÇÃO E DA VERIFICAÇÃO DO ATENDIMENTO AO INTERESSE PÚBLICO

Ocorre que, embora tenha o legislador acertado na edição do dispositivo autorizador do bloqueio de área, a legislação carece de regulamentação para as etapas posteriores ao deferimento do bloqueio de área.

Isto porque, após analisado o preenchimento dos requisitos pelo Departamento Nacional de Produção Mineral, não há qualquer acompanhamento ou fiscalização do empreendimento instalado na localidade. Significa, portanto, que caso o projeto venha a se tornar inviável, não sendo sequer

---

24 PINTO, Uile Reginaldo. **Comentários sobre a Jurisprudência do Setor Mineral**. Brasília: LGE, 2009. p. 329.

implantado, haverá um evidente prejuízo à sociedade. Assim, permitir-se-ia que uma determinada área com potencial técnico-econômico para a atividade de mineração não fosse aproveitada adequadamente, contrariando, portanto, o interesse público.

Dito isso, tomando-se em consideração a indisponibilidade do interesse público e a supremacia deste sobre o privado, e, ainda, o dever de "*promoção do planejamento e fomento da exploração e do aproveitamento dos recursos minerais*", atribuída ao DNPM através da Lei Federal n° 8.876/1994[25], art. 3°, verifica-se:

> (a) a necessidade de se ter conhecimento da atual situação das áreas dos empreendimentos em que houve o deferimento do bloqueio pelo DNPM, de forma a assegurar o melhor atendimento ao interesse público;
>
> (b) a importância do papel do DNPM na fiscalização dessas áreas, enquanto Autarquia dotada de poder de polícia e responsável pelo fomento da atividade de mineração;
>
> (c) a imprescindibilidade da edição de normas que regulamentem o poder de polícia do DNPM direcionado ao acompanhamento das áreas bloqueadas, uma vez que, por se tratar de órgão da Administração indireta, está vinculado ao Princípio da Legalidade;
>
> (d) a possibilidade de revogação do bloqueio de área, uma vez não mais atendido o interesse público.

A problemática se dá em razão da ausência de regulamentação, fiscalização e, consequentemente, informação a respeito da continuidade da implantação da atividade na área bloqueada. O bloqueio de áreas é submetido previamente ao Departamento Nacional de Produção Mineral, devendo o requerente comprovar os já mencionados requisitos, para, após análise técnica e jurídica da Autarquia, ser proferida decisão quanto ao deferimento do pedido, ainda que na modalidade de bloqueio temporário – etapas, estas, anteriores à implantação do empreendimento.

Significa dizer que, uma vez comprovado o preenchimento dos devidos requisitos, antes da implantação e, uma vez deferido o bloqueio de área, ainda que provisória ou temporariamente, não há, em tese, qualquer acompanhamento por parte do DNPM, do Ministério de Minas e Energia – MME ou do Serviço Geológico do Brasil – CPRM para verificar a continuidade da implantação do empreendimento, nem tampouco a continuidade da prevalência, *in concreto*, do melhor interesse público no empreendimento que ensejou o aludido bloqueio.

---

[25] BRASIL. Lei n° 8.876, de 02 de maio de 1994.

Desta forma, na eventualidade de o empreendimento sequer vir a ser instalado, não há, em princípio, norma que disponha sobre o acompanhamento ou fiscalização a fim de averiguar se o empreendimento de fato foi implantado e se, portanto, superou os benefícios que seriam advindos da mineração, de maneira a comprovar a superação do interesse público.

Podem haver casos, inclusive, em que um determinado empreendimento, cujo projeto fora apresentado previamente ao DNPM, após inaugurado, em razão de condições externas – por vezes inerentes ao próprio mercado –, venha a ser reduzido, gerando menos empregos, renda, tributos etc., de modo que poderia não mais atender ao requisito da superação da utilidade da exploração industrial imposto pelo art. 42 do Código de Mineração.

Nos casos tratados no parágrafo antecedente, entretanto, em atendimento à segurança jurídica e ao ato jurídico perfeito[26], caso a redução dos atributos que faziam determinado projeto ou empreendimento superar, no caso concreto, o interesse público em relação a projeto mineral conflitante tenha se originado de fato alheio à vontade do empreendedor[27], entendemos que não se deveria rever aludido bloqueio.

Certamente, os casos mais agravados são daqueles empreendimentos que, após o deferimento do pedido de bloqueio, tiveram as suas atividades canceladas ou, pior, sequer chegaram a ser implantados ou iniciados em razão de alterações das condições de exequibilidade técnica, financeira ou jurídica. Nesses casos, mantendo-se inerte o empreendedor que obteve o bloqueio de área e diante de uma eventual omissão do Poder Público, haveria enorme afronta ao interesse público, na medida em que deixaria de aproveitar os recursos minerais ali disponíveis sem qualquer justificativa plausível.

4. CONCLUSÃO

Diante de todo o exposto, constata-se que a mineração é caracterizada como de utilidade pública, dotada de rigidez locacional e cuja exploração se dá no interesse nacional.

Foi visto, ainda, que o instituto do Bloqueio de Áreas para a mineração, que possibilita o indeferimento ou a revogação de títulos minerários, tem caráter absolutamente excepcional, em função do interesse público da mineração.

---

26 Vide art. 5o, inciso XXXVI da CRFB/88.

27 Situação diversa ocorreria no caso em que, hipoteticamente, informações inverídicas tenham sido prestadas pelo empreendedor com o objetivo de ludibriar a Administração Pública e favorecer o seu empreendimento em detrimento de outro, pugnando, destarte, o bloqueio de determinada área. Nesses casos, é evidente, o ato jurídico é eivado de vício insanável e, como tal, deve ser anulado.

Neste sentido, a aplicação deve se dar de forma cautelosa e restritiva e, muito embora tenha o legislador acertado na criação deste instituto, o ordenamento jurídico carece de regulamentação para que se efetive a tutela do interesse público.

Além da omissão normativa referente à fiscalização a ser exercida pelo DNPM, não há qualquer ressalva ou condição imposta ao empreendimento que deu sustentação e justificou o bloqueio de áreas, na hipótese de o projeto não vir a ser implantado, comprometendo, destarte, a superação do interesse público no caso concreto.

Diante desta ausência de regulamentação, percebe-se que, uma vez ocorrida a hipótese mencionada, a superação do interesse público em relação à atividade de mineração inicialmente comprovada poderia não mais subsistir. Essa situação imporia, portanto, a revogação do ato administrativo que deferiu o Bloqueio de Área, em respeito à utilidade pública da mineração.

A situação aqui demonstrada, de omissão normativa, possibilita que áreas com enorme potencial e viabilidade técnico-econômica para mineração estejam sendo inutilizadas, sem que qualquer providência seja tomada pela Autarquia responsável pelo fomento da mineração. Está-se diante de um problema, portanto, que afeta diretamente o interesse e a utilidade públicos, além de prejudicar injustamente empreendedores de diversos setores.

Impõe-se, portanto, a regulamentação do instituto do Bloqueio de Áreas, de maneira que sejam criados instrumentos eficazes para a garantia de que o interesse público será sempre verificado e atendido.

REFERÊNCIAS BIBLIOGRÁFICAS

BRASIL. Constituição, 1988.

BRASIL. Decreto-Lei n° 3.365, de 21 de junho de 1941.

BRASIL. Decreto-Lei n° 227, de 28 de fevereiro de 1967.

BRASIL. Lei n° 8.876, de 02 de maio de 1994.

BRASIL. Supremo Tribunal Federal. RE 140254-AgR, Relator: Min. CELSO DE MELLO, Primeira Turma, julgado em 05/12/1995, DJ 06-06-1997 PP-24876 EMENT VOL-01872-05 PP-00907). Pesquisa de Jurisprudência, Acórdãos. Disponível em <http://redir.stf.jus.br/paginadorpub/paginador.jsp?docTP=AC&docID=326732>.

Boletim Informativo do Setor Mineral 2016. Disponível em < http://www.mme.gov.br/web/guest/secretarias/geologia-mineracao-e-transformacao-mineral/publicacoes/boletim-informativo-do-setor-mineral>.

CARVALHO FILHO, José dos Santos. **Manual de Direito Administrativo**. São Paulo: Atlas, 2014. p. 34.CORREA, Carlos Piedra. **Las Servidumbres Mineras**. Santiago: Universitaria, 1962.

FEIGELSON, Bruno. **Curso de Direito Minerário**. São Paulo: Saraiva, 2012.

FREIRE, William. **Código de Mineração Anotado**. 5ª ed. São Paulo: Melhoramentos, 2010.

FREIRE, William. **Natureza Jurídica do Consentimento para Pesquisa Mineral, do Consentimento para Lavra e do Manifesto de Mina no Direito Brasileiro**. Belo Horizonte: Mineira, 2005.

Importância dos Recursos Minerais. Disponível em <http://www.mineropar.pr.gov.br/modules/conteudo/conteudo.php?conteudo=28>.

Parecer/PROGE n° 015/2007/PROC. 9° DS/DNPM-SGM, rel. Procuradora-Federal Suzana Muino Garcia.

Parecer/PROGE n° 101/2009 – AS, in PINTO, Uile Reginaldo. Comentários sobre a Jurisprudência do Setor Mineral. Brasília: LGE, 2009.

Parecer/PROGE n° 500/2008-FMM-LBTL-MP-SDM-JÁ, aprovado com força normativa em 12/11/2008 pelo Diretor-Geral do DNPM. Disponível em <http://www.dnpm.gov.br/acesso-a-informacao/legislacao/pareceres/pareceres-proge/parecer_proge_500_2008.pdf/view>.

PINTO, Uile Reginaldo. **Comentários sobre a Jurisprudência do Setor Mineral.** Brasília: LGE, 2009.

Setor Mineral exportou US$ 20 bilhões no 1° semestre de 2015. Disponível em < http://www.mme.gov.br/web/guest/pagina-inicial/outras-noticas/-/asset_publisher/32hLrOzMKwWb/content/setor-mineral-exportou-us-20-bilhoes-no-1-semestre-de-2015;jsessionid=F70A0A2D4A05AA3DAFE41ADB23CD6D19.srv155>.

SION, Alexandre Oheb. **Conflito Aparente de Princípios Constitucionais Ambientais e Indigenistas**. In: BRAGA FILHO, Edson de Oliveira; AHMED, Flávio; ACETI JR., Luiz Carlos; MURAD, Samir Jorge; GRAU NETO, Werner (Orgs.). Advocacia Ambiental: Segurança Jurídica para Empreender. Lumen Juris: Rio de Janeiro, 2009. p. 143-173.

SION, Alexandre Oheb; BOUSAS, Roberta Paes Leme. Bloqueio de áreas para pesquisa e lavra de recursos minerais: um instrumento em benefício do setor mineral. p. 33-49. In FERRARA, Marina; GALLO, Luciana Drumond. WEKEMA, Maurício Sirihal; PERSECHINI, Sílvia Ferreira. **Estudos de Direito Minerário**. Belo Horizonte: Fórum, 2012.

SION, Alexandre Oheb; DUTRA, Maria Carolina Faria; PÁDUA, Caio de. **O direito do titular de alvará de pesquisa à indenização pela exploração mineral irregular pelo superficiário**. 2015. Disponível em < http://www.noticiasdemineracao.com/storyview.asp?storyID=826948629&section=Legisla%E7%E3o&sectionsource=s1450709&aspdsc=yes>.

Impresso em abril de 2017